第十届当代刑事司法论坛论文集

扫黑除恶专项斗争中的刑事法问题研究

主　编　张远煌
副主编　刘志伟　张　磊

中国人民公安大学出版社
群众出版社
·北　京·

图书在版编目（CIP）数据

扫黑除恶专项斗争中的刑事法问题研究/张远煌主编．—北京：中国人民公安大学出版社，2020. 1

ISBN 978－7－5653－3859－5

Ⅰ. ①扫…　Ⅱ. ①张…　Ⅲ. ①犯罪集团—刑事犯罪—研究—中国　Ⅳ. ①D924. 114

中国版本图书馆 CIP 数据核字（2019）第 289055 号

扫黑除恶专项斗争中的刑事法问题研究

主　编　张远煌

副主编　刘志伟　张　磊

出版发行：中国人民公安大学出版社
地　　址：北京市西城区木樨地南里
邮政编码：100038
经　　销：新华书店
印　　刷：北京市泰锐印刷有限责任公司

版　　次：2020 年 3 月第 1 版
印　　次：2020 年 3 月第 1 次
印　　张：17. 5
开　　本：787 毫米×1092 毫米　1/16
字　　数：373 千字

书　　号：ISBN 978－7－5653－3859－5
定　　价：68. 00 元

网　　址：www. cppsup. com. cn　www. porclub. com. cn
电子邮箱：zbs@ cppsup. com　zbs@ cppsu. edu. cn

营销中心电话：010－83903254
读者服务部电话（门市）：010－83903257
警官读者俱乐部电话（网购、邮购）：010－83903253
法律图书分社电话：010－83905745

前　言

北京师范大学刑事法律科学研究院（以下简称刑科院）以促进我国刑事法学发展为宗旨，以建设全国领先并与国际知名刑事法学机构看齐的新型刑事法学术机构暨国家刑事法治决策咨询基地为奋斗目标。为达此目标，刑科院致力于体制创新——建设中国刑事法学领域首家具有独立性、实体性、综合性的新型学术研究机构和高层次人才培养单位；规模突破——设置覆盖刑事法所有分支学科的七个研究所及促进各分支学科交叉融合的若干专门研究机构，组建人才荟萃、结构合理、勇于开拓创新的高素质学术团队；理念变革——践行科学求发展、创新求发展、谋划求发展、奋斗求发展、和谐求发展的理念。

为进一步加强理论与实务的联系和互动，促进理论和实务的共同发展与进步，刑科院于2005年建院伊始就创办了“当代刑事司法论坛”这一刑事司法实务交流合作平台，原则上每年举办一届。迄今为止，“当代刑事司法论坛”已经分别于2009年7月在河北承德、2010年8月在贵州贵阳、2011年8月在浙江丽水、2012年8月在广东顺德、2013年8月在江苏吴江、2014年在河北保定、2015年在北京、2016年在河北唐山、2017年在浙江临海成功举办了九届。参与论坛的专家学者一致认为，这样的论坛对于刑事法理论与实务的发展与完善具有极其重要的现实意义。

在延续和弘扬前九届当代刑事司法论坛成功经验的基础上，刑科院于2018年8月18~19日在河北省张家口市举办了“第十届当代刑事司法论坛”，论坛的议题为“扫黑除恶专项斗争中的刑事法问题”。来自最高人民检察院、司法部等中央政法机关，北京市人民检察院、北京市人民检察院第二分院、天津市人民检察院、青海省高级人民法院、承德市人民检察院、焦作市中级人民法院、张家口市人民检察院等地方政法机关，以及中国人民大学、北京师范大学、中国社会科学院大学、中国政法大学、南开大学、河北大学、辽宁大学、河南财经政法大学等高等院校的专家学者100余人出席了论坛，并围绕“扫黑除恶专项斗争中的刑事政策问题”、“恶势力与黑社会性质组织的界定与区分”、“扫黑除恶专项斗争的路径展开”、“扫黑除恶专项斗争的实践运作”以及“扫黑除恶专项斗争中的具体问题”进行了深入的研讨。

为了充分展示本届论坛的研讨成果，我们从与会专家学者提交的会议论文中挑选出27篇，分为三个单元编辑出版。在获得作者同意的前提下，我们在编辑过程中对文章格式、遣词造句以及段落安排等进行了必要的调整，并进行了一些必要的修改。本书由张远煌教授担任主编，刘志伟教授和张磊担任副主编。

“第十届当代刑事司法论坛”的成功举办和本书的顺利出版得益于各主办单位和各与会代表的大力支持，中国人民公安大学出版社也为本书的出版付出了辛勤而有效的劳动，对此我们深表敬意和谢忱！

北京师范大学刑事法律科学研究院院长

主编　张远煌

2019年10月10日

目　录

上编　扫黑除恶专项斗争中的刑事政策问题

中编　扫黑除恶专项斗争中的刑事实体法问题

下编　扫黑除恶专项斗争中的刑事程序法问题

上　编

扫黑除恶专项斗争中的刑事政策问题

“打伞”式扫黑的法理分析

王秀梅[*]　戴小强[**]

黑社会（性质）组织犯罪与毒品犯罪、恐怖主义犯罪被称为世界“三大犯罪灾难”。我国当前的黑社会性质组织是介于一般犯罪集团与典型的黑社会组织之间的带有黑社会性质的特殊犯罪集团，是具备了黑社会组织的某些特征，但尚未形成较为严密的黑社会组织结构的一种有组织犯罪，可以说，黑社会性质组织是黑社会组织的雏形。[①]黑社会性质组织与黑社会组织既有区别又有联系。2018 年年初，中共中央、国务院发布了《关于开展扫黑除恶专项斗争的通知》（以下简称《通知》）。《通知》指出，要全面贯彻党的十九大精神，以习近平新时代中国特色社会主义思想为指导，牢固树立以人民为中心的发展思想，针对当前涉黑涉恶问题新动向，切实把专项治理和系统治理、综合治理、依法治理、源头治理结合起来，把打击黑恶势力犯罪和反腐败、基层“拍蝇”结合起来……有效铲除黑恶势力滋生土壤……

扫黑就要铲除黑恶势力生存的土壤，这个土壤的“成分”包括起到保护黑恶势力作用的“保护伞”，同时也凸显出“保护伞”已经成为基层腐败较为普遍现象这一现实问题。黑恶势力之所以能够长期称霸一方、为非作恶，根本原因在于有一顶或多顶“保护伞”，一般的恶势力背后也有人支持、纵容。现实表明，黑恶势力往往通过拉帮结派、行贿送礼、请客吃饭等方式，与公职人员勾结在一起，而一些意志不坚定的官员为了得到“好处”，充当其“保护伞”，甚至通风报信或包庇、纵容违法犯罪分子，使黑恶势力有恃无恐。[②]实践中，黑社会性质组织与“保护伞”经常勾连在一起，在利益交换中形成稳定的互利共生关系。两者好比是两株相互依存的毒草：如果没有国家工作人员的“撑腰”，黑社会性质组织就不可能坐大成势；[③]如果没有黑社会性质组织提供的“好处”，国家工作人员获得经济、政治等非法利益的欲求就不会得到满足。在

---

* 北京师范大学刑事法律科学研究院教授，法学博士，博士生导师，G20 反腐败追逃追赃研究中心执行主任，国际刑法学协会副秘书长暨中国分会秘书长。

** 北京师范大学刑事法律科学研究院刑法专业硕士研究生。

① 参见高铭暄、王秀梅：《试论我国刑法中若干新型犯罪的定罪问题》，载《中国法学》1999 年第 1 期。

② 参见杨维汉、刘奕湛：《从“打”黑除恶到“扫”黑除恶，一字之变有何深意?》，http：//home. xinhua - news. com/gdsdetailxhs/share/3203609 - ? pageflag = iframe。

③ 参见徐伟：《打黑与反腐为何要同步推进》，载《法制日报》2010 年 5 月 7 日。

这种具有对向性的犯罪中，打击黑社会性质组织“保护伞”将呈现出两幅不同的图景：一方面，从根源上拔除“保护伞”，展现为在除恶务尽的刑事政策下对黑社会性质组织犯罪实行的全面打击；另一方面，由于“保护伞”在提供保护时通常收受非法利益，惩治此类腐败犯罪，客观上与我国当前打击腐败犯罪形成合力。有鉴于此，研究黑社会性质组织“保护伞”的相关问题便具有重要的理论和实践意义。

一、黑社会性质组织与“保护伞”的法理关系

我国 1997 年刑法第 294 条分 3 款规定了黑社会性质组织犯罪的三个罪名，包括组织、领导、参加黑社会性质组织罪，入境发展黑社会组织罪与包庇、纵容黑社会性质组织罪。黑社会性质组织成为该类罪的核心概念，但 1997 年刑法并未对该概念的定义作出明确规定，这使得司法实践中对一些特征不甚明显的犯罪集团是否应当认定为黑社会性质组织难以把握。2000 年，我国首次在全国范围内开展“打黑”专项斗争，在从严从快、打早打小治理策略的导向下，有些地方司法机关在工作中坚持“蝌蚪也是青蛙”的办案思路，将一些明显尚处于黑社会性质组织萌芽阶段的一般犯罪集团或者地方恶势力认定为黑社会性质组织，导致有些地方黑社会性质组织漫天飞舞的局面。[①]为防止处罚扩大化，合理限定黑社会性质组织的范围，2000 年 12 月 5 日，最高人民法院公布了《关于审理黑社会性质组织犯罪的案件具体应用法律若干问题的解释》（以下简称《解释》）。《解释》阐明了黑社会性质组织一般应具备以下特征：（1）组织结构比较紧密，人数较多，有比较明确的组织者、领导者，骨干成员基本固定，有较为严格的组织纪律；（2）通过违法犯罪活动或者其他手段获取经济利益，具有一定的经济实力；（3）通过贿赂、威胁等手段，引诱、逼迫国家工作人员参加黑社会性质组织活动，或者为其提供非法保护；（4）在一定区域或者行业范围内，以暴力、威胁、滋扰等手段，大肆进行敲诈勒索、欺行霸市、聚众斗殴、寻衅滋事、故意伤害等违法犯罪活动，严重破坏经济、社会生活秩序。《解释》从组织特征、经济特征、行为特征以及危害性特征四个方面框定了黑社会性质组织的范围，但由于《解释》条文中存在“人数较多”、“基本固定”、“一定的经济实力”等模糊用语，仍未解决实务部门界定黑社会性质组织的难题。

而更具争议的是，《解释》将“保护伞”界定为黑社会性质组织的必要条件是否合理，对这一问题，不论在理论上还是实践中都存在严重分歧。持肯定观点的论者认为，首先，黑社会性质组织的本质特征是对社会的非法控制，为实现这一目的，黑社会性质组织必然要加强对政府的渗透；而且，黑社会性质组织要想获取巨额的经济利益和犯罪收入，缺乏权力的保护和支持很难达到。[②]其次，《解释》第 1 条规定的“一般特征”并不是指在认定黑社会性质组织时，在某些情况下可以缺少某一特征而仍然

---

① 参见何荣功：《自由秩序与自由刑法理论》，北京大学出版社 2013 年版，第 330 页。

② 参见孙应征、逄锦温：《黑社会性质组织的司法认定》，载《人民司法》2002 年第 1 期。

认定为黑社会性质组织，而是指四个特征中某个特征可能不典型，或者可能以别的方式表现出来。[①] 比如，对于第三个特征，并不必然要求通过贿赂、威胁等手段，引诱、逼迫国家工作人员参加黑社会性质组织，或者为其提供非法保护，国家工作人员主动加入黑社会性质组织并对其进行庇护，亦完全可满足这一要件。最后，如果不要求具备“保护伞”特征，将导致对黑社会性质组织的后台、“保护伞”的放纵。[②]《解释》规定，“保护伞”的存在是认定黑社会性质组织必不可少的要件，能否挖出“保护伞”将直接决定能否追究黑社会性质组织的刑事责任。鉴于此，如果取消这一要件，必将使司法机关懈怠对“保护伞”的追查，使黑社会性质组织犯罪背后的腐败犯罪、渎职犯罪逍遥法外。

否定论者则力主认定黑社会性质组织无须具备“保护伞”特征，其理由如下：其一，《解释》第1条规定黑社会性质组织具备的“一般特征”中“一般”这一弹性用语意味着允许例外情况存在。即在特殊情况下，即使缺少“保护伞”这一特征，也不影响黑社会性质组织的认定。[③] 其二，从实践来看，虽然大部分黑社会性质组织背后都有“保护伞”的庇护，但也不能绝对，因为有些黑社会性质组织这方面特征并不明显，一味地苛求“保护伞”特征，则对于一些原本可以黑社会性质组织论处的犯罪组织的认定，将会陷入进退两难的境地，有轻纵犯罪之嫌。[④] 其三，从比较法上看，域外法律对黑社会性质组织的规定并没有像我国最高人民法院的解释那样，要求具备“保护伞”。[⑤] 在国际社会中，包括在联合国预防和控制犯罪机构的官方文件中，所谓有组织犯罪就是黑社会组织犯罪，两者被当作同一概念使用。[⑥]《联合国打击跨国有组织犯罪公约》中规定的“有组织犯罪集团”是指“由三人或多人所组成的、在一定时期存在的、为了实施一项或多项严重犯罪或根据本公约确立的以直接或间接获得金钱或其他物质利益而一致行动的有组织结构的集团”。由此可见，该国际公约也并未将“保护伞”规定为有组织犯罪的必要条件。笔者也支持否定说的观点，主要理由如下：

第一，在语义上，“一般特征”既可以从反面理解为“在特殊情况下可以不完全具备以下特征”，也可以从另一角度理解为“明文规定的是某个特征的典型情况，这一特征不排除可能以其他方式表现出来”。但是两者并非对立关系，不能因为承认其中一个解释的合理性，就理所应当地否认另一个解释的合理性。因此，从文义解释出发，两种解释都具有相当的合理性。

第二，黑社会性质组织的本质特征是对社会的非法控制，对这一点并没有争议。但是，要实现对社会的非法控制，并不是像肯定说指出的那样必然要对政府加强渗透，

---

① 参见张军主编：《刑事审判参考》（2002年第2辑），法律出版社2002年版，第210页。

② 参见佘洪荣、胡建福：《试论黑社会性质组织犯罪》，载万鄂湘主编：《中国司法评论》（2001年第1辑），人民法院出版社2001年版，第170页。

③ 参见孙应征、逄锦温：《黑社会性质组织的司法认定》，载《人民司法》2002年第1期。

④ 参见黄京平、石磊：《论黑社会性质组织的法律性质和特征》，载《法学家》2001年第6期。

⑤ 参见王志祥：《论黑社会性质组织的界定》，载《法治研究》2010年第2期。

⑥ 康树华主编：《犯罪学大辞书》，甘肃人民出版社1995年版，第1094页。

谋取巨额经济利益，也并不一定非得寻求“保护伞”的保护和支持。在现实中，单纯通过实施违法犯罪活动称霸一方，在一定区域或者行业内形成非法控制的黑社会性质组织并非不存在。而且需要注意的是，在各级政法机关持续不断的严打高压下，黑社会性质组织的犯罪形式和手法也在发生新的变化。比如，眼下就出现了不少以合法公司、企业等实体作为掩护，从事违法犯罪活动的黑社会性质组织。这部分黑社会性质组织脱去了暴力的外衣，通过更为隐蔽的手段获取非法利益。只是手段行为的软化并不影响其在一定区域或者行业内形成非法控制，其仍符合黑社会性质组织的本质。相对于暴力手段而言，凭借合法公司、企业为掩护的黑社会性质组织难以被司法部门发现。因此，对“保护伞”的依赖显然也更小，该类黑社会性质组织并不处心积虑地渗透党政机关、拉拢腐蚀党政干部，也不在意料之外。

第三，虽然“保护伞”和黑社会性质组织通常表现为共荣共生关系，正如我国学者所言：“扫黑和反腐，可谓一枚硬币的‘两面’。”[①] 在这种关系下，以具备“保护伞”为成立黑社会性质组织的必要条件，诚然有利于对腐败犯罪和渎职犯罪的打击。但是，不利于对黑社会性质组织犯罪实行及时的打击。通常而言，增设一个非选择性的构成要件，意味着构成该罪需要满足更多要求，进而将会相应地缩小该罪的成立范围，或者在时间上推迟该罪的成立。据此，倘若要求黑社会性质组织必须具备“保护伞”，必然会因为认定标准升高而缩小对黑社会性质组织犯罪的打击范围，如此一来，将无法满足我国对黑社会性质组织“打早打小”、“露头就打”的现实需要。

主张“保护伞”是黑社会性质组织成立的要件，惩治黑社会性质组织犯罪时过于注重反腐效果，其实是对法益理论的误解。刑法条文并不排斥对多重法益的保护，如抢劫罪就兼具了保护财产法益与人身法益的机能。但是，同一罪名保护的法益存在主次之分，主要法益才是立法者设置该罪名的根本目的所在，次要法益是被类型化的构成要件行为在对主要法益实施侵害的过程中，通常性地或者不可避免地造成的随附性结果。但是，次要法益是否现实地遭受损害，一般不对定罪产生影响。再以抢劫罪为例，行为人实施的指向财产侵害的抢劫行为，通常会对人身法益造成现实侵害或威胁，但是抢劫行为是否造成人身损害并不影响抢劫罪的成立。基于同样的道理，黑社会性质组织犯罪被规定在“妨害社会管理秩序罪”一章中，其保护的主要法益是社会管理秩序，而不是腐败犯罪或者渎职犯罪所保护的职务廉洁性或者国家机关的正常活动。因此，可以说反腐与反渎向来不是打击黑社会性质组织犯罪的重点，但在打击“保护伞”方面则不容忽略。在我国刑法中，已有专门设立的两个章节对腐败犯罪和渎职犯罪进行规制，过于强调“保护伞”对黑社会性质组织成立的意义无疑偏离了立法者赋予该类罪的本初任务，混淆了不同罪名体系的功能。基于这一点，笔者认为，将“保护伞”规定为黑社会性质组织犯罪的量刑情节可能更为合理，但将其视为认定黑社会

① 参见莫洪宪、黄鹏：《新时代下涉黑“保护伞”透视及其治理》，载《首届中原刑事司法论坛论文集》（未公开出版），第75页。

性质组织的必备要件显然是刑事政策过度司法化的表现。

但是，如果承认“保护伞”对黑社会性质组织发挥的作用客观存在，那么刑法完全不理会“保护伞”这一要件也存在很大偏颇。尽管不能奢求通过设立“保护伞”这一要件以使黑社会性质组织犯罪承担反腐反渎任务，但是由于“保护伞”的存在可能给黑社会性质组织提供生存和发展的土壤，打击“保护伞”也是治理黑社会性质组织犯罪的重要工作。因此，实现“扫黑”的目的，对黑社会性质有组织犯罪中存在“保护伞”的，应当采取“打伞”和扫黑同时进行，即对腐败犯罪、渎职犯罪和黑社会性质有组织犯罪一并调查起诉审判。

2002年全国人大常委会通过《关于〈中华人民共和国刑法〉第二百九十四条第一款的解释》，采取了折中的立法解释，没有彻底删除构成黑社会性质组织的“保护伞”特征，而是将其规定为认定黑社会性质组织的选择性要件，即在组织特征、经济特征和行为特征充足的前提下，不论犯罪组织是通过实施违法犯罪活动还是利用国家工作人员的包庇或者纵容，只要其在一定区域或行业内形成非法控制，就应认定为黑社会性质组织。这一立法解释最终被2011年颁行的《刑法修正案（八）》所采纳，并且作为廓清黑社会性质组织的标准一直沿用至今。应当说，该立法解释是充分平衡了取消“保护伞”要件与保留“保护伞”要件之间的得与失的结果。“保护伞”作为一个选择性特征存在，既不妨碍对不具备“保护伞”的黑社会性质组织进行提前惩治和打击，同时也发挥着提醒司法部门切勿对“保护伞”放松警惕的作用，一旦发现存在“保护伞”，该深挖便坚决深挖，决不允许放纵。

二、“保护伞”的认定

（一）“保护伞”成立的条件

“保护伞”并不是严格的法律用语，而是相关部门在历次“打黑”、“扫黑”专项斗争中总结凝练出的具有特殊意义的词汇。由于它缺乏法律要求的规范性，难以提供明确的辨识和勘认标准，因此在学理上明确其构造，有助于司法部门对“保护伞”的认定作出科学合理的把握。

当前刑法学界对“保护伞”概念的认识可谓众说纷纭。有观点认为，“所谓黑恶势力的‘保护伞’，它是一个形象化的比喻，是指支持、纵容、包庇黑恶势力的滋长、蔓延、扩大并逃避法律惩处的国家机关工作人员。”① 也有观点认为，“保护伞”的概念应当从犯罪学上加以限定，是指国家工作人员包庇纵容黑社会性质的犯罪行为，为其提供各种便利或非法保护，或者国家工作人员组织、领导、参与黑社会性质组织，与其沆瀣一气、共同实施犯罪的情况。② 另有观点认为，从整体上说，“保护伞”可以大

---

① 参见左吴、潮龙起：《黑恶势力“保护伞”的危害及其防治》，载《甘肃社会科学》2005年第5期。

② 参见黄立：《“保护伞”研究》，载《河北法学》2005年第8期。

致理解为向涉黑犯罪及其组织提供掩饰和庇护力量、避免其被依法查禁的个人。[1] 还有观点认为，"保护伞"是指国家机关工作人员为黑社会性质组织提供各种便利或者非法保护而涉及职务犯罪的情况，以及国家工作人员组织、领导、参加黑社会性质组织，包庇、纵容黑社会性质组织的情况。[2]

综观上述四种观点，可见分歧主要表现在以下两个方面：

(1)"保护伞"的主体是国家机关工作人员，还是国家工作人员或者普通的个人？我们认为，"保护伞"的主体为国家工作人员的观点更具说服力。从我国打黑、扫黑的实践来看，常见的"保护伞"确实主要是公安、司法机关和海关、工商、税务等行政执法机关的工作人员。立足于这一事实，我国也有学者立场鲜明地指出，"能够成为黑社会性质组织'保护伞'的人，只能是国家机关工作人员，也就是在国家机关中从事公务的人员。其他在国有公司、企事业单位的人民团体中从事公务的人员，不能成为'保护伞'"。理由是："'保护伞'主要是那些能够为黑社会性质组织提供最直接、最有效的权力庇护，供职于国家社会管理职能部门的工作人员。"[3] 但是，这种观点有待进一步商榷。

第一，将"保护伞"主体限定为国家机关工作人员没有法律依据。这是因为在规定"保护伞"的范围时，我国刑法第 294 条第 5 款第 4 项的明确用语是"国家工作人员"，而并非国家机关工作人员。将"保护伞"的主体限定为国家机关工作人员，人为地缩小了处罚范围，显然有僭越罪刑法定原则之嫌。当然，罪刑法定原则并不排斥有利于被告人的解释以及取缔上的非犯罪化。[4] 然而，毫无疑问的是，即便保持着有利于被告人的人道主义情怀，也难以否认这一事实，即任何合理的刑法解释都不可能一般性地将"国家工作人员"解释为"国家机关工作人员"，那必然超过了合理解释的界限。此外，刑事司法也没有将这种行为作出取缔上的非犯罪化处理的理由。国有企业、事业单位等从事公务的国家工作人员为黑社会性质组织提供便利或者非法保护，在实践中并不罕见，其危害性也并不低于国家机关工作人员实施的保护，对这种行为做非犯罪化处理，等同于驱逐了刑法的社会保护机能。

第二，主张"保护伞"只能为国家机关工作人员，是错误地认为只有依靠权力之便才能对黑社会性质组织进行包庇和纵容的结果。其实，为黑社会性质组织提供便利或者非法保护，并非唯有国家机关工作人员利用权力才能做到。例如，某国有企业董事长在某市具有重要影响力，每当公安部门查处某黑社会性质组织经营的卖淫场所时，他就给公安局局长打电话："放心吧，里面什么事都没有。"公安局局长念及情面，不

① 参见骆多：《黑社会性质组织"保护伞"定罪疑难问题实证研究》，载《重庆理工大学学报》（社会科学版）2015 年第 2 期。

② 参见孙勤：《我国刑法中黑社会性质组织探析》，载《人民检察》2002 年第 4 期。

③ 参见莫洪宪：《黑社会性质组织认定相关问题探讨》，载《湖北社会科学》2011 年第 1 期。

④ 所谓取缔上的非犯罪化，是指该行为在刑法上仍被规定为犯罪，但国民及取缔当局已经不认为该行为是犯罪。关于非罪化理论，具体参见：陈兴良：《刑法的价值构造》，中国人民大学出版社 2006 年版，第 330～337 页；陈兴良：《刑法哲学》，中国人民大学出版社 2015 年版，第 9 页。

了了之。在本例中，该国有企业董事长虽然不是该卖淫犯罪团伙的“保护伞”，但却扮演了该黑社会性质组织“保护伞”的角色，虽然公安局局长没有与该卖淫团伙有任何直接的接触，但因与“国有企业董事长”的关系，事实上起到了“保护伞”的作用，至于“国有企业董事长”与公安局局长之间是否存在利益上的关系，也需要进一步调查，构成行贿受贿的，亦应依法惩处。而在这种情况下，“国有企业董事长”并不具备国家机关工作人员的身份，在此过程中也并没有发挥权力的作用。因此，本文认为，以权力限定“保护伞”的主体确实有画蛇添足之嫌。

此外，需要指出的是，2018 年 1 月 16 日，最高人民法院、最高人民检察院、公安部、司法部联合发布实施的《关于办理黑恶势力犯罪案件若干问题的指导意见》（以下简称《指导意见》）第 22 条规定：“《刑法》第二百九十四条第三款中规定的‘包庇’行为，不要求相关国家机关工作人员利用职务便利。利用职务便利包庇黑社会性质组织的，酌情从重处罚……”该条规定意味着国家机关工作人员虽未利用职务上的便利，但通过影响力等方式对黑社会性质组织实施包庇的，也应当构成包庇黑社会性质组织罪。在扩张对黑社会性质组织犯罪处罚范围的刑事政策下，既然只能由国家机关工作人员构成的包庇黑社会性质组织罪都在尽力打破唯权力论的束缚，那么，对于原本就和权力没有紧密关系的国家工作人员，为何还要加上权力条件的限定以缩小处罚范围？因此，所谓的只能利用权力进行庇护的观点既不符合刑法的明文规定，也与当前“打早打小”的“打黑”政策相背离。

（2）对于领导、组织、参与黑社会性质组织的国家工作人员，能否因其为该黑社会性质组织提供便利或者非法保护，而同时将其认定为“保护伞”并追究其刑事责任？对此，学界存在肯定和否定两种对立观点。肯定论者以“保护伞”触犯包庇、纵容黑社会性质组织犯罪为例，进而指出本罪的主体只需系国家机关工作人员，至于其是否为黑社会性质组织成员，则非所问；若其同时具备黑社会性质组织成员身份，则应以本罪与组织、领导、参加黑社会性质组织罪实行并罚。[①] 否定论者则认为，“保护伞”身份和黑社会性质组织成员身份不能共时性地表现在一个人身上。理由在于，对于“保护伞”而言，黑社会性质组织及其成员是保护的对象，而能够提供“保护伞”的无疑是“保护伞”的主体。如果认为犯罪成员的社会地位、身份也是“保护伞”，等于肯定了“保护伞”的主体与对象的统一，则谁保护谁就成为问题。[②] 我们同意否定论的观点，但对具体理由进行重新阐述。“保护伞”同时具备黑社会性质组织成员身份，实质就相当于自我保护，不存在“谁保护谁”的疑问。而且，在当下竞争激烈、物竞天择的现代社会，自我保护实乃天经地义，更不会在逻辑和情理上使人陷入困惑。我们认为，具有国家机关工作人员身份的黑社会性质组织成员对该组织进行包庇、纵容的行为因其身份的双重性和在黑社会性质组织中扮演的不同角色，实施的不同行为，

---

① 参见赵秉志：《扰乱公共秩序罪》，中国人民公安大学出版社 1999 年版，第 363 页。

② 参见莫洪宪：《黑社会性质组织认定相关问题探讨》，载《湖北社会科学》2011 年第 1 期。

应予以数罪并罚。国家机关工作人员包庇黑社会性质组织，或者纵容黑社会性质组织进行违法犯罪活动的，处5年以下有期徒刑；情节严重的，处5年以上有期徒刑。犯前述罪又有其他犯罪行为的，依照数罪并罚的规定处罚。

（二）“保护伞”的行为方式

“保护伞”与黑社会性质组织形成的利益同盟关系有多种表现形态，如权钱交易型、坐地分红型、纵容包庇型、渎职放纵型、共存共生型等。[①] 结合上述分类和我国实践，我们认为，“保护伞”通常会实施两种行为：一是获取不正当利益的行为；二是为黑社会性质组织提供各种便利和非法保护的行为。在时间上，获取利益行为和提供非法保护行为没有固定的先后顺序，既有可能先获取利益再实施非法保护，也有可能先实施非法保护后获取利益。

黑社会性质组织拉拢、腐蚀国家工作人员的方式多种多样，而国家工作人员在这个过程中也会获得以下非法利益：（1）财物或其他财产性利益。“天下熙熙，皆为利来；天下攘攘，皆为利往。”（语出《史记·货殖列传》）黑社会性质组织成员擅长把握国家工作人员对金钱的贪恋心理，对信念不坚定的国家工作人员进行金钱诱惑，从而实现获得保护的目的。现实中黑社会性质组织对国家工作人员行贿没有固定的方式，既可以是直接赠送钱财，也可以是通过赌博、游玩等间接方式进行；既可以是赠送财物，也可以是提供服务、装修等财产性利益。（2）政治利益，黑社会性质组织成员通过已在相关部门打通的关系，有能力为国家工作人员寻求升职机会，并以此为交换条件，寻求该国家工作人员的非法保护。（3）其他非法利益，如通过美色引诱、安排桑拿嫖娼等非财产性利益。

在此需要说明的是，利益本身是否合法并不影响“保护伞”构成的必要条件，国家工作人员有没有收取非法利益也不影响“保护伞”的认定。此外，除了非法收受或索取财物外，在目前我国刑法第385条将收受或者索取的对象限定在财物或财产性利益的前提下，国家工作人员获取政治利益或者诸如美色等非法利益的行为不具有刑法规范上的意义，因此也不能对其施以刑事处遇。

而作为“保护伞”，国家工作人员通常能够给黑社会性质组织提供以下便利或者非法保护：（1）包庇。“包庇”一词是对现实中多种具有相同性质行为的抽象和类型化，其本质在于帮助黑社会性质组织及其成员逃避处罚。根据最高人民法院2000年《解释》第5条第1款指出，包庇行为的具体表现为：“国家机关工作人员为使黑社会性质组织及其成员逃避查禁，而通风报信，隐匿、毁灭、伪造证据，阻止他人作证、检举揭发，指使他人作伪证，帮助逃匿，或者阻挠其他国家机关工作人员依法查禁等行为。”（2）纵容。根据《解释》第5条第2款规定，所谓“纵容”，“是指国家机关工作人员不依法履行职责，放纵黑社会性质组织进行违法犯罪活动的行为。”纵容的本质

---

① 参见崔灿、邢敏：《查处黑社会性质组织“保护伞”职务犯罪问题研究》，载《山东警察学院学报》2014年第6期。

为不依法履行职责，通常表现为国家工作人员有义务履行却不履行的不作为。比如，负有查处义务的公安机关工作人员对黑社会性质组织从事的违法犯罪活动不予查处，就属于典型的纵容行为。

三、包庇、纵容黑社会性质组织罪的构造与适用

“保护伞”通常触犯的罪名包括包庇、纵容黑社会性质组织罪，受贿罪以及在不同行业或领域中出现的渎职犯罪。考虑到包庇、纵容黑社会性质组织罪与“保护伞”是直接照应关系，且在司法实践中最为常见，因此本文将重点对该罪相关问题展开探讨。

（一）主体要件

根据我国刑法第294条第3款的规定，构成本罪的主体只能为国家机关工作人员，其他主体不能构成本罪。在此，首先成为问题的是，党政机关工作人员能否涵括到本罪的主体中。持肯定论者大致出于以下考虑：其一，若不将党政机关工作人员包含在机关工作人员内，则会放纵其实施的包庇、纵容黑社会性质组织罪。其二，我国刑法第93条第1款规定：“本法所称国家工作人员，是指国家机关中从事公务的人员。”据此，“刑法的这条规定把国家工作人员同国家机关工作人员是画了等号的，也可以说，国家工作人员就是国家机关工作人员”①。而根据2000年全国人大常委会《关于〈中华人民共和国刑法〉第九十三条第二款的解释》，“依照法律从事公务的人员”是国家工作人员特殊身份的核心内容——“依照法律”是指行为人的任用、地位、职务、公务行为等具有法律上的依据；“从事公务”是指从事国家机关、公共机构或者其他法定的公共团体的事务。如此，党政机关工作人员当然可以划入国家工作人员的范围。② 结合上述两个推论，可合乎逻辑地认为党政机关工作人员属于国家机关工作人员。其三，2003年11月13日最高人民法院公布的《全国法院审理经济犯罪案件工作座谈会议纪要》第1条第1款指出，“在乡（镇）以上中国共产党机关、人民政协机关中从事公务的人员，司法实践中也应当视为国家机关工作人员”。该会议纪要明确规定对国家机关工作人员的范畴做扩大化处理，将党政机关工作人员也纳入其中。因此，将党政机关工作人员纳入本罪主体具有法律依据。

基于我国的权力结构和党政机关在政治经济生活中发挥的巨大作用这一现实考虑，应当说在立法上将党政机关工作人员纳入国家机关工作人员的范畴是符合情理的。在司法实践中，对于党政机关工作人员包庇、纵容黑社会性质组织也确实存在认定为本罪的情况。

首先，我国现行宪法明确规定的国家机关（机构）共计8类：全国人大常委会、中华人民共和国主席、国务院、中央军事委员会、地方各级人民代表大会和地方各级人民政府、民族自治地方的自治机关、监察委员会、人民法院和人民检察院。这一规

① 参见江启疆、申勋潮：《论刑法中的国家工作人员》，载《人民检察》1999年第1期。

② 参见骆多：《黑社会性质组织“保护伞”定罪疑难问题实证研究》，载《重庆理工大学学报》（社会科学版）2015年第2期。

定并未将党政机关包括在内。此外，我国宪法第5条第4款规定："一切国家机关和武装力量、各政党和各社会团体、各企业事业组织都必须遵守宪法和法律。一切违反宪法和法律的行为，必须予以追究。"根据这一规定，国家机关与各政党显然也不是包含与被包含的关系，而是并列关系。强行将党政机关拓展至国家机关中，存在违宪的嫌疑，也违背了罪刑法定原则。

其次，我国刑法第93条包括两款，认为国家机关工作人员等同于国家工作人员的观点，显然只注意到了第1款规定而忽视了第2款规定。可以认为，第1款和第2款系一般和补充关系，即因其表现出的公务性最为明显，数量最为庞大。通常来说，国家工作人员是指国家机关中从事公务的人员。但是，国有公司、企业、事业单位、人民团体中的部分工作人员，国家机关、国有公司、企业、事业单位委派到非国有公司、企业、事业单位、社会团体的部分工作人员，以及其他依照法律进行工作的部分人员，其从事的工作也呈现出一定程度的公务性，因此，补充性地将其规定为国家公务人员。第2款中的"以国家工作人员论"，即是对这种补充关系的说明。鉴于此，国家工作人员与国家机关工作人员的范围就不可能是完全重合的。在现实生活中，在国有公司、企事业单位、人民团体中从事公务的人员属于国家工作人员，但将其排除在国家机关工作人员范围外已不存在疑问。

最后，作为审理经济犯罪的指导意见，对国家工作人员范围的划定仅面向贪污贿赂犯罪和渎职犯罪的主体，而不具有普遍的指导意义。

我们认为，鉴于党政机关工作人员在现实中充当黑社会性质组织"保护伞"并对其进行包庇、纵容的行为也不鲜见，出于对罪刑法定原则的尊重，党政机关工作人员实施包庇、纵容黑社会性质组织行为时，如在收受黑社会性质组织的财物或财产性利益的情况下，司法机关可依法认定为受贿罪；在实施组织、领导、参加黑社会性质组织或者为上述行为提供帮助、出谋划策的场合，可视情况成立组织、领导、参加黑社会性质组织罪或者该罪的共犯。在其教唆或者帮助国家机关工作人员实施包庇、纵容黑社会性质组织行为时，依据共犯原理，亦可依法认定为包庇、纵容黑社会性质组织罪的共犯。

（二）主观要件

1. 本罪的罪过形式

关于本罪的罪过形式，学界众说纷纭，莫衷一是。概括而言，主要有以下四种观点：其一，"该罪在主观方面表现为故意，且只能是直接故意"。① 其二，本罪的主观方面为故意，却并不限于直接故意，还应包括间接故意。② 其三，本罪的主观方面为故意，但对包庇和纵容两种不同行为，主观方面的表现也有所不同，前者只能是直接故

① 参见刘志伟：《包庇、纵容黑社会性质组织罪主体与主观方面疑难问题研析》，载《国家检察官学院学报》2002年第1期。

② 参见陈婉婷：《包庇、纵容黑社会性质组织罪的认定》，载《当代法学》2003年第3期。

意，而后者既可是直接故意，也可是间接故意。[①] 其四，本罪的主观方面既可表现为故意也可表现为过失，对于纵容黑社会性质组织的，“既可能是出于放任的故意心理状态，也不排除因玩忽职守、不尽职责的过失心理状态，而导致放任的结果”[②]。在这些观点中，我们基本同意第二种观点。纵容黑社会性质组织罪可由直接故意或者间接故意构成，对此无可厚非。在此有两个问题值得探讨：（1）过失可否成为本罪的罪过形态。（2）间接故意能否成为包庇黑社会性质组织罪的主观表现。

首先，我们认为，主张本罪的主观方面可为过失的观点在我国当前刑法理论中缺乏支持依据。这种观点实际上是论者没有清楚地认识到过失犯规范构造的结果。学界几乎没有争议地认为，过失犯罪的成立必须以危害结果的现实发生为必备条件。换言之，如果行为没有导致现实的危害结果，相应地，就没有成立过失犯的余地。而本罪为行为犯或者说抽象危险犯，并不以发生危害结果为必要，只要包庇、纵容行为导致了法律拟制的法不容许的风险，即可成立本罪。因此，过失不能成立本罪。当然，在国外刑法中，也存在例外地承认过失危险犯的立法例。比如，《德国刑法典》第 306 条 f 款就规定了放火罪的过失危险犯。[③] 根据该条规定，放火行为并不需要发生实害结果，只要求造成火灾引起的危险即可。而该条第 3 款则继续指出，过失亦能成立本罪，因此本罪属于典型的过失危险犯。但是，基于我国以处罚故意犯罪为原则、处罚过失犯罪为例外的立法现实，在存在危害结果的场合，过失犯的成立通常尚且需要法律的明文规定。[④] 那么，在没有危害结果的危险犯的场合，处罚过失危险犯从理论上说就更应当有明确的法律依据。而事实上我国刑法第 294 条中并没有出现类似“过失犯本罪……”的表述。鉴于此，也不应当认为过失可以构成本罪。值得一提的是，为统一理论和实践中关于过失能否成立本罪的分歧，2009 年最高人民法院、最高人民检察院、公安部通过的《办理黑社会性质组织犯罪案件座谈会纪要》（以下简称《座谈会纪要》）明确规定：“本罪主观方面要求必须是出于故意，过失不能成立本罪。”这一规定否认了过失成立本罪的可能，直接与上述刑法理论相呼应。

其次，直接故意是包庇黑社会性质组织罪的主观形态没有疑问。存在争议的是，间接故意能否成立本罪。理论界认为，在我国刑法中，有为数较多的犯罪只能由直接故意构成而不能由间接故意构成，如盗窃罪、诈骗罪、敲诈勒索罪等。也有学者主张，部分犯罪只能由间接故意构成而不能由直接故意构成，如曾经就有观点认为，滥用职

---

① 参见杨忠民：《包庇、纵容黑社会性质组织罪之主观特征辨析》，载《公安大学学报》2002 年第 6 期。

② 参见江礼华：《黑社会性质组织犯罪认定中的几个问题》，载《国家检察官学院学报》2002 年第 1 期。

③ 《德国刑法典》第 306 条 f 款规定：（1）行为人使他人的：①易燃的工厂或者设备，②农业或者喂养经济的其中存放着其产品的设备或者工厂，③森林、草原或者沼泽地或者，④已经耕种的田地或者农业经济的存放在田地上的易燃的产品，通过抽烟、通过明火或者火源、通过丢扔燃烧着的或者闪烁着的物体或者以其他方式处于火灾危险之中，处 3 年以下的自由刑或者金钱刑。（2）同样处罚，如果行为人使第 1 款第 1 项至第 4 项所标明的某一物品处于火灾之中和因此给他人的身体或者生命或者具有重要价值的物品造成危险。（3）行为人在第 1 款的情形中过失地行动的或者在第 2 款的情形中过失地造成危险的，处 1 年以下的自由刑或者金钱刑。

④ 依据为刑法第 15 条第 2 款：“过失犯罪，法律有规定的才负刑事责任。”

权的主观心理状态只能是间接故意而不能是直接故意。但目前这种人为地将直接故意和间接故意区隔开来的观点受到了学界的质疑。比如，有论者指出，“直接故意和间接故意虽然存在区别，但两者不是对立关系，而且二者在法律上的地位是相同的，故区分二者的意义极为有限”。因此，“不可轻易地说，‘某种犯罪只能由直接故意构成，不能由间接故意构成’”。其提出的主要理由是：“在刑法分则中，凡是由故意构成的犯罪，刑法分则均未排除间接故意。”① 可以说，这一观点与该论者向来力求减少概念和法条间的对立，注重强调规范间的竞合的主张是一脉相承的。这种“刑法分则规定为故意的犯罪，应当包括直接故意和间接故意”的推论，在理论上或许站得住脚，但在实践中却未必说得通。实际上这是一种纯粹依赖于思维演绎得出的当然解释，如果忽视现实和刑法理论逻辑对刑法解释的制约，这种解释是不存在障碍的。易言之，刑法分则没有将间接故意排除在本罪主观要件之外，在刑法解释上，确实可以将间接故意视为本罪的主观形态。但若立足于实践，就不难发现，在某些犯罪中，直接故意和间接故意难以达到统一状态。比如，以目的为构成要件的犯罪，在主观上就不可能表现为间接故意。我国通说认为，在间接故意中，行为人对他所放任的那个危害结果的发生不可能有犯罪目的。但是，2000 年《解释》又明确规定本罪的包庇行为必须具备“为使黑社会性质组织及其成员逃避查禁”这一主观犯罪目的，可见这种目的显然不能与间接故意共存。理论上形而上地认可间接故意作为本罪的主观表现，反倒可能给司法实践徒增混乱。本文认为，刑法分则没有明确将间接故意排除在本罪主观方面之外，并非承认间接故意也可成立本罪，而是由于立法者意识到本罪在现实中不可能以间接故意的形式出现，因此没有必要多此一举进行强调。

2. 本罪的认识要素

作为故意的内容，本罪的认识要素是另一个值得讨论的问题。总体来说，我国刑法学界和司法实践都趋向于对“明知”的内涵进行宽泛把握，这种宽泛把握又可以细化成以下两种观点：

第一种观点认为，明知不等于确知，而是可以是“确知”，也可以是“可能知道”；“具体到包庇、纵容黑社会性质组织而言，行为人对所包庇、纵容的是黑社会性质组织的‘明知’，可以是确实知道该组织是黑社会性质组织，也可以是可能知道该组织是黑社会性质组织”②。有论者抑或是将该观点表述为，本罪主观上的认识“一般应是不确定的认识，即只要国家机关工作人员认识到可能是黑社会性质组织或该组织的违法犯罪活动，就属认识到其包庇、纵容的是黑社会性质组织及其违法犯罪活动”。③上述观点通过降低主观上的认识程度，放宽了故意成立的标准。其要求是站在行为人本人的视角，根据当时的具体情况，如果有足够依据认为行为人可能知道包庇、纵容

① 参见张明楷：《刑法学（上）》，法律出版社 2016 年版，第 264 页。

② 参见黄京平、石磊：《论包庇、纵容黑社会性质组织罪的主体和主观方面的若干问题》，载公丕祥主编：《法制现代化研究》（第九卷），南京师范大学出版社 2004 年版，第 181 页。

③ 参见陈婉婷：《包庇、纵容黑社会性质组织罪的认定》，载《当代法学》2003 年第 3 期。

的对象为黑社会性质组织或者其实施的违法犯罪活动，则应推定行为人的“明知”。可见，“可能知道”实质是“推定知道”的同义表述。

第二种观点在本罪的认识因素上放得更宽。如有论者主张，本罪故意的成立并不要求行为人明确认识到包庇、纵容的对象是黑社会性质组织或其实施的违法犯罪活动，而只要行为人明知自己的行为是包庇犯罪的人（包括犯罪组织及其成员），或者明知自己的行为是放纵犯罪人（包括犯罪组织及其成员）的违法犯罪活动，便已具备了成立本罪故意所必须的认识因素。[1] 据此，对本罪故意的判断，甚至不需要有足够证据证明行为人有认识该组织是黑社会性质组织或其实施的违法犯罪行为的可能，只需要行为人确知包庇纵容的是一般犯罪组织或其实施的违法犯罪活动即可。《座谈会纪要》基本沿袭了这一观点，该纪要明确指出，“只要行为人知道或者应当知道是从事违法犯罪的组织，仍对该组织成员予以包庇，或者纵容其实施违法犯罪活动，即可认定本罪。至于行为人是否明知该组织系黑社会性质组织，不影响本罪成立”。换句话说，成立本罪的故意无须行为人对该组织是黑社会性质组织形成确知，也不要求对此存在知道的可能性，而只需知道其是从事违法犯罪的组织就已足够。我们认为，第一种观点是基本合理的；但是，第二种观点是否具备法理正当性，还有待进一步商榷。

为控制黑社会性质组织犯罪的打击范围，防止将“恶势力”误判为黑社会性质组织，2009 年《座谈会纪要》与 2018 年《指导意见》共同强调了严格区分黑社会性质组织与“恶势力”的重要性，两者几乎没有区别地指出：“恶势力”是指“经常纠结在一起，以暴力、威胁或者其他手段，在一定区域或者行业内多次实施违法犯罪活动，为非作恶，扰乱经济、社会秩序，造成较为恶劣的社会影响，但尚未形成黑社会性质组织的犯罪团伙。”由此可见，从事违法犯罪的组织并非黑社会性质组织独有的特征，而是与“恶势力”共有的特征，单独凭借这一特征不可能将黑社会性质组织与“恶势力”区分开来。在这种情况下，将“知道或者应当知道是从事违法犯罪的组织”作为明知的充分要素就存在问题。

根据主客观相统一原则，犯罪应当在主观要素和客观要素重合的范围内进行认定。面对同一种客观行为和结果，行为人对犯罪事实的认识不同，将导致司法机关对最终犯罪认定结果不同。行为人包庇犯罪组织及其从事违法犯罪活动，如果其进一步认为该犯罪组织是黑社会性质组织，那么按照包庇、纵容黑社会性质组织罪是符合法理的。但是，如果行为人认为其包庇、纵容的对象只是一般的“恶势力”，则不应当按照本罪论处，而应视具体情况以相应的罪名定罪处罚。而事实上 2009 年《座谈会纪要》没有对这两者作出区分，这显然违背了主客观相统一原则。

在责任主义看来，构成要件具有规制故意的机能，除了客观的超过要素或客观的处罚条件，行为人成立犯罪原则上要求对所有客观构成要件要素都要有认识。就成立本罪而言，由于“黑社会性质组织”是本罪的客观构成要件要素，因此需要行为人对

---

① 参见杨忠民：《包庇、纵容黑社会性质组织罪之主观特征辨析》，载《公安大学学报》2002 年第 6 期。

包庇、纵容的对象为黑社会性质组织及其违法犯罪活动必须具备明确认识，而不能仅对“从事违法犯罪活动”这一事实具有认识，否则就有突破责任主义之嫌。

毋庸讳言，放宽包庇、纵容黑社会性质组织罪的认识因素是刑事政策对刑事立法和刑事司法调节过猛所致，其表现出来的是决策者积极扩大处罚、拓展犯罪圈的诉求。在以安全为目的的刑事政策导向下，立法者一般会使犯罪圈呈现出积极扩张的态势。一方面，立法者通常通过减少现有犯罪的构成要件要素来实质性地扩张现有法条的适用范围；另一方面，立法和司法也常降低行为人对“明知”的要求，以便控方有效指控犯罪。[①] 比如，很多立法解释和司法解释将故意的“明知”解释为“知道或应当知道”就是一个鲜明的适例。推定的知道事实上有可能并不知道。辩方若不能有效反驳这一推定，推定的明知就被认可为故意的明知。将部分证明责任倒置给辩方，在很大程度上就是为了减小司法机关的指控难度，以强化刑法的社会保护机能。2009 年《座谈会纪要》放宽对“明知”的认定显然也是为了实现扩大处罚范围、降低证明难度、强化刑法社会保护机能的目的。其不但将“明知”扩大到了“知道或者应当知道”，而且还对原本主观上皆要求认识的黑社会性质组织的四个特征简化为“从事违法犯罪的组织”。同时倒置证明责任和减少作为证明对象的主观事实固然便利了对犯罪的指控，有利于加强对黑社会性质组织犯罪的打击。但是，这一解释却背离了普遍遵循的刑法理论，刑事政策在这一过程中恐怕已经翻越了刑法的藩篱。

严格遵守责任主义与主客观相统一原则，能够在多大程度上造成放纵犯罪的后果，其实也是值得怀疑的。在现实中，包庇、纵容黑社会性质组织的主体通常是公检法的工作人员，凭借自身的办案经验和法律素养，他们对黑社会性质组织的辨识能力一般要高于普通的社会公众，通过判断实施违法犯罪活动的组织表现出来的形态，应当有能力区分一般犯罪组织和黑社会性质组织，不至于容易对黑社会性质组织形成误认，此其一。其二，我国刑法明确规定黑社会性质组织的本质特征是对社会的非法控制，最高人民法院 2015 年印发的《全国部分法院审理黑社会性质组织犯罪案件工作座谈会纪要》也明确表示：“存在、发展时间明显过短、犯罪活动尚不突出的，一般不应认定为黑社会性质组织。”在长时间对社会形成控制的情况下，作为与社会违法犯罪活动接触频仍的国家机关工作人员对黑社会性质组织本质仍不了解，这种理由可能过于牵强。其三，如前所述，黑社会性质组织为获取“保护伞”的庇护，通常会利用利益收买或者强制手段对其进行拉拢，在这种深度的勾结中，国家机关工作人员有充分的机会对该组织进行了解。尤其是与黑社会性质组织形成利益同盟关系的“保护伞”，辩称对黑社会性质组织的性质不“明知”更是让人难以信服。

（三）客观方面

关于本罪的客观方面，我们认为，以下问题值得探讨。

（1）纵容黑社会性质组织罪是否以国家机关工作人员担负查禁黑社会性质组织及

---

① 参见梁根林：《刑法修正：维度、策略、评价与反思》，载《法学研究》2017 年第 1 期。

其实施的违法犯罪活动的职责为必要？对此，有学者明确表示肯定态度，认为本罪的纵容并不要求国家机关工作人员利用职务实施。[①] 也有学者认为，纵容行为构成犯罪必须是行为人担负一定的打击黑社会性质组织违法犯罪活动的职责并且是没有履行这种职责。[②] 我们赞同第二种观点。这是因为：

首先，2018 年《指导意见》第 22 条指出："《刑法》第二百九十四条第三款中规定的'包庇'行为，不要求相关国家机关工作人员利用职务上的便利。"如果"纵容"行为也如"包庇"行为一样不要求国家机关工作人员利用职务上的便利，那么该条似乎没有理由不对后者作出明确规定。

其次，在公法上，法无明文规定则禁止，国家机关工作人员一切行使权力的行为都必须源于法律的明确规定。这就是说如果法律未对国家机关工作人员查禁黑社会性质组织及其实施的违法犯罪活动作出授权，则该国家机关工作人员无权对其展开调查。比如，某市税务局局长于清晨跑步期间发现一群人在械斗，认出械斗者为黑社会性质组织成员，但其并未予以理睬，继续埋头跑步。在这种场合就不应认为税务局局长构成纵容黑社会性质组织罪，因为相关税务法和公务员法均未赋予税务局局长查禁黑社会性质组织及其违法犯罪活动的权力，自然就不能动用权力进行干涉。

最后，刑法要求每个国家机关工作人员都承担查禁黑社会性质组织的义务，显然过于扩大了国家工作人员的职责范围。这可能有利于在社会上强化"扫黑"的效果，却无利于形成精细化的社会分工。如果承认所有国家机关工作人员都负有"扫黑"的义务，那么令人担忧的是，在"扫黑"浪潮来得迅猛时，出于政策的推动，甚至可能戏剧性地出现国家机关工作人员抛开本职工作，而专职性地承担起本区域内"扫黑"任务的局面。这显然不利于对社会秩序的维护。

（2）黑社会性质组织实施的表面上具有合法性的活动，国家机关工作人员为其办理相关事宜，能否构成纵容黑社会性质组织罪？有学者认为，这取决于行为人是否明知所谓的正当行为是为了非法目的而实施的，在明知的条件下为其办理相关事宜，就可构成本罪。[③] 本文不认同这种观点。理由如下：

其一，在我国刑法中，除徇私枉法罪等少数动机犯外，其他犯罪均未将动机设置为构成要件要素。基于行为无价值的不法论立场，动机虽然能够影响非动机犯的不法程度，却不能以动机的有无作为划定入罪与出罪的界限。换言之，对于满足犯罪构成要件的行为，不能因为行为人具有良好的动机就出罪。而对于不具有构成要件符合性的行为，亦不能因为动机的恶而入罪。在黑社会性质组织实施的行为本身因不该当构成要件而不具备违法性时，因为行为人的目的非法而将该行为认定为违法犯罪行为是不符合法理的。

---

① 参见高铭暄主编：《刑法学》（新编本），北京大学出版社 1998 年版，第 479 页。

② 参见赵秉志主编：《扰乱公共秩序罪》，中国人民公安大学出版社 1999 年版，第 360 页。

③ 参见刘志伟：《包庇、纵容黑社会性质组织罪客观要件中疑难问题研析》，载《政治与法律》2002 年第 4 期。

其二，我国刑法第294条第3款规定的“纵容黑社会性质的组织进行违法犯罪活动”是指违法犯罪活动将要或者正在发生。在刑法理论的框架内，“将要发生”至少表明行为人已经实施了预备行为。换言之，对于纵容犯罪活动而言，不仅包括纵容实行犯，且理应包括纵容预备犯。可是，即便将预备犯解释进本罪的“犯罪活动”，我们也不认为默许黑社会性质组织合法开办公司的行为属于本罪的包庇行为。因为若以违背社会相当性作为预备犯成立的标准，诸如开办公司的合法行为很难说偏离了正常社会生活规范，而若以与实行行为具有密接性作为预备犯成立的标准，[①] 由于黑社会性质组织开办公司后并不必然马上会实施违法犯罪活动，因此不能不加区分地将其认定为预备行为。鉴于此，从规范上判断，行为人放任这种“合法”行为的发生，不能轻易地认为满足纵容黑社会性质组织的构成要件，只有当开办公司的行为能够合法地认定为犯罪的预备行为时，才有可能认定为本罪。

其三，过分强调非法目的存在刑法主观主义的危险，并且可能导致司法机关直接依赖口供定罪。行为是否合法，本来应当结合主客观两方面进行判断，但在行为正当的前提下，对行为性质的判断就完全取决于行为人的主观方面。承认动机对行为性质的决定性作用，可能会成为司法机关逼取口供的直接动力，导致严重的反法治后果。正如我国学者所言：“王海打假，谈何犯罪？你可以说他‘以合法形式掩盖非法目的’，但行为本身合法，你非要揭开他的内心世界，是否踩到强制取证的边缘？”[②]

（3）对黑社会性质组织实施违法犯罪活动具有重要作用的包庇行为是否有可能转化为组织、领导、参加黑社会性质组织罪？我们对此持肯定意见。根据2009年《座谈会纪要》，所谓组织者、领导者，“是指黑社会性质组织的发起者、创建者，或者在组织中实际处于领导地位，对整个组织及其运行、活动起着决策、指挥、协调、管理作用的犯罪分子”。而积极参加者是指“接受黑社会性质组织的领导和管理，多次积极参与黑社会性质组织的违法犯罪活动，或者积极参与较为严重的黑社会性质组织的犯罪活动且作用突出，以及其他在组织中起重要作用的犯罪分子”。由此可见，包庇行为并不与上述组织、领导或参加行为严格对立，而是可能存在交叉。比如，国家机关工作人员实施的“阻扰其他国家机关工作人员依法查禁”行为属于典型的包庇行为，但如果该包庇行为同时对犯罪活动的实现产生了重要作用，行为人就有可能构成参加黑社会性质组织罪。或者国家机关工作人员在实施违法犯罪活动后，多次制订周详的计划，全面协调黑社会性质组织成员逃匿，就此而言，也可认为该国家机关工作人员对该组织的运行、活动发挥了整体上的指挥作用，将其认定为领导行为是符合情理的。上述情况，行为人一个行为同时触犯两种罪名，应当依据想象竞合犯的法理择一重罪处罚。

2018年，中共中央、国务院联合发出《关于开展扫黑除恶专项斗争的通知》强调，对黑社会性质组织犯罪的组织者、领导者、骨干成员及其“保护伞”要依法从严

---

① 参见梁根林：《预备犯普遍处罚原则的困境与突围》，载《中国法学》2011年第2期。

② 参见邓子滨：《中国实质刑法观批判》，法律出版社2017年版，第126、235页。

惩处，对犯罪情节较轻的其他参加人员要依法从轻、减轻处罚。[①] 上述规定可以说在宽严相济刑事政策下基本坚持了刑法理性。但是，面临黑社会性质组织的难题，也有学者提出，应对策略突破了刑法理性和宽严相济刑事政策的基本要求。比如，有学者主张，提高我国黑社会性质组织犯罪的法定刑：（1）对于组织、领导黑社会性质组织的，处 10 年以上有期徒刑、无期徒刑；（2）对于积极参加的，处 3 年以上 10 年以下有期徒刑；（3）对于其他参加的，处 3 年以下有期徒刑、拘役、管制或者剥夺政治权利等。[②] 这种构想显然借鉴了我国恐怖主义犯罪法定刑的设置。但是，从立法者安排的章节顺序就可看出，恐怖主义犯罪与黑社会性质组织犯罪的危害性还是有区别的，设置相同的法定刑，恐怕难以做到罪刑均衡。况且，不同黑社会性质组织的社会危害性也存在巨大差别，倘若某黑社会性质组织以从事普通违法活动为主，对该黑社会性质组织的组织者和领导者，动辄处以 10 年以上有期徒刑甚至无期徒刑，社会特别是犯罪人也许无法接受。无视这几点，是论者在从严从重的“打黑”政策下失去刑法理性的表现。近年来的“打伞”、“拍蝇”的司法实践已经将“保护伞”从黑社会性质的有组织犯罪的背后揭露出来，暴露得一览无余。湖北荆门黑社会“保护伞”曝光，公安局原副局长等 3 人共收取郭华“感谢费”人民币 29 万元、美元 2 万元；邹平在郭华处投资 370 万元，从中获取高息 230 万元；罗芝林投资 1007 万元获利息 405 万元，后被移送司法机关处理。[③] 广东省中山市纪委专案查处收受赌博团伙贿赂的 40 余名公安分局领导干部，200 余名公职人员和公安民警因此自首。这是广东省中山市纪委顺藤摸瓜揪出了为赌博机经营者充当“保护伞”的 10 多个镇（区）公安分局的领导。[④] 诸如此类的案例和事件在“打黑”和“扫黑”过程中频发，进一步凸显了在黑社会有组织犯罪中如何准确界定和打击“保护伞”的问题，尽管“保护伞”已经不再是黑社会有组织犯罪构成的必备要件，但作为选择性要件，仍然是“扫黑”过程中重点打击的对象。

---

① 《中共中央国务院发出〈关于开展扫黑除恶专项斗争的通知〉》，载人民网，http：//politics. people. com. cn/n1/2018/0125/c1001 - 29785119. html。

② 刘霜、杨静：《再论宽严相济的刑事政策——以扫黑除恶专项斗争为切入》，载《首届中原刑事司法论坛论文集》（未公开出版），第 139 页。

③ 《湖北荆门黑社会保护伞曝光：公安局副局长等三人》，http：//www. zjknews. com/news/shehui/shehui/201804/23/207460. html。

④ 《打掉猖獗“老虎机”的“保护伞”》，http：//csr. mos. gov. cn/content/2018 - 04/16/content_ 61335. htm。

涉黑犯罪中“打早打小”刑事政策的批判性思考

王志祥[*]　融　昊[**]

一、问题的提出

黑社会性质组织犯罪（以下简称涉黑犯罪）是一种性质恶劣、危害严重、影响广泛的严重犯罪活动，是我国刑事法治领域内应予以严厉惩治的重点犯罪之一。在我国现行的1997年刑法中，涉黑犯罪包括以下三种具体犯罪：组织、领导、参加黑社会性质组织罪（第294条第1款），入境发展黑社会组织罪（第294条第2款），包庇、纵容黑社会性质组织罪（第294条第3款）。当然，从广义的角度而言，涉黑犯罪不仅应包括刑法第294条所规定的上述三种具体犯罪，而且还应当包括黑社会性质组织所组织实施的其他具体犯罪，如为获取经济利益而实施的非法经营罪、强迫交易罪、开设赌场罪、组织卖淫罪等犯罪；为形成非法控制而实施的故意伤害罪、非法拘禁罪、故意杀人罪、寻衅滋事罪等犯罪。不过，受研究对象的具体性所限，本文所探讨的涉黑犯罪仅指刑法第294条所规定的涉黑犯罪。

近年来，黑社会性质组织肆无忌惮地实施各种违法犯罪活动，这对社会治安甚至基层政权的稳定造成了极大威胁。概括起来，黑社会性质组织实施的犯罪活动主要包括以下情形：敲诈勒索、欺行霸市、强行索取保护费；聚众斗殴、寻衅滋事或者抢劫、绑架、伤害、杀人；放高利贷、替人讨债或者插手民间纠纷，充当“地下法庭”；走私贩毒，经营地下赌场和色情场所；操纵选举、篡夺基层政权、公然对抗社会；以暴力、贿赂等手段非法垄断经营，疯狂聚敛财富。随着黑社会性质组织的不断发展壮大，以贿赂、威胁等方法引诱、逼迫国家工作人员参与其违法犯罪活动或者为其提供非法保护，加紧向国家机关渗透，借助权力实施违法犯罪活动的趋势更为明显和严重。可以说，黑社会性质组织和恶势力的猖獗活动已经成为严重威胁人民群众生命财产安全，破坏经济、社会生活秩序的突出问题。①基于此，中共中央、国务院于2018年1月发布《关于开展扫黑除恶专项斗争的通知》（以下简称《通知》），由此掀起了又一轮的全国

---

* 北京师范大学刑事法律科学研究院外国刑法与比较刑法研究所所长，教授，法学博士，博士生导师。

** 北京师范大学刑事法律科学研究院刑法专业硕士研究生。

① 参见赵秉志、郑延谱：《论宽严相济刑事政策视野中的社会性质组织犯罪》，载《甘肃政法学院学报》2010年第6期。

扫黑除恶斗争的新高潮。

虽然在处理涉黑犯罪的过程中，我国始终坚持将“打早打小”刑事政策与“打准打实”方针并举的态度。但是，在司法实践中仍然存在着相当规模的乱象。具体而言，就是某些司法机关对尚处于低级形态的犯罪组织，甚至一般违法组织不加区分地一律按照黑社会性质组织进行处理。基于此，笔者认为，应当从刑事政策的学理角度针对“打早打小”刑事政策本身进行应然向度的审视与反思。

二、涉黑犯罪刑事政策的简要梳理

刑事政策这一概念最先是由被誉为“现代刑法学之父”的德国刑法学家费尔巴哈在1803年出版的刑法教科书中提出来的。费尔巴哈将刑事政策界定为“国家据以与犯罪作斗争的惩罚措施的总和”①。德国刑法学家李斯特认为，刑事政策是“国家与社会据以组织反犯罪斗争的原则的总和，是社会政策有机组织的一部分，是全社会关于预防、控制犯罪的思想、对策、措施的总和”。② 在我国，刑事政策学作为法学学科得以确立的时间比较晚。随着新中国的成立，党和国家在探索法治国家的建设道路上逐渐认识到刑事政策的重要性，不断强调刑事政策的作用和功能。学界由此开始对刑事政策的概念、刑事政策与刑事立法、刑事司法之间的关系等问题进行深入研究。基于研究方法和立场的不同，学者们对刑事政策的概念存在一定的争议。对此，主要存在广义说和狭义说之分。广义说认为，“刑事政策和策略是党和国家制定的，或者政法机关制定并经党和国家肯定、推行的运用刑事法律武器同犯罪作斗争的一系列方针、措施、政策、办法的总和”。③ 而狭义说则认为，刑事政策是“国家和社会依据犯罪态势对犯罪行为和犯罪人运用刑罚和诸多处遇手段以期有效地实现惩罚和预防犯罪目的的方略”。④ 不难看出，广义说将刑事政策解释为所有预防和惩罚犯罪的综合政策，既包括直接控制犯罪的各项刑罚制度，也包括间接控制犯罪的其他社会政策；狭义说则将刑事政策的范围限定为直接与控制犯罪目的相关的刑事上的政策。二者的分歧源自其研究范围的大小，其核心都是研究控制犯罪的各项方针和策略。由于本文将刑事政策的研究范围聚焦在刑事实体法上，因此笔者对刑事政策做狭义上的理解，将其界定为党和国家为控制犯罪而制定的一系列指导刑事立法和刑事司法的方针和策略。就涉黑犯罪来说，其刑事政策是指国家依据涉黑犯罪的态势制定的对涉黑犯罪行为和涉黑犯罪行为人运用刑罚及诸多处遇手段以达到有效控制的方针和策略。

在狭义刑事政策中，若以层次结构作为区分标准，刑事政策可以分为基本刑事政策和具体刑事政策两大类。基本刑事政策是指在犯罪控制全过程中长时间起主导作用

---

① 参见［法］米海伊尔·戴尔玛斯-马蒂：《刑事政策的主要体系》，卢建平译，法律出版社2000年版，第1页。

② 参见马登民、张长红：《德国刑事政策的任务、原则及司法实践》，载《政法论坛》2001年第6期。

③ 参见敬大力：《论我国的刑事政策和策略及其运用》，载《检察理论研究》1994年第2期。

④ 参见储槐植：《刑事政策概念、结构和功能》，载《法学研究》1993年第3期。

的政策，其具有稳定性、广泛性与主导性的特征。[①] 宽严相济刑事政策是我国现阶段的基本刑事政策，其基本内涵可表述为：该严则严，当宽则宽；严中有宽，宽中有严；宽严有度，宽严审时。具体刑事政策则是相对于基本刑事政策而言的，是指在犯罪控制的某一领域或某一阶段中起作用的刑事政策，其特征为具体性和对基本刑事政策的依从性。[②] 我国目前治理涉黑犯罪的具体刑事政策为“打早打小”的刑事政策，其脱胎于公安部1993年年初在武汉“反黑会议”上提出的“打早打小”的斗争方针。1997年刑法通过时，全国人大常委会副委员长王汉斌在《关于〈中华人民共和国刑法（修订草案)〉的说明》中强调：“对于黑社会性质的犯罪，必须坚决打击。一定要消灭在萌芽状态，防止蔓延。”[③] 这即是对“打早打小”刑事政策内涵的精练概括。

综上所述，我们可以看出，我国在刑事法治领域中针对涉黑犯罪已经初步构筑了较为成熟、完整、由宏观（宽严相济）到微观（“打早打小”）的刑事政策体系。

三、刑事政策功能维度下的“打早打小”刑事政策

由前述刑事政策的概念可知，刑事政策的基本含义是指打击和预防犯罪的对策，因此打击和预防犯罪是刑事政策的两项基本内容，二者相辅相成、不可偏废。申言之，刑事政策既具有预防性的功能又具备惩罚性的功能。毋庸置疑，在评价一项刑事政策的得失优劣时，必然要考察其对于刑事政策功能的实现情况。因此，笔者将在下文中从刑事政策的功能性维度出发，对于“打早打小”的刑事政策进行预防性与惩罚性叠加的双层次功能审视。

（一）刑事政策预防性功能下的“打早打小”

犯罪预防是刑事政策的核心功能。[④] 就其基本概念而言，有广义与狭义之分。广义的犯罪预防既包括一切旨在阻止犯罪行为发生的事前干预手段，也包括预防再犯和赔偿刑事犯罪被害人的各种事后处置措施，如各种刑罚与非刑罚的刑事制裁措施。而狭义的犯罪预防则强调预防是国家、地方组织和社会团体通过消除或限制致罪因素及对孕育着利于犯罪机会的物质及社会环境的恰当管理，以达到更好的控制犯罪的目的而采用的一种手段。[⑤] 与广义的犯罪预防概念相比，狭义的犯罪预防不再包括犯罪之后旨在预防犯罪人再犯的刑罚或非刑罚的刑事制裁措施，而只是把先于犯罪实施而采取的有针对性的措施和活动视为犯罪预防的具体内容。另外，基于上述对于刑事政策预防性功能的表述，不难看出，刑事政策所强调的犯罪预防概念比刑法中同刑罚相联系的

---

① 参见储槐植：《刑事政策：犯罪学的重点研究对象和司法实践的基本指导思想》，载《福建公安高等专科学院学报·社会公共安全研究》1999年第5期。

② 参见储槐植：《刑事政策：犯罪学的重点研究对象和司法实践的基本指导思想》，载《福建公安高等专科学校学报·社会公共安全研究》1999年第5期。

③ 王汉斌：《关于〈中华人民共和国刑法（修订草案)〉的说明》，http：//www. npc. gov. cn/wxzl/gongbao/2000－12/07/content_ 5003708. htm。

④ 参见［日］大谷实：《刑事政策学》，黎宏译，法律出版社2000年版，第5页。

⑤ 参见［法］雷蒙·加桑：《犯罪学》，达洛兹出版社2003年版，第500页。

一般预防和特殊预防概念所涵盖的范围更广泛，所有对消除犯罪原因及条件能够起作用的措施，无论是在犯罪之前还是在犯罪之后，都应包括在犯罪预防的概念之中。① 这主要是因为刑事政策在刑事法治领域中所调整的内容不仅局限于刑罚这一单一环节，而是贯穿于刑事立法、刑事司法、刑事执法的方方面面。其所涉及的内容和措施自然要远远广于刑罚本身。

然而，值得注意的是，犯罪是一种社会现象，诱发犯罪最广泛、最深刻的因素就是先于犯罪发生而存在的各种社会因素。而在这些社会因素中，不仅存在着犯罪的根源与一般条件，还存在着大量的直接激发犯罪动机或促使犯罪心理转化为客观现实犯罪行为的机会。这样，犯罪预防在应然意义上就是针对上述既存的社会因素或社会机会而采取的措施或行动，而不是以刑罚为中心的各种事后的刑事处置或制裁措施。并且与无所不包的广义的犯罪预防概念相比，狭义的犯罪预防概念在认识论方面更有助于犯罪预防概念的正本清源，进而为切实确立和践行“预防为主、打击（惩罚）为辅”的反犯罪对策提供具有可操作性的路径或手段。② 综上所述，与广义的犯罪预防概念相比，狭义的犯罪预防概念更为科学精准，亦更符合犯罪预防的本意。因此，笔者在下文中所论述的犯罪预防概念即为狭义的犯罪预防概念。

应当注意到，“打早打小”刑事政策中的“早”涉及违法犯罪组织的形成时间，“小”涉及违法犯罪组织的存在规模，在其活动的初期就给予彻底的打击是保证该政策能够取得实效的关键，也体现了预防其演变为具有严重社会危害的涉黑组织的初衷。然而，在我国，就黑社会性质组织的认定而言，应同时具备刑法第294条第5款规定的四个特征，即：（1）组织特征：形成较稳定的犯罪组织，人数较多，有明确的组织者、领导者，骨干成员基本固定；（2）经济特征：有组织地通过违法犯罪活动或者其他手段获取经济利益，具有一定的经济实力，以支持该组织的活动；（3）行为特征：以暴力、威胁或者其他手段，有组织地多次进行违法犯罪活动，为非作恶，欺压、残害群众；（4）危害性特征：通过实施违法犯罪活动，或者利用国家工作人员的包庇或者纵容，称霸一方，在一定区域或者行业内，形成非法控制或者重大影响，严重破坏经济、社会生活秩序。而既然是“早”和“小”的违法犯罪组织，其危害性特征便不会很明显，也未必具有雄厚的经济实力和稳固的组织形态，甚至在行为特征方面亦缺乏直接的暴力性。倘若单纯将宽泛认定黑社会性质组织以降低涉黑犯罪入罪门槛的做法③当作“打早打小”刑事政策中“打”的应有之义，不仅会带来关于定罪准确性方面的问题，也违背了刑事政策预防性功能本身所强调的提前介入与综合治理的要求。

众所周知，涉黑犯罪及其组织的诞生有着深刻的社会原因和时代背景。我国社会在新时期所浮现的各种社会矛盾、社会主体对经济利益的不懈追求，以及部分领域国

---

① 参见［波］布·霍韦斯特：《犯罪学的基本问题》，冯树良等译，国际文化出版公司1989年版，第133页。

② 参见卢建平主编：《刑事政策学》，中国人民大学出版社2013年版，第254页。

③ 换言之，就是将一些尚处于低级阶段、不具备或不完全具备黑社会性质组织所必需的四个特征且社会危害程度并未适格的普通犯罪集团升格认定为所谓的“黑社会性质组织”加以处理。

家权力退出所遗留的权力真空，均是目前反黑斗争形势严峻的客观因素。如果承认任何犯罪现象出现的原因都是错综复杂的，也就必须承认以国家强制力为基础和保障的刑法对犯罪的压制作用是相当有限的。对于某些严重、复杂的犯罪，通过刑法压制是难以达到理想效果的，因为刑法无法从根源上解决犯罪产生的原因。① 所以，要从根本上预防犯罪的产生，重点是“要找到导致这个问题产生的原因，如果所采取的措施针对的不是导致这种结果发生的原因，这种措施就可能是无效的”。② 这正是所谓的不治已病治未病，不治已乱治未乱。并且，最高人民法院于2015年印发的《全国部分法院审理黑社会性质组织犯罪案件工作座谈会纪要》在进一步阐释“打早打小”刑事政策时，强调要以预防为主，将黑社会性质组织消灭在萌芽状态。展开来看，这一表述无非是在要求加强治安管控，以避免一些普通的不法团伙走向犯罪甚至涉黑犯罪的道路。鉴于此，较之于在司法实践中变相降低涉黑犯罪的入罪门槛从而将一些低烈度的有组织犯罪行为升格当作涉黑犯罪处理，探索由单一依赖刑法治理转向罪前介入、标本兼治的综合治理和源头治理才是实现刑事政策预防功能的必由之路。

退一步讲，“打早打小”也并不意味着必然要按“黑”来打，而排除“他”打的预防功效。虽然黑社会性质组织犯罪在刑罚设置、科刑原则以及具体执行等方面要远远严格于一般共同犯罪和集团犯罪，但是这并不意味着涉黑罪名的成立就能必然实现彻底打击犯罪、根绝其经济和社会基础的效果。相反，在诸如寻衅滋事、敲诈勒索等具体罪名法定刑提高、财产刑完备的如今，深挖主谋、骨干和同伙，按照刑法总则中关于共同犯罪的相关规定进行定罪处罚，也同样能够实现“打早打小、精准制裁”的司法效果，进而实现“打早打小”刑事政策事前预防涉黑犯罪的功能。

事实上，我国司法机关也早已认识到了对涉黑犯罪进行降格处理问题的严重性。③ 但是，在司法实践中，一些司法机关在认定黑社会性质组织时基于“除恶务尽”这一功利主义价值的考量，将“打早打小、绝不让其坐大成势”作为把握和贯彻的标准，因而对于黑社会性质组织的认定趋向于宽泛化。④ 毋庸置疑，司法机关长时间以来对于“严打”方针的着力贯彻是导致对于黑社会性质组织的认定走向宽泛化继而在司法实践中变相降低涉黑犯罪的入罪门槛的重要原因之一。然而，在实际操作过程中，由于缺

---

① 参见戴小强：《论“扫黑除恶”专项斗争的特征及其法治要求》，载《北京警察学院学报》2018年第3期。

② 参见骆多：《涉黑犯罪打早打小政策运用反思》，载《江西警察学院学报》2014年第4期。

③ 2010年10月最高人民法院颁布了《关于人民法院深入推进打黑除恶专项斗争的工作意见》，其中特别强调“严格按照法定标准认定黑社会性质组织犯罪，决不允许在案件定性问题上出现人为‘拔高’或‘降格’处理的现象”。2010年4月14日最高人民法院刑三庭发布的《在审理故意杀人、伤害及黑社会性质组织犯罪案件中切实贯彻宽严相济刑事政策》强调在具体认定时，应根据立法本意，认真审查、分析黑社会性质组织四个特征相互间的内在联系，准确评价涉案犯罪组织所造成的社会危害。既要防止将已具备黑社会性质组织四个特征的案件“降格”处理，也不能因为强调严厉打击将不具备四个特征的犯罪团伙“拔高”认定为黑社会性质组织。2018年1月16日最高人民法院、最高人民检察院、公安部、司法部联合发布的《关于办理黑恶势力犯罪案件若干问题的指导意见》也在第1条中强调了在处理涉黑犯罪时要将“打早打小”与“打准打实”结合起来。

④ 参见康均心：《从打黑除恶到扫黑除恶》，载《河南警察学院学报》2018年第3期。

乏相应的定量因素与精细化标准，“统统从严”和“一律认定”会凸显出更接近于国家“扫黑除恶”的强硬态度，从而更易成为裁判者遵循路径依赖的惯性选择。这样做不仅表现出司法机关对于涉黑案件处理的普遍僵化和强硬，更使得定案结果极易朝着认定为涉黑犯罪的方向倾斜。例如，在司法实践中，某些审判机关常常会将一些纪律松散、违法手段的恶劣程度并不强烈且未与公职人员勾结的非法讨债公司认定为黑社会性质组织。实际上，无论是规范层面还是学理层面，二者的区别都是非常鲜明的。具体而言，若以违法犯罪行为的社会危害性程度作为标准来看的话，前者在人员数量、组织程度、犯罪目的以及行为方式等多方面都要远远逊色于后者。① 因此，基于司法实践中大量出现的宽泛认定黑社会性质组织从而变相降低涉黑犯罪门槛的做法，“打早打小”这一针对涉黑犯罪的具体刑事政策在实然层面上并未充分发挥其事先预防犯罪的功能。

（二）刑事政策惩罚性功能下的“打早打小”

如前所述，虽然在刑事政策的预防性功能的概念上，笔者倾向于采用狭义的预防性功能概念，但是广义的预防性功能是涵盖惩罚性功能的。换言之，广义的犯罪预防是包括刑罚等事后处置措施的。因此，将刑事政策的惩罚性功能并入预防性功能中理解，在法理上也并非完全无法成立。然而，在考量我国具体刑事政策的功能时，脱离我国社会转型时期的特殊国情和司法环境而只做形而上的分析，是无法得出贴合实际的准确结论的。应当看到，在面对涉黑涉暴等严重威胁社会秩序、人民群众生命财产安全的犯罪时，无论是被害人还是社会公众，虽然已逐渐脱离了对于“以眼还眼，以牙还牙”的朴素正义观的桎梏，但对于以法律明确规定的刑罚严惩犯罪人的报应正义价值仍然有着强烈的需求。并且，面对一些黑恶势力对于基层权力真空的占领以及对基层政权的侵蚀，国家机关急需通过严惩此类涉黑犯罪以在社会基层中宣示权力、重树权威。对此，可以从《通知》和《关于办理黑恶势力犯罪案件若干问题的指导意见》对于整治基层“村霸”和宗族势力的着重强调中得到印证。另外，刑罚作为刑事制裁体系中的主导措施，在实现自身一般预防与特殊预防目的的同时，仍然蕴含报应这一使其自身正当化的依据。② 而刑罚亦是刑事政策在刑事法治领域发挥作用的重要手段。因此，应当承认刑事政策的惩罚性功能是有其独立性意义的。

不仅如此，具体到“打早打小”这一针对涉黑犯罪的具体刑事政策上，其惩罚性功能还在司法实践中得到了强化。具体而言，就是这种刑事政策惩罚性功能的作用范围已由普遍认知上的量刑与行刑环节拓展至本应注重于犯罪事实、法律规范以及二者间涵射关系本身的定罪或司法认定环节。其中，前文论述的在司法实践中变相降低涉黑犯罪入罪门槛的做法就是这一现象的具体表现。而这一强化现象的产生本身又具有多方面、深层次的原因。首先，总体来讲，基于严打思维在刑事司法领域的惯性作用，

① 参见王志祥：《论黑社会性质犯罪构成特征的界定》，载《法治研究》2010 年第 10 期。

② 参见张明楷：《责任刑与预防刑》，北京大学出版社 2015 年版，第 27 页。

虽然国家一直在强调“宽严相济”的刑事政策，但我国30年来打击黑恶势力的基本策略仍是“严”字当头。其次，涉黑犯罪与黑恶势力组织在近些年来的发展变化也是促成国家强调惩罚性功能的原因之一。具体而言，主要有以下三个方面的表现：（1）涉黑犯罪的犯罪方式由硬暴力向软暴力转换。绑架、抢劫、故意伤害等方式是原有黑恶势力的惯用行为方式，一般称之为硬暴力。如今，黑恶势力呈现出一种新的行为方式，即采用“软暴力”、非暴力手段进行胁迫，其隐蔽性更强。为了逃避打击，黑恶势力公开打斗等“硬暴力”方式明显减少，暴力化特征弱化，多使用“软暴力”和非暴力，采取“能吓不骂、能骂不打、能打不伤”的招数，用言语恐吓、跟踪滋扰等手段实施违法犯罪行为。（2）黑恶势力披着合法外衣，隐蔽性更强。现阶段的黑恶势力为逃避法律制裁，隐蔽性更强。实践中的很多黑恶势力以“公司”形式，依托经济实体存在。就一些“转型”、“漂白”的黑恶势力而言，组织形式“合法化”、组织头目“幕后化”、打手马仔“市场化”。（3）黑恶势力渗透的重点领域发生变化。近年来，黑恶势力的涉足领域从过去的采砂、建筑等行业转向物流、交通等领域，还有的构建非法高利放贷平台，成立所谓的贷款公司，然后进行“软暴力”催债，对群众人身、财产安全形成威胁。最后，我国基层法治环境的特殊性也是导致目前针对涉黑犯罪的刑事治理注重惩罚性的重要原因。以我国基层的农村社会为例，农村“是一个‘熟悉’社会，一个没有陌生人的社会”。在这个社会里，“从己向外推以构成的社会范围是一根根私人联系，每一根绳子被一种道德要素维持着”。换言之，道德或者说礼治在乡土社会中发挥着重要作用，以至于“我们可以说这是个‘无法’的社会”。[①] 鉴于此，以往对很多发生在农村的违法犯罪行为，如“乡霸”、“村霸”组织的聚众斗殴行为，相关部门为维护农村稳定，通常会通过调解等非诉讼方式进行处理。这种处理方式虽然可以在短时间内压制纠纷，但长此以往，反倒容易助长黑恶势力的嚣张气焰，不仅使维护农村稳定的初衷最终落空，反而会导致社会矛盾激化，甚至基层政权崩溃。因此，严厉惩治“村霸”与宗族恶势力也就成了本次“扫黑除恶”专项斗争的重点工作之一。

众所周知，刑事政策的惩罚性功能是通过刑法中的制裁性内容发挥作用的。而所谓的刑事制裁，不仅仅包括刑罚措施，还包括诸如社区矫正、禁止令与职业禁止等措施。其中，刑事政策的惩罚性功能正是契合了刑事制裁自身属性的两个方面，即强制性与剥夺性。具体而言，所谓强制性，是指刑事制裁措施以国家暴力为后盾，通过压制犯罪人自由意志的方式，强迫其为某行为或不为某行为；所谓剥夺性，是指刑事制裁措施通过在司法过程中的具体运用以全部或部分剥夺犯罪人的某些权力，如监禁刑对于人身自由的剥夺或财产刑对于财产权利的剥夺。而刑事政策惩罚性功能所追求的报应正义价值恰恰就是通过将刑事制裁施加于犯罪人的这种强制与剥夺得以具体实现的。由于我国目前并未针对涉黑犯罪行为人构建专门性的非刑罚矫正与预防制度，因

---

① 参见费孝通：《乡土中国》，人民出版社2015年版，第38页。

此我国当下针对涉黑犯罪的刑事制裁体系仍然是以刑罚为主导的“单轨制”模式。从这个意义上讲，刑事政策的惩罚性功能在治理涉黑犯罪方面仍然主要是通过刑罚制度的运转得以实现的。基于此，“打早打小”的刑事政策若要在司法实践尤其是审判实践中突出其惩罚性功能，就应着重着眼于量刑环节，而非定罪环节。另外，从刑事司法原理本身来讲，同强调强制与剥夺以追求社会防卫与法益保护效果的量刑环节相比，定罪环节基于规范性认定客观事实与中立性适用刑事法律以充分实现人权保障这一刑法的重要机能。由此可知，倘若一味地偏执于在定罪环节宣示“打早打小”的刑事政策的惩罚功能，以扩张解释的名义对尚处于低级形态的犯罪组织不加区分地一律按照黑社会性质组织进行处理，不仅在形式上会造成量刑环节侵占定罪环节适用空间以至于定罪环节虚无化的后果，在实质上也会破坏涉黑犯罪相关罪名构成要件的类型化机能，甚至超出国民对于涉黑犯罪相关重要问题进行预测的可能性，以至于突破罪刑法定原则的底线。因此，倘若在涉黑犯罪的定罪环节过分强调具体刑事政策的惩罚功能，执迷于寻找重罪来嵌套无论是在罪质还是罪量上均不符合该重罪构成要件要求的危害行为，亦会使惩罚性功能本身丧失正义性。

更值得强调的是，评析刑事政策的惩罚性功能，最终仍应回归到刑事政策或刑事法治本身所追求的价值上。目前，理论界关于刑事政策的价值追求存在着广泛的争鸣，但大都集中在功利和公正两个方面。功利价值强调对社会秩序的维护，公正价值主张对个体权利的保护。① 这一分野显然契合于刑法本身的法益保护机能和人权保障机能。并且，我们应该看到，启蒙运动后，随着公正价值，即人权保障理念的广泛普及，当代法治国家在刑事法治领域所形成的一个普遍共识就是惩罚本身并不是刑事法治所追求的目的，预防犯罪的发生才是其真正追求的目的。基于此，与惩罚性功能相比，刑事政策的预防性功能存在着位阶顺序上的优先性与目标追求上的终极性。换言之，惩罚性功能虽有其独立性，但仍是服务于预防性功能的。另外，倘若一味迎合大众对于涉黑犯罪重惩罚的政策的需要，是不利于实现刑事政策的预防犯罪功能的。这是因为刑法应当是法益保护的最后手段，这又被称为法益保护的补充性。刑法在本质上就有它的不完全性格，亦即刑法不可能对于一切轻重不等的法益破坏均予以介入。这种观念实际上是源于法治国原则所衍生出来的比例原则：国家只有在别无其他更合适的手段以控制违法行为时，才可以动用最严厉的法律制裁手段——刑罚。如果国家轻率地适用刑罚手段，就违反了“超量禁止”的原则。简而言之，如果采用其他社会政策上的措施同样可以有效地保护法益的话，那么刑罚手段就不应该被采用。所以，过于依赖刑罚手段带来的消极后果往往是轻视其他社会政策的运用，因此无法从根本上消除犯罪的原因。② 再者，从刑罚这一贯彻刑事政策惩罚性功能的重要手段本身的特征来

---

① 参见汪明亮：《“严打”的理性评价》，北京大学出版社 2004 年版，第 165 页。

② 参见姜涛：《当前我国黑社会性质组织犯罪若干问题研究》，载《中国人民大学学报》（社会科学版）2010 年第 4 期。

看，与刑罚的严厉性相比，刑罚的确定性和及时性更能有效实现犯罪预防。[①] 应当承认，“重典治乱”的传统思维到现在依然对于国人的法治观念具有重要影响。这表现在一旦遇上治安状况差的时期，重刑主义的惯性思维就会怂恿立法部门通过加重刑罚震慑犯罪，而最终这种“怂恿”或多或少也会体现在立法中。其实，重刑对遏制犯罪的作用大小本身就是存在疑问的。早在18世纪，古典刑事学派就对重刑对犯罪的遏制作用提出了质疑。贝卡利亚曾提出以下观点：犯罪与刑罚之间的时间隔得越短，在人们心中，犯罪与刑罚这两个概念的联系就越突出、越持久。[②] 这就是刑罚及时性。及时性对犯罪的震慑效果要比严厉性好。刑罚及时性的效果在于行为人在产生犯罪念头时，如果能够必然地联想到刑罚所带来的痛苦，基于心理强制说，他就极有可能放弃犯罪。贝卡利亚还更明确地提出了刑罚确定性概念，并直接指出了刑罚确定性相对于严厉性的优势：“对于犯罪最强有力的约束力量不是刑罚的严酷性，而是刑罚的必定性。”[③] 假若司法机关能够惩治现实发生的一切犯罪，必然会消除犯罪人实施犯罪又能逃脱刑罚的侥幸心理，从而减少犯罪；而实际上现实中大部分人是抱持这种侥幸心态去实施犯罪的。应当说刑罚的及时性和确定性学说正确把握了行为人的犯罪心理，对震慑犯罪具有重要作用。尽管这一结论尚难通过实证加以证实，但这符合一般人的心理规律，因此已被刑法学界普遍认同。[④] 综上所述，治理涉黑犯罪的具体刑事政策在应然层面不应以惩罚性功能为主导。

四、刑事政策与刑法关系维度下的“打早打小”刑事政策

刑法与刑事政策是刑事法治领域中两种在本质属性上截然不同的现象：刑法从本质上讲是一种法律现象，其主要表现形式是以法条呈现出来的刑法典。它不仅是刑事立法活动的应然结果，也是刑事司法活动的规范依据。而刑事政策则区别于法律，其性质从本质上来讲还是一种政策。政策属于政治的范畴，是指政治决断与决策。因此，刑事政策实际上是刑事政治。[⑤] 然而，二者在刑事法治领域所追求的目的确实是殊途同归的。换言之，实现对于犯罪活动的有效治理和对于公民人权的保护，离不开刑法与刑事政策的共同作用。总的来讲，刑法与刑事政策之间既是相互配合的关系，又是相互制约的关系。因此，在综合分析“打早打小”刑事政策的作用和利弊时，就有必要结合其与刑法的关系进行具体的论证。

（一）刑法刑事政策化的实然趋势

刑法的刑事政策化趋势是近半个世纪以来刑事法治领域内崛起的一种新潮流。我

---

① 此处虽然将刑罚与刑事政策的预防性功能联系在一起，但文中所强调的预防显然是通过刑罚而震慑潜在犯罪人，旨在事前消除潜在犯罪的一般预防，而并非事后防止再犯的特殊预防，因此与本文前述所采用的狭义预防功能的概念并不矛盾。

② 参见［意］贝卡利亚：《论犯罪与刑罚》，黄风译，中国大百科全书出版社1993年版，第8页。

③ 参见［意］贝卡利亚：《论犯罪与刑罚》，黄风译，中国大百科全书出版社1993年版，第59页。

④ 参见戴小强：《论“扫黑除恶”专项斗争的特征及其法治要求》，载《北京警察学院学报》2018年第3期。

⑤ 参见卢建平：《作为“治道”的刑事政策》，载《华东政法学院学报》2005年第4期。

国学者曾经对刑法的刑事政策化进行了以下界定："所谓'刑法的刑事政策化'，就是在刑法的制定和适用过程中，考虑刑事政策，并将其作为刑法的评价标准、指引和导向。"①溯源穷流，对于这一趋势或潮流发端的考察还要回溯到20世纪的德国刑法学界。20世纪初，德国刑法学家冯·李斯特曾提出"刑法是刑事政策不可逾越的边界"这一论断，这也就是闻名海内外刑法学界的"李斯特鸿沟"，这一论断精准地揭示了刑法与刑事政策的区别与界限。然而，第二次世界大战后，德国新古典主义刑法学派主张对其既有刑法体系尤其是犯罪论体系进行全面的反思。此后，德国刑法学体系开始逐渐由存在论体系转型为价值论体系。在这一过程中出现的一个标志性的成果就是克劳斯·罗克辛所主张的将刑事政策引入刑法学进行研究的观点。具体而言，就是通过将刑事政策的内容和精神作为所谓的"实质"，注入到具体的刑事立法与刑事司法的工作中去，使之成为刑法立法的指导方针，刑法解释或刑法教义的价值指引。② 换言之，就是要强调刑事政策对于刑法立法的定向性引导以及基于其而衍生出的对于具体犯罪构成中各个要件要素的实质解释。这就是所谓的"罗克辛贯通"。"罗克辛贯通"使得在学理上泾渭分明的两个学科范畴——刑法学与刑事政策学之间形成了具有可操作性的联动机制与沟通路径。在当今全球刑事法治领域蓬勃兴起的刑法刑事政策化趋势正是滥觞于"罗克辛贯通"。

至于这一趋势出现的具体原因，还需要结合刑法与刑事政策间不同的特征加以具体探析。客观来讲，刑法基于罪刑法定原则对自身的塑造，其特征较之刑事政策可以被概括为以下三点：(1) 形式的规范性。采用成文法而非习惯法的形式，且由立法机关遵循宪法、立法法的相关规定严格按规范的程序制定。(2) 内容的滞后性。基于刑法立法与修法过程的严格性，以及自身的谦抑性属性对于稳定的追求，其所规定的内容往往很难对新出现的社会热点问题与矛盾进行及时回应。(3) 价值的唯一性。刑法的终极价值在于对人权的保障，无论是对犯罪人还是被害人而言均是如此。与此相对，刑事政策基于其定向管理与规制目的的引导，其特征也可以被归纳为与刑法一一对应的三点：(1) 形式的灵活性。刑事政策出台的形式普遍不拘一格，可能是某次会议的会谈纪要，也可能是某些主管部门的批示，甚至还可能是某位主管政法工作的领导干部针对某一突出问题的讲话。(2) 内容的及时性。刑事政策尤其是具体刑事政策出于对当前社会热点犯罪问题管控的需求，在制定过程中所纳入的内容必然是与当前热点问题和突出矛盾息息相关的。(3) 价值的多元性。在刑事问题方面，由于不同时期、不同地域社会的突出矛盾与焦点争议的不同，所以刑事政策所承载或蕴含的价值也不是一成不变的，而是基于不同的时间、空间条件的变化而转移。应当说，刑事政策体现的是刑法的变动性，因为刑事政策具有对社会生

---

① 参见黎宏：《论"刑法的刑事政策化"思想及其实现》，载《清华大学学报》(哲学社会科学版) 2004年第5期。

② 参见［德］克劳斯·罗克辛：《德国刑法学总论》(第1卷)，王世洲译，法律出版社2005年版，第569页。

活的高度感性，而且其决策过程也比刑法立法程序更为便利。[①] 需要注意的是，现代化的信息社会已经逐渐进入一个物质高度发达、分工高度细化、社会各组成部分间联系高度密切的风险社会，各种新形式、新内容的风险层出不穷，仅仅通过刑法立法修法的方式很难对之予以及时回应。并且刑法自身规范性以及罪刑法定原则的底线也不允许立法与司法机关违反程序修法或肆意对法条进行实质解释。因此，通过制定刑事政策，并将刑事政策的内容和精神注入到具体的刑事立法和刑事司法工作中的方式，能够有效化解刑法的形式规范性、内容滞后性与解决社会突出刑事问题的需要之间的矛盾。因此，我国针对涉黑犯罪而制定的“打早打小”具体刑事政策在刑事立法与刑事司法工作中的指导性作用无疑是具有合理性的，其在具体层面主要表现在立法与司法两个层面。

1. *立法层面*

针对多年来涉黑犯罪的严峻形势，以及其不断演化的新形式和新动态，为了维护社会治安秩序，保障人民权益，进一步加大对相关涉黑犯罪的惩处力度，我国立法机关全面吸收相关立法、司法解释以及会议纪要中关于贯彻“打早打小”刑事政策的内容，将黑社会性质组织的四个特征写入法条，把其作为认定其成立的构成要件，从而为司法实践中认定涉黑犯罪提供较为明确的判定标准。同时，增加规定财产刑，对这类犯罪除规定处以自由刑外，还规定可以并处罚金、没收财产。2011 年 2 月 25 日全国人大常委会通过的《刑法修正案（八)》将刑法第 294 条修改为“组织、领导黑社会性质的组织的，处七年以上有期徒刑，并处没收财产；积极参加的，处三年以上七年以下有期徒刑，可以并处罚金或者没收财产；其他参加的，处三年以下有期徒刑、拘役、管制或者剥夺政治权利，可以并处罚金。境外的黑社会组织的人员到中华人民共和国境内发展组织成员的，处三年以上十年以下有期徒刑。国家机关工作人员包庇黑社会性质的组织，或者纵容黑社会性质的组织进行违法犯罪活动的，处五年以下有期徒刑；情节严重的，处五年以上有期徒刑。犯前三款罪又有其他犯罪行为的，依照数罪并罚的规定处罚……”另外《刑法修正案（八)》第 7 条将刑法第 66 条修改为“危害国家安全犯罪、恐怖活动犯罪、黑社会性质的组织犯罪的犯罪分子，在刑罚执完毕或者赦免以后，在任何时候再犯上述任一类罪的，都以累犯论处”。

由上述刑法立法的变动可知，“打早打小”刑事政策对于相关涉黑犯罪中构成要件与刑罚的修改起到了深入的影响。

2. *司法层面*

在针对涉黑犯罪的司法实践中，近年来可以明显看到“打早打小”刑事政策不断活跃的“身影”。一方面，在认定犯罪的时候，前述关于人为降低黑社会性质组织成立标准从而变相降低入罪门槛的现象就是对“打早打小”刑事政策“过度贯彻”的现实写照。对此，笔者将在本文的下一部分详细论述。另一方面，在裁量刑罚的时候，审

---

① 参见陈兴良：《刑法的刑事政策化及其限度》，载《华东政法大学学报》2013 年第 4 期。

判机关普遍将该刑事政策中“打”与“严”的要求充分贯彻，坚决严惩那些社会危害严重且民愤较大的涉黑犯罪分子。这一点，通过近年来影响较大的涉黑案件的裁判结果可见一斑。比如，对四川刘汉、刘维案的主犯或首要分子，基本上都被判处了我国目前刑罚体系内最严厉的刑罚——死刑立即执行。

（二）坚守罪刑法定底线的再强调

由前面的论述可知，在针对涉黑犯罪的治理过程中，刑法刑事政策化这一趋势的大方向是值得肯定的。评价其效果如何的关键依据主要在于实现这一趋势的具体手段以及这一趋势实现的程度。而目前的司法实践现实却不太尽如人意。对此，以前面所反复提及的那个突出问题——某些司法机关人为降低黑社会性质组织成立标准从而变相降低涉黑犯罪门槛的现象——表现得最为淋漓尽致。倘若将这一现象放在刑法与刑事政策的关系层面来进行解读的话，就不难发现这一做法从表面上来看是定罪不精准、不周严，从实质上看却是破坏了相关涉黑犯罪构成要件的类型化机能。而构成要件的类型化机能不仅仅起到了区分罪与非罪、此罪与彼罪的作用，更进一步来讲，它还是刑法法条为罪刑法定原则在司法过程中的具体贯彻所提供的物质保障。因此，具体到涉黑犯罪，其相关罪名构成要件的类型化机能亦是贯彻“打准打实”方针的规范保障。那么，此类对于构成要件类型化机能的破坏的行为在规范属性上就属于一种以政策代替立法的行为，即不规范、不合理甚至不合法地突破了刑法与刑事政策间本应保持的边界，而在刑法法理属性上就属于对罪刑法定原则的变相突破甚至破坏。这一现象在刑事司法实践中突出表现在以下两个方面：

一方面，从规范层面来看，2018 年年初所颁布的《关于办理黑恶势力犯罪案件若干问题的指导意见》在对于具体黑恶势力进行列举时，将网络水军、有组织的软暴力行为以及非法讨债行为统统划归其中，从而大力贯彻“打早打小”刑事政策的要求。这从严格意义上来讲是值得商榷的。即使上述行为具有严重的社会危害性，可是如果不满足黑社会性质组织成立的四个特征，即组织特征、经济特征、行为特征和危害性特征，依照罪刑法定原则，还是不能通过不受限制的实质解释或扩张解释的方法将其认定为相关的涉黑犯罪加以处理；从国民预测性本身出发，在当前社会一般理性人的认知中，上述行为所体现出的鲜明特征更趋于治安违法事件，与涉黑犯罪这样纪律严整、规模庞大、实力雄厚且称霸一方的严重犯罪是很难画等号的。

另一方面，以热点案件为例，2016 年发生在河南商丘的“大妈讨债团”涉黑案曾引起了广泛的争议。此案中，大妈们有组织地受雇于相关债权人，采取高声辱骂恐吓等非法骚扰方式，逼迫有关债务人还债。2017 年 7 月 5 日，这个“大妈团”的 14 名主要成员被河南省睢县人民法院一审判决犯组织、领导、参加黑社会性质组织罪和寻衅滋事罪，判处 2 年至 11 年不等的有期徒刑。[①] 通过此案的案件事实和裁判结果，不难

---

① 参见宋超：《河南“大妈涉黑团”讨债生意：占着理，吵架时不能输》，http://news.163.com/17/0806/22/CR6KMPP10001875P.html。

看出由于长期强调和重视打击治理涉黑犯罪的彻底、及时和高效，无论相关违法犯罪行为主体的特征是否与黑社会性质组织的特征相符，很多基层审判机关都着重强调“打早打小”，因而逐渐倾向于将各类五花八门的有组织犯罪行为均作为涉黑犯罪进行定罪量刑。然而，将体力与心智条件都不足以与传统意义上涉黑犯罪犯罪人相提并论的大妈们强行升格认定为涉黑犯罪的犯罪人，不仅不能实现对于违法行为的有效治理，更会通过判决的部分规范性效力模糊各类行为特征本不相同的有组织违法犯罪行为之间的界限。这样既导致了犯罪人所承担的刑事责任与所犯罪行及其人身危险性不相匹配，更会使得人民群众在对于涉黑犯罪形成违法性认识方面的难度大大增加，从而严重破坏了国民预测的可能性，从本质上突破了罪刑法定原则对于司法活动的约束。

综上所述，可以看出“打早打小”刑事政策不能代替具体的刑法法条成为涉黑犯罪的裁判依据，过分强调“严厉打击”也不能以变相降低涉黑犯罪认定标准进而人为破坏刑事政策与刑法之间的界限为代价。否则，涉黑犯罪的相关罪名有可能异化为包罗并评价所有有组织犯罪活动的口袋罪名。这无疑是从源头上背弃“打准打实”方针，彻底破坏了其对于“打早打小”刑事政策所起到的安全阀的作用。刑法的刑事政策化只能是刑事政策对刑法的制定与运行进行必要与适度的导向与调节，这种导向与调节只能在刑法许可的范围内进行。不论刑事政策如何调节和影响刑法的运作，刑法永远是刑事政策不可逾越的藩篱，因为刑法和刑事政策之间存在着前述三个方面的重大差别，这些差别决定了刑法的刑事政策化应有合理的限制，不能把刑法变为刑事政策。[①] 基于此，有必要反复强调在贯彻“打早打小”刑事政策时，司法机关必须严守罪刑法定原则的底线，不得肆意用政策代替法律甚至曲解法律与政策。毕竟“李斯特鸿沟”在当前中国法治语境下还有另一种翻译或解读，即“罪刑法定永远是刑事政策不可逾越的藩篱”。

五、余论

由前述所论述的“打早打小”刑事政策本身内容和其在具体运行中所出现的问题，可以看出当前确实有进一步完善针对涉黑犯罪具体刑事政策的必要。展开来看，主要有两个方面：一方面，应不断提升针对涉黑犯罪具体刑事政策的合理性程度。具体而言，首先应再次强调宽严相济基本刑事政策对于“打早打小”具体刑事政策的统摄作用。换言之，针对涉黑犯罪，不能一味地强调“打”与“严”，还应审时度势，结合具体的案件事实做到宽严有度，区别对待。其次，要严格把握该刑事政策与刑法之间的界限，牢守罪刑法定的底线，严禁用政策替代法律，特别是通过不适当的实质解释的方式人为降低黑社会性质组织成立标准从而变相降低涉黑犯罪门槛的方式来强行定罪，应当努力贯彻“打准打实”的方针，做到精准定罪，不枉不纵。正如中央政法委秘书长陈一新在全国扫黑除恶专项斗争培训班上强调的那样，在针对黑恶势力犯罪的

---

① 参见张永红：《刑法的刑事政策化论纲》，载《法律科学》2004年第6期。

斗争中要做到有黑扫黑、无黑除恶、无恶治乱，坚持“是什么就定什么”的方针，不能不适当地入罪或出罪。[①] 最后，从长远来看，打击与惩罚并不是刑法、刑事政策以及刑事法治的最终目的。为了杜绝某些司法机关一而再再而三地片面理解“打早打小”刑事政策，以“防早防小”的概念代替“打早打小”对于更好地结合“打准打实”方针，精准定罪，继而实现高效治理涉黑犯罪的目标而言显然是更有裨益的。

另一方面，针对涉黑犯罪具体刑事政策的高效运转在根本上有赖于构建全方位、多层次、宽领域的综合治理体系。具体而言，就是要尊重刑法的谦抑性原则，摒弃以刑法或刑事手段充当“救火队员”的“单骑闯关”的治理模式，综合运用行政、经济与教育等多元化治理手段体系化地高效治理涉黑犯罪。首先，要提倡治理主体的多元化，推进国家与社会在涉黑犯罪领域实现共同治理，增强、挖掘与整合社会资源参与对涉黑犯罪的预防和控制。其次，要强调治理路径的科学化，深层次地探究涉黑犯罪产生的原因，着力于消除其滋生的环境，不偏执于使用刑罚，引入社区矫正等措施来从根本上化解相关犯罪人的人身危险性。最后，要重视治理程序的规范化。要严格遵守刑事诉讼法的相关规定，保障犯罪嫌疑人的合法权益，依法取证质证，严防冤假错案，坚持形式理性与实质理性、程序正义与实体正义的有机统一。

总而言之，涉黑犯罪问题本质上是一个社会治理问题，而非单纯的刑事问题。因此，在针对其制定具体的刑事政策时，无论是“打早打小”还是“防早防小”，都不能只重惩治而忽视治理问题。倘若在类似的社会治理工作中屡屡让刑法冲到第一线充当“救火队员”的角色，到头来终归会反噬刑法本身的权威性，使得刑事制裁的预防目的大打折扣。

---

① 参见靳昊：《中央政法委秘书长：有黑扫黑、无黑除恶、无恶治乱》，https：//www. sohu. com/a/227312621_ 162758。

试论我国现阶段刑法观念与刑事政策

傅跃建[*]　张晓东[**]

随着社会的发展和法治的进步，中国刑法观念或曰刑法理念近年来也得到不断发展和提升。刑法理念是刑事法治系统的重要组成部分，是推动刑事法治实践发展的内生动力；当代中国刑法观念是在反思近代刑法学忽视刑法价值观的基础上，借助于刑法哲学的思辨性，而在与中国当代经济社会发展相契合的过程中逐渐生成、交织和多元化的。高铭暄教授指出，从总体上看，纵使论者对当代中国刑法理念的内涵和外延有不尽相同的理解，但是对于刑法应当保障人权、保护社会，应当具有谦抑性（或者辅助性）以及刑罚人道主义则不持异议。唯其存在的争论是：对于社会正处在激烈转型，刑事立法日渐活跃、刑事法网日趋严密的当代中国来说，刑法在维持社会秩序方面到底应该发挥何种作用以及何种程度的作用。[①]我们认为，在刑法理论范畴，自由与秩序是两个不同性质的概念。刑法中的“秩序”，从狭义上看，主要是指基于社会公示而成立的社会秩序，而不存在基于天赋人权的先验的“自由秩序”。在当代中国，任何刑法理念或刑法观念，只有与以权利为主导的刑法价值观核心相契合，才能顺应经济基础决定上层建筑的马克思主义基本原理，正确看到刑事法网由宽松走向严密，刑事司法由粗放走向精准的历史趋势。

一、应立足于刑法的制裁和保障机能，确立以权利为核心的刑法观

（一）“自由”历来备受推崇，但不等于这个亮点足以统领刑法规范

从法文化意义上说，作为文化的一部分，法律既是一种符号、一种规则，更是一种文化信息的载体，其承载着一定的价值和观念，表达着特定的文化选择与价值定位。[②]刑法尽管长着一张父亲般的脸，但同样有一个基本价值取向问题。我国刑法理论通说认为，人类社会的全部实践都是围绕着一定的利益及其实现开展的，而以刑法为客体的价值实践活动，无不与主体的利益息息相关，刑法的价值与评价也与人的利益

* 浙江省金华市人民警察培训学校教授，中国刑法学研究会理事，中国犯罪学学会副秘书长。

** 浙江省义乌市人民检察院案件监督管理部副主任，四级高级检察官。

① 参见高铭暄、曹波：《当代中国刑法理念研究的变迁与深化》，载《法学评论》2015 年第 3 期。

② 参见蔡道通：《罪刑法定原则确立的观念基础》，载《法学》1997 年第 4 期。

密不可分，利益构成了刑法价值的根基。刑法与利益的关系是刑法价值论研究的出发点和基础，也是贯穿刑法价值论的一条“红线”。[①] 我们注意到，近年来，在刑法价值论层面，除以利益为中轴的传统的“利益刑法观”以外，又先后出现了“自由刑法观”、“风险刑法观”、“民生刑法观”等新的刑法价值观念。其中，自由刑法观念在学术界逐步占据潮头位置，大有囊括天下、包举宇内之势。这种刑法观念以个人主义为思想根基，以古典自由主义（或新自由主义）为精神向度，强调自由价值在刑法中的至上地位。其中较有代表性的观点，从以个人主义和理性主义为思想核心的古典自由主义出发，主张确立以自由为价值核心的自由刑法观。[②] 在特定国家的特定历史阶段，核心刑法观不仅直接影响人们对刑法规范的价值判断，而且与特定社会的刑事政策具有价值同源性和体系互补性。对自由刑法观念如何加以认识，自然成为研究现行刑事政策无可回避的前置性问题。

“人生而自由，却无往不在枷锁之中。”[③] 这一名句形象地说明了自由的天然性与相对性。自由主义思想家以赛亚·伯林指出，尽管人类历史上几乎所有的道德家都称赞自由，但“同幸福与善、自然和美一样，自由是一个意见漏洞百出以至于没有任何解释能够站得住脚的词”。[④] 自由一词的拉丁文是“Libertas”，具体含义是从束缚中解放出来，用霍布斯的话说，“指的是没有阻碍的状况，我所谓的阻碍，指的是运动的外界障碍，对无理性与无生命的造物和对于有理性的造物同样适用……当运动的障碍存在于事物本身的构成之中，我们往往不说它缺乏运动的自由，而只说它缺乏运动的力量”。[⑤] 也就是说，自由是相对于外界障碍而言的。在另一位西方自由主义者哈耶克的眼里，自由给人的视觉冲击由“无障碍”进展为“无强制”，似乎与理性主义更切近了一步——“我们对自由的定义，取决于强制概念的含义，而且只有在对强制亦作出同样严格的定义以后，我们才能对自由做精确界定。”而“所谓‘强制’，我们意指一人的环境或情境为他人所控制，以至于为了避免所谓更大的危害，他被迫不能按自己一贯的计划行事，而只能服务于强制者的目的”[⑥]。“当一个人被迫采取行动以服务于另一个人的意志，亦即实现他人的目的而不是自己的目的，便构成强制。”[⑦] 基于此，不受他人专断意志的强制，就成为西方现代版自由的基本内涵。紧接着又出现了意志自由和行动自由的界分之论。然而，尽管自由与自决紧密相联，但现代社会毕竟是一个充满冲突和竞争乃至风险的社会，对自由的尊重也就不可能是绝对的、无条件的，适当而必要的强制在所难免，而且这种强制更是往往源于自由本身。

毋庸讳言，在自由及其价值问题上，我国曾经走过一段弯路，特别是在“无法无

---

① 赵秉志主编：《刑法基础理论探索》，法律出版社2003年版，第47、62页。

② 参见何荣功：《自由秩序与自由刑法理论》，北京大学出版社2013年版，第28页。

③ ［法］让-雅克·卢梭：《社会契约论》，张灿金、曹顺发译，中国法制出版社2016年版，第4页。

④ ［英］以赛亚·伯林：《自由论》，胡传胜译，译林出版社2011年版，第170页。

⑤ ［英］霍布斯：《利维坦》，黎思复等译，商务印书馆1985年版，第163页。

⑥ ［英］弗里德里希·冯·哈耶克：《自由秩序原理》，邓正来译，三联书店1997年版，第4页。

⑦ ［英］弗里德里希·冯·哈耶克：《自由秩序原理》，邓正来译，三联书店1997年版，第164页。

天”的十年浩劫期间，肆意践踏国民自由乃至剥夺他人生命的历史悲剧给经历过的一代人心灵蒙上了挥之不去的阴影。反思这场空前灾难，自上而下的整个中国社会，终于意识到包括自由在内的人权不单单是“资产阶级法权”，而是人之所以称之为人的天然权利。作为社会层面的重要价值命题，“自由”与平等、公正、法治并列为一个系列，被写入社会主义核心价值观，与国家建设层面的富强、民主、文明、和谐，以及个人层面的爱国、敬业、诚信、友善一起，形成阶梯式的社会主义核心价值体系。我们认为，之所以将自由列入社会价值建设而并非个人价值范畴，从一个侧面说明自由不仅仅是私人领域的绝对自治，主体性、排他性只是自由的表征，相对性、社会性方为其本质。我国核心价值观将自由置于社会建设领域来提倡，同样启示人们自由与权力皆为“双刃剑”。因而，“唯一名副其实的自由，是我们按自己的方式追求自身的幸福，只要我们不剥夺他人的自由”[①]。从刑法的机能来看，自由保障机能与规制机能、秩序维护机能共同组建起“三位一体”的逻辑架构；刑法的自由保障机能通过保障普通公民的自由和保障犯罪嫌疑人、被告人的自由（或者说合法权利）发挥出来。[②] 由此可见，自由如同地球，既要自转也要围绕太阳公转。自由保障机能与其他刑法机能不存在孰优孰劣的问题，这些机能平衡协调运转，方可达至刑法适用的理想效果。自由保障归根结底只是刑法的机能之一，将其拔高到刑法核心价值位置难免名不副实。

（二）自由尽管看似包罗万象，但在政治法律层面从属于权利体系

我们知道，古典自由主义由自然法学说、契约论、同意说和自由理论所构成。[③] 作为古典自由主义的奠基人之一的英国思想家洛克认为：“自然状态下的自由与政治社会的自由是不同的，当人们脱离自然状态进入政治社会后，自由的含义也就随之变化了。在自然状态中，人们享有的是‘自然的自由’；在政治社会中，人们享有的是‘社会的自由’。所谓‘自然的自由’是指人不受任何人间权力的约束，不处在任何意志的支配之下，只以自然法作为其行为的准则。所谓‘社会的自由’是指除了经人民同意而建立的立法权以外，不受任何其他权力的支配。”由此不难发现，在洛克那里，自由与法律之间的关系包含两个方面。一方面，自由是法律保障下的自由，因为“法律的目的不是废除或限制自由，而是保护和扩大自由……自由意味着不受他人的束缚和强暴，而哪里没有法律，哪里就不能有这种自由”。[④] 另一方面，自由也是受到法律约束的自由，在有法律规定的一系列事情上，人们必须服从法律。[⑤] 这无疑证明社会意义上的自由与法律包括刑法规范之间，并不存在什么难以调和的矛盾冲突，而是相辅相成、互为促进的辩证统一。

现实中，不少人习惯将自由与权利混为一谈。更有人从宪法条文中存在“公民基

---

① ［英］约翰·斯图亚特·密尔：《论自由》，鲍容译，中华书局2016年版，第13页。

② 参见赵秉志：《略论刑法的机能》，载《北京联合大学学报》（人文社会科学版）2006年第2期。

③ 姚大志：《当代西方政治哲学》，北京大学出版社2011年版，第28页。

④ ［英］洛克：《政府论》（下），叶启芳、瞿菊农译，商务印书馆1986年版，第36页。

⑤ 姚大志：《当代西方政治哲学》，北京大学出版社2011年版，第31页。

本权利和自由”的表述，认为自由与权利属于彼此独立、相互并列的概念（宪法中通常所谓“公民基本权利与自由”，也并非意在表明权利和自由属于两个范畴的概念，而是为了凸显自由权在权利体系中的重要意义，才把“自由”特别地在“权利”中单独列举加以强调。这一表述的语言结构大致相当于“全体党员尤其是党员领导干部”的提法。把外延小的概念放在外延相对更大的概念之后予以连贯，是汉语的一种习惯表达方式)。事实上，早在17世纪，英国思想家洛克即鲜明地提出，人天生具有三种自然权利，第一是生存权，第二是自由权，第三是财产权。[①] 根据这一论断，自由女神无论披着怎样的面纱，在人类社会中的自由，从性质上看只不过是一项自然权利而已；在政治生活领域，超越权利之维空谈自由保障，充其量不过是华而不实的政治脱口秀和“法的唯心主义呓语”。与此相对应，在法律领域包括刑法领域，所谓法律自由不过是附丽于法律权利这一母概念的子概念。从权利的总体性来看，只提自由权，以自由来代替权利，都是一种逻辑上的以偏概全。关于自由与权利的关系，我们可以从美国刑法学家约书亚·德雷斯勒的下列论述中得出形象的认识——“犯罪和惩罚都是交流沟通的方式。一个人通过实施犯罪向受害方发出隐含信息，即自己的权利比别人的权利更重要；而惩罚则是一个象征性的方式，告诉犯罪分子并向受害人重申上述隐含信息是错误的。对犯罪分子的犯罪行为施以适当惩罚，可以将其带回到与他人相关的适当位置上来。”[②] 我国法学界占主流地位的意见，也是将自由纳入权利体系之中加以认识和评价。比如，有学者提出，“近代意义的权利汇集了正当、利益、自由、主体性、道义性等多种内涵”。[③] “法是以权利和义务为机制调整人的行为和社会关系的。权利和义务贯穿于法律现象中具有逻辑联系的各个环节、法律的一切部门和法律运行的全部过程。”[④]

（三）自由主义虽非一无是处，但在我国不存在“自由主义入法典”的空间

在近代中国，唯有胡适先生大力提倡和推崇“自由与宽容”精神（胡适本人因而被冠以中国近代唯一的自由主义思想家称号），但他的自由主张当时并未引起太多共鸣。改革开放以后，伴随西学东渐升温与法律移植提速，尤其是一批批饱学之士漂洋过海、直面“自由世界”，自由主义思潮在中国知识界包括法学界产生了前所未有的深远影响。有刑法学者为宣扬新的思想理论，特别著书立说，呼吁确立自由刑法观。该说认为：根据古典自由主义学说，在个人与社会的关系方面，有生命的个人是社会唯一真实的主体，社会相对于个人而言是虚构的，因此个人利益是唯一真实的利益，社会利益只不过是所有个人利益之和。所以，在对国家和社会事务的管理方面，国家应该无为而治，国家存在的正当化根据在于维护秩序和安全，服从于个人利益，而不是干预个人在寻求自己既定目标时所具有的主动性和自由。概言之，古典自由主义是一

① 姚大志：《当代西方政治哲学》，北京大学出版社2011年版，第26页。

② ［美］约书亚·德雷斯勒：《美国刑法纲要》，姜敏译，中国法制出版社2016年版，第6页。

③ 王方玉：《权利的内在伦理解析》，载《法商研究》2018年第4期。

④ 张文显主编：《法理学》（第四版），高等教育出版社2011年版，第91～92页。

种提倡个人优先于国家存在的政治哲学，强调个人的权利、私有财产，并主张自由放任的经济政策，认为国家存在的目的和合法性仅在于保护个人自由。[①]“我国的社会发展阶段决定了在当前阶段，国家重视倡导、保护消极自由具有必要性。在刑法处罚范围问题上，提倡和坚持古典自由主义刑法观仍具有必要性与现实意义。”[②]我们认为，个人主义尽管是现代资本主义的核心价值理念，是自由主义精神的思想渊源，但从根本上说，两者与社会主义和集体主义思想截然对立。我国作为工人阶级领导的以工农联盟为基础的社会主义国家，这种政权性质与自由主义精神无疑是相互排斥的。应当看到，作为权利的“自由”和作为意识形态的“自由主义”是两个不同的概念。社会主义提倡自由而反对自由主义，因为社会主义国家所主张的自由是建立在集体主义共识基础上的相对自由，要求将国家、社会和个人三者的利益统筹起来，以此为基础来实现自由。用习总书记的话说，在社会主义条件下，“要想明白，国家和人民整体利益再小也是大，部门、行业等局部利益再大也是小”。[③] 而在资本主义社会，自由主义核心价值观标榜以个人利益优先，国家和社会则被看作满足个人自由幸福的必要手段。由此可见，当自由发展到自由主义时，自由本身已然历经了异化，走向了自己的反面。正因为如此，即使在西方，亦有相当多的进步思想家对自由的贪婪、无节制所造成的恶果给予痛斥和谴责。法国著名社会活动家罗兰夫人因追求自由而被自由这把“双刃剑”夺去生命，临刑前曾痛心疾首地感叹：“自由，多少罪恶假汝而行！”英国政治哲学家安德鲁·海伍德将秩序置于与自由同等重要的位置，引用 R. H. 托尼的话告诫世人：“梭鱼的自由就是鲦鱼的死亡。”因此，最重要的是必须在自由与秩序之间保持平衡，而这种平衡的本质一直是政治理论的一个核心主题。[④] 与此相反，“古典自由主义者和新右派的支持者，从严格的消极意义来看待自由，认为它意味着国家的撤退和政治权威的减弱。无政府主义者进而将自由视为一种绝对价值，认为它与任何形式的政治权威都不相容。……当把国家看成是强加于个人的外在约束时，它就成了自由的敌人；而当国家为个人发展和自我实现提供条件时，它就成了自由的保障。”[⑤] 这种见解与罗兰夫人以自己的生命为代价得出的结论相比，显得是那样轻率而可笑。

自由刑法观的支持论者认为，“文明理性的社会不仅要容忍犯罪的存在，而且对于犯罪圈的划定也要保持必要的克制与容忍。现行刑法中的不少罪名都是出于对转型时期的经济体制，诸如金融体制、发票体制、注册资本体制、特许或限制经营体制的保护而设立的。改革必然意味着对既有体制的突破，如果在改革的同时，国家又提着维护既有体制的大棒，将会挫败社会改革和发展的动力”[⑥]。我们认为，这种绝对放任经

① 何荣功：《自由秩序与自由刑法理论》，北京大学出版社 2013 年版，第 28 页。
② 何荣功：《自由秩序与自由刑法理论》，北京大学出版社 2013 年版，第 35 页。
③ 习近平：《在十八届中央政治局第四次集体学习时的讲话》，2013 年 2 月 23 日。
④ ［英］安德鲁·海伍德：《政治的密码》，吴勇译，中国人民大学出版社 2016 年版，第 126 页。
⑤ 何荣功：《自由秩序与自由刑法理论》，北京大学出版社 2013 年版，第 125 页。
⑥ 何荣功：《自由秩序与自由刑法理论》，北京大学出版社 2013 年版，第 101～102 页。

济自由，反对国家干预市场的观点，可谓以哈耶克为代表的新自由主义经济学说的翻版，也是西方主流经济观点的重印。这种理论对以私有制为基础的西方自由资本主义或许具有某种适应性，但我国是生产资料公有制占主导地位的社会主义国家。无论从历史还是现实来看，我国都不可能重走资本复兴之路，效仿西方实行私有化。根据经济基础决定上层建筑的马克思主义基本原理，如果对市场消极放任，任其东西，彻底限缩乃至收回刑法旨在维护市场经济的介入触角，我国的政治制度和法律制度势必发生根本性变迁。这不仅不符合最广大人民的根本利益，而且被实践证明是一条死胡同。正如有论者所批判的，扩大化改革开放后不断有人提出马克思主义过时论。认为马克思主义产生于160多年前，而今天无论是中国还是世界，生产力和生产关系都发生了巨大变化，特别是认为马克思主义所提出的共产主义社会是虚无缥缈的，进而认为按照西方经济学提出的政策建议才是解决发展问题的灵丹妙药。同时，有人将改革开放的巨大成就归结为西方经济学理论指导的结果，认为发展非公经济市场取向改革、承认人们合理的物质需求都是西方经济学所倡导的，继续深化改革需要按照新自由主义的药方，实行绝对市场化、彻底私有化、完全市场化。① 我们认为，我国实行改革开放，发展社会主义市场经济，改变以往单纯依靠计划发展经济的固化模式，从本质上说是社会主义制度的自我完善和发展，并非证明社会主义道路已然失败，而是要探索出一条符合我国国情，可以为社会带来稳定，为民众带来福祉，为社会带来可持续发展的特色发展之道。我国搞市场经济既不同于资本主义初期，也并非在资本主义高度发展的废墟上建设社会主义，如果放弃国家干预，把英美那一套经济模式照搬照抄，只会“画虎不成反类犬”、“橘生淮北则为枳”。“中国特色社会主义制度体系从根本上避免了西方国家出现的资本攫取和控制政治，进而使国家发展走上以资本为中心的道路弊端，从制度上有效保证了以人民为中心的发展道路。”② 而从我国基本社情、民情来看，尽管国家一直重视核心价值观教育，但由于文化历史等复杂因素的制约，国民文明素质整体偏低，社会道德滑坡严重，无政府主义思潮、个人主义、自由主义思潮泛滥的问题一直未能得到解决。在这样一个发展中大国继续推进先进性的社会主义制度建设，在法治层面所面临的突出矛盾绝不是自由的社会供给不足，而是权利义务的实现条件。这一点，即使是主张自由刑法观的学者也同样认同——“自由主义的人性假设是公民个体都是意思自治的主体，具有完全的理性和选择能力，但在现实生活中，情况并非如此。而且，即便是心智健全、理性的个人，也未必在所有场合都明确自己的利益所在。自由主义人性假设面临着与社会现实的冲突。”③ 显而易见，文明发展从来不可能定于一尊，而是历史性、多元性、系统的和复杂的。但不同文化背景、政治制度的国家间不可能存在相同的社会伦理和经济制度。在阶级社会里，法律不可能像一些人所想象的那样超然于政治之外。在我国现行制度框架下，无论如何，不存在借

① 赵振华：《决不能用新自由主义解构改革》，载《求是》2016年第10期。

② 焦扬：《中国特色社会主义的世界意义》，载《党建研究》2018年第6期。

③ 何荣功：《自由秩序与自由刑法理论》，北京大学出版社2013年版，第41页。

鉴吸收个人主义及其旗下的自由主义进入我国刑法殿堂的空间。

（四）借鉴民生刑法观的积极合理内核，树立契合我国基本国情的权利刑法观

学者朱光潜在《克罗齐的历史学》一书中写道："所有一切历史都必是现时史……着重历史的现时性，其实就是着重历史与生活的连贯。"从历史上看，我国国民传统文化具有多元性、复杂性，与人们通常以为的保守性和质朴性并不吻合。一直以来人们习惯地认为，新中国成立以前，中国社会既没有自由思想，也没有自由空间，国民一向处于被奴役的状态。这种观点值得商榷。儒家思想与个人主义及其衍生物自由主义的联系，恰如韦伯所说，"儒家伦理有意地让人们处于他们——不管是自然生成的，还是由社会尊卑关系所造成的——个人关系里"。[①] 在人伦家族内部，人们根据家庭伦理、长幼等级等儒家伦理处理人与人之间的关系，洋溢着"亲情"，但与此同时，儒家社会伦理又有冷漠的性格，它讲亲疏有别，对血缘伦理共同体以外的人极力排挤，极不信任。这就是费孝通先生所讲的"差序格局"。在这样的伦理关系里，人们的行为方式是"对人不对事"，而且还坚持"对内不对外"（亲疏有别），讲私人、亲情关系不讲事务关系，讲主观情感不讲客观标准，"缺乏理性的实事求是，缺乏抽象的、超越个人的、目的团体的性格"。[②] 儒家这种主张"亲亲尊尊"、"圈子文化"的思想，从表面看来似乎近乎于某种集体主义，而究其本质，实则为放大了的个人主义和自由主义，是把真正意义的集体——国家与社会作为实现小团体和一己私利的手段。这种排斥小圈子以外的更大的集体人群的思想观念，必然滋生自私冷漠、画地为牢，事不关己、高高挂起，反对平等待人，助长局内人与局外人实行"双重标准"的潜规则，合谋排斥国家和社会公共利益和价值。正如孙中山在谈到传统中国政治与自由的关系时，特别"强调传统中国社会的主要问题不在于专制，不在于缺少自由，而在于自由过度，造成整个民族缺乏纪律、缺乏凝聚力、缺乏国家观念，最终导致在现代世界的竞争中软弱无力"。[③] 尽管自由刑法观并非一无是处，但与权利刑法观相比注定弊大于利。"个人优先于国家"这样的所谓古典自由主义理念，作为政治理念，在资本主义思潮和实践初期，作为对抗君权神授、政教合一、野蛮镇压的法统，具有历史进步性。但时值社会主义共和国，我们的国家早已不再是简单的阶级统治工具，而是由胸怀革命人道主义、共产主义远大理想的先辈打下来，缔造出来，将内政外交大权托付给代表人民群众根本利益、长远利益的中国共产党作为执政党统一领导，在这样的体制下，国家、集体、个人三者的利益从根本上说完全一致。依然抱定个人至上，绝对自由，认为除了私利都是虚妄，"个人利益是唯一真实的利益，社会利益只不过是所有个人利益之和"，注定是身体进入21世纪，脑袋还停留在过去。只有保障和维护权利这一核心要素，才能

---

① ［德］马克斯·韦伯：《中国的宗教：儒教与道教》，康乐、简惠美译，广西师范大学出版社2010年版，第312页。

② ［德］马克斯·韦伯：《中国的宗教：儒教与道教》，康乐、简惠美译，广西师范大学出版社2010年版，第318页。

③ 李强：《自由主义》，东方出版社2015年版，第6页。

反映刑法的目的和本质。刑法的目的是打击犯罪、保护人民。社会主义以集体主义为基本原则，以最广大人民群众的根本利益、长远利益为归依，不可能崇尚个人至上和绝对自由。反对将个人自由扩大化，凌驾于社会之上。有权力就会有腐败，这既是权力现象存在的一种可能性，又是为实践证明的权力现象在人类社会中存在的一种现实性。因为权力客观上存在着易腐性、扩张性以及对权利的侵犯性。①

在将自由设作强制对立面的语境下，公允地说，在我国社会主义社会，特别是人权入宪以后，随着民主法治建设不断取得进步，“自由”并非如有的学者想象的那样脆弱不堪。公民的基本权利和自由，正随着中国特色社会主义事业不断走向成熟进步，随着经济社会现代化水平总体提升而得到发展巩固和保障。因而，在我国现实语境下，要求进一步扩大自由，追求自由主义的命题，无论如何都是伪命题。然而，权利本位主义则客观地不存在自由本位那种与社会主义意识形态、政权制度不相容的问题。刑法的核心目的在于保障人权。权利保护乃是宪法与刑法的最大交集。② 近年来，我国尽管进入了经济发展的快车道，国民生活总体水平显著提高，但发展的不平衡不协调问题依然存在，牢固树立以人民为中心的发展思想，维护社会安定，实现全面小康的任务相当艰巨。基于回应民生关切，维护人民权益特别是弱势群体权益的考量，近年来有刑法学者提出民生刑法观的主张。强调刑法价值必须坚持实践面向和民生导向，“在刑法领域，民生刑法概念的诞生也是一个历史标志。它反映了刑法正在由传统的国家专政机器‘刀把子’向法益保护工具的角色转变”。③“现代社会，民生问题内涵十分丰富，包括劳动就业、收入分配、教育、医疗、住房、社会保障、治安稳定等社会领域的问题。正如主张民生刑法的学者所强调的，民生问题关系到人心向背、社会治乱和政权兴衰。”④ 我们认为，民生刑法观的积极意义是显而易见的，首先，它体现了上层建筑与经济基础相适应的马克思主义基本原理，有利于彰显刑法的社会主义特性。其次，它着眼于问题导向，紧扣现实国情，体现了刑法学者的社会责任担当。但仔细斟酌，民生刑法观这一提法也存在可商榷之处。一是该观念的政治色彩似乎显得过于浓厚；二是随着近年党和政府日益加深了对保护和改善民生重要性、迫切性的认识，许多民生问题已然得到了重视和解决。作为刑法核心价值观，目前再突出强调似乎并不确切和允当。

二、立足于权利刑法观的基本立场，与时俱进地调整现行刑事政策

（一）罪刑法定功能观与刑事政策的旨趣尽管各有侧重，但两者均对特定国家刑法规范及其未来走向影响深远

众所周知，刑法作为一门应用科学，具有自身的生成机理。如何从罪刑法定原则

① 刘作翔：《法治社会中的权力与权利本位》，载《法学研究》1996 年第 4 期。

② 高铭暄、张杰：《宪法权利的刑法保护——以言论自由为例的解读》，载《湘潭大学学报》（哲学社会科学版）2006 年第 6 期。

③ 卢建平：《加强对民生的刑法保护——民生刑法之提倡》，载《法学杂志》2010 年第 12 期。

④ 张勇：《民生刑法的品格：兼评刑法修正案（八）》，载《河北法学》2011 年第 6 期。

出发，发现刑法生成的形式架构，目前在学界尚有不同认识。近年来，与众多主张限制国家行政主权以扩充公民人权的观点迥乎不同，储槐植教授等刑法学家提出了不同的观点。储槐植教授从社会契约的理论出发，提出刑法契约的概念。他认为，依据历史唯物主义原理，国家与国民的不同关系形成不同的社会结构，出现阶级对抗与共和体制，作为国家治理方法的刑法遂有压制工具与社会契约之别，罪刑法定原则的功能便有一元与二元之差。一元功能观即限制国家刑法权发动借以保障人权。这是当前我国学界的主流观点。但二元功能观才是应然的发展趋势。因为在共和国体下，刑法主体是国家与国民（通过选举代表）在刑事领域依法订立的有关权利义务的协议。这就是刑法契约。刑法作为国家与国民的契约，国民权利对应国家义务——国民不犯法则有行为自由，国家承担不得启用刑法的义务；国民义务对应国家权利（权力权利化）——国民犯法则承担受罚义务，国家便有权启用刑罚，刑法作为国家与国民在刑事领域的社会契约，在逻辑上天然导致这样的结论。① 由此可见，现代国家已摒弃“利维坦”式的自由威胁者角色，而时刻站在公民的立场上扮演着公民安全的保证人。从传统经验上看，通过刑法与警察来维护社会安全就必然涉及限制公民自由，安全与自由之间存在明显的紧张关系。但现在这种高度紧张的关系已不复存在，人们更期待刑法能有效地保护法益和针对犯罪提供安全。② 上述“罪刑法定一元功能观”的影响正在不断加深。比如，近年来有学者撰文指出，“一个多世纪以来，中国社会最重要的问题就是要变农耕社会为一个现代化的工商社会。因而，中华传统社会中的法治元素，从国家治理而不是西方的‘限制权力’角度来看，显然早已经存在了……总体来说，立法环节应当遵从理论价值，弘扬时代精神。在司法中，总体应当严格规则，坚持逻辑推理，而在疑难案件中，道德可能成为判决的非正式法律渊源，故司法裁判应当合理吸纳道德因素，进行价值衡量”③。

与发轫于学界、普及于社会的罪刑法定功能观等刑法学术观点不同，刑事政策问题是一个内容更加庞杂、意义深远重大的理论和实践问题。所谓刑事政策，我国刑法学界通说认为，就我国而言，较为科学完整的刑事政策的概念应是：国家或执政党依据本国犯罪态势制定的，依靠其权威推行的，通过指导刑事立法和刑事司法，对犯罪人和有犯罪危险者运用刑罚和有关措施，以期有效实现预防犯罪目的的方针、策略和行动准则。④ 易言之，刑事政策在我国即为党和国家为确保刑法的制定、贯彻与实施取得预期的法律效果、政治效果和社会效果而制定的刑事法治纲领。关于刑事政策的分类，目前学界在二分法上取得了共识，即普遍认为根据刑事政策内容的不同性质，刑事政策包括基本刑事政策和具体刑事政策两种。根据这种分类法，惩办与宽大相结合政策

---

① 参见储槐植：《刑法契约化》，载《中外法学》2009 年第 6 期。

② 李永生、刘沛谞：《重返犯罪构成原点——以犯罪构成塑成刑事法学研究新范式》，载《时代法学》2007 年第 5 期。

③ 贾宇：《中国法治文化的历史演进》，载《中国法治文化》2015 年第 12 期。

④ 赵秉志主编：《刑法基础理论探索》，法律出版社 2003 年版，第 333 页。

属于基本刑事政策，其特点在于能够长期指导刑法实践，具有整体性、全局性和导向性；具体的刑事政策则具有阶段性、局部性和微观性。[①] 我们认为，与其从“性质”上对刑事政策加以区分，不如从形式上定位刑事政策更为妥适。首先，刑事政策无论体量大小、效用宽窄，就其性质而言都是刑事政策的一部分。其次，如果从宏观和微观两个层面对刑事政策加以定位，可以避免将微观的刑事政策再度定位为“马路警察”，割裂政策本身的系统性和一致性。再次，就刑事政策而言，与其烦琐不如简约，与其多向不如单维。最后，惩办与宽大相结合作为我们党在长期的社会革命和社会治理中总结出来的一项基本经验，似乎作为刑事法治指导思想更有利于凸显其特殊地位。将其列为基本刑事政策，与其一脉相承的宽严相济刑事政策势必不易摆布位置——并列起来，显得主次不分；置于下位，又未免流于一般化。应当看到，刑事政策主要是指立法意义上的刑事指南。从某种意义上说，它是国家政治主张对法律的必要干预。在司法和执行环节，似乎应当慎提新的刑事政策。因为司法环节所司之法已经是刑事政策指导的产物，如果在立法政策以外不断形成林林总总的刑事政策，不仅容易破坏法律的正确统一实施，而且无助于体现法治的权威和严肃性。刑事政策所要解决的问题主要应立足于刑事处罚面和刑事处罚度两个视域。

（二）以社会主义和谐社会建设为时代背景的宽严相济刑事政策，难以回应迅速发展的社会多元化利益诉求和制度创新关切

众所周知，宽严相济政策被正式写入官方政治文件始于 2005 年。“晚近以来，刑事政策与刑法体系之间的坚冰已逐渐融化，如何将刑事政策真正纳入刑法体系，并在其与法教义学理论的构建之间建立有机的勾连，正越来越为国内刑法学界所关注。”[②] 当今信息时代，社会发展日新月异，社会主义和谐社会建设已经发展到了“五位一体”社会建设，进入全面建成小康社会的关键历史阶段。党的十九大报告指出：“经过长期努力，中国特色社会主义进入了新时代，这是我国发展新的历史方位。”进入新时代，“既是一个客观进程，也是习近平总书记从实际出发，以马克思主义为指导，以社会主义矛盾学说和发展阶段学说为基础，分析我国社会主要矛盾变化，对中国特色社会主义发展阶段和历史方位作出的新的科学判断，是科学社会主义与中国实际相结合的新成果”。[③] 古语云：“世易时移，变法宜矣。”随着习近平新时代中国特色社会主义思想写入新党章以及宪法修正案，势必要求刑事政策在继承的基础上有所递进，在创新的前提下有所发展。与此同时，作为与社会主义和谐社会同频共振，与惩办与宽大相结合刑事政策一脉相承的宽严相济政策体系，尽管曾发挥过积极作用，但这一政策本身在贯彻落实环节也遇到了不少现实困惑，更主要的是，无论学界和业界赋予这项政策怎样鲜活的内容，这项刑事政策从字面上看都与惩办与宽大相结合明显雷同，这必然导致其缺乏实体性内涵和创新性品格，只能凭借弹性十足、模棱两可的各种解释勉强

---

① 赵秉志主编：《刑法基础理论探索》，法律出版社 2003 年版，第 336 页。

② 劳东燕：《功能主义刑法解释论的方法与立场》，载《政法论坛》2018 年第 2 期。

③ 胡振良：《深刻认识科学社会主义在中国成功的重大意义》，载《紫光阁》2018 年第 2 期。

维持其存在。此外，与西方国家的“重重轻轻”刑事政策相比，宽严相济刑事政策的实际价值量低迷，政策活力和张力不足，灵活性远远超出原则性。所有这些均在不同程度上制约了刑事政策的实际效果。正如有学者指出的，“在满足社会需求方面，政策具有法律所不具备的自身优势……刑事法律与刑事政策处于一种极其复杂的关系之中，二者相辅相成、互补互动，又是相互矛盾、相互竞争的”。“刑事政策之喜在于其能够化解刑法制度之忧，而刑事政策之忧在于其可能对刑事法治产生的冲击和颠覆。所以，在欣喜于刑事政策实践轰轰烈烈、刑事政策研究红红火火的同时，我们也要展开对刑事政策自身的批判，认清刑事政策实践的缺陷与隐忧，并积极寻求应对和改进之策，为刑事政策实践提供科学指导。”① 宽严相济刑事政策具有明显的历史局限性与价值虚无性，客观地要求我们坚持问题导向和实践面向，研究、提炼契合我国现阶段多元化利益格局，有利于保障和改善民生，有利于实际操作的新的刑事政策体系。基于对宽严相济刑事政策的辩证反思，我们认为，可以在借鉴继承原有刑事政策合理内涵的基础上提炼形成“严密法网，精准维权”的刑事政策。具体而言，“严密法网，精准维权”的刑事政策作为新的命题，主要包括以下意涵。所谓“严密法网”，是指通过科学严谨的刑事立法严密刑事司法法网，遵循近年来逐步加深的违法行为犯罪化思路和方向，通过有步骤、分阶段的“违法行为犯罪化”，努力做到法网恢恢疏而不漏，切实发挥法律对道德的支撑作用；所谓“精准维权”，是指通过精细准确的刑事司法落实权益保障，遵循以审判为中心的诉讼理念，通过无差别、求公正、保民生、守平安的优质高效司法，努力增进人民群众的福祉，切实发挥人民群众在全面推进依法治国历史进程中的主体作用。

（三）应坚持不忘初心和与时俱进有机结合，将我国现行刑事政策由“宽严相济”调整为“严密法网，精准维权”

我们认为，以“严密法网，精准维权”的刑事政策替代宽严相济刑事政策具有现实性和可行性。第一，“严密法网，精准维权”的刑事政策有利于解决长期以来群众反映强烈的行政执法不严，过于依赖运动性、突击性执法的弊端，通过扩大司法权的直接调控范围，适度压缩行政处罚空间，确保权益保障的精准性和公正性。有论者提出，“当下中国刑法不间断的犯罪化并不仅仅是立法者自身的观念问题，它在很大程度上也是国家和社会民众对刑法的高度期盼的反映和体现。重刑主义观念和刑法工具主义观影响了人们对刑法功能的科学理解和认识。片面强调刑法打击功能的观念仍具有很大影响，刑法所应当具有的控制和约束国家刑法权的功能并没有被刑事立法者和司法者全面接受。而这都对刑法的膨胀与过度起到了推波助澜的作用”。② 这里所谓“刑法所应当具有的控制和约束国家刑法权的功能”，由于没有作明确的解释，我们只能理解为当前比较通行的刑法谦抑性——犯罪圈与处罚严厉程度的保守性与内敛性。刑法谦抑

---

① 刘仁文主编：《刑法学的新发展》，中国社会科学出版社 2014 年版，第 489 页。

② 何荣功：《自由秩序与自由刑法理论》，北京大学出版社 2013 年版，第 135 页。

性与自由刑法观是一脉相承的。然而，应当看到权力运行的逻辑是复杂的、辩证的。比如，犯罪化的进程将以往归于行政处罚的行为规定为犯罪，对于国家权力的整体而言，并非注定代表着扩张而是此消彼长——国家司法权的扩充，政府行政管理权的缩减是一个问题的两个方面。这一点，正如有论者在分析近年来我国犯罪门槛下降背后的原因时所阐述的——“依法治国基本方略的提出，加快了我国的法治化进程，作为政治国家统治工具之一的警察权也相应被缩限。2011 年的《刑法修正案（八）》对多次盗窃、入室盗窃、携带凶器盗窃、扒窃、醉酒驾车的入罪化处理……以及 2013 年劳动教养制度被废止，都是规范和限缩警察权的体现”。① 第二，“严密法网，精准维权”符合社会主义的本质和目的，有利于体现以人民为中心的指导思想，有利于维护好、发展好最广大人民群众的根本利益。习近平总书记指出，“坚持中国特色社会主义法治道路的根本目的是保障人民权益……要把体现人民利益、反映人民愿望、维护人民权益、增进人民福祉落实到依法治国全过程，使法律及其实施充分体现人民意志。保障公民人身权、财产权、人格权、基本政治权利等各项权利不受侵犯，保证公民的经济、文化、社会权利得到落实，努力维护最广大人民的根本利益，保障人民群众对美好生活的向往和追求。”② 第三，“严密法网，精准维权”有利于体现实体法与程序法并重的原则。宽严相济刑事政策就其适用范围而言，无论是宽大还是严厉，都是针对实体法的要求，而对于与刑事实体法刑法关系紧密的刑事程序法——刑事诉讼法，则无任何理念上的涉及。与此相比，“严密法网，精准维权”的刑事政策，内蕴精细化、合程序、重权利等现代法治理念精髓体现了实体与程序并重的历史进步性。第四，“严密法网，精准维权”在某种程度上回应了风险刑法观。尽管从全球范围看，是否进入风险社会尚有待进一步观察，但风险刑法观以及基于风险防范的刑法准备，对于预防和避免极端主义犯罪所产生的灾难后果意义重大。在这一层面，“严密法网，精准维权”显然要比宽严相济更具有制度优势。第五，从广义上看，黑恶犯罪等严重扰乱社会治安，危害人民群众生命财产安全的刑事犯罪，同样属于显性与隐性互为交织，针对社会不特定多数人构成威胁的一种“社会风险”。因而，无论是从打击犯罪、保护人民、维护秩序的刑事法治目的来看，还是从黑恶犯罪所特有的超乎寻常的严重社会危害性来看，在“扫黑除恶”中都更需要坚持“严密法网”，有黑必扫，除恶务尽；坚持“精准维权”，既态度坚决，又不枉不纵，方可确保专项行动始终在法治的轨道上运行。

---

① 卢建平：《犯罪门槛下降及其对刑法体系的挑战》，载《法学评论》2014 年第 6 期。

② 中共中央宣传部：《习近平新时代中国特色社会主义思想三十讲》，学习出版社 2018 年版，第 186 页。

政治学视野中的黑恶势力犯罪治理

冯 军* 田 旭**

2018年1月中共中央、国务院发布了《关于开展扫黑除恶专项斗争的通知》（以下简称《通知》），在具体方式上，《通知》强调要把扫黑除恶与反腐败斗争和基层“拍蝇”结合起来，深挖黑恶势力“保护伞”；在性质定位上，《通知》明确指出扫黑除恶专项斗争是一项重大政治任务，关系到社会秩序的稳定与国家的长治久安。因此，以“扫黑除恶”为核心的黑恶势力犯罪治理活动兼具法律与政治两种属性。本文拟从政治治理的视角对黑恶势力犯罪的危害及其治理路径进行初步的分析。

一、黑恶势力犯罪危害的政治学分析

国家治理是一项宏大的系统性工程，指向于社会生活的各个方面，而政治治理始终是其核心内容，关涉甚至制约着其他方面的治理活动。从政治学角度看，良好、和谐的社会应当具有良好的政治秩序或有效的政治治理。[①]而政治治理涉及权力的分配、公共事务的管理与社会利益的协调。[②]《通知》强调，在全国开展扫黑除恶专项斗争，事关社会大局稳定和国家长治久安，事关人心向背和基层政权巩固。作为新一轮黑恶势力犯罪治理的政治宣言和治理策略，“扫黑除恶”概念的提出显然源于党中央对目前黑恶势力犯罪政治危害的深刻认识，体现出党中央持之以恒地加大对黑恶势力犯罪治理的坚定决心。

（一）黑恶势力犯罪严重破坏政治秩序

政治秩序是一种政治生活的状态，用来描述政治生活的有序性、稳定性以及连续性。黑恶势力在攫取巨额非法利益之后，为了维系和扩大自身的生存空间，开始极力向政治治理的各个领域渗透，尤其是直接染指基层政权，对政治秩序的良好运行产生了巨大的破坏力。概括来说，黑恶势力主要通过两种方式谋取政治权力、破坏政治秩序。一是以各种手段骗取人大代表、政协委员头衔，为自己罩上各种政治光环，成为

---

* 河北大学政法学院教授，法学博士，博士生导师。

** 河北大学政法学院讲师，法学博士。

① 参见俞睿：《社会资本与和谐社会的政治治理》，载《中国特色社会主义研究》2007年第6期。

② 参见杜飞进：《论中国特色政治治理现代化》，载《社会科学研究》2016年第1期。

所谓的“红顶商人”，为自己的违法犯罪行为保驾护航。例如，沈阳黑社会团伙头目刘涌，在其被抓获前就曾通过伪造材料，当选沈阳市和平区政协委员、沈阳市人大代表。[①] 二是插手基层选举，亲自或者扶植代理人参与基层选举活动进入基层党政组织，实现对基层政治资源的直接控制。在我国农村地区，村级政权组织存在较为严重的涉黑化倾向，有些人在乡村换届选举时，以金钱为诱饵，通过非法方式出面竞选村委会干部；有些人则把一些本来就是社会黑恶势力中的人物“举荐”进乡村领导岗位，自己在幕后控制。[②]

政治治理的核心是民主，人民代表大会制度与基层群众自治制度是我国民主政治的重要实现形式，保证基层人民代表与乡村干部选举的合理、合法，对我国政治秩序的稳定意义重大。从“政治统治”转为“政治治理”，国家治理的方式从单向式管理转变为双向式协作[③]，意味着国家权力从部分公共领域自动“退出”。国家权力退出的目的是培育民主政治，这就要求填充权力真空、接替国家权力提供公共服务的基层组织具有公正的品格，黑恶势力把控下的基层政权蜕变为黑恶势力寻租的工具，显然并不具备此种品格。在市民社会没有完全长成的情况下，如果放任黑恶势力向公权领域的大规模渗透，很可能会导致表达公众诉求的基层民主制度异化为“政治与犯罪的纽带”，面临公共权力私人化的高度风险，严重影响我国政治秩序的进化与运行。

（二）黑恶势力诱生并加速政治治理机体的腐化

“徒法不足以自行”，任何制度都需要人来贯彻实施。现代政治是政党政治，政治治理应当由具有政治凝聚力和社会整合力的政党来主导。[④] 而政党由党员构成，那些掌握公共权力的党员直接决定着政治治理的具体效果，如果权力掌管者出现腐化现象，善治这一政治治理的目标就不可能实现。黑恶势力犯罪对政治治理的破坏性的另一重要表现，即是由其引发的权力行使者（官员）的涉黑化现象。可以说，黑恶势力能够持续存在、不断发展的根本原因即是“保护伞”的存在。其主要通过行贿收买等柔性方式诱使或者暴力、威胁、揭露隐私等硬性方式迫使官员为自己的违法犯罪活动保驾护航。反过来，基层政权内的一些官员为了达到个人的目的，也主动贴靠黑恶势力，出现“傍黑”现象。[⑤] 更有甚者，部分公权力人员受利益驱动，从公权掌握者直接蜕变为黑恶势力领导者或者成员。

一旦国家权力被黑恶势力所把持或为黑恶势力提供保护，就会导致国家政权产生功能性异化，进而出现结构性退化。[⑥] 政治治理需要在法律的框架内运行，但是在黑恶

---

① 参见孟唤、石庆伟、曾华国：《“黑道霸主”如何当上人大代表》，载《中国商报》2001 年 4 月 29 日。

② 参见于建嵘：《黑恶势力是如何侵入农村基层政权的？——对湘南 40 个“失控村”的调查》，载《理论参考》2009 年第 4 期。

③ 参见彭前生：《应然政治逻辑中的政治治理》，载《湖北社会科学》2011 年第 7 期。

④ 参见杜飞进：《论中国特色政治治理现代化》，载《社会科学研究》2016 年第 1 期。

⑤ 潮龙起：《黑恶势力与当代中国的基层政权》，载《公安大学学报》2001 年第 5 期。

⑥ 参见王玉杰：《惩治黑恶势力组织犯罪运动的政治社会学解析》，载《河南师范大学学报》（哲学社会科学版）2011 年第 3 期。

势力的渗透下，腐化的公权力往往脱离法律的轨道，或者成为黑恶势力攫取经济利益的工具，或者放纵黑恶势力的犯罪行为，严重损害社会的公平正义，危及党和国家统治的根基。也正因为如此，《通知》明确指出要把“扫黑除恶”与反腐败斗争和基层“拍蝇”结合起来，深挖黑恶势力“保护伞”，目的即是保障政治治理的方向不偏、路径不变。

（三）黑恶势力犯罪严重削弱党和政府的政治权威

黑恶势力通过非法手段直接进入社会生活领域，目的在于通过违法犯罪活动谋取不法利益；其把控基层政权，进行所谓的政治包装，目的在于为实施违法犯罪活动排除妨碍；其通过行贿、收买等方式腐化政府官员，寻求政治“保护伞”，目的在于通过政治权力窃取公共资源。黑恶势力向社会经济领域的渗透挤占了合法政治权力的作用空间，扭曲了正常的政治生活秩序，极大侵害了公众的合法权益；向政治领域的渗透使公共机构异化为牟利工具，同时使本应维持社会规则的政治治理活动反过来破坏规则。无论是通过非法活动形成与合法政治权力分庭抗礼的第二权力中心，还是通过拉拢、收买活动腐蚀合法的政治权力，黑恶势力的存在及其活动都是对政治治理权威的严重损害。

政治权威的重要来源是责任，权力越大责任越大，二者相互对应。在公共管理中，责任性特指与某一特定职位或机构相连的职责及相应的义务，掌握政治权力的人员与机构必须履行对应的职责和义务。① 合理协调各方利益、维护公共秩序与实现公平正义，既是党和政府必须担负的基本职责，也是公众对党和政府的殷切期望。如果国家对黑恶势力的治理虚化弱化，就会使黑恶势力盘踞一方，对区域经济社会形成非法控制，构筑对抗合法治理的“地下王国”，侵害社会公众的合法权益。黑恶势力的存在和发展必然影响和降低社会公众对合法政治权力切实履行职责的期望值，而国家在部分地区基层治理虚化弱化的现实又必然导致社会公众不得不屈从于黑恶势力，进而削弱政治治理的权威，对政治治理的有效性产生消极和负面作用。

（四）黑恶势力犯罪降低了公众对政治治理的认同感

政治治理有效性的前提是政治治理的合法性。所谓合法性，是指对统治者与统治关系的评价，它是政治权力和其遵从者证明自身合法性的过程，是公众对统治权力的认可。② 在政治学层面，合法性并不是指政治治理符合相应的法律规范，而是指其获得了公众的认同与信任。认同和信任建立在相互沟通和了解的基础上，所以治理主体应当与治理对象积极互动，只有政治治理的运作为公众所了解并满足公众的基本要求才会得到公众的认同。因此，政治治理的过程应当为公众所知晓，如立法活动、执法活动、司法活动必须具有一定的透明性、公开性；同时政治治理需要关注公众的诉求，并对其作出及时、切实的回应。政治治理过程的透明度越高，对公众诉求的回复越及

① 参见彭前生：《应然政治逻辑中的政治治理》，载《湖北社会科学》2011 年第 7 期。

② ［法］让·马克·夸克：《合法性与政治》，佟心平等译，中央编译出版社 2002 年版，第 1 页。

时，公众对政治治理活动的信任度与认同度就越高。

黑恶势力通过违法犯罪等不法行为谋取经济利益，形成与主流社会对抗的亚文化群体，并依靠暴力迫使公众服从，划定自己的势力范围。当其浸入政治领域之后，极易使政治治理感染暴力性、强制性等不良特征，同时会提高民众通过公权力保护合法权益的成本，甚至令公权力保护措施失去应有的效力，从而显著降低公众对政治治理的认同度。社会认同是政府追求的政治利益中最为关键的利益，社会认同的普遍性是政府最大的政治资本。[①] 一旦政治治理失去了社会公众的忠诚，极易引发合法性危机，动摇党的执政地位，危及我国的政治制度。

二、黑恶势力犯罪治理的政治学路径设计

鉴于黑恶势力犯罪威胁到党的执政地位和国家的长治久安，黑恶势力犯罪治理不仅是一个法律问题，更是一个政治问题。黑恶势力的发展壮大离不开一定区域内政治权力的庇护，而个别地方政治治理的异化并非纯粹由于黑恶势力的腐蚀，后者仅仅作为一个引信放大了政治治理体制内部的既存缺陷。对黑恶势力犯罪的有效治理，不仅需要通过刑事法律加大惩治力度，更需要在政治层面采取积极有效的措施堵塞其生存空间。因此，黑恶势力犯罪的治理不能停留在“头疼医头、脚疼医脚”的表层治理，需要探寻并弥补政治治理本身存在的制度缺陷，控制政治治理被黑恶势力染指的风险，阻却黑恶势力介入政治治理的途径。

（一）设定政治权力的合理边界——防止权力运行失范

黑恶势力犯罪组织积极染指政治权力的根本动因，在于依赖政治权力的保护提高自身的生存概率与存活时间，并谋求巨额非法经济利益。凭借基层政府内的“保护伞”和现存的可供利用的基层权力网，黑恶势力不仅不需要担心被公安机关打击，还能够采用更为高明、更为残酷的方式对群众进行欺榨和掠夺。[②] 政治权力成为黑恶势力的“保护伞”，不过是权力腐化的诸多表现之一，根源于广泛控制社会资源的权力缺乏应有的约束。新中国成立后我国长期处于计划经济体制内，政府强力掌控社会生活的各个方面，虽然经历了经济体制的改革，但是政治权力依然能够直接干预经济生活，且在社会资源分配方面依然拥有广泛的决定权，其一旦被黑恶势力影响或掌握，权力失范就是其必然结果。此时，社会内部的正式规范被虚置和替代，潜规则盛行并为群体成员的社会交往提供指导作用。[③]

从政治学方面看，具有公共性的权力只能由具体的人来行使，而公共权力的行使者作为社会成员有其自身的利益需求，在权力行使过程中，权力个体必然面对公共利益与个人利益的冲突。因此，权力始终存在着演变为实现权力行使者自身利益工具的危险，同时因为权力具有权威性、强制性与排他性，也使得这一危险具有转化为现实

① 参见崔金云：《合法性与政府权威》，载《北京大学学报》（哲学社会科学版）2003 年 S1 期。

② 参见潮龙起：《黑恶势力与当代中国的基层政权》，载《公安大学学报》2001 年第 5 期。

③ 参见单勇、虞彪：《文化冲突视域下的中国腐败犯罪研究》，载《法治与社会发展》2010 年第 6 期。

的可能。[①] 而黑恶势力对政治权力的渗透，只是加剧了公权力行使情境的私密化，进一步放大了公权力自利性使用的可能。因此，要遏制黑恶势力的发展状态，堵塞其渗透政治领域的渠道，必须从源头下手，使政治权力受到一定的限制。

具体来说，可以从以下四个方面进行制度构建。首先，从外部合理限定政治权力的边界，确定政治权力强制性支配社会资源的具体范围，明示政府管理与公众自治的利益边界，实现政治权力支配范围的有限化。特别是以公众权益为指向对象时，政治权力无论如何不能使用强制力剥夺遵守规则之公众的合法权益。其次，可以通过“以权制权”的方式实现权力内部配置的有限化。所谓“以权制权”，即通过在不同的国家机构中合理地配置权力，以达到权力的适当分解与平衡，当一种权力超过其合法的限度时，就会立即引起其他权力制止与限制。[②]“以权制权”的目的在于解决政治权力内部结构不均衡——过分集中——的问题，主要是对权力进行合理分解，使权力分属多个主体，避免一人独揽多种权力。再次，要明确指定政治权力强制性支配社会资源的具体方法和程序，实现政治权力支配方式的有限化。即使对于可以强制性支配的社会资源，也必须经过合法的程序才能够启用强制力，特别是对稀缺的公共资源进行分配时必须遵循民主集中制，充分吸收决策团体成员的意见，防止政治权力个体化。最后，由于政治权力的行使者同样为社会成员，存在自己的利益需求，因此，“从政治学的一般角度讲，存在于政治中的私人性不仅是客观的，而且是不能消除的”。[③] 此外，鉴于无论制度设计多么完美，政治权力的越轨现象也难以根除，这就需要为政治权力的失范附加确定的不利后果，建立明确的权责对应体系，使权力行使者知晓滥用权力会受到何种惩罚，提升政治权力的越位成本。

（二）培育合法公民的联合体——重塑政治文化认同

经济体制的改革、行政管理体制的革新都要求政府转变职能，从传统的“全能政府”向“有限政府”转变，从“管理型政府”向“服务型政府”转变。这一转变的实现路径即是政府放松对公民部分生活领域的强力控制。国家政治力量在部分公共领域的逐渐淡出，客观来看，有利于建设市民社会、夯实我国民主制度的社会根基，并巩固党的执政地位。但是，国家政治权力退出的同时客观上造成了公共领域的权力真空，递补填充的权力将为基层社会活动输出何种属性的行为规范，直接决定着我国社会主义民主制度的安全和稳固。而只有当认同主流文化群体组成的联合体掌控公共领域，才可能在该领域内提供高度认可的社会秩序，如果由作为亚文化群体的黑恶势力挤占公共空间，将使守法公众屈服于暴力构建的畸形秩序，而当其与自利性的政治权力合流，将会导致暴力、腐败文化支配社会生活，势必瓦解社会的生存基础，降低社会公众对政治治理的认同程度，导致政治治理合法性的危机。

---

① 参见刘述良：《中国公共权力结构的失范治理与制度分析》，载《深圳大学学报》（人文社会科学版）2014 年第 4 期。

② 莫吉武：《试论政治权力及其制约机制》，载《江汉论坛》2003 年第 4 期。

③ 莫吉武：《试论政治权力及其制约机制》，载《江汉论坛》2003 年第 4 期。

防止黑恶势力通过违法犯罪行为构筑侵害公众合法权益的亚文化秩序，就必须培育能够与之抗衡甚至压制的合法势力，特别是培育守法公民联合体，将守法的公民个体黏合为紧密共同体。其优势在于，一是在公权力受制于现实条件约束无法及时提供帮助，或者因为法律无明确规定难以提供外部保护时，社会公众能够通过互助与黑恶势力相抗衡。二是在政治治理存在失范现象时，作为治理活动的直接感受者，公众能够及时发现并利用各种利益表达机制阐述自己的诉求，进而通过选举权、罢免权形成对越轨权力的有效约束。具体而言，要组织、培育公民联合体，在城市区域，需要积极推进社区建设，以社区共同事务的处理为纽带增加城市居民之间的沟通频率，提升社区居民的了解度与信任度，将其改造为联合体的基础细胞。在农村区域，需要开发村民自治的组织资源，按共同居住、相互联系、有共同的认同感和归属感的标准建设乡村生活共同体，推进乡村社区的重建工作，让外出打工的村民和留守村民都能对村庄事务产生共同的认同感和归属感，使村民自治名副其实。①

政治权力本身就来源于公民集合体的让渡和授予，在国家权力退出的公共领域，由社会公众掌控制定、维护该领域行为秩序的基本权力具有法理依据。但有法理基础并不意味着公民联合体能够毫不费力地建立合理的社会秩序，与西方国家不同，我国基层民主自治并无悠久的实践传统，所以公民联合体的自我管理必须不断地进行实际的训练和培育。② 在国家权力退出的治理空间内，公民联合体必须积极地进行自治实践，培养对公共事务的责任心、处理事务的长远眼光以及协商妥协意识，而不是将手中的权力视为交易的筹码。公民联合体踏实地为基层民主制度的落实付出心力，参与部分公共秩序的建构过程，也是人民当家做主的基本表现，反过来能够强化其社会责任心。国家对其树立的行为规范予以认可，能够推进国家强制规范与公民自治规范的相互融合，促使国家与社会的良性互动，使基层秩序内化为执政基础的一部分，最终提升公众对党的政治治理的认同。

（三）将政治权力纳入法治轨道——保障政治的良性运转

作为人类社会中并存纠葛的两种现象，政治与法律的关系十分密切。政治是法律的基础，法律的创制直接受制于政治状况，立法作为典型的政治运作，决定了法律的产出，所以法律是政治的创造物，同时政治权力也为法律提供了强制基础；而法律由政治活动创造之后，即获得独立地位，政治活动可以决定法律的存续、修改与废止，但是其具体运行却不受政治权力的直接干涉，只服从于已定的程序，并限制权力的绝对与专断。③可见，法律是政治的规则，其为政治活动提供行为准则、基本程序，从而

---

① 参见陈磊：《中国农村政权组织涉黑化倾向及其遏制》，载《政法论坛》2014 年第 2 期。

② 西方社会很早就有自治的传统，如在中世纪的意大利，商人公会有广泛的商务管辖权，以伴随商业发展而产生的规则，处理本地商业之间或本地商人与外地商人之间的纠纷。当时北欧各国都出现了商人公会和市场法庭，英国商会有时会组成“泥足法庭”（赶集小贩的鞋子经常满覆灰尘），法官就是参加集市的商人。甚至带有封建自治性的行会组织都设有自己的法庭，审判破坏行会章程的案件。参见范忠信：《中西法文化的暗合与差异》，中国政法大学出版社 2001 年版，第 286 页。

③ 参见闫海：《论政治法与法政治学——从政治与法律关系的契入》，载《太平洋学报》2010 年第 9 期。

建构起必要的政治秩序，防止政治权力的滥用。[①] 法律虽由公众制定，但是其一旦通过即成为公开的法定规范，公开、明确的法律规范能够为人们的社会交往提供稳定的结果预期，从而避免暗箱操作导致的恣意性；同时其因为公开性、独立性，也很难被政治权力直接干涉，反过来能够为政治权力的运行提供外部约束，保证政治活动的良性运转。

从前文的论述可知，黑恶势力积极拉拢腐化甚至谋取政治权力，其目的在于通过政治权力获取不正当的经济利益，而非法利益的获取必然伴随权力的失范现象。失范的权力具有极大的社会危害性，其一方面能够为黑恶势力提供强力庇护，阻塞社会公众的控诉渠道，使黑恶势力肆意违法犯罪而难以受到追究；另一方面能够利用自身对公共资源的垄断地位，直接使黑恶势力获取巨额的经济利益。因此，黑恶势力犯罪的有效治理，要求必须将政治权力的配置、运行纳入法治化的轨道。而以法律制度制约权力，通常奉行两条基本的政治法则：一是不存在游离于法律以外的权力；二是不存在高于法律之上的任何权威。[②] 这就意味着政治权力的支配范围、运行程序与责任设定等内容都必须由法律明确规定，在具体领域内，政治权力的运转必须受到法律的规制。

在黑恶势力犯罪治理过程中，作为主导力量的政治权力同样应当遵守上述基本法则，在法治的框架内开展治理活动，绝不能为了追求有效性而逾越法律的红线。“扫黑除恶”主要依靠刑事手段，必须坚守罪刑法定原则。具体表现为两个方面：一是科学把握“打早打小”与刑法适用的关系，严格依法认定恶势力与黑社会性质组织，依据案件事实判案，做到不枉不纵；二是办理案件应当注重程序，强化证据，确保案件质量，防止通过非法手段获取证据，杜绝冤假错案的产生。在某种程度上，对黑恶势力的治理不能被简单地视为对某一特定犯罪组织的强力打击，而应将其视为“刮骨疗伤”，视为对政治权力既有缺陷的积极修正与净化，坚决杜绝以违法手段打击黑恶势力，防止治理活动走向反面。

三、结语

建设富强民主文明和谐美丽的社会主义现代化强国是党中央在十九大上确立的政治治理的宏伟目标。这个目标的实现有赖于社会秩序的安全稳定。正是认识到黑恶势力犯罪较一般刑事犯罪对政治治理的危害更为严重，党中央在十九大后及时出台了“扫黑除恶”的黑恶势力犯罪治理策略，旨在通过加大对黑恶势力犯罪的打击力度，为政治治理目标的实现扫清障碍。因此，从政治学的视角来看，黑恶势力犯罪治理无疑会是当前和今后较长一段时期内我国犯罪治理的重点任务，在这个过程中，作为黑恶势力犯罪治理的主要力量，政法机关一方面应当提高政治站位，强化政治认识，增强政治敏感性，把黑恶势力犯罪治理融入实现党中央政治治理目标的伟大过程；另一方面也要树牢法治意识，坚持法治原则，始终保持黑恶势力犯罪治理的法治化。

---

① 参见卓泽渊：《法政治学研究》，法律出版社 2018 年版，第 45 页。

② 吴金群：《论我国权力制约与监督机制的改革战略》，载《江海学刊》2013 年第 2 期。

黑社会性质组织的成因及其治理

孟　穗*

2018年年初，党中央、国务院审时度势，立足社会发展实际和民心所向，发布了《关于开展扫黑除恶专项斗争的通知》（以下简称《通知》），决定在全国范围内开展为期三年的“扫黑除恶”专项行动。《通知》的发布引起了社会各界的广泛关注和讨论，较之于已经实施了十多年的“打黑除恶”，此次行动以更鲜明的态度和更坚定的决心表明党和国家对人民利益的高度关切，对和谐社会建设的不懈努力，对美丽中国构建的良好规划。“扫黑除恶”要求的不仅仅是严厉打击黑社会性质组织犯罪，更要将此类犯罪扼杀在摇篮中，让人民群众切实享受到发展红利。本文拟在分析黑社会性质组织特征、形成原因的基础上，有针对性地提出黑社会性质组织治理的路径和措施。

一、黑社会性质组织的特征分析

黑社会性质组织作为社会矛盾极端化的一种具体表现形式，通常情况下会形成黑社会性质组织并以此种外在形态为人们所认识。其组织较为严密且有一定规模，往往采取暴力手段欺压、威胁群众且逐渐对一定地域或者行业范围内形成非法控制或者重大影响，进而具备一定的经济来源且具有向政治领域渗透的倾向。因此，黑社会性质组织历来都是世界各国严厉打击的对象。在我国，改革开放以来的社会发生了广泛而深刻的变化，社会各领域均处在急剧变化之中。黑社会性质组织也发端于此时期，其肇始于20世纪80年代末期，自出现至今一直处于活跃状态。问题的解决，首先应是对问题的了解与深入剖析，即百战不殆首先应知己知彼，对于黑社会性质组织犯罪问题的解决亦是如此，只有动态把握其发展态势，准确地定位并剖析其特征，才能达到事半功倍的效果。

当下，就我国近年打掉的黑社会性质组织而言，其特征均较为鲜明。首先是组织严密性日趋增强。黑社会性质组织往往由几十人甚至数百人组成，但其内部分工明确，层级清晰，规矩严明。通常领导层只负责谋划、指挥、领导而并不参与犯罪行为的具体实施，中层骨干负责具体的谋划或指挥，执行层则纠集成员实施具体的不法行为，且在犯罪行为实施过程中，高层成员基本不问作案过程，底层成员往往不知道其作案

---

* 河北师范大学法律系教师，法学硕士。

目的。其次，黑社会性质组织的“外衣合法化”程度日益加深。在现阶段，为了逃避打击，越来越多的黑社会性质组织开始以开办合法的企业或经济实体组织的形式来掩盖自身的非法性，并通过企业的制度形式来加强自身的组织性。再次，近年黑社会性质组织犯罪呈现出向政治领域渗透的特点，对我国政治生态和社会治理环境带来极大的挑战。黑社会性质组织发展初期，往往使用金钱、贵重物品、美色等腐蚀政府官员并借此为自己打造“保护伞”。当黑社会性质组织规模扩大，结构稳定后，为了追求更大的经济利益，黑社会性质组织往往会通过各种非法手段对其所处区域进行非法的社会管控，由此一来，轻则导致政府的公权力被架空，政府公信力丧失，重则达到强行与政权对抗，甚至操控地方政权。在政府形同虚设的时候，社会安全必然是无法保障的，人民的生活更是充斥着灾难性的。最后，黑社会性质组织犯罪的国际性日益增强。随着网络技术的飞速发展，信息的收集和获取更加便利，整个世界的联系越来越紧密，黑社会性质组织犯罪亦是如此。境内外的黑社会性质组织通过互联网，相互传染、相互勾结，国内的黑社会性质组织甚至通过非法手段帮助境外的黑社会性质组织或恐怖主义组织渗透到我国境内，并借此鼓吹自身实力，为谋取非法利益造势。在此种环境下，黑社会性质组织的犯罪形式日趋多样化，犯罪范围扩大至各种可以获得非法经济利益的领域。如上种种，对我国的国家安全和公民安全产生了实质性损害。

二、黑社会性质组织形成的原因分析

（一）黑社会性质组织形成的文化因素

文化具有延续性和传承性的特点，优秀文化如此，腐朽文化亦如此。“帮派文化”、“江湖义气”、“绿林风气”等腐朽文化并未随着时代的发展而被遗忘，而是一直伴随着社会的发展而发展，再加之全球化浪潮下的信息时代的到来，大量西方腐朽文化思想传入我国，在二者的共同作用下，为黑社会性质组织的滋生、蔓延、发展壮大提供了文化基础。

“帮派”在中国可谓根深蒂固，其可谓是中国最为传统也是最为常见的黑社会性质组织形式，自封建社会至今，无论是和平还是战乱，都不乏帮派的身影。黑社会性质组织往往借助封建帮派思想来制定行动规则和管理规范，组织内讲究“江湖道义、兄弟义气”，并借此来凝聚和约束成员。改革开放以后，西方文化大量涌入我国，其中不乏糟粕，如“享乐主义”、“拜金主义”、“极端个人主义”、“极端宗教主义”、“暴力主义”等。人的社会性决定人需要组织或群体的接纳和认可，改革开放后的社会大转型时期，由于种种原因，致使一些青少年无法受到良好的教育，其世界观、人生观、价值观的树立缺乏正确引导，同时这一群体在社会中又属于认同度和接纳度较低的群体，因此极易受到传统腐朽文化和西方腐朽文化的腐蚀。被腐蚀的青少年群体又成为腐朽文化的传播载体和宣扬鼓吹者，进而在社会上形成不良的文化氛围，扭曲社会核心价值。

（二）黑社会性质组织形成的经济因素

自改革开放以来，中国经济飞速发展，取得了举世瞩目的成就，但由于地理条件、人口分布、产业结构等多种因素的影响，使得我国经济发展并不平衡，加之社会资源分配存在矛盾，进而导致社会贫富差距拉大。经济上的巨大差异带来尖锐的社会矛盾，在矛盾无法得到合理化解时，便为以非法方法攫取社会资源的黑社会性质组织的产生提供了土壤。与此同时，伴随着市场经济滋生的诸多不良需求，也成为黑社会性质组织产生的重要诱因。

详言之，随着区域经济的不平衡发展和贫富差距的不断加大，经济劣势区域的人口向经济优势区域大量转移，但由于户籍、受教育程度、文化等存在极大的差异，导致经济劣势区域的转移人口在很长时间内都无法与经济优势区域匹配融合，而且常常要忍受经济优势地区本地人口的抵触、歧视甚至是敌视，因而很容易诱发极端情况，即以非法方法获得认同及利益的犯罪形式。不仅如此，经济优势地区往往是富人聚居区，由于部分富人生活奢靡，未能对其他阶层起到良好的示范作用，从而容易使得其他阶层产生妒富、仇富心理。与此同时，由于市场经济的自发性、逐利性特点，导致社会上的不良需求也会成为市场的组成部分，黄赌毒一直是我国严厉打击的违法犯罪行为，但由于其可以获得巨大的经济回报，使得一些不法分子仍愿意铤而走险，并在实施涉黄、涉赌、涉毒过程中为了增强抗风险能力而拉帮结派，由此逐渐形成一定规模的组织或集团，进而演化为黑社会性质组织。

（三）黑社会性质组织形成的政治因素

拥有并行使强有力的公权力是国家的基本特征之一，国家通过对权力的行使进行合理的资源分配与再分配，为国民的安居乐业创造良好的条件和环境。一旦权力行使者出现病态变化且未得到及时纠正，黑社会性质组织便会出现抬头甚至壮大的趋势。公权力的“缺位容黑”、“失位护黑”、“错位养黑”是黑社会性质组织犯罪日渐猖獗、大行其道的重要因素。[①] 同时，国家权力尤其是国家刑罚权作为社会公平正义的最后一道防线，一旦遭到黑社会性质组织破坏，便会在源头上损害国家和政府的公信力。

事物的发展必然要遵循由弱到强、由小到大的规律，黑社会性质组织的发展也不例外。纵观黑社会性质组织的发展，其初期往往是由于地方政权管理缺位、服务缺失，因而为黑社会性质组织的成长壮大提供了空间。2009 年中央政法委员会发布了《关于深入推进打黑除恶专项斗争的工作意见》（以下简称《意见》），《意见》的出台为我国“打早打小”的刑事政策奠定了思想基础。[②] 但具体到地方，仍然存在部分干部对黑社会性质组织视而不见、置若罔闻的不作为现象，从而丧失了消灭黑社会性质组织的最佳时间节点。不仅如此，大量的黑社会性质案件还表明，在黑社会性质组织猖獗的区域，许多黑社会性质组织早期往往是地方政府豢养的编外“执法”人员，地方政府不仅纵容包庇，甚至充当黑社会性质组织的“保护伞”、代理人，帮助黑社会性质组织隐匿、掩盖、毁灭违法犯罪证据或者为黑社会性质组织提供物质、金钱帮助，更有甚者

---

① 项继权、储鑫：《黑社会性质犯罪的政治影响、政治空间与防范》，载《江苏行政学院学报》2016 年第 1 期。

② 莫晓宇、刘畅：《黑社会性质组织犯罪视角下的“打早打小”刑事政策解读》，载《唯实》2011 年第 5 期。

还会帮助黑社会性质组织团伙规避上级执法部门的侦查打击。这不仅为黑社会性质组织的发展提供了空间，更在一定程度上助长了其嚣张的气焰，使得黑社会性质组织在地方有恃无恐，胡作非为。当黑社会性质组织在一定区域内发育成型，形成了较大的规模后，其往往不再甘于政府的管控，而是直接渗透、参与甚至直接控制基层政权。通常情况下，此阶段的黑社会性质组织会利用自身的影响力和威慑力并借助“合法”外衣对公共事务和政权组织进行非法干预，成为当地的实际操控者。

三、黑社会性质组织治理的路径和措施

黑社会性质组织犯罪作为与恐怖主义犯罪、毒品犯罪并列的三大灾难性犯罪之一，具有严重的反社会性、反人类性，因而是包括我国在内的绝大多数国家严厉打击的犯罪。通过对黑社会性质组织的产生发展进行溯源式探究可以看出，打击黑社会性质组织，扫除黑社会性质组织是一项复杂艰巨，需要运用系统全面的方法并长期坚持的工作。德国著名刑法学家、刑事社会学派创始人李斯特关于犯罪预防曾做过这样的论断：“最好的社会政策即最好的刑事政策。”① 即在预防犯罪过程中，最为重要的不是刑法和刑事政策，而是良好的社会政策所营造的安定的社会环境。有关黑社会性质组织犯罪的防控机制的构建也必须注意且重视对社会政策的调整和改进，将社会政策与刑事政策统筹结合才能达到清本溯源的实际效果。笔者立足于扫黑除恶的时代背景，通过对涉黑实例进行剖析并结合相应的社会治理理论，力图为有效治理黑社会性质组织犯罪构建切实可用的长效机制。

（一）完善防黑控黑的法律体系

由于黑社会性质组织的存在和发展会严重危及社会整体利益和多数人的基本权利，所以黑社会性质组织犯罪的防控必须借助国家的合法暴力才能实现。② 现代法治国家对权力的行使是极度谨慎的，权力的运行需要经过科学民主的论证和严格的程序限制，故而在扫除黑社会性质组织的过程中也应当做到“有法可依”，即通过制度设计，编织防黑、控黑、扫黑的严密法网，为扫黑除恶提供法律支撑。

通过对我国有关黑社会性质组织犯罪的立法和司法解释梳理来看，我国相关法制建设自 1997 年刑法始，2000 年年底最高人民法院出台《关于审理黑社会性质组织犯罪的案件具体应用法律若干问题的解释》，2002 年第九届全国人大常委会又对刑法第 294 条进行了科学细致的解释，2011 年《刑法修正案（八）》的通过明确了对黑社会性质组织犯罪处以刑罚时可以附加财产刑，随后最高人民法院也通过司法解释作出了规定。③ 可以说经过 20 余年的法制建设，到如今我国对于黑社会性质组织犯罪的防控、打击已经形成了较为体系化的法律结构。但笔者认为，要实现“扫黑除恶”的目标，我国现阶段的相关法律制度仍需要进一步完善。“扫黑除恶”表明对于黑社会性质组织

① 马克昌、莫洪宪：《近代西方刑法学说史》，中国人民公安大学出版社 2008 年版，第 229 页。
② 张远煌、吴宗宪、刘广三：《犯罪学》，中国人民大学出版社 2015 年版，第 119 页。
③ 任文岱：《中国扫黑除恶历史回顾》，载《民主与法制时报》2018 年 2 月 4 日。

的治理要斩草除根，要零容忍，要做到“打早打小、严防坐大”，还要做到“打准打稳”。刑法的谦抑性决定了实现扫除黑社会性质组织还需要其他法律的协调配合和动态互补。笔者认为，在条件允许、时机成熟的情况下，我国应当制定专门的黑社会性质组织犯罪治理法律法规，将对黑社会性质组织的打击原则、社会预防、司法预防、打黑机制等纳入法治轨道，形成防黑、控黑、扫黑相结合的体系性法律制度。

（二）提升基层社会治理能力

法规范的生命力来自法律实践，法制治理体系的健全发展必然对行使权力的国家机关提出更高的要求，各级国家机关在扫黑除恶过程中必须将“有法必依、执法必严”落到实处。因此，加快对现有治理体系的调整改进，强化治理能力，构建现代化社会治理模式是治理黑社会性质组织的关键一环。

现代化治理模式的构建，首先要保证基层政府组织的有效性，这也就表明必须调整和完善城乡两地的基层治理体系，其中既包括人口流动制度的调整和完善，也包括市场经营秩序的统筹和规划，还包括城乡一体化过程中其他矛盾的解决和问题的处理，上述现象的合理解决都以基层政府的强力有效调控为基石。净化社会环境需要依靠基层政府的不懈努力，同时“打早打小”政策的落实也需要依靠基层政权的有效运作。具体而言，首先应增强基层干部的队伍建设，强化基层干部的正义感、责任感、使命感，对于意志较为薄弱、思想信念不够坚定的干部，要及时进行替换，时刻保持队伍的战斗力和纯洁性。其次，基层政权应当深入到基层之中、深入到群众之中，通过密切联系基层群众的方式发现、监控、预防黑社会性质组织的坐大。最后，还应当对灰色地带人群进行密切关注，防止其向黑社会性质组织靠拢，同时还应关注黑社会性质犯罪被害人的心理疏导和物质帮助，防止出现斯德哥尔摩效应甚至是恶逆变。

除上述内容外，现代化治理模式的构建还应加强政府在公共服务方面的投入，力求最大限度地保障社会资源的分配公平。就当前来看，黑社会性质组织对社会边缘群体和劣势群体吸引力较大，其成员以刑满释放人员、解除少管人员、无业人员、社会闲散人员为主。[①] 究其原因，这与社会政策的滞后和公共服务的缺失存在很大关系。从宏观的社会角度看，应当以深化社会体制改革为契机，以收入结构优化和收入秩序规范为抓手，以缩小贫富差距为目的，逐步使社会资源的分配合理化，使社会基本公共服务完整化、系统化、均等化，实现真正的改革成果惠及全民；从微观的社会角度看，国家权力机关在社会治理过程中必须注重边缘群体和劣势群体的生活保障和心理疏导，对于刑满释放人员的刑罚附随性问题，在时机成熟时，是否也应作出调整亦是值得深思的问题。

（三）加强重点领域管控

针对矛盾的解决，马克思主义哲学为我们阐释了深刻的道理，即首先应当抓住主要矛盾，在解决主要矛盾的过程中还要重点关注矛盾的主要方面，时至今日这仍是颠

---

① 薛新红：《我国涉黑犯罪的防控》，载《人民论坛》2011 年第 2 期。

扑不破的真理。在扫黑除恶过程中，只有抓重点，破难点，牵住牛鼻子，才能实现初期攻坚克难，中期稳中有进，后期斩草除根。

首先，加强对黑社会性质组织猖獗的重点领域、重点行业的监管，加大打击力度，是实质性推进扫黑除恶工作的必然要求。具体而言，就是既应当对传统黄赌毒的非法领域加大打击力度，还应对利润较高、竞争激烈、容易滋生群体性暴力对抗的领域加强监管。其次，对于受过刑事处罚和强制教育的群体、具有违法犯罪倾向的灰色群体应当进行全方位、立体化的重点监管，同时还应注重此类群体中的个体重新回归社会的问题，只有将该群体纳入社会正常运行轨道，才能剪除黑社会性质组织发展壮大的根基。再次，要加强对企业、协会、公司的监管力度。就近年黑社会性质组织的发展趋势来看，其隐蔽性特点日益显现，该类组织借助合法外衣规避执法部门的侦查和打击。对此，对于企业、公司、协会的合法性审查和非法性打击清理是极有必要的。最后，还应当重点整治"黑恶保护伞"问题。党的十八大以来，党的反腐工作取得了巨大的成就。随着反腐败的深入推进，大量腐败现象被发现，大量腐败问题被纠正、处理，随着保护伞的倒塌，大量的黑社会性质组织也得到有效打击。由此，扫黑除恶还应将高层扫"黑伞"，基层"拍蝇"统筹结合，将反腐工作与扫黑除恶工作有机结合，整体打击，对于涉黑涉恶和腐败深度交织的案件以及扶贫领域出现的涉黑涉恶腐败案件更要深挖严打，从而为维护良好的政权生态环境建创造有利条件。①

黑社会性质组织的长期存在有着深刻的社会根源，因此扫黑除恶工作也必须坚持从源头着手，重在治本，兼顾治标，标本共治，逐步实现正本清源的优良结果。因此，完善法制体系、市场监管体系、公共治理体系的工作刻不容缓，只有实现法制健全、市场有序、分配合理、政府公正廉洁有效，才能真正使黑社会性质组织失去活动空间、失去成员来源、失去权力依托，进而才能将黑社会性质组织连根铲除。

① 康均心：《从打黑除恶到扫黑除恶》，载《河南警察学院学报》2018 年第 3 期。

涉嫌黑社会犯罪组织发展形态认定的法理分析

——以三个维度的组织性特征为切入点

李克勤[*] 张洪峰[**]

当前，我国正在实施“扫黑除恶”专项打击，而黑社会犯罪性质的认定则是司法实践中一个长期性的难点。2002年全国人大常委会对黑社会犯罪规定了需要同时具备的四个要件，分别是组织特征、经济特征、行为特征、控制性特征（危害特征）①，后吸收2011年通过的《刑法修正案（八）》第43条，成为我国刑法中为数不多的、规定多个条件必须同时具备的叙明罪状法条②。但是在司法实践中，又产生了新的问题，一些犯罪组织究竟是处于低级状态，还是已经发展为成熟的黑社会性质组织，各地认定分歧很大。2015年9月，最高人民法院在《全国部分法院审理黑社会性质组织犯罪案件工作座谈会纪要》（以下简称2015年《纪要》）中提出，要正确把握“打早打小”与“打准打实”的关系，不得对尚处于低级形态的犯罪组织不加区分地一律按照黑社会性质组织处理，对于不符合黑社会性质组织认定标准的，应当根据案件事实依照刑法中的相关条款处理。

那么，在司法实践中，应当如何认定涉嫌黑社会犯罪组织的发展形态呢？为此，笔者与部分一线办案人员进行了交流，在浙江省某监狱对涉黑犯罪案件进行了调研，并结合自己的办案经验，就这个问题进行了深入研讨，供大家分析评判。

一、涉嫌黑社会犯罪组织发展形态认定的主要难点

在司法实践中，典型的黑社会性质组织比较容易识别，较难认定的是发展形态不够明确的犯罪组织。从刑法第294条规定的四要件来分析，更多的是两三个要件比较明确，另外一两个要件比较模糊或者不典型，公检法三机关对某些案件争议很大，导致各地执法尺度不一，同类的案件在不同的地方可能会做不同的处理。具体来讲，在

---

* 浙江省金华市人民检察院。

** 浙江省金华市人民检察院。

① 分别是：（1）形成较稳定的犯罪组织，人数较多，有明确的组织者、领导者，骨干成员基本固定；（2）有组织地通过违法犯罪活动或者其他手段获取经济利益，具有一定的经济实力，以支持该组织的活动；（3）以暴力、威胁或者其他手段，有组织地多次进行违法犯罪活动，为非作恶，欺压、残害群众；（4）通过实施违法犯罪活动，或者利用国家工作人员的包庇或者纵容，称霸一方，在一定区域或者行业内，形成非法控制或者重大影响，严重破坏经济、社会生活秩序。

② 除了第294条，其他类似的如第224条之一的组织、领导传销活动罪。

四个要件中，行为特征的判断比较直观，经济特征也不难识别，难点主要集中在组织特征和控制性特征（危害特征）两个方面。

在组织特征的认定上，办案中的难点突出表现为三点：一是组织规模和结构。黑社会犯罪组织一般要求10人以上，骨干成员基本固定，层级清楚。一些犯罪组织达不到这个数量但骨干成员比较固定，或者有些犯罪团伙人数在10人以上，但结构比较松散，有事临时叫人的情况很多。有论者认为，黑社会犯罪组织分为松散型、半紧密型和紧密型，但这种分析仍然不具有可操作性。二是组织内部的组织性和纪律性。黑社会犯罪组织要求在对内的管理上具备成文或者不成文的组织纪律或者活动规矩。但有些犯罪团伙是否存在规约，或者有些内部规则是否属于组织规约不易判断。例如，有一起组织卖淫案，涉案人员在同一个街区各自经营卖淫店面，遇到外部干扰相互支持，并规定了统一的卖淫价格、卖淫时长，相互之间不得抢客等，这些是否属于组织内部规约，办案部门意见不统一。三是犯罪组织本身和其行为的持续性。一般而言，一个黑社会犯罪组织需要一定的时间才能成型，组织行为须具有持续性。但这些条件在判断时有较大的弹性，有些犯罪团伙成立的时间不长，或者有组织实施犯罪的次数较少，或者犯罪的目的和对象比较特定，各地是否认定为黑社会犯罪情况不一。调研中有罪犯提出，他们开赌场仅两周，为抢生意与其他赌场发生了斗殴，对被判为黑社会犯罪难以接受。

典型案例如最高人民法院发回重审的牛子贤等人犯罪案件，最高人民法院认为，涉案成员多系被临时纠集参与作案，尚没有形成稳定的组织体系，牛子贤要求手下交纳“保证金”系其经营赌场时管理雇员的必要手段，难以认定为组织纪律或者活动规约，也不存在明显的层级关系，反映不出组织性。因此，现有证据不能认定牛子贤犯罪团伙具备黑社会性质组织的组织特征①。

在控制性特征的认定上，刑法第294条规定了两个具有递进关系的特征，其一是实施违法犯罪或利用国家工作人员的包庇，这也是一个基础性的特征；其二是通过这种非法手段对一定的区域和行业形成了实际的控制，这是一个结果性的特征，2015年《纪要》和2018年“两高两部”印发的《关于办理黑恶势力犯罪案件若干问题的指导意见》（以下简称2018年《指导意见》）中规定了八种情形②。

---

① 详细案件情况参见《牛子贤等人绑架、敲诈勒索、开设赌场、重婚案〔第1160号〕——如何准确把握黑社会性质组织的认定标准》，载最高人民法院刑五庭李晓光、邓克珠撰稿，最高人民法院刑五庭韩维中审编：《刑事审判参考》（总第107集）。

② 这八种情形是：（1）致使在一定区域内生活或者在一定行业内从事生产、经营的多名群众，合法利益遭受犯罪或严重违法活动侵害后，不敢通过正当途径举报、控告的；（2）对一定行业的生产、经营形成垄断，或者对涉及一定行业的准入、经营、竞争等经济活动形成重要影响的；（3）插手民间纠纷、经济纠纷，在相关区域或者行业内造成严重影响的；（4）干扰、破坏他人正常生产、经营、生活，并在相关区域或者行业内造成严重影响的；（5）干扰、破坏公司、企业、事业单位及社会团体的正常生产、经营、工作秩序，在相关区域、行业内造成严重影响，或者致使其不能正常生产、经营、工作的；（6）多次干扰、破坏党和国家机关、行业管理部门以及村委会、居委会等基层群众自治组织的工作秩序，或者致使上述单位、组织的职能不能正常行使的；（7）利用组织的势力、影响，帮助组织成员或他人获取政治地位，或者在党政机关、基层群众自治组织中担任一定职务的；（8）其他形成非法控制或者重大影响，严重破坏经济、社会生活秩序的情形。

一般而言，第一个特征即非法手段特征应具有违法犯罪的多样性和持续性（有利于形成控制），并以达成非法控制为目的。而第二个特征即非法控制则必须是非法手段的结果，且必须形成了实际的控制后果。但在实际办案中，由于对这两个特征的判断存在不同的观点，在认定黑社会犯罪时形成了偏差。

例如，在2012年河南省西平县焦海涛涉嫌黑社会犯罪一案中，法院认为，焦海涛等人是因为中央花园项目才聚集在一起，并未染指其他拆迁工程，这些因素决定了他们的犯罪对象和犯罪手段具有特定性。他们并不是依靠非法手段获得该项目征地拆迁业务，而是受项目部雇佣从事暴力拆迁活动，其既没有对当地经济、社会生活进行非法控制的意图，也没有以非法控制为目的实施相应的违法犯罪活动，实际上并不具有真正意义上的黑社会性质组织的行为特征，因此不构成黑社会犯罪①。

笔者在浙江某监狱调研时，罪犯南某某认为，他们有正当职业，有合法收入，虽然有聚众斗殴、寻衅滋事行为，但没有向他人收取保护费什么的，也没有残害过老百姓，对认定自己涉黑犯罪不服。这实际上也反映了该案犯罪组织在控制力的可持续性、对合法秩序实际破坏程度上的薄弱。

二、“有组织的非法控制”是黑社会犯罪成熟形态的核心要素

目前，学术界对于黑社会性质组织的本质特征存在四种不同的观点，分别是非法控制说②、有组织的暴力特征说③、组织行为特征说④和组织特征说⑤。其中，非法控制说属于主流观点。该观点认为，非法控制是黑社会性质组织的本质特征，其将黑社会犯罪与集团犯罪、恶势力团伙犯罪、单位犯罪区分开来。

我们不否认控制性是黑社会犯罪的核心特征之一，但仅有非法控制是不周延的，它忽视了组织特征作为黑社会犯罪的基础和不可或缺性。

笔者认为，成熟的黑社会犯罪的核心要素是“有组织的非法控制”。如果尚未达到这个要求，则属于黑社会犯罪组织的低级形态，如恶势力犯罪，或者属于其他团伙犯罪。理由如下：

首先，组织特征是黑社会犯罪的基础，贯穿于整个犯罪过程。刑法第294条规定的四个特征，第一个规定属于组织特征本身，第二个和第三个分别是“有组织地”获取经济利益和“有组织”地实施违法犯罪活动，第四个的控制性特征依然是以该犯罪

---

① 详细案情参见《焦海涛等人寻衅滋事案〔第1156号〕——如何根据违法犯罪活动的多样性把握黑社会性质组织的认定标准》，载河南省高级人民法院张敏娜撰稿，最高人民法院刑三庭周川审编：《刑事审判参考》（总第107集）。

② 参见陈兴良：《关于黑社会犯罪的理性思考》，载《法学》2002年第8期；周光权：《黑社会性质组织非法控制特征的认定——兼及黑社会性质组织与恶势力团伙的区分》，载《中国刑事法杂志》2018年第3期。

③ 何秉松：《中国有组织犯罪研究（第一卷 中国大陆黑社会（性质）犯罪研究）》，群众出版社2009年版，第230～231页。

④ 黄京平、石磊：《论黑社会性质组织的法律性质和特征》，载《法学家》2001年第6期。

⑤ 李文燕：《黑社会性质组织特征辨析》，载《中国人民公安大学学报》2001年第3期。

的组织性为基础的。因为作为游离于政府之外的持续性非法控制，不可能通过少数几个人来完成，必须以一个稳定的、严密的组织实体为根基。从逻辑上来讲，组织特征可以独立于非法控制特征存在，而非法控制特征却不能离开组织特征单独存在。因此，对于涉嫌黑社会犯罪的形态和发展阶段而言，对组织特征的考察和评价是前提和基础[①]。一般来讲，黑社会犯罪组织的前身是恶势力组织，而恶势力也必须具备组织特征，有论者认为，“包含行为目的特征和组织阶段特征的发展特征，才是恶势力的本质特征，是标志恶势力与普通共同犯罪相区别的决定性要素”[②]。关于组织特征的阶段性特点，我们将在第三部分进行论述。

其次，在组织基础上达成非法的实际控制是成熟形态黑社会犯罪组织的核心标志。一个组织特征明显的犯罪团伙是否已经发展为黑社会犯罪组织，重点是考察其是否具有对某行业或者某区域进行非法控制的目的，并进而达到实际的非法控制的结果[③]。然而，非法控制并不是一蹴而就的，它是犯罪组织以非法控制为目的，通过持续不断、多样性的违法犯罪或者其他手段而逐步达成目标的。这个持续的过程使得非法控制从无到有、从弱到强，是一个从量变到质变的过程。因此，在组织特征判断的基础上，将之与控制性的强度判断相结合是区分犯罪组织形态的主要依据。如果已经达到了非法控制的既遂状态，则成立黑社会犯罪。那么，达到什么样的强度才是非法控制的既遂状态呢？笔者基本同意“非法支配”论，该观点认为，“非法控制的含义是支配，凡是不能形成对他人的功能性支配、行为性支配或意思支配，不能在相当程度上形成对社会秩序和合法管控权的冲击的，就谈不上在一定区域或者行业内形成非法控制”[④]。

三、从三个维度判断“有组织的非法控制”

前文论述了司法实践中判断黑社会犯罪的主要难点为组织特征和控制性特征，又从组织特征与控制性特征的逻辑关系论述判断黑社会犯罪成熟形态的核心要素是“有组织的非法控制”[⑤]。那么，具体应当如何对涉黑犯罪组织的发展形态进行研判呢？我们认为，可以从犯罪团伙的组织结构方式（静态）、组织行为学（动态）、组织控制学（结果）三个维度进行综合性判断。

第一个维度是看该组织的结构方式。这个维度是一个静态的维度，相对比较直观。总体而言，仍然是从组织规模（一般要求 10 人以上）、骨干分子是否固定、层级和分

---

① 有的学者会说，其他的有组织犯罪也具有这个特征，我们说这是两个层面的问题。这里所论述的是在判断黑社会犯罪的语境中进行的分析，如果它也构成其他有组织的犯罪，那涉及的是法条竞合的问题。

② 参见黄京平：《恶势力及软暴力探微》，载《中国刑事法杂志》2018 年第 3 期。

③ 当然，并不是说组织特征一定要完全形成后才会图谋非法控制，两者也可以同时进化。

④ 参见周光权：《黑社会性质组织非法控制特征的认定——兼及黑社会性质组织与恶势力团伙的区分》，载《中国刑事法杂志》2018 年第 3 期。

⑤ 2009 年《全国部分法院审理黑社会性质组织犯罪案件工作座谈会纪要》中也曾明确规定，在办案时应当结合组织化程度的高低、经济实力的强弱、有无追求和实现对社会的非法控制等特征，对黑社会性质组织与“恶势力”团伙加以正确区分。

工是否清楚、是否有内部的纪律和规约、组织的稳定性等方面来分析有无形成一个具有内在联系的组织体。如果不符合这些条件，无疑属于萌芽状态的犯罪组织，或者是普通的犯罪团伙。例如，人员内部比较松散，如有事的时候临时凑在一起，或者人员多为发小、同学等关系，平日以正常交往为主，偶尔发生了几件事情合伙进行犯罪，就不能认定为符合黑社会犯罪的组织结构方式。但对于已经发展到高度组织化的恶势力犯罪而言，在组织结构方式上，黑社会性质组织与普通犯罪集团、恶势力团伙存在诸多联系与相似之处，区分起来确有难度，实践中不乏成员人数较多，组织者、领导者明确，骨干成员相对固定，且有一定组织纪律、活动规约的恶势力团伙。因此我们认为，从这个维度来讲，主要是用于分辨恶势力犯罪与处于萌芽状态的犯罪组织或者其他普通共同犯罪的，如果要分辨恶势力组织与黑社会犯罪的区别，还要借助于以下两个维度的分析。

第二个维度是从组织行为学的角度进行分析。恶势力组织与黑社会组织虽然从静态的结构上看可能区别不明显，但从组织行为学上来讲，尤其是组织成员的犯罪心理、犯罪目的、相互之间的配合与联系上，恶势力组织与黑社会组织还是有一定的区别的。

所谓组织行为学，根据美国学者布鲁斯·塔克曼的定义，是指研究在团队（或组织）中以及团队与环境的相互作用中，人们从事工作的心理活动和行为的反应规律性的科学。他把一个团队的发展阶段分为五个时期，分别是组建期、激荡期、规范期、执行期和休整期（解散期）①。这种对于团队发展的分析对于犯罪组织分析具有重要的参考价值，犯罪组织也可以被看作一个团队。从组织行为学观察，有助于我们观察到组织从随机性到目的性、从偶发性到计划性、从自发性到自觉性的转变。

例如，在组建期，属于酝酿阶段，成员行为具有相当大的独立性，缺乏团队目的，还有可能表现出不稳定、忧虑的特征。在激荡期，形成各种观念的激烈竞争，成员更想要展现个人性格特征，对于团队目标、期望、角色以及责任的不满和挫折感日益表露出来。如果一个犯罪团伙处于这两个阶段，那么明显还是属于萌芽或初级阶段，不属于黑社会犯罪，也可能属于低级阶段的恶势力犯罪。

而到了规范期，规则、价值、行为、方法、工具均已建立，团队效能提高，团队开始形成自己的身份识别，成员调适自己的行为，以使得团队发展更加自然、流畅。在执行期，团队能量积聚于一体，成员对于任务层面的工作职责有清晰的理解，即便在没有监督的情况下自己也能作出决策，互助协作。

---

① 具体来说：1. 组建期。团队酝酿，团队成员行为具有相当大的独立性，这一时期他们缺乏团队目的、活动的相关信息。部分团队成员还有可能表现出不稳定、忧虑的特征。2. 激荡期。形成各种观念激烈竞争、碰撞的局面。团队获取团队发展的信心，但是存在人际冲突、分化的问题。团队成员面对其他成员的观点、见解，更想要展现个人性格特征。对于团队目标、期望、角色以及责任的不满和挫折感表露出来。3. 规范期。规则、价值、行为、方法、工具均已建立，团队效能提高，团队开始形成自己的身份识别，团队成员调适自己的行为，以使得团队发展更加自然、流畅。有意识地解决问题，实现组织和谐。动机水平增加。团队领导允许团队有更大的自治性。参与式领导。4. 执行期。团队能量积聚于一体，团队成员对于任务层面的工作职责有清晰的理解，没有监督，自治，即便在没有监督的情况下自己也能作出决策，互助协作。5. 休整期。任务完成，团队解散。

笔者认为，从组织行为学上来讲，恶势力犯罪组织与黑社会犯罪更有可能分别处于规范期和执行期。但毕竟这些组织阶段分析是针对正常社会组织的，犯罪组织作为一个“非正常”或者说见不得光的组织，还是有一些自身的特点的。两者在组织行为学上的区别可以从四个方面来分析：其一，犯罪的心理与目的。恶势力犯罪成员的心理多数是为了追求一个较小的利益、短期的利益，其目的并非对某区域或行业进行长期非法控制来谋取更大的利益。其二，行为出现的原因。恶势力犯罪的行为方式是自发的，他们多是从个人本身考虑的，对组织本身的认同感还不强。而黑社会犯罪组织则是自觉的行为，是从组织利益本身思考的，对组织本身具有高度的认同感，组织行为体现出较强的集体意志。有时单个犯罪成员就代表了组织，单个人出面就可能对某种活动形成控制。其三，从成员行为之间的内在联系来看，各成员之间行为的配合与支持程度不同。如果以体育运动做比喻的话，黑社会犯罪组织的成员之间，就像足球队一样，需要高度的配合与支持，形成一个整体，而恶势力犯罪在内部配合方面明显松散。其四，在犯罪行为手段和犯罪的对象上，黑社会犯罪的对象具有不特定性，手段具有多样性和持续性，而恶势力犯罪在这方面具有特定性，有时候还具有偶发性。通过这些分析，就比较容易解决对组织特征理解上的一些难点，如人员数量和稳定性问题、内部规约的认定问题等。

需要说明的是，当恶势力犯罪进一步发展，它与黑社会犯罪在组织行为学上的界限也将越来越模糊（当然，也并不是每一个恶势力组织必将发展为黑社会犯罪）。那么，恶势力组织发展为黑社会犯罪的标志是什么呢？其实上文也已经提到，也是接下来要详细分析的——组织的控制力。

第三个维度是从组织控制力来进行考察。笔者认为，在分析第一个维度和第二个维度的基础上，判断犯罪组织发展阶段的第三个维度，就是该组织实体的影响力是否已经对特定区域和行业构成了实际的控制。笔者认为，在组织性分析基础上的非法控制存在三个方面。

其一，在形成组织实体的基础上，该组织既要有非法控制的意图，也要有非法控制的行为。正如有论者所言：“从某种意义上说，恶势力团伙与黑社会性质组织实际上只隔着一层‘窗户纸’，一旦恶势力团伙开始有意识、有计划、有组织地通过违法犯罪活动试图在正常社会里建立非法秩序，那么其就跨越了向黑社会性质组织升级转型的鸿沟，剩下的只需要完成量的积累。”①。

其二，这种非法控制必须具有持续性，并获得较大的经济利益。如果犯罪组织通过违法犯罪活动所谋取的只是短期的、随机性的，甚至一次性的非法控制，那可能属于恶势力犯罪而不是黑社会犯罪。短期的非法控制，如在实施团伙抢劫的情形中，就是一种短期或者一次性的非法控制。同时，这种非法控制必须是为了给该组织带来较

① 参见《焦海涛等人寻衅滋事案〔第1156号〕——如何根据违法犯罪活动的多样性把握黑社会性质组织的认定标准》，载河南省高级人民法院张敏娜撰稿，最高人民法院刑三庭周川审编：《刑事审判参考》（总第107集）。

大的经济利益（与经济特征的联系，不做展开）。

其三，该组织通过持续不断地谋求影响力，最终逐渐削弱了合法政权的控制力。犯罪组织通过持续的非法手段，不断破坏、侵蚀正常的经济、社会生活秩序，最终形成黑社会性质组织掌控的非法秩序。在2015年《纪要》和2018年《指导意见》中，规定了八种常见的形成非法控制的情形。笔者认为，判断是否形成实质性非法控制主要看两个方面，其一，对目标区域和行业形成了精神或物质上的支配，并能够为其带来实质性的利益，而这种利益具有一定的排他性。其二，对合法的执法行为形成了阻断。这种阻断或者是导致被控制的对象不敢寻求合法的保护，或者是因为国家工作人员的包庇、纵容甚至暗中参与而被非法地阻断。

案例指导制度在扫黑除恶专项斗争中的刑事应用思考

吴　革[*]　林琪琪[**]

近日，中共中央、国务院发出《关于开展扫黑除恶专项斗争的通知》。该通知强调"要严格贯彻宽严相济的刑事政策，对黑社会性质组织犯罪组织者、领导者、骨干成员及其'保护伞'要依法从严惩处，对犯罪情节较轻的其他参加人员要依法从轻、减轻处罚。要依法及时采取查封、扣押、冻结等措施，综合运用追缴、没收、判处财产刑以及行政罚款等多种手段，铲除黑恶势力经济基础"。案例指导制度是立足于我国政治架构、立法制度、法律传统、司法现状的重大改革创新，本文就罗甲、罗乙、朱某、罗丙滥用职权案与于欢案在扫黑除恶专项斗争中所发挥的刑事研究及实践发展方向的指导作用加以阐述。

一、我们致力于追求一个公平正义的时代

"审判结果的公平正义"的重要方面就是"同案同判"。从传统判例到现在的案例指导制度，对于公平正义的不懈追求，是案例制度产生和发展的不竭动力；"同案同判"彰显的司法公正所蕴含的要义——司法为民，也一直是中国案例制度的价值追求。相较于国外判例和传统判例，案例指导制度又彰显了中国法治发展的特色，适应了时代的要求，以案例制度为纽带，立法权与司法权的张力得以化解，以案例制度为桥梁，法官责任、民众法治信仰和政治清明紧密连接起来。

这次扫黑除恶专项斗争会更加注重严格依法办案，明确政策界限，确保办案质量和办案效率的统一，确保经济效果、政治效果、法律效果和社会效果的统一。正如习近平总书记强调的"要推动全面从严治党向基层延伸，严厉整治发生在群众身边的腐败问题。要把扫黑除恶同反腐败结合起来，既抓涉黑组织，也抓后面的'保护伞'"。

二、案例指导制度的功能定位

（1）案例指导制度能够将司法审判人员的法律逻辑推理和判决说理论证完整地展现出来。归纳、提炼出确定的法律标准和裁判准则，将法律中的理性和可控因素完全

* 北京中闻律师事务所主任。

** 北京林业大学人文社会科学学院。

涵盖进来，给司法审判人员的裁决提供论证依据，从而制约审判人员裁决的恣意，避免司法不公和司法蛮横，透过判决展现司法的公平正义。

（2）案例指导制度使得法律的精神、原则在司法适用中贯彻一致，避免多重解读、曲解。司法审判的过程，就是法律从固定文本到灵活适用的过程。在这个过程中，由于审判人员认识差异、所处环境等制约因素的影响，立法者通过法律想要表达的精神或者法律本身应该体现的法治精神容易被个体审判者断章取义、以偏概全或者偷梁换柱。在成文法国家，法律从根本上是要体现立法者的意图，司法审判人员既不能造法亦无权解释法律。案例指导制度以最高人民法院确定的案例作为约束司法审判人员自由裁量权的措施，可以实现法律适用上的统一。统一司法可以看作一种横向的统一，即在我国，不同地域根据指导性案例并适当结合当地实际作出的判决应该大体上是相同的。

（3）案例指导制度将裁判本身技术化、形式化，这对于民众对司法的监督起到了积极作用。司法审判人员的裁判方法和思维模式通过判决书展现给外界，使得公众能够看到审判者的推理过程、论证方法。虽然司法审判是一种专业化的运作过程，一般民众的认识水平并不能达到这种专业水准，但是民众朴素的逻辑和正义观念无疑是对司法审判者的基本要求。如果一个案件的判决结果难以使大众信服，首先应该反思的是审判者，而不是以“专业化”为挡箭牌回应民众的质疑和不信服。

（4）案例指导制度更为关注的是时效性，而这种对于统一司法的重视可以更为及时、直观、有效地回应当前热点问题，对于提高法律的公信力、权威性有着很重要的促进和推动作用。

黑恶势力主要的危害在于侵犯了人身权益和扰乱了社会秩序。案例指导制度有助于实现法律的确定性价值；提高审判的效率，节约司法资源和司法成本，在很大程度上缩短整个诉讼的周期，提升司法效率；可以使得法律动态性增强，从而弥补法律的漏洞；更为及时和鲜明地指出法律对于不同价值保护侧重的变化以及法律未来的发展方向；进一步增强判决的说理性。它不仅是一种司法的“术”，更是一种司法的“道”，这是因为法律的生命在于实施，法律追求的终极价值之一是公平正义。司法公正既要求审判过程遵循平等和正当的原则，也要求审判结果体现公平和正义的精神，从而“让人民群众在每一个司法案件中都感受到公平正义”。那么，我们将之应用到当下关于扫黑除恶的刑事立法的指导中应被认为是有一定可行性的。

三、“恶势力”的定义

最高人民法院、最高人民检察院、公安部印发的《办理黑社会性质组织犯罪案件座谈会纪要》（法〔2009〕382 号）中对“恶势力”的定义作出了规定：恶势力是指经常纠集在一起，以暴力、威胁或其他手段，在一定区域或者行业内多次实施违法犯罪活动，为非作恶，扰乱经济、社会生活秩序，造成较为恶劣的社会影响，但尚未形成黑社会性质组织的犯罪团伙。

“恶势力”一般为3人以上，纠集者、骨干成员相对固定，违法犯罪活动一般表现为敲诈勒索、强迫交易、欺行霸市、聚众斗殴、寻衅滋事、非法拘禁、故意伤害、抢劫、抢夺或者黄、赌、毒等。

“恶势力”是黑社会性质组织的雏形。法律界学者在农村调查时发现，部分乡村“混混”形成控制力，村霸导致乡村经济和社会事务“灰色化”；在城镇地区，私营业主加上若干“保安”打手，就能形成“恶势力”。既然“恶势力”在农村和城镇都危害巨大，并且是黑社会性质组织的源头，那么抓住治理“恶势力”这个重点，就能有效治理黑社会的产生问题。根据当前刑事法律，认定黑社会性质组织需要查明其在组织、经济、行为和危害性四个方面同时具备一系列特征，在组织稳定性、形成非法控制和重大影响等方面有明确要求，因此黑社会性质组织是“恶势力”发展后的严重情形。

但是，“恶势力”尚未入刑，组织“恶势力”团伙本身还不构成犯罪。前述多种违法犯罪行为，只要“恶势力”团伙不作出抢劫、聚众斗殴或涉毒等犯罪行为，就不会进入刑法调整领域。而现实中的“恶势力”在普通违法阶段就能造成对所在乡村、社区或领域中特定主体的精神威胁，无人敢公开控告和报案；或者在治安管理阶段就已经“获得”特定公务人员的包庇或纵容。这说明治理“恶势力”犯罪的制度供给严重不足，导致不能对黑社会性质组织有效地“打早打小”。

四、关于扫黑除恶的指导性案例

（一）最高人民检察院指导性案例

最高人民检察院《关于印发第二批指导性案例的通知》（高检发研字〔2012〕5号）中罗甲、罗乙、朱某、罗丙滥用职权案（检例第6号）基本案情大致为：

被告人罗甲、罗乙、朱某、罗丙是广州市城市管理综合执法局黄埔分局大沙街执法队（以下简称“执法队”）协管员。上班时，他们身着统一发放的迷彩服，臂上戴着写有“大沙街城市管理督导员”的红袖章，手持一根木棍。他们先后多次向多名无照商贩索要12元、10元、5元不等的少量现金、香烟或直接在该路段的“士多店”拿烟再让部分无照商贩结账，后放弃履行职责，允许给予好处的无照商贩在严禁乱摆卖的地段非法占道经营。导致该地段的无照商贩非法占道经营情况十分严重，几百档流动商贩恣意乱摆卖，严重影响了市容市貌和环境卫生，给周边商铺和住户的经营、生活、出行造成极大不便。由于执法不公，对给予钱财的商贩放任其占道经营，对其他没给好处费的无照商贩则进行驱赶或通知城管部门到场处罚，引起了群众强烈不满，城市管理执法部门执法人员在依法执行公务过程中遭遇多次暴力抗法，数名执法人员受伤住院。严重危害和影响了该地区的社会秩序、经济秩序、城市管理和治安管理，造成了恶劣的社会影响。

本案的裁判要旨在于：根据刑法规定，滥用职权罪是指国家机关工作人员滥用职权，致使“公共财产、国家和人民利益遭受重大损失”的行为。在实践中，对滥用职权“造成恶劣社会影响的”，应当依法认定为“致使公共财产、国家和人民利益遭受重大损失”。

小结：虽然罗甲、罗乙、朱某、罗丙并不是严格意义上的3人以上，纠集者、骨干成员相对固定的恶势力团伙，因为他们是先后作出相似的滥用职权的行为的，但我们不排除现实生活中存在或者至少未来可能存在像这样的恶势力个体逐渐发展而成的恶势力团伙。因此，该罗甲、罗乙、朱某、罗丙滥用职权案对类似的滥用职权案是有一定借鉴意义的。

（二）最高人民法院指导性案例

最高人民法院《关于发布第18批指导性案例的通知》（法〔2018〕164号）中于欢故意伤害案（指导性案例第93号）基本案情大致如下：

被告人于欢的母亲苏某在山东省冠县工业园区经营山东源大工贸有限公司（以下简称源大公司），于欢系该公司员工。苏某及其丈夫欠债于吴某、赵某，二人催债，强行入住，苏某报警。杜某用污秽言语辱骂苏某、于欢及其家人，将烟头弹到苏某胸前衣服上，将裤子褪至大腿处裸露下体，朝坐在沙发上的苏某等人左右转动身体。在马某、李某的劝阻下，杜某穿好裤子，又脱下于欢的鞋让苏某闻，被苏某打掉。杜某还用手拍打于欢面颊，其他讨债人员实施了揪抓于欢头发或按压于欢肩部不准其起身等行为。民警到达后，于欢、苏某想随民警离开接待室，杜某等人阻拦，并强迫于欢坐下，于欢拒绝。杜某等人掐于欢颈部，将于欢推拉至接待室东南角。于欢持刃长15.3厘米的单刃尖刀，警告杜某等人不要靠近。杜某出言挑衅并逼近于欢，于欢遂捅刺杜某腹部一刀，又捅刺围逼在其身边的程某胸部、严某腹部、郭某背部各一刀。杜某等四人受伤后，被送至冠县人民医院救治。杜某经抢救无效，因腹部损伤造成肝固有动脉裂伤及肝右叶创伤导致失血性休克死亡。严某、郭某的损伤均构成重伤二级，程某的损伤构成轻伤二级。

本案的裁判要点在于：

第一，对正在进行的非法限制他人人身自由的行为，应当认定为刑法第20条第1款规定的“不法侵害”，可以进行正当防卫。

第二，对非法限制他人人身自由并伴有侮辱、轻微殴打的行为，不应当认定为刑法第20条第3款规定的“严重危及人身安全的暴力犯罪”。

第三，判断防卫是否过当，应当综合考虑不法侵害的性质、手段、强度、危害程度，以及防卫行为的性质、时机、手段、强度、所处环境和损害后果等情节。对非法限制他人人身自由并伴有侮辱、轻微殴打，且并不十分紧迫的不法侵害，进行防卫致人死亡重伤的，应当认定为刑法第20条第2款规定的“明显超过必要限度造成重大损害”。

第四，防卫过当案件，如系因被害人实施严重贬损他人人格尊严或者亵渎人伦的不法侵害引发的，量刑时对此应予充分考虑，以确保司法裁判既经得起法律检验，也符合社会公平正义观念。

本案在法律适用方面的争议焦点体现在两个方面：一是于欢的捅刺行为性质；二是如何定罪处罚。而这都牵涉到暴力讨债的黑恶势力。

（1）关于于欢的捅刺行为性质。于欢的捅刺行为具有防卫性。案发当时杜某等人对于欢、苏某持续实施限制人身自由的非法拘禁行为，并伴有侮辱人格和对于欢推搡、拍打等行为；民警到达现场后，于欢和苏某想随民警走出接待室时，杜某等人阻止二人离开，并对于欢实施推拉、围堵等行为，在于欢持刀警告时仍出言挑衅并逼近，实施正当防卫所要求的不法侵害客观存在并正在进行；于欢是在人身自由受到违法侵害、人身安全面临现实威胁的情况下持刀捅刺，且捅刺的对象都是在其警告后仍向其靠近围逼的人。因此，可以认定其是为了使本人和其母亲的人身权利免受正在进行的不法侵害而采取的制止不法侵害行为，具备正当防卫的客观和主观条件，具有防卫性质。这里的"不法侵害"即是催债的恶势力。

（2）关于量刑。暴力讨债的恶势力被害方对引发本案具有严重过错。本案案发前，吴某、赵某指使杜某等人实施过侮辱苏某、干扰源大公司生产经营等逼债行为，苏某多次报警，杜某等人的不法逼债行为并未收敛。案发当日，杜某等人对于欢、苏某实施非法限制人身自由、侮辱及对于欢兼有推搡、拍打、掐颈部等行为，于欢及其母亲苏某连日来多次遭受催逼、骚扰、侮辱，导致于欢实施防卫行为时难免带有恐惧、愤怒等因素。尤其是杜某裸露下体侮辱苏某对引发本案有重大过错。案发当日，杜某当着于欢之面公然以裸露下体的方式侮辱其母亲苏某。虽然距于欢实施防卫行为已间隔约20分钟，但于欢捅刺杜某等人时难免带有报复杜某辱母的情绪，故杜某裸露下体侮辱苏某的行为是引发本案的重要因素，在刑罚裁量上应当作为对于欢有利的情节重点考虑。

小结：本案是以恶势力为受害人的指导性案例，作为一个特殊的反向角度，给扫黑除恶专项斗争中"过当"的情形提供了很好的范本。

上述两例，其实亦是穷尽目前"两高"发布的所有指导性案例，反映出涉及扫黑除恶方面的还较为稀缺。

五、刑事指导性案例的现状

（一）制度内部结构问题

（1）发布的指导性案例规模有限，种类较少。社会生活丰富多样，导致纠纷的种类也纷繁复杂。虽然最高人民法院和最高人民检察院都成立了专门的部门来促进案例指导制度的实施，但是指导性案例数量仍然较少，远远达不到最高人民法院"统一法律适用，统一裁判尺度"的目标。相对于司法解释而言，指导性案例的程序更加简单。虽然实行的是多层级的推荐选报模式，也成立了专门机构——案例指导工作办公室，但是效果甚微。

（2）制度未采用法律形式公开发布。最高人民法院审判委员会讨论决定的指导性案例，统一在《最高人民法院公报》、最高人民法院网站、《人民法院报》上以公告的形式公布，形式上较为敷衍。这种制度设定使得一些法官未从意识上或者观念上认知制度本身，存在侥幸心理。

(3) 指导性案例缺少检索系统。对于已经发布的指导性案例，目前没有一个科学的检索系统。在现阶段，发布主体是最高人民法院，官方网站是最高人民法院网站。查找起来较为麻烦，编辑较零乱。如果法官想查找案例，并不方便。另外，要查找到自己需要的案例还需翻动网页，随着案例数量的增加，缺乏相应的数据库以便于查找，使一页一页的查找变得更加困难。

(二) 外部实践环境问题

(1) 缺乏监督保障机制。迄今为止，缺乏相对应的详细实施办法及监督保障机制来保障案例指导制度的运行。对案例指导制度的监督，是指相关案件与公布的案例类似，指导性案例的适用是“参照”适用，并非绝对适用，故未对法官适用指导性案例提出硬性要求。

(2) 法官缺少适用案例的思维。受到成文法国家传统的影响，法官在解决纠纷时首先想到的是法条，依赖法条的规定，总是试图从法条中找到真相。在实践中，法官拿到案件，先去找法条，大多判决书的形成有罗列法条的倾向，在查明事实的基础上进行演绎推理，得出结论。这种思维定式成为实施案例指导制度的障碍。同时，开庭、接待当事人、写判决书已经占用了法官绝大多数的时间，法官没有足够的时间对指导性案例进行学习研究，削弱了法官在解决纠纷时发挥主观能动性去解释法律、创制规则的能力和动力。

(三)“两高”指导性案例类型统计

从2011年12月开始，截止到2018年6月，最高人民法院已经发布了18批共96个指导性案例（见表1），其中有16个刑事指导性案例，涉及受贿案（3号），故意杀人案（4号、12号），贪污案（11号），非法买卖、储存危险物质案（13号），抢劫案（14号），盗窃、诈骗案（27号），拒不支付劳动报酬案（28号），危险驾驶案（32号），利用未公开信息交易案（61号），合同诈骗案（62号），精神病人强制医疗案（63号），生产、销售有毒、有害食品案（70号），拒不执行判决、裁定案（71号），假冒注册商标案（87号）等。

表1 最高人民法院已发布指导性案例的类型统计

1至18批指导性案例（96个）			
刑事	民事	行政	国家赔偿法
16	58	19	3

数据来源：《最高人民法院公报》公布的指导性案例并由作者进行分类统计

从2010年12月开始，截止到2018年7月，最高人民检察院已经发布了10批共41个指导性案例（见表2），其中有36个刑事指导性案例。对已经发布的检察机关指导性案例进行分析，针对实体法适用的案例多，针对程序法适用的案例少。从10批指导性案例的发布时间看，检察机关发布指导性案例的频率较低，数量较少，每年发布指导性案例不到5个。同期最高人民检察院共发布或参与发布司法解释50次，平均每年约7次。由于检察机关发布的指导性案例数量过少，无法满足检察工作的需要。36个刑事指导性案例涉及绑架、杀人、故意伤害、受贿、破坏计算机信息系统、非法获取计算机信息系统数据等24个罪名，目前刑法罪名共468个，指导性案例罪名覆盖率仅约5.1%。其中，涉及黑恶势力的各仅有1案。

表2　最高人民检察院已发布指导性案例的类型统计

<table>
<tr><td colspan="10">1至10批指导性案例（41个）</td></tr>
<tr><td colspan="7">刑事案例（36个）</td><td colspan="3">民行案例（5个）</td></tr>
<tr><td rowspan="2">不诉案件</td><td colspan="2">公诉案例</td><td colspan="4">诉讼监督案例</td><td rowspan="2">民事公益诉讼</td><td rowspan="2">行政公益诉讼</td><td rowspan="2">行政附带民事诉讼</td></tr>
<tr><td>一审</td><td>二审</td><td>侦查监督</td><td>抗诉</td><td>审监抗诉</td><td>核准追诉</td></tr>
<tr><td>1</td><td>11</td><td>12</td><td>1</td><td>3</td><td>4</td><td>4</td><td>1</td><td>3</td><td>1</td></tr>
</table>

数据来源：《最高人民检察院公报》公布的指导性案例并由作者进行分类统计

（四）参照、应当参照之理解及建立参照系的构思设想

1. 对于参照的理解

2010年11月26日最高人民法院发布的《关于案例指导工作的规定》第7条规定："最高人民法院发布的指导性案例，各级人民法院审判类似案件时应当参照。"一是在语词层面。参照有参考、比照的意思。指导性案例是怎么认定事实、适用法律的，待决的案件就应当参照指导性案例认定事实和适用法律。二是在法律层面。"参照"是法律法规和司法解释普遍使用的一个法律术语，在案例指导制度的司法解释中，参照的法律含义是"参考比照"，而非"参考按照"或者"参考依照"。三是在实践层面。指导性案例的裁判要点往往是裁判规则和司法价值的统一。司法裁判是有灵魂和温度的，是天理、国法、人情或者说政治效果、法律效果和社会效果的有机统一，指导性案例更是鲜活生动充满价值蕴含，所以要从价值与规则相统一的角度把握和参照指导性案例的裁判要点。

2. 对于应当参照的理解

司法解释写上"应当参照"，建立案例指导制度才有意义，人们才会重视。同时，如果只写上可以参照，那么就会出现法官在审理类似案件时也可以不参照的随意性，或者出现有的法官参照、有的法官不参照的不一致性，从而影响案例指导制度的严肃性和权威性。这不等于法院造法或者搞西方国家的判例制度，因为指导性案例毕竟是最高人民法院精心选定的极少数案例，指导的范围和要点也是最高人民法院讨论决定的，故与西方国家的判例制度区别极大。

3. 如何打造指导性案例的参照系

最高人民法院审判委员会副部级专职委员胡云腾法官于2018年8月3日指出："一是通过修改立法明确规定参照指导性案例。二是通过司法解释明确如何具体参照指导性案例。三是对裁判文书能否引用和如何引用指导性案例的裁判要点加以明确。四

是从理论上解决指导性案例裁判要点的法律定位问题。”相信未来的中国能构建出一个完善的指导性案例的参照系。

此后，“两高”发布指导性案例就有了相应的依照。对于深入研究，深化认识指导性案例的价值定位、实际应用、未来走向、科学构建确有帮助。

六、建议

(1) 进一步明确扫黑除恶指导性案例的遴选标准。除了社会广泛关注的、法律规定比较原则的、具有典型性的、疑难复杂或者新类型的、其他具有指导作用的案例外，符合指导性案例精神的也应当被纳入遴选范围。

(2) 增加扫黑除恶指导性案例发布数量并扩大覆盖的领域和范围，优化检察机关指导性案例的供给，以类案为主题，增加检察环节结案类型的案例，扩大刑事指导性案例罪名覆盖率。

(3) 完善法官应用扫黑除恶指导性案例的培训制度和激励机制，使法官敢于、愿意并且有能力运用指导性案例的裁判要点。

(4) 建立扫黑除恶指导性案例应用的监督机制。首先，需要从立法高度进行监督；其次，应通过立法保障社会监督；最后，着力培养适应制度变化的高素质法官队伍和专业法律人才，强化制度运行的根基。

(5) 增加扫黑除恶“类案分歧”部分。阐明全国各地存在的同类案件不同的办理情况，即类案分歧的情况，并在释法说理部分说明对各种不同观点的意见。另外，要改进指导性案例的编纂工作，编辑者应当自证，才具有足够的公信力，因此在发布指导性案例的同时附带公布案例的原始法律文书实属必要。

(6) 鼓励法官以明示方式规范应用扫黑除恶指导性案例等内容，减少隐性援引的情况发生。

(7) 健全扫黑除恶指导性案例的检索机制。要实现高效率的类比适用，提高指导性案例的适用率，相应的检索机制必不可少。

(8) 应考虑建立指导性案例的定期清理制度。“两高”应主动检讨，对相互冲突的案例协商解决，避免出现同案不同院发布的情况（如检例第 24 号和指导性案例第 61 号都为马乐利用未公开信息交易案），造成司法资源的浪费。

七、结语

从本体论上讲，以例辅律的法律传统与案例制度的辅助性定位密切相关；从价值论上来说，人为称首的司法哲学与案例制度的价值取向殊途同归。

通过司法行政权力自上而下筛选指导性案例，如果缺乏一种明确的标准和竞争选择机制，在最高人民法院执行政治任务功能的挤压下，案例指导制度会变成对政府部门自上而下的公共政策“转译”，将确保裁判标准统一作为首要任务，忽视其在立法与社会现实之间相衔接发展法律的功能，蜕化成为最高人民法院司法权力集中的产物，而与案例指导制度的原理和初衷相背离。案例指导制度不能依赖司法行政权力的武断施展，而应靠司法技艺和实践理性价值。在人本主义价值彰显的今天，我们希望增加以扫黑除恶为主题的指导性案例，以期用案例指导制度辅助扫黑除恶的相关立法，实现社会主义现代化建设的宏伟蓝图。

有组织犯罪防治视野下“扫黑除恶”专项斗争的展开路径[*]

于　冲[**]

自2018年1月中共中央、国务院发布《关于开展扫黑除恶专项斗争的通知》（以下简称《通知》），决定在全国范围内开展为期三年的“扫黑除恶”专项斗争以来，立法、司法与理论界对于“恶势力团伙”、“黑社会性质组织”以及与之横向、纵向伴生的“附属性犯罪”开展了体系化的治理与研究。同过去接续开展的“严打”、“打黑除恶”等专项行动不同，新时期“扫黑除恶”专项斗争在打击力度、深度和广度上全面升级，在继续从严制裁黑社会性质组织犯罪的同时，重点关注与基层黑恶势力、腐败共生的黑恶势力；在发挥刑事制裁手段的同时，重点强调专项治理和系统治理、综合治理、依法治理、源头治理相结合，重点强调打防结合、打防兼备，展现了新时期“扫黑除恶”专项行动的新思路、新定位、新路径。

一、鉴往知来：“扫黑除恶”的既往实践与辩证反思

近40年来，全国先后9次针对黑恶势力犯罪进行严厉打击，取得了积极的成效和实践经验，但也存在诸多的短板和后遗效应。①针对新一轮扫黑除恶斗争的新形势、新要求，有必要在客观全面反思既往经验教训的基础上，探索完善新阶段“扫黑除恶”工作的新理念、新思路。

（一）传统“打黑除恶”专项斗争的阶段性缺憾

“严打”期间并未专门针对黑社会性质组织与恶势力团伙，而是更多地集中在杀人、抢劫、强奸等严重暴力犯罪、流氓犯罪、涉枪犯罪、毒品犯罪、流氓恶势力犯罪等各种具体的严重刑事犯罪。1997年刑法明确规定了黑社会性质组织犯罪，自此之后，

---

* 本文受中国政法大学青年教师学术创新团队支持计划资助，中国政法大学优秀中青年教师培养支持计划资助。

** 中国政法大学副教授，硕士生导师。

① 历次“反黑”运动包括：1983年8月至1986年年底的“严打”斗争、1994年7月至1995年2月的“严打”整治斗争、1996年4月至8月的“严打”斗争、1996年12月至1997年2月的“冬季行动”、2000年12月至2001年10月的“打黑除恶”专项斗争、2001年4月至2002年12月的全国“严打”整治斗争、2002年3月至2003年4月的继续深化“严打”整治斗争、2006年2月至2009年7月的“打黑除恶”专项斗争、2009年7月至2011年的深入推进“打黑除恶”专项斗争。

依靠“严打”打击黑恶势力逐渐转向专门针对黑社会性质组织犯罪的“打黑除恶”专项斗争的形式。但是，由于缺乏对有组织犯罪一体化惩治的思维，使得“打黑除恶”的司法效果往往产生短期效应，在未能实现有组织违法犯罪一体化制裁的情况下，对于黑社会性质组织犯罪与恶势力团伙的防治效果产生了较为明显的“后遗效应”。[①]

1. “周期化”打击模式下政策连贯性的纵向受限

历史地看，我国针对黑恶势力的防控打击主要经历了1983年“严打”（“打击强奸、盗窃、流氓等犯罪团伙”）→1996年“严打”（“坚决打击带有黑社会性质的犯罪团伙和流氓恶势力”）→2002年以来“打黑除恶”专项斗争，阶段化、周期化、运动化特征明显，这也极大制约了“打黑除恶”斗争的长期效果。[②] 客观地讲，阶段化的专项治理，可以集中国家司法资源在短期内针对重大恶性犯罪给予严厉打击和制裁，但从长远看却无法取得长期化、常态化的“严打”效果，无法形成有效、有制、有力的“打黑”环境、“打黑”氛围和“打黑”力度，往往是打灭一茬又生一茬，甚至在阶段化的“打黑”运动结束之后，相应的黑恶势力犯罪呈现出增长态势，甚至向黑社会性质组织等有组织犯罪的高级形态转化。

2. “专项打击”模式下“防治面”的横向受限

以往的“打黑除恶”专项斗争集中在特定时期对特定犯罪类型进行有针对性的专项治理，颇具“救火式”特征，对于重点领域、重点行业、典型犯罪类型具有迅速压制、遏制犯罪态势的短期性、显著性效果，但往往只能是“定点灭火”，无法从面上解决“火源”的问题，无法解决“火灾预防”的问题。因此，过度强调“打黑除恶”斗争的“专项性”、“定点性”而忽视黑恶势力犯罪的链条化、集团化特征，过度强调专项斗争的“救火”功能而忽视“防火”功能，成为以往“打黑除恶”专项斗争的一大短板。

3. 专项斗争模式下政策性偏强而规范保障偏弱

传统的“打黑除恶”专项斗争受“严打”刑事政策的影响过于明显，因而呈现出较强的政策性，而对于相应的配套性立法、司法解释重视不足，对于相应的规范保障重视不足。例如，司法实践中对于黑社会性质组织的特征认定仍然存在认识的困境，对于“恶势力”这一非规范性概念缺乏明确的法律依据和规范特征，仅仅具有政策参考，这都不利于专项斗争的有序、有力开展。

4. “以刑为主”的单一治理模式“后遗效应”突出

无论是“严打”还是“打黑除恶”专项斗争，主要集中在对于严重刑事犯罪的打击和制裁方面，在迅速打压犯罪态势、维护社会稳定方面具有极为重要的意义。但是，过度依赖刑事手段，对于行政治理等其他治理手段重视不足，导致了严重的打黑“后遗效应”，陷入“割韭菜”式困境，无法从根本上长期遏制黑恶势力犯罪。同时，这种

---

① 蔡军：《我国惩治有组织犯罪的实践困境与立法对策》，载《华东政法大学学报》2013年第4期。

② 李辉：《“运动式治理”缘何长期存在？——一个本源性分析》，载《行政论坛》2017年第5期。

“重打轻防”的模式也逐步形成了一种“打黑怪圈”：要么盲目扩大刑事制裁力度和打击半径，将并不属于黑社会性质组织犯罪的形态认定为黑社会性质组织，引发社会关于“黑打”的质疑；要么严守黑社会性质组织的四大规范特征，极度缩小黑社会性质组织的司法认定范围，在某种程度上又放纵了相关黑社会性质组织犯罪。

（二）传统“打黑除恶”斗争实践的辩证反思

不可否认，梳理我国惩治黑恶势力犯罪的司法实践，曾存在“周期化”、“运动化”、“扩大化”、“重刑化”的弊病，存在重打击轻防治，重专项治理轻综合治理、源头治理的固有缺憾，甚至存在一定的“严打”依赖症。但需要强调的是，既往的“打黑”实践也具有其阶段的不可回避性和相应的积极价值。一方面，针对一定时期或一定领域内出现的突出问题，运动式的专项治理通过统筹整合多个部门、机构的公权力资源，容易在短时间内实现“立竿见影”的效果，对黑恶势力活动产生强大的威慑力，不但有助于遏制既有的黑社会性质组织犯罪，还能给潜在的涉黑犯罪分子予以警示。另一方面，随着社会结构的日益复杂、黑恶势力形态的迅速演变，针对一定时期内、一定领域内出现的突出问题，这种追求短效的运动式治理也能在一定程度上应付各种黑恶势力犯罪层出不穷、不断变化的现实，维持对黑恶势力活动的威慑力。

从社会治理能力的供给和需求的角度来看，缓解社会矛盾、调节社会纠纷、解决社会突出问题对政府的治理能力提出了巨大的挑战，而我国政府治理资源相对稀缺所带来的治理能力相对不足，决定了对于黑恶势力这样严重危害社会安定的社会问题，常规的治理方式往往不能满足公众的期待和要求。因此，在政府治理能力“供不应求”的情况下，采取短效的运动式治理方式确实是最好的选择。当前，在我国社会治理体系现代化不断推进的新时代背景下，《通知》适时地提出了“切实把专项治理和系统治理、综合治理、依法治理、源头治理结合起来”的要求，提出要“形成长效机制”，这必然意味着要逐步摒弃短效的运动式治理，在扫黑除恶方面贯彻新的治理理念和方式。这是探索适应未来国家治理体制的“扫黑除恶”斗争的必由之路。

二、新阶段的新思路：“扫黑除恶”专项斗争的法理解读

国家制裁黑恶势力从“严打”到“打黑除恶”再到“扫黑除恶”的政策演变，在彰显加强对黑恶势力打击制裁力度的同时，不断地实现对黑恶势力制裁的精准化和全面化。

（一）由“点”转向“面”：打击黑恶势力由“打”向“扫”的路径转变

在治理路径和政策选择上，“扫黑除恶”专项斗争由“打黑”转变为“扫黑”。这种由“点”向“面”的转变无疑是对黑恶势力犯罪规律与犯罪特征的有效回应，是对“打黑”这种集中在某个关键点、相对短促而剧烈、被动反应的传统治理模式的积极修正，代之以侧重打击更大范围的对象、打击频率更高、持续时间更长，在行为方式上更加主动，尤其强调全面、彻底地“清扫”。

具体言之：(1) 在治理对象上，“扫黑”意味着打击面的扩展，不但要打击黑恶势

力违法犯罪本身，还要着眼于黑恶势力“犯罪群”及其背后职务腐败“犯罪链”的解决；不但要打击黑恶势力犯罪，还要打击尚未构成犯罪的相关违法行为，即“打早打小”、“打准打实”。(2) 在治理模式上，“扫黑”说明手法更加灵活多变，不再单纯强调刑事手段，而是提出综合运用包括行政管理、治安处罚在内的多种手段。(3) 在治理效果上，强调主动性、预防性，要求相关部门主动发现和通报突出问题，强调全面性、彻底性，尤其是强调针对基层黑恶势力要深挖其“保护伞”，铲除其滋生的土壤。

（二）由“由上及下”转向“上下协同”、“多头联动”：打击黑恶势力的治理模式转变

鉴于基层黑恶势力的滋生，逐渐成为威胁人民群众切身利益和日常生活的重大毒瘤，同时逐步侵蚀基层组织的有效性和基层政权的公信力，成为政治安全和社会稳定的严重威胁。《通知》要求，在本次扫黑除恶专项斗争中，要把打击黑恶势力犯罪和反腐败、基层“拍蝇”结合起来，还要把扫黑除恶和加强基层组织建设结合起来。

具体言之：(1) 在继续关注重点地区、重点行业、重点领域“扫黑除恶”的同时，加大基层“扫黑除恶”的力度。当前，黑恶势力在农村基层地区不断出现高发态势，严重危害了人民群众的人身财产安全和社会稳定，败坏了国家政权的基础，危害极大。“扫黑除恶”专项斗争强调基层“扫黑除恶”，就是要塑造、培育和坚持长期、长久、常态化的“扫黑除恶”斗争态势，让群众最直观地感受到国家同黑恶势力作斗争的坚定决心，避免社会形成一种惧怕黑恶势力、容忍黑恶势力甚至崇拜、敬畏黑恶势力的社会氛围。(2)“扫黑除恶”专项斗争发挥社会治安综合治理的优势，推动各部门各司其职、齐抓共管，摒弃过去那种在一个领域由一个主管部门自上而下推动开展的方式，在有效整合不同部门的公权力资源的基础上，构建长效机制，形成强大合力，确保取得常态化成果。

（三）由“以打为主”转向“打防兼备”：打击黑恶势力的治理手段转变

“扫黑除恶”专项斗争的开展不再狭隘地强调“一根线”的“打黑”，否定了以往过度依靠刑事手段打击黑恶势力的做法，不再像过去那样强调单一的刑事手段，而是采用行政治安治理等综合治理手段，由“严打”转向“严扫”，扫的面更宽，由“以打为主”转向“打防兼备”。

具体言之：(1) 改变“重打轻防”的传统做法，打防兼备，打防结合。以往的打黑行动往往是打多防少、追求短期严打效应，忽视长远整治效果，造成了打黑极易反弹的尴尬。“扫黑除恶”专项斗争则要消除“割韭菜怪圈”，避免割完一茬又生一茬的法治尴尬，消除其赖以产生的根源，严防黑恶势力坐大为黑社会性质组织、一般违反团伙坐大为犯罪团伙，刑事手段、行政手段多头出击。(2) 传统实践中，打黑除恶几乎完全依靠刑事手段去进行，这就使得未能进入刑事打击半径的“黑恶势力”无法得到有效制裁。黑社会性质组织犯罪作为有组织犯罪的高级形态，被严厉地纳入刑法的打击半径之内，从组织、领导、参加黑社会性质组织罪到入境发展黑社会组织罪、包庇纵容黑社会性质组织罪，不断地严密对黑社会性质组织犯罪的法网。但是，黑社会性质组织犯罪毕竟属于少数，刑法打击的范围也有限，需要运用综合治理手段，通过刑事手段与社会综合治理体系的结合，增强对黑恶势力违法犯罪的防控打击力度。

三、“扫黑除恶”专项斗争的框架思路

新时期的“扫黑除恶”斗争在吸取经验、借鉴域外的基础上，全面将黑恶势力违法犯罪的专项治理同综合治理、系统治理、依法治理和源头治理结合起来，转变“扫黑除恶”工作的传统理念和传统模式，形成“扫黑除恶”专项斗争的法治氛围和法治环境，跳出“扫黑除恶”必须依赖运动化、周期化、刑罚化治理的怪圈，确保政治效果、法律效果和社会效果的统一。

（一）坚持依法“扫黑除恶”

《通知》要求，司法机关应当明确政策法律界限，在依靠群众严厉打击各类黑恶势力违法犯罪的同时，坚持严格依法办案，确保办案质量和办案效率的统一，“确保把每一起案件都办成铁案”。

1. 明确“扫黑除恶”规范依据和配套制度

“扫黑除恶”专项斗争应当明确、完善和严密相关的规范性根据，不能仅仅依靠政策进行，需要明确的法律规范、司法解释提供指引，尤其是对于黑社会性质组织的认定、恶势力团伙的认定等司法实践中存在争议的疑难问题要集中进行立法、司法解释的回应，避免扫黑成为“黑扫”、成为“雷声大雨点小”的“走过场”。

2. 贯彻落实“宽严相济”刑事政策

从1983年“严打”到2005年“打黑除恶”专项斗争，均将严厉打击刑事犯罪作为基本刑事政策，2006年逐渐确立“宽严相济”为基本的刑事政策。“扫黑除恶”专项斗争，不能单纯地强调“严厉打击”，在继承吸收打击黑恶势力犯罪“严字当头”的同时还应重视“宽”的一面，对于不同层次、不同发展阶段的恶势力违法团伙、恶势力犯罪组织、黑社会性质组织采取不同的治理对策。

3. 严守刑事诉讼程序，保证司法公正

根据《通知》的要求，扫黑除恶工作要切实把好案件事实关、证据关、程序关和法律适用关，避免出现“流水作业”式的追诉方式。在以往的打黑运动中，个别地方会成立所谓的专案组，实施跨机关联合办案，导致上级机关提前介入，打破了公检法各个机关独立行使职权、分权制衡的体制，变成了“刑事司法一条龙”、“无缝对接”，这种以办案效率为导向的刑事诉讼构造不符合以审判为中心的刑事诉讼制度改革的要求。

（二）坚持多头并举、多元治理

根据《通知》的要求，“扫黑除恶”应发挥社会治安综合治理优势，坚持多头并举、多元治理，综合运用各种手段预防和解决黑恶势力违法犯罪突出问题。

1. 着力点：加强源头治理

“扫黑除恶”强调源头治理，不仅仅是对于黑社会性质组织这一有组织犯罪高级形态的打击，更多的在于对相关有组织犯罪的初级、中级形态的防治和打击。因此，扫

黑除恶斗争的着力点和发力点除了继续严厉打击黑社会性质组织犯罪之外，更多的力量应投放到对于恶势力团伙和一般违法犯罪团伙的综合治理之上。

2. 发力点：对“犯罪链”、“犯罪群”的打击

无论是黑社会性质组织犯罪，还是恶势力团伙犯罪，其均呈现出链条化、集群化特征，一起黑恶势力违法犯罪背后往往可以牵涉出一串的相关性违法犯罪。因此，在“扫黑除恶”的同时还应全面扫除相关性违法犯罪。同时，在此次“扫黑除恶”专项斗争中，《通知》明确要把打击黑恶势力犯罪和反腐败、基层“拍蝇”结合起来。因此，严打“保护伞”和“犯罪链”应成为此次专项斗争重点关注的问题。

3. 合力点：防治对象的一体化与全面化

客观地讲，对于黑恶势力的惩治，应确立有组织犯罪的整体性概念，正视我国当前“扫黑除恶”专项斗争的对象不仅仅限于黑社会性质组织和恶势力团伙，而是对各种组织形态、各种组织模式黑恶势力的一体化、一揽子制裁和防治，这也是对我国传统的“打早打小”刑事政策的积极践行。

四、“扫黑除恶”专项斗争的具体路径

（一）正确把握政策与法律的界限

根据《通知》的要求，司法机关应当明确政策法律界限，在依靠群众严厉打击各类黑恶势力违法犯罪的同时，坚持严格依法办案，确保办案质量和办案效率的统一，确保政治效果、法律效果和社会效果的统一。在追诉涉黑犯罪的司法活动中，司法机关应当恪守司法公正，在坚守法治原则的前提下，尽力维护被害人利益、回应社会公众的关切，使处理的案件经得起法律的考验①，实现《通知》中所提出的“确保把每一起案件都办成铁案”的要求。

1. 恪守罪刑法定原则，明确“黑”与“恶”的边界

（1）黑社会性质组织与恶势力的界分。一般认为，黑恶势力主要指黑社会性质组织和恶势力（团伙）②，二者的特征不尽相同。关于黑社会性质组织的认定，刑法第294条第5款已有明确的法律界定。关于恶势力，2018年1月出台的《关于办理黑恶势力犯罪案件若干问题的指导意见》（以下简称《意见》）对其特征也作了详细的规定，即“经常纠集在一起，以暴力、威胁或者其他手段，在一定区域或者行业内多次实施违法犯罪活动，为非作恶，欺压百姓，扰乱经济、社会生活秩序，造成较为恶劣的社会影响，但尚未形成黑社会性质组织的违法犯罪组织”。可见，恶势力团伙大体上是黑社会性质组织的“弱化版”，但恶势力犯罪并不具有独立的构成要件要素，而被视为特殊的组织犯罪，只是由于其具有向黑社会性质组织演变的可能性，出于预防犯罪的目的才将其与后者相提并论、予以刑事政策上的特殊处置。因此，尽管二者联系紧

① 孙欲广：《解读2018“扫黑除恶”新政策，谈如何防范“黑打”》，发表于“金牙大状”微信公众号。

② 参见郝力磊：《“打黑除恶”的刑事政策分析》，中国政法大学2011年硕士学位论文。

密，但在认定黑恶势力犯罪的具体性质和罪名时，仍应恪守罪刑法定原则，对达到黑社会性质组织标准的犯罪组织按照涉黑犯罪处理，而对不完全满足黑社会性质组织特征但符合恶势力特征的犯罪组织适用《意见》的规定，避免“恶”按“黑”打、“黑”按“恶”打。

（2）恶势力与犯罪集团的界分。如前所述，恶势力是一种“尚未形成黑社会性质组织的违法犯罪组织”，根据《意见》的内容，恶势力犯罪组织又可细分为恶势力犯罪集团和普通的恶势力犯罪组织。其中，恶势力犯罪集团就是同时满足恶势力特征和犯罪集团特征的犯罪组织，对其处罚相应地也要同时适用刑法总则关于犯罪集团的一般规定以及《意见》中关于恶势力犯罪的特殊规定；而对于普通的恶势力犯罪组织，只需适用《意见》中的特殊规定即可。

（3）恶势力犯罪组织与恶势力违法性组织的界分。恶势力与黑社会性质组织还有一点区别在于，黑社会性质组织已经成为刑法上定型化的组织类型，一旦认定某一犯罪组织具有黑社会性质组织的全部特征，就可以认定存在涉黑犯罪。但恶势力本质上是一种违法犯罪组织，其刑事违法性并非由恶势力特征决定，而是由是否从事犯罪行为决定。因此，在认定恶势力犯罪时，倘若不能认定其活动构成犯罪，即便符合《意见》所列若干特征，也只能以违法性组织论处，否则就是不当地扩大了刑法的处罚范围。

综上所述，黑恶势力可以按其危害性大小分为恶势力违法组织、恶势力普通犯罪组织、恶势力犯罪集团直至黑社会性质组织四个层次。其中，中间两者可谓介于普通犯罪组织和黑社会性质组织之间的特殊犯罪组织，是黑社会性质组织的后备和雏形，也是扫黑除恶应当重点关注和严格认定的对象。只有明确不同黑恶势力犯罪之间的界限，才能在“打早打小”的同时“打准打实”①。

2. 严守刑事诉讼程序，适应以审判为中心的刑事诉讼制度改革

根据《通知》的要求，扫黑除恶工作要“切实把好案件事实关、证据关、程序关和法律适用关，严禁刑讯逼供，防止冤假错案，确保把每一起案件都办成铁案”。首先，在诉讼构造上，应当避免出现“流水作业”式的追诉方式。在以往的打黑运动中，个别地方会成立所谓的专案组，实施跨机关联合办案，导致上级机关提前介入，打破了公检法各个机关独立行使职权、分权制衡的体制，变成了“刑事司法一条龙”、“无缝对接”②，这种以办案效率为导向的刑事诉讼构造不符合以审判为中心的刑事诉讼制度改革的要求。其次，在辩护制度上，应当支持律师的依法介入，由于涉黑犯罪的特殊性，不能为了所谓的顺应民意而忽视被告人辩护权利的保障。最后，应当充分发挥法院对侦查行为和追诉行为的司法审查职能，形成对公安部门过分追求对黑恶势力的打击效率的制衡，防止冤假错案的发生。

---

① 卢建平：《依法扫黑除恶　净化社会环境》，载《人民法院报》2018 年 1 月 29 日第 2 版。

② 陈华杰：《当前办理涉黑犯罪案件应当注意的若干问题》，载《人民司法》2013 年第 15 期。

3. 重视产权保护，依法处置涉黑涉恶财产

2016年11月中共中央、国务院发布了《关于完善产权保护制度依法保护产权的意见》，该意见要求在司法工作中要重视和加强产权的司法保护，因此在开展扫黑除恶专项斗争的过程中，对于涉黑涉恶财产也应当严格依法处置。一方面，为了尽快铲除黑恶势力的经济基础，各级司法机关可以在诉讼过程中依照法定程序采取查封、扣押、冻结等强制措施，也可以综合运用追缴、没收赃物、处以财产刑以及行政罚款等多种手段对涉黑涉恶财产加以处置①。另一方面，应当恪守诉讼程序的要求，严格区分涉黑涉恶财产和个人、组织合法财产的界限，加强对侦查、起诉阶段实施财产强制措施的司法审查。如在侦查阶段由公安机关来主导托管涉案财产，倘若在实施托管的过程中法院能够做好相应的监督，就能够避免不必要的财产损失。

（二）扫黑除恶与打击“保护伞”有机结合

根据我国刑法的规定，“利用国家工作人员的包庇或者纵容……形成非法控制”是构成黑社会性质组织的基本特征之一。在这次扫黑除恶专项斗争中，《通知》明确提出，要把打击黑恶势力犯罪和反腐败、基层“拍蝇”结合起来。可见，与基层职务犯罪相结合的黑恶势力犯罪是本次专项斗争重点关注的问题。

1. 黑社会性质组织“保护伞”的表现形式

一般而言，黑社会性质组织与“保护伞”相结合的方式多种多样，有被黑恶势力收买而充当“保护伞”的，有黑社会分子通过不法运作获取政治地位的，也有国家工作人员加入黑社会组织而为之提供方便的，还有领导干部主动培植黑社会组织为己所用的②。如今，随着各地区、各部门扫黑除恶力度的不断加大，我国黑恶势力活动渐趋隐蔽，其组织形态、牟利方式也在发生改变，通过公司、协会等外衣，一些腐败分子与黑恶势力形成了“以黑经商、以商养黑、以商养官、以官护黑”的黑色利益链。③

2. 打击“保护伞”应当充分依靠群众力量

一方面，基层黑恶势力及其“保护伞”的发现和破除需要群众的积极检举揭发以及作为证人参与诉讼活动，而基层黑恶势力和腐败分子结合而形成的强大的非法控制力往往是当地群众参与诉讼活动的巨大阻力。因此，要在扫黑除恶斗争中用好群众的力量，最基本的一点是要遵循刑事诉讼法的规定，充分利用司法资源保障检举人和证人的诉讼权利和人身安全，包括完善检举人和证人的身份保密制度、完善证人出庭作证的特殊规则。同时保护其家人安全等。另一方面，开展扫黑除恶斗争的同时还应当加强政策宣传，使普通公民信赖司法机关打击黑恶势力及其“保护伞”的能力和决心，从而更倾向于配合司法机关的侦查、追诉和审判活动。

---

① 何荣功：《以新理念依法整体推进扫黑除恶专项斗争》，载《检察日报》2018年2月1日第3版。

② 参见王名湖、庞娟：《黑社会性质组织与保护伞》，载莫洪宪、黄卫国、张凌主编：《中国犯罪学年会论文集（2010年度）》，中国人民公安大学出版社2010年版。

③ 参见王珍：《坚决打掉黑恶势力“保护伞”》，载《中国纪检监察报》2018年1月31日第5版。

3. 打击“保护伞”应当注意的实体和程序问题

针对多样的“保护伞”形式，司法机关一方面在查处黑恶势力犯罪时应当注意深挖其背后的职务犯罪问题，对那些“亦官亦黑”、“官黑勾结”的不法分子加大查处力度；另一方面在办理基层腐败案件时，应当注意考察是否存在与黑恶势力相勾结的线索，搞清其腐败“寻租”的动机和利益输送的来龙去脉，将其中涉及的基层黑恶势力尽早拔除。

在法律适用上，由于黑恶势力“保护伞”的特殊性和复杂性，其相关的职务犯罪常常与黑社会性质组织自身的违法犯罪活动纠缠不清，所以在认定犯罪时应当注意国家工作人员参与、组织、领导黑社会性质组织犯罪与国家工作人员利用职务行为帮助黑社会性质组织活动的区分，以及国家工作人员作为黑恶势力犯罪活动的共犯时可能存在的渎职犯罪与涉黑犯罪竞合或并罚等问题。在具体罪名上，“保护伞”除了可能构成包庇、纵容黑社会性质组织罪，帮助犯罪分子逃避处罚罪，滥用职权罪，玩忽职守罪，徇私枉法罪等渎职类犯罪外，还有可能构成受贿罪、巨额财产来源不明罪等贪污贿赂类犯罪；至于参与黑恶势力犯罪的情形，则应当以其所参与的罪行认定为相应的教唆犯或帮助犯。

（三）完善有组织犯罪的一体化制裁体系

1. 有组织犯罪的界定及其与黑恶势力犯罪的关系

简单来说，有组织犯罪就是为取得某种利益而结成的具有一定组织结构的犯罪组织所实施的犯罪[①]。根据犯罪组织严密性和行为危害性的阶梯性变化，可以将我国现行刑法中规定的有组织犯罪分为基础形态的一般犯罪集团、中级形态的黑社会性质组织和最高形态的恐怖组织三个层次[②]。可见，黑恶势力中的黑社会性质组织和恶势力犯罪集团都是有组织犯罪的打击半径内的重要内容。因此，完善有组织犯罪的规制体系能够为扫黑除恶提供更高层次的策略和路径。

2. 完善有组织犯罪的立法规范

（1）确立有组织犯罪在实体法上的独立地位。在我国，“有组织犯罪”这一概念目前仍然停留在理论上，在刑法中并不存在针对有组织犯罪的明确规定，而只是分别规定了犯罪集团、黑社会性质组织、恐怖组织三个层次的具体形式。故而诸如恶势力犯罪组织这样的情况就无法被刑法完全涵盖。有鉴于此，立足于有组织犯罪多样化的现实，应当尽早在立法上确立广义的有组织犯罪概念，从而将黑社会性质组织和恶势力皆统摄于有组织犯罪之下，使得刑法对黑恶势力犯罪的打击半径能够明确地延伸至有组织犯罪的形成期和发展期[③]。

（2）设置针对有组织犯罪的特殊程序规则。如前所述，有组织犯罪具有独特的性质和运作方式，因此有必要针对有组织犯罪的追诉程序设计一些特殊的程序规则。例

---

① 莫洪宪、郭玉川：《有组织犯罪的界定》，载《国家检察官学院学报》2010年第2期。

② 于志刚：《我国刑法中有组织犯罪的制裁体系及其完善》，载《中州学刊》2010年第5期。

③ 蔡军：《我国惩治有组织犯罪的问题与破解路径》，载《河南大学学报》（社会科学版）2014年第4期。

如，在侦查阶段，可以适用一些特殊的秘密侦查手段，包括赋予侦查机关对有组织犯罪嫌疑者进行窃听、监视的权力。再如，可以规定特殊的证据制度和证据规则，强化对有组织犯罪的证人保护，甚至考虑建立“污点证人”司法豁免制度等[①]。

3. 完善有组织犯罪的其他特殊规则

出于快速彻底瓦解有组织犯罪这一刑事政策的考虑，针对有组织犯罪还可以设立特别立功制度和特别自首制度。所谓“特别立功”制度，即对那些配合侦查机关查获有组织犯罪的组织者、领导者的被追诉人，认定为减免处罚的特殊情节，以此鼓励其与侦查机关合作，从而有效地查处有组织犯罪的幕后主导者[②]，更好地实现对有组织犯罪的打击。所谓“特别自首”制度，即设立类似于行贿罪、介绍贿赂罪中“被追诉前主动交待介绍贿赂行为”可减免处罚的特别自首制度，这有助于解决在犯罪组织外围取证难的问题[③]，提高打击有组织犯罪的效率。

（四）借鉴域外打击涉黑犯罪的成功经验

1. 完善打击黑恶势力犯罪的特别规定

域外关于规制黑恶势力犯罪的专门立法情况主要存在两种模式[④]：一种模式是制定一部系统规制黑恶势力活动的专门单行法或特别规范，如美国联邦调查局专门出台的《全国打黑战略》，我国澳门地区实行的有组织犯罪法和台湾地区实行的“组织犯罪防制条例”等；另一种模式则是针对黑恶势力治理中的特定事项制定单行法规或在刑事法律中予以特别规定，如意大利立法机关和执法机关针对著名的黑手党组织，出台《黑手党犯罪斗争紧急处置》、《黑手党型犯罪对策统一法》等法律规范专门规定，并在刑法中专门规定了“黑手党型犯罪集团罪”。

与域外两种立法模式相比，我国既没有系统规定涉黑犯罪的单行法规，也没有形成大量针对涉黑犯罪特殊事项的规范，尤其是法律层面针对黑恶势力犯罪的规定比较单薄，黑社会性质组织犯罪在证人保护、举证责任分配、刑罚设置等方面的特殊性并没有得到充分的考虑。当前，制定一部统筹规定涉黑犯罪实体和程序问题的法律并不符合我国现实，而直接在刑法和刑事诉讼法中纳入若干涉黑犯罪的特殊规范则是比较理想的立法模式。因此，应当借鉴意大利的成功经验，以现有的司法解释为基础，推动涉黑犯罪的特殊规范提升为法律层面治理黑恶势力犯罪的顶层设计，为扫黑除恶的开展提供坚实的法律基础。

2. 灵活运用多重手段铲除涉黑犯罪的经济基础

由于黑恶势力犯罪活动的复杂性和隐蔽性，常常会出现既无法认定为违法所得及

---

① 蔡军：《我国惩治有组织犯罪的实践困境与立法对策》，载《华东政法大学学报》2013 年第 4 期。

② 魏汉涛、齐文远：《构建特别立功制度之设想——破解有组织犯罪泛滥之难》，载《中南民族大学学报》（人文社会科学版）2014 年第 3 期。

③ 于志刚：《我国刑法中有组织犯罪的制裁体系及其完善》，载《中州学刊》2010 年第 5 期。

④ 参见刘宁宁：《意大利德国打击有组织犯罪的做法及其对我国打黑工作的启示》，载《公安研究》2012 年第 2 期。

其收益，也无法认定正当来源的黑社会性质组织财产。如何处理这些财产，我国刑事法律和司法解释中并无明文规定。而德国的有组织犯罪法则以“扩大追缴条款”来处理这些财产，即只要证明该财产有较大可能来源于犯罪活动即可①。因此，我国可以借鉴这一思路，在适当的时候对于财产来源的正当性的证明实行举证责任倒置，由被告人承担证明该财产为合法财产的责任；或者直接降低公诉机关的证明标准，从而有助于强化对黑社会性质组织的经济打击。

① 参见张志钢：《黑社会性质组织财产刑的适用》，载《电子科技大学学报》（社科版）2015年第2期。

扫黑除恶攻坚战的政治解读

——从刑罚执行视角出发

田立东* 劳亚民** 胡 玺***

“打黑”专项斗争在我国已有近20年的历史。在“严打”的高压态势下，黑恶势力受到严厉打击，各地治安状况在一定时期内得到好转。但尽管如此，黑恶势力以各种形式实施的违法犯罪活动并没有停止，给我国公民权益和社会秩序带来巨大危害的性质没有发生根本改变。所不同的是，为了逃避法律制裁，我国黑恶违法犯罪活动逐渐呈现出更隐蔽的特点。立足于这一现状，2018年1月24日，中共中央、国务院联合发布了《关于开展扫黑除恶专项斗争的通知》（以下简称《通知》），决定在全国开展为期3年的“扫黑除恶”专项斗争。

一、扫黑除恶的政治意义明显

（一）从打黑除恶到扫黑除恶的历史演变

我国对于黑恶势力的打击始终保持高压态势。早在改革开放之初，境外黑社会势力就开始对中国渗透。在我国历次的严打中，涉黑犯罪一直是重点打击对象。

1. 我国首次开展打黑除恶专项活动

2000年12月11日，全国打黑除恶专项斗争电视电话会议在北京召开，中央决定从2000年12月到2001年10月，组织全国公安机关开展一场打黑除恶专项斗争。时任中共中央政治局委员、国务委员、中央政法委书记罗干指出，由于种种原因，近年来一些地方黑恶势力犯罪仍呈发展蔓延之势，气焰十分嚣张，在黑恶势力猖獗的地方，老百姓有案不敢报、有冤无处申。各种黑恶势力犯罪已经严重侵害人民群众的生命财产安全，严重破坏社会主义市场经济秩序和社会管理秩序，严重危害社会和谐稳定。

同年，公安部成立了全国公安机关打黑除恶专项斗争领导小组，各省、自治区、直辖市公安厅、局也成立了专项斗争领导小组。2001年4月，中央在召开的社会治安工作会议上，将打黑除恶专项斗争的时间延长到2003年4月，并且将其并入为期两年的“严打”整治斗争。

---

* 司法部燕城监狱科员。

** 司法部燕城监狱副主任科员。

*** 司法部燕城监狱副处长。

2. 将严打的方针贯穿于日常工作中

自2004年起，公安部门改变了对有组织犯罪进行“专项打击”的办法。这一年的全国社会治安综合治理工作会议决定，起始于2000年的全国性的“严打”斗争结束，而“将严打的方针贯穿于日常各项打击犯罪的工作中”。

2005年，中央有关部门在分析“打黑除恶”的形势时指出，面对今后一段时间黑恶犯罪处于高发期、危险期的严峻形势，面对打黑除恶困难重重、步履维艰的复杂情况，应该充分认识到黑恶犯罪是腐败的衍生物和催化剂，是国家长治久安的心腹之患，是人民群众安居乐业的重大障碍。

同时，中央明确了打黑除恶的总体目标和要求，即决不能让黑恶势力在我国内地发展坐大，决不能让国外、境外黑社会组织在我国境内立足扎根。这个总目标和要求是一项长期的硬任务，一刻也不能放松。打黑斗争成为常态化，公安部门要求对黑恶势力的打击要时刻保持高压态势。

3. 中央政法委部署在全国范围内开展打黑除恶专项斗争

2006年2月，中央成立了打黑除恶专项斗争协调小组，并设立全国“打黑办”。之后，每年都召开一次全国会议，中央领导同志亲自动员部署，各地区、各部门深入推进。

全国多地开展大规模的打黑除恶专项行动，将打黑除恶专项斗争列为政法工作常态，并逐步建立“打黑除恶”长效机制，这项工作实际上已经日常化、常态化。每年对打黑的部署，对线索的摸排、查处，对案件的办理，都形成了一整套长效机制。

（二）扫黑除恶专项斗争呈现出新特点

对黑恶势力坚决“亮剑”，果断出击。已经开展了10多年的“打黑除恶”专项斗争现在变成了“扫黑除恶”专项斗争。虽然只是一字之变，但涉黑涉恶问题出现了新情况、新动向，专项斗争的内涵发生了重大变化。

1. 打击对象出现新情况、新动向

黑恶势力近年来得到遏制，但是仍大量存在，随着打击力度的加大，黑恶势力活动逐渐趋于隐蔽，游走于犯罪与违法之间，同时其组织形态、攫取利益的方式也在发生改变。①

（1）“软暴力”、非暴力手段胁迫——为了规避打击，黑恶势力公开打斗等“硬暴力”方式明显减少，暴力化特征弱化，多使用“软暴力”和非暴力，采取“能吓不骂、能骂不打、能打不伤”的招数，用言语恐吓、跟踪滋扰等手段逃避打击。

（2）披着合法外衣，隐蔽性更强——黑恶势力大多以“公司”形式、依托经济实体存在，一些“转型”、“漂白”的黑恶势力，组织形式“合法化”、组织头目“幕后化”、打手马仔“市场化”。

---

① 杨维汉、刘奕湛：《从“打”黑除恶到“扫”黑除恶，一字之变有何深意?》，载《中国经济周刊》2018年1月29日。

（3）渗透的重点领域发生变化——从过去的采砂、建筑等行业转为向物流、交通等领域渗透。还有的构建非法高利放贷平台，成立所谓贷款公司，延伸黑恶势力犯罪，然后进行“软暴力”催债，对群众人身财产安全形成威胁。如“校园贷”等，有的也由黑恶势力操控。

“还有很多介于黑社会性质组织犯罪和普通犯罪之间，形成恶势力团伙，进行违法活动。”在之前召开的全国扫黑除恶专项斗争电视电话会议上，有负责人表示，对于这些发展变化，政法机关将加大打击力度，对重点地区、重点领域重拳出击，绝不手软。

2. 专项斗争的进一步深化

从“打黑除恶”到“扫黑除恶”，虽然只是一字之变，但代表的是中央高层对涉黑涉恶问题出现新情况、新动向的有力掌控以及对黑恶势力一打到底的决心。

2018 年 1 月 22 日召开的中央政法工作会议是党的十九大后首次召开的中央政法工作会议，会议遵从总书记的指示，进行了部署。在 1 月 23 日召开的全国扫黑除恶专项斗争电视电话会议上，中央纪委、中央组织部领导同志参与了会议，中共中央政治局委员、中央政法委书记郭声琨，中央纪委副书记李书磊，中央组织部副部长齐玉分别发表讲话，中央政法委委员周强、曹建明、赵克志、汪永清、陈文清、张军、陈训秋、王宁、宋丹、黄明出席了会议。1 月 24 日便发布了《通知》。

由此成立的全国扫黑除恶专项斗争领导小组，小组组长为郭声琨，副组长至少有六位，分别是赵克志、周强、张军、李书磊、齐玉、陈一新。在与扫黑除恶仅一字之差的打黑除恶专项斗争时期，也曾于 2006 年成立了全国打黑除恶专项斗争协调小组。小组组长是时任中央综治委副主任兼中央综治办主任、中央政法委副秘书长的陈冀平，副组长共 5 位，分别来自最高人民法院、最高人民检察院、公安部、司法部、工商行政管理总局。由此可以看出，本次在全国开展扫黑除恶专项斗争是由党中央、国务院决定的，标志着历来由中央政法委主导的“打黑除恶”已经升格为由党中央、国务院领导的“扫黑除恶”，参与扫黑除恶的部门也从过去的 10 多个部门增加到了近 30 个，从以前的政法机关扩大到各级党委政府，扩大到所有部门单位，扩大到全民参与。

3. 扫黑除恶是一场人民战争

郭声琨曾提出要“切实打好扫黑除恶主动仗、攻坚仗、整体仗”的概念。① 其中，就“主动仗”而言，郭声琨表示，要对黑恶势力“保护伞”一查到底、绝不姑息，而且对政法系统内部充当“保护伞”的要敢于刀刃向内，坚决清除害群之马。要贯彻“两高两部”指导意见，严格把握好法律政策界限，确保专项斗争在法治轨道上进行。同时，他强调扫黑除恶专项斗争是系统工程，必须统筹协调各方资源和力量，形成齐抓共管的工作合力。具体来说，一方面要细化职责任务，明确任务书、路线图、时间表；另一方面要强化督导检查、问责追责，确保各项措施落地见效，打好“整体仗”。

对于刑罚执行机关来讲，作为终端环节，就是要坚持以人民为中心的思想，从底

---

① 高语阳：《扫黑除恶三年三大仗，四位副国级牵头来打》，政知见，2018 年 5 月 25 日。

限安全观向治本安全观积极转变，坚持以政治改造为统领，统筹推进政治改造、监管改造、教育改造、文化改造、劳动改造的监狱工作“五大改造”新格局，尤其是对狱内涉黑涉恶的罪犯，更要以五大改造为抓手，不断提高改造实效，向社会输出“合格产品”，维护社会安全稳定，守护好人民群众的获得感、幸福感和安全感。

从“打”到“扫”体现的是党中央的意志与决心，扫黑除恶是一场人民战争，打赢这场“整体仗”，刑罚执行机关要主动作为，发挥主观能动性。

（三）扫黑除恶专项斗争的“两个结合”具有极强的政治意义

《通知》指出，要全面贯彻党的十九大精神，以习近平新时代中国特色社会主义思想为指导，牢固树立以人民为中心的发展思想，针对当前涉黑涉恶问题新动向，切实把打击黑恶势力犯罪和反腐败、基层“拍蝇”结合起来，把扫黑除恶和加强基层组织建设结合起来。

1. 基层“拍蝇”是关键，着力解决“村霸”等问题

习近平总书记强调：“老虎”要露头就打，“苍蝇”乱飞也要拍，要推动全面从严治党向基层延伸，严厉整治发生在群众身边的腐败问题。而农村是重要的基层组织，在农村，“村霸”和宗族恶势力成了阻挠打赢脱贫攻坚战和把全面从严治党覆盖到“最后一公里”的障碍。

（1）“村霸”横行于基层组织。梳理近年来媒体报道的一些黑恶势力犯罪案件，在一些地方，黑恶势力竟然堂而皇之地进入了村“两委”，他们或者拉拢腐蚀村干部，使后者成为帮凶；或者干脆直接插手村支书、村主任的竞选，进而把持一个村。总结而言，横行于基层组织的“村霸”有四大特征：乱政、抗法、霸财、行凶。[①]

乱政，就是倚财仗势、干乱国法、操纵选举。比如，之前被判刑的江西省某市原人大代表，纠结多名同族兄弟以及社会闲散人员组成犯罪团伙，称霸一方，多次利用暴力、威胁等手段实施违法犯罪行为，甚至利用势力和影响，威胁当地党委政府工作人员，干扰基层组织选举。抗法，是指暴力抗法、对抗政府、煽动滋事。典型案例如2016年年底，广西某村支书因妻子在交通事故中丧生，便伙同亲属，当着公安民警的面要活埋肇事司机。当公安民警阻止时，其倚仗人多势众进行对抗，当地派出130多名民警才将司机解救。霸财，即强拿强要、欺行霸市、坐地纳贡。河南省某村原党支部书记、村委会主任在出租农地、建设新社区农村饮水工程等事情上“雁过拔毛”。河北某村村主任自2012年以来，组成恶势力团伙，要求所有村民结婚必须“上供”，曾有一村民未照办，结婚当天竟收到了送到门口的花圈。至于“行凶”，则是横行乡里、违法犯罪、残害无辜。广州某村有一群“村霸”，从2008年起就在村里为非作歹，敲诈在村内经营的小店和生活的人员，甚至当街调戏妇女。

（2）基层政权自身无力对抗黑恶势力。基层政权之所以被黑恶势力侵蚀，其薄弱涣散的背后成因令人深思。黑恶势力犯罪在农村地区和城乡接合部较为高发，这一方

---

① 参见微信公众号“侠客岛”：《这场全国性的扫黑除恶专项斗争，到底什么来头?》，2018年1月25日。

面是由于土地征收拆迁、集体资源分配等巨大经济利益中存在监管薄弱等问题，黑恶势力从而千方百计地乘虚而入；另一方面，越来越多的农村青壮年劳动力进城务工，农村地区不同程度地出现“空心化”问题。对于农村基层政权来说，缺少能干事、有担当的青壮年，特别是当留在村里的党员年龄偏高时，面对黑恶势力的渗透，往往就会显得有心无力。因此，此次扫黑除恶专项斗争同基层“拍蝇”相结合势在必行。

2. 同反腐败斗争相结合，深挖黑恶势力“保护伞”

扫黑就要铲除黑恶势力的生存土壤，这个土壤就是基层腐败这个“保护伞”。[①] 此次扫黑除恶的定位与之前大不相同，这次不仅是要揪出黑恶势力，而且要深挖黑恶势力“保护伞”，也就是背后的腐败问题。

（1）基层反腐的重点。2018 年 2 月 13 日，中纪委印发《关于在扫黑除恶专项斗争中强化监督执纪问责的意见》，强调强化监督、铁面执纪、严肃问责，坚决冲破“关系网”、打掉“保护伞”，同时，重点查处三类问题：一是发生在群众身边的党员干部和其他行使公权力的公职人员涉黑涉恶腐败问题；二是党员干部和其他行使公权力的公职人员充当黑恶势力“保护伞”问题；三是地方党委和政府、政法机关、相关职能部门及其工作人员推动扫黑除恶专项斗争工作不力问题。所以，随着中纪委、中组部的加入，打击腐败，深挖“保护伞”成了此次扫黑除恶专项斗争的另一项重要任务。

（2）黑恶势力寻租基层政权。我国目前依然存在不少黑恶势力，与原始的典型的单纯以武力打杀为手段的黑社会不同，这些“新型的”黑恶势力并未造成社会治安明显恶化，但是可怕的是权力的庇护是这种黑恶势力膨胀的直接原因，这种反社会的犯罪势力向政界渗透，红黑勾结，于是出现了党政干部充当黑恶势力“保护伞”，甚至直接组织、领导黑恶势力。红黑勾结愈演愈烈、“保护伞”级别越来越高、“黑老大”政治地位越来越大，这必然严重破坏社会体系的正常运行，严重影响政权的稳定。而一些黑恶势力地方关系盘根错节，与权力靠山相结合，甚至直接控制某权力机构或权力人员，导致一些领导干部担心打蛇不成反被咬，害怕扫黑除恶影响个人利益和仕途，不同程度地存在不愿打、不敢打、不真打、不深打等问题，侧面助长了黑恶势力的嚣张气焰，导致更加严重的悲剧发生。黑恶势力向政权组织渗透的现象如果不能得到及时的遏制，后果不堪设想。

因此，打击腐败，深挖“保护伞”成了此次扫黑除恶专项斗争的另一项重要任务。扫黑除恶必须与反腐败相结合，严打威胁政治安全特别是制度安全、政权安全以及向政治领域渗透的黑恶势力，深挖黑恶势力“保护伞”，对每起涉黑涉恶违法犯罪案件及时深挖其背后的腐败问题，防止就案办案、就事论事。《通知》也要求各级纪检监察机关将党员干部涉黑涉恶问题作为执纪审查重点，对扫黑除恶专项斗争中发现的“保护伞”问题线索优先处置，发现一起、查处一起，不管涉及谁，都要一查到底、绝不

① 杨维汉、刘奕湛：《从“打”黑除恶到“扫”黑除恶，一字之变有何深意?》，载《中国经济周刊》2018 年 1 月 29 日。

姑息。

二、刑事政策引领扫黑除恶专项斗争依法推进

（一）扫黑除恶专项斗争的立法演变

根据我国黑恶势力犯罪所出现的变化，我国惩治黑恶势力的刑事立法经历了从无到有、从粗到细的发展过程。

（1）我国惩治黑恶势力的刑事立法可追溯到1979年刑法。针对当时我国黑恶势力较少或尚未形成规模的现实状况，我国1979年刑法没有对黑恶势力的相关犯罪进行明确规定，也没有针对性地引入与黑恶势力有关的概念。因此在实践中，司法部门只能适用其他罪名对黑恶犯罪进行处罚。但刑法第23条第1款规定："组织、领导犯罪集团进行犯罪活动的或者在共同犯罪中起主要作用的，是主犯。"该款中的"犯罪集团"，是指三人以上为实施共同犯罪而组成的较为固定的犯罪组织。这一特征与后来刑事立法对"黑社会性质组织"界定的组织特征具有高度的相似性，其客观上已显示出我国开始孕育打击黑恶势力立法。

进入20世纪90年代后，伴随着改革开放的深化和社会主义市场经济在我国铺开，我国的社会关系和社会结构发生了复杂的变化。在此环境下，我国有组织犯罪向黑社会犯罪演化的趋势明显，带有黑社会性质的犯罪越来越多，境外黑社会组织对我国内地的渗透性犯罪不断增多。因此，非常有必要在刑法中对此作出明确的有针对性的规定。迫于这一情势，立法部门经过研究，在1997年刑法中设置了三个专门罪名和一个关联罪名以加强对黑恶势力犯罪的惩治，具体包括：在第294条第1款增设组织、领导、参加黑社会性质组织罪；在第294条第2款增设入境发展黑社会组织罪；在第294条第3款增设包庇、纵容黑社会性质组织罪；在第191条增设洗钱罪，并将黑社会性质组织犯罪作为洗钱罪的上游犯罪。

（2）1997年刑法完善了我国惩治黑社会性质组织的规定，对严密我国的刑事法网有重要意义。但是，日臻完善的刑事立法并未解决司法上的辨别难题：由于黑社会性质组织的内涵和外延不甚明确，司法机关在对黑社会性质组织的认定上并不统一。对于性质类似甚至相同的两个组织，在不同地区作出不同认定的情况在当时并不鲜见。

为消除司法机关适用刑法的分歧，2000年12月5日最高人民法院发布的《关于审理黑社会性质组织犯罪的案件具体应用法律若干问题的解释》规定了黑社会性质组织必须具备四个特征：组织特征、经济特征、行为特征和非法控制特征。在此基础上，结合我国的现实和两年来积累的打击黑恶势力的经验，2002年4月28日全国人大常委会通过的《关于〈中华人民共和国刑法〉第二百九十四条第一款的解释》对上述司法解释规定的四个特征予以进一步的补充和完善，以试求进一步明确黑社会性质组织的界限。

（3）经过数十年的打击，黑恶势力的形势发生了重大变化。为加大对黑社会性质组织的惩治力度，2011年颁行的《刑法修正案（八）》对黑社会性质组织犯罪作出了

四方面的修订：一是将人大常委会对黑社会性质组织所作的立法解释纳入刑法；二是加重了黑社会性质组织相关犯罪的法定刑；三是将黑社会性质组织犯罪纳入特殊累犯的范围；四是将强迫交易罪、寻衅滋事罪纳入黑社会性质组织犯罪的范围。该修正案加大了对黑恶犯罪的打击力度，为我国从严打黑提供了法律依据，有利于打黑斗争的开展。

经过数次刑法的修订，自此我国初步形成了以刑法第294条和其他关联条款为主体，以刑法修正案和相关司法解释等其他法律文件为补充的黑恶势力犯罪惩治体系。在这一惩治体系下，应当肯定近年来我国在打击黑恶势力上是收到实效的。

（二）扫黑除恶专项斗争应坚持贯彻宽严相济的刑事政策

作为我国的基本刑事政策，“宽严相济”是对刑事立法活动、刑事司法活动、刑事执法活动具有全面指导意义的政策。[①]“国无恒强，无恒弱，奉法者强则国强，奉法者弱则国弱。”两千多年前韩非子的告诫，对于今天的依法治国和扫黑除恶专项斗争，依然具有重要的指导价值。依法治国，建设社会主义法治国家，是新时代治国理政的基本方略。因此，扫黑除恶斗争的开展，在坚持党的绝对领导的基础上，在具体办案过程中，要严格依法办案，确保办案质量经得起历史的检验。

就扫黑除恶的制度保障而言，目前已经比较完备。近年来，针对有效惩治黑恶势力犯罪，我国对相关立法进行了重大修改和完善，为严厉打击黑恶势力提供了充分的法律依据。政法各机关要进一步明确政策法律界限，统一执法思想，加强协调配合，既坚持严厉打击各类黑恶势力违法犯罪，又坚持严格依法办案，确保办案质量和办案效率的统一，确保政治效果、法律效果和社会效果的统一。

要严格贯彻宽严相济的刑事政策。“宽”指“宽大、不严厉、不苛求”，“严”指“严厉、严格”，[②]“严”与“宽”是相互对立而存在的，“严”是基础，把守着刑罚的最后防线，无“严”则无“宽”。[③]审理黑社会性质组织犯罪案件应当认真贯彻落实宽严相济的刑事政策。要依照法律规定，根据具体的犯罪事实、情节以及人身危险性、主观恶性、认罪悔罪态度等因素充分体现刑罚的个别化。同时要防止片面强调从宽或者从严，切实做到区别对待，宽严有据，罚当其罪。对于黑社会性质组织的组织者、领导者、骨干成员及其“保护伞”，要依法从严惩处。根据所犯具体罪行的严重程度，依法应当判处重刑的要坚决判处重刑。确属罪行极其严重，依法应当判处死刑的，也必须坚决判处。对于不属于骨干成员的积极参加者以及一般参加者，确有自首、立功等法定情节的，要依法从轻、减轻或免除处罚；对具有初犯、偶犯等酌定情节的，要依法酌情从宽处理。对于一般参加者，虽然参与实施了少量的违法犯罪活动，但系未成年人或是只起次要、辅助作用的，应当依法从宽处理。符合缓刑条件的，可以适用缓刑。

---

① 马克昌：《论宽严相济刑事政策的定位》，载《中国法学》2007年第4期。

② 马克昌：《论宽严相济刑事政策的定位》，载《中国法学》2007年第4期。

③ 陈兴良主编：《宽严相济政策研究》，中国人民大学出版社2007年版，第11～14页。

（三）扫黑除恶专项斗争的司法实践

1. 扫黑除恶中的审判实践

（1）为审判实践提供依据。最高人民法院、最高人民检察院、公安部于2009年印发的《办理黑社会性质组织犯罪案件座谈会纪要》（以下简称2009年《座谈会纪要》）对于指导审判实践发挥了重要作用。但是，由于黑社会性质组织犯罪始终处于不断发展变化之中，且刑法、刑事诉讼法的相关规定均有修改。因此，对于一些实践中反映较为突出，但2009年《座谈会纪要》未作规定或者有关规定尚需进一步细化和完善的问题，有必要及时加以研究解决。

（2）进一步明确“四个特征”。为进一步加强黑社会性质组织犯罪案件的审判工作，最高人民法院于2015年9月17日在广西壮族自治区北海市组织召开了全国部分法院审理黑社会性质组织犯罪案件工作座谈会，并印发了《全国部分法院审理黑社会性质组织犯罪案件工作座谈会纪要》（以下简称2015年《座谈会纪要》）。2015年《座谈会纪要》明确了黑社会性质组织的“四个特征”的认定。

组织特征的认定：组织特征的认定从黑社会性质组织存续时间的起点、黑社会性质组织的组织规模、黑社会性质组织的组织成员、黑社会性质组织的组织纪律四个方面给予了明确。

经济特征的认定：“一定的经济实力”，是指黑社会性质组织在形成、发展过程中获取的，足以支持该组织运行、发展以及实施违法犯罪活动的经济利益。

行为特征的认定：黑社会性质组织实施的违法犯罪活动包括非暴力性的违法犯罪活动，但暴力或以暴力相威胁始终是黑社会性质组织实施违法犯罪活动的基本手段，并随时可能付诸实施。因此，在黑社会性质组织所实施的违法犯罪活动中，一般应有一部分能够较明显地体现出暴力或以暴力相威胁的基本特征。

非法控制特征的认定：黑社会性质组织所控制和影响的“一定区域”应当具备一定的空间范围，并承载一定的社会功能。既包括一定数量的自然人共同居住、生活的区域，如乡镇、街道、较大的村庄等，也包括承载一定生产、经营或社会公共服务功能的区域，如矿山、工地、市场、车站、码头等。对此，应当结合一定地域范围内的人口数量、流量、经济规模等因素综合评判。

2. 刑罚执行中的司法实践

（1）积极推动扫黑除恶专项斗争在刑罚执行中落地生根。以笔者所在监狱为例，监狱将“扫黑除恶”专项斗争和“强化监规纪律”专项活动进行有机结合，狠抓宣传，保持高压态势，充分发挥震慑作用。召开扫黑除恶专项斗争动员大会，发动罪犯检举揭发狱内外涉黑、涉恶、涉枪、涉爆等犯罪线索和基层人员为黑恶势力犯罪充当“保护伞”的问题线索。同时，全方位展开活动宣传，监区张贴通告，利用新闻前后、就餐前后、出收工等讲评时机，突出以打击涉黑、涉恶违法犯罪专项斗争为主题的宣传教育，深挖此类罪犯的余罪、漏罪。

（2）牢把减刑假释关键环节。在减刑假释等关键环节，对涉黑涉恶的罪犯严格审查管控，在制度规定上同其他罪犯区别开来。以笔者所在监狱为例，监狱于 2018 年 2 月 1 日印发了《燕城监狱提请罪犯减刑假释工作办法（试行）》（以下简称《办法》）。

《办法》第 9 条规定，组织（领导、参加、包庇、纵容）黑社会性质组织犯罪罪犯，不积极退赃、协助追缴赃款赃物、赔偿损失，或者服刑期间利用个人影响力和社会关系等不正当手段意图获得减刑、假释的，不认定其“确有悔改表现”。第 15 条规定，组织、领导、参加、包庇、纵容黑社会性质组织犯罪罪犯在提请减刑时减刑幅度从严掌握。第 21 条规定，对重要罪犯、危害国家安全的罪犯、邪教组织犯罪骨干分子、犯罪集团首要分子、黑社会性质组织犯罪的首要分子、恶势力团伙犯罪的首要分子提请减刑、假释的，根据相关法规办理。第 70 条规定，因犯组织、领导黑社会性质组织罪被判处 10 年以上有期徒刑、无期徒刑、死刑缓期执行的罪犯不得假释。第 74 条规定，对因犯组织、领导黑社会性质组织罪被判处 10 年以下有期徒刑的罪犯及因犯参加、包庇、纵容黑社会性质组织罪的罪犯适用假释时依法从严掌握，提请假释时实际剩余刑期比一般情形缩短 1/3。同时，第 84 条规定，组织、领导、参加、包庇、纵容黑社会性质组织犯罪等罪犯提请减刑、假释时，须经监狱管理局审核同意。

三、对扫黑除恶专项斗争的两点思考

（一）坚持服务基层政权这一中心

1. 从社会主义社会执政基础的高度看待专项斗争

我国仍处于深刻变革之中，受全球经济环境影响，国内经济增长转型升级，在重大发展过程中也伴随着多重社会矛盾叠加；中央启动新农村建设和新一轮农村改革，带来一系列重大利益结构调整，社会治安形势更加复杂。黑社会性质组织犯罪的破坏性不断加大，犯罪分子逃避法律制裁的行为方式不断变换，向政治领域和基层组织的渗透日益明显，对人民群众的生命、财产安全以及基层政权建设都构成了严重威胁。特别是当黑恶势力在基层形成非法控制或重大影响后，不仅是个案的打打杀杀，而是代行社会公共管理职权，危及社会的整体稳定，动摇社会主义社会的执政基础。因此，不能仅把扫黑除恶工作看作纯粹的业务工作，要认识到扫黑除恶是当前一段时期的首要政治任务，巩固基层政权、维护社会主义政权稳定是此次专项斗争的重要任务。

2. 抽丝剥茧，准确识别“村霸”

明火执仗的村霸不难对付，二元结构下隐蔽矫饰的村霸更可怕。① 如果村霸就是明火执仗、舞枪弄棒的那种，倒不是太麻烦的事。真正难以忖度且在实践中不好应对的是颜色不显、形象模糊的那一类乡村权威人物。这其中有村霸存在当属无疑，只是有一定的隐蔽性。

我国当下出现的村霸除有不同程度的乡村恶势力的普遍特点之外，他们还多在国家正式制度体系中有一定的位置，甚至捞取了一定的官方荣誉；在东窗事发之前，他

---

① 党国英：《中央要打击的村霸是哪一群体》，载《新京报》2008 年 2 月 5 日。

们一般不会恶名昭彰，而能够把村里的反对力量摆平。

村霸对基层政权的破坏无疑是巨大的，扫黑除恶，不断巩固基层政权，坚持服务基层政权巩固这一中心。

（二）重视改造，形成扫黑除恶闭环，推动“三个效果”的统一

近年来，我国对黑恶势力保持高压态势，取得了明显成效。但当前涉黑涉恶问题仍然比较突出，黑恶势力处于活跃期的基本态势没有改变，其欺压残害群众、严重破坏社会秩序的本质没有改变，人民群众对此深恶痛绝。

1. 把追求政治效果和社会效果作为此次专项活动的落脚点

（1）扫黑除恶是一项民心工程。这次党中央、国务院决定在全国开展扫黑除恶专项斗争，必然会打掉一批黑恶势力组织及其“保护伞”，必将最大限度地挤压黑恶势力的生存空间，促进对黑恶势力违法犯罪的综合治理，可以说是让老百姓过上美好生活的一项“民心工程”。①

同时，这也是维护社会安定有序、国家长治久安的必然要求。当前，我国处于发展的重要战略机遇期，但也处于社会矛盾凸显期和刑事犯罪高发期，黑恶势力危害严重，往往集多种违法犯罪于一体，与淫秽、赌博、吸毒、传销、拐卖等违法犯罪问题呈现出合流之势，严重损害人民群众的获得感、幸福感、安全感。

因此，要从立党为公、执政为民的高度来认识此次开展扫黑除恶专项斗争的必要性和重要性，充分认识到扫黑除恶不仅是维护社会治安的问题，也是重要的政治问题、民生问题，事关人心向背和人民群众的安居乐业。

（2）刑罚执行要追求政治效果和社会效果。作为刑罚执行机关，要坚持以政治改造为统领的“五大改造”新格局，充分认识监狱机关的政治属性，强化“四个意识”，维护好总体国家安全观的政治安全，努力完成扫黑除恶这一重大政治任务。

在涉黑涉恶罪犯的改造工作中，要牢牢把握涉黑涉恶犯罪的特征及罪犯的心理特点和行为特点，通过监管改造实现惩罚和规则的约束，让罪犯树立法律意识和规矩意识；通过劳动改造矫正恶习，促使罪犯养成良好习惯；以教育改造和文化改造为重点，着力提升思想认知，重塑价值观，从根源上进行改造，最终向社会输出合格的社会人。

2. 以法律效果的实现推动三个效果的统一

法律效果是实现政治效果和社会效果的必然前提，也是打赢这场攻坚战的必然要求。在全面推进依法治国的新形势下，要坚决打赢扫黑除恶攻坚战，就应当在法治的框架下，以法治思维和法治方式推进扫黑除恶专项斗争，使扫黑除恶走向规范化、制度化、法治化。

这次中央也明确要求，政法机关进一步明确政策法律界限，既坚持严厉打击各类黑恶势力违法犯罪，又要依法依规，不枉不纵，确保办案质量和办案效率的统一。

---

① 彭新林：《扫黑除恶的时代意义和法治内涵》，载《紫光阁》2018 年第 3 期。

同时也应注意，扫黑除恶应当依法进行，不能运动化和扩大化。① 这既是现代法治的基本要求，也是从我国国情和法治文明发展出发得出的必然结论。扫黑除恶如果不恪守法治原则，那么势必会导致打黑的扩大化、运动化，这必然会破坏社会主义法治，有悖于全面推进依法治国的根本要求。严格依法办事、公正司法、宽严相济，把好案件事实关、证据关、程序关和法律适用关，确保每一起案件经得起法律和历史的检验，防止出现冤假错案。

坚持党的领导，发挥政治优势；坚持依法严惩，打早打小，以法律效果的实现推动法律效果、政治效果和社会效果三个效果的统一，最终夺取扫黑除恶攻坚战的伟大胜利。

---

① 彭新林:《扫黑除恶的时代意义和法治内涵》，载《紫光阁》2018 年第 3 期。

“扫黑除恶”中的行刑衔接问题研究

朱　贺*

2018年1月，中共中央、国务院发出《关于开展扫黑除恶专项斗争的通知》（以下简称《通知》），在全国范围内部署扫黑除恶专项斗争。此次专项斗争是对过去十多年来的“打黑除恶”斗争的延续和升级，是对涉黑涉恶问题的强硬表态。从“打黑除恶”到“扫黑除恶”，虽然只是一字之变，体现的却是党中央的意志与决心，扫黑除恶是一场人民战争，更是对“保护伞”的深挖。[①]打击深度的提升也让“扫黑除恶”专项斗争的主要打击目标扩大到了不构成刑事犯罪的一般违法行为，这就使“扫黑除恶”过程中不可避免地出现大量违法案件和刑事案件衔接的情况。而我国行政执法与刑事司法的衔接机制亟待完善，同时国家监察体制改革也对“扫黑除恶”和“行刑衔接机制”[②]带来了影响。

一、“扫黑除恶”专项斗争的意义

（一）“扫黑除恶”是以预防为主的犯罪治理理念的体现

《通知》指出，要坚持党的领导、发挥政治优势；坚持人民主体地位、紧紧依靠群众；坚持综合治理、齐抓共管；坚持依法严惩、打早打小；坚持标本兼治、源头治理。[③]“打早打小”意味着国家强制力对涉黑涉恶案件介入时间的提前，体现了国家从过去以事后惩罚为主向以事前预防为主的治理理念的转变。“打早打小”要求各级政法机关必须依照法律规定对有可能发展成为黑社会性质组织的犯罪集团、“恶势力”团伙及早打击，有黑扫黑、无黑除恶、无恶治乱，对不构成犯罪的恶势力违法活动，要善于运用治安、行政、经济、法律等手段进行打击处理，严防其坐大成势。[④]“打早打

---

* 河南财经政法大学刑事司法学院讲师，法学博士。

① 周秋文：《从“打黑除恶”到“扫黑除恶”——浅析习近平治国理政》，载《人力资源管理》2018年第4期。

② 对于“行政执法与刑事司法衔接”之简称，最常见的是“行刑衔接”和“两法衔接”，本文采用“行刑衔接”的说法。参见练育强：《行刑衔接中的行政执法边界研究》，载《中国法学》2016年第2期。

③ 参见《中共中央、国务院发出〈关于开展扫黑除恶专项斗争的通知〉》，载人民网，http：//cpc. people. com. cn/n1/2018/0124/c64387－29784940. html。

④ 卢建平：《依法扫黑除恶　净化社会环境》，载《人民法院报》2018年1月29日第2版。

小”是扫黑除恶工作必须坚持的基本原则，也是提升扫黑除恶工作主动性和预见性的要求，有助于避免黑恶势力坐大成势，确保将黑恶势力消灭在萌芽状态。

（二）“扫黑除恶”是对“黑恶势力”产生根源的深刻认识的体现

《通知》指出，把扫黑除恶与反腐败斗争和基层“拍蝇”结合起来，深挖黑恶势力“保护伞”。[①] 在过去的十多年间，国家通过“打黑除恶”斗争总结出许多经验教训，其中之一就是对黑恶势力“保护伞”的认识更加深刻。我国的黑恶势力之所以能够坐大成势，往往与其背后有腐败官员充当“保护伞”是分不开的。正是有了“保护伞”的存在，黑恶势力才得以发展壮大，为害一方，逃脱应有的法律制裁。基于这样的深刻认识，国家果断发起“扫黑除恶”专项斗争，并重点打击涉黑涉恶案件背后的“保护伞”，将黑恶势力与滋生黑恶势力的腐败官员连根拔起，治标治本。“扫黑除恶”专项斗争要求各级纪检监察机关和政法机关对每起涉黑涉恶违法犯罪案件及时深挖其背后的腐败问题，防止就案办案、就事论事。各级纪检监察机关要将党员干部涉黑涉恶问题作为执纪审查重点，对扫黑除恶专项斗争中发现的“保护伞”问题线索优先处置，发现一起、查处一起，不管涉及谁，都要一查到底、绝不姑息。加大督办力度，把打击“保护伞”与侦办涉黑涉恶案件结合起来，做到同步侦办，尤其要抓住涉黑涉恶和腐败长期、深度交织的案件以及脱贫攻坚领域涉黑涉恶腐败案件重点督办。

二、“扫黑除恶”中的行刑衔接问题

（一）“扫黑除恶”专项斗争的打击目标

这次“扫黑除恶”专项斗争，党中央、国务院专门印发通知，整合多部门力量，集党和国家之力要把这个问题解决好。过去“打黑”更多是从犯罪治理角度出发，强调点对点打击黑恶势力犯罪。这次“扫黑除恶”是从夯实党的执政根基、巩固执政基础、加强基层政权建设、维护国家长治久安的角度，在更大范围内，更全面、更深入地扫除黑恶势力，不但要打击犯罪，还要打击违法行为。“打击是点面结合，以面为主，打击范围明显扩大，对违法与犯罪的黑恶势力活动双双严厉打。”[②] 最高人民法院曾经向全国法院发出通知，要求认真贯彻落实中央关于治理商业贿赂的重大决策，并明确提出“各级法院必须正确把握政策界限，严格依照刑法的规定，注意区分犯罪与一般违法违纪违规的界限，区分犯罪与正常的商业活动的界限”。最高人民法院、最高人民检察院、公安部、司法部于2018年年初联合出台的《关于办理黑恶势力犯罪案件若干问题的指导意见》中明确提出，进一步提高执法效能，依法、准确、有力惩处黑恶势力犯罪及其“保护伞”，办理具体案件标准更加明确。一般来说，黑社会性质组织为达到发展壮大的目的，都伴有敲诈勒索、欺行霸市、聚众斗殴、寻衅滋事、故意伤害、破坏生产经营、故意毁坏公私财物甚至故意杀人等违法犯罪行为。从罪刑法定的

① 参见《中共中央、国务院发出〈关于开展扫黑除恶专项斗争的通知〉》，载人民网，http：//cpc. people. com. cn/n1/2018/0124/c64387 -29784940. html。

② 参见康均心：《从打黑除恶到扫黑除恶》，载《河南警察学院学报》2018 年第 3 期。

角度来看，“扫黑除恶”必须严格把控罪与非罪的界限，将一般违法行为和刑事犯罪行为区别对待。对于不满足犯罪构成标准的敲诈勒索、聚众斗殴、寻衅滋事等行为要严格遵守罪刑法定原则，守住刑法作为“最后保障法”的底线，而利用治安管理处罚法等行政法规对这些行为进行处置。

（二）“行刑衔接”的概念

对行政执法与刑事司法衔接这一现象，我国学者采用多种概念对之进行描述，如有学者称之为“行政执法与刑事执法的衔接”①；有学者采用“行政处罚与刑罚处罚的衔接”的表述②；亦有学者认为应使用“行政刑罚和行政刑法”的称谓③。但随着研究的发展和深入，“行政执法与刑事司法衔接”的表述逐渐成为主流，④ 本文亦采用“行政执法与刑事司法衔接”这一表述。对于“行政执法与刑事司法衔接”的简称，本文采用“行刑衔接”的表述。原因有二：其一，相对于其他简称，如“两法衔接”，“行刑衔接”能够更加清晰、准确地表达哪两部法律之间的衔接问题，能够与“民刑衔接”等其他不同部门法衔接问题相区别；其二，“行刑衔接”虽有与“执行刑罚”之“行刑”相混淆之嫌，但若放之“刑事一体化”语境中则具有专属性。且随着“行刑衔接”问题受到越来越多的重视，此种表述与“执行刑罚”混淆的可能性必将逐渐降低，直至成为共识。

至于“行刑衔接”的概念，学界往往对其有较多争议，难以得出一个较为确定的定义。有学者认为，应当将一般行政执法中超越行政执法范畴并涉嫌构成犯罪的案件汇集到检察机关进行审查。⑤ 也有学者提出另一种定义，认为在办理违法犯罪案件中，司法机关和行政机关以及监察机关等相关机关之间各司其职、分工合作，并建立立案监督、信息共享等配套制度，实现法律对违法犯罪行为有效打击的机制。⑥ 本文认为行刑衔接应当是一种在行政执法与刑事司法的过程中，为确保将不构成犯罪的行政违法行为与刑事犯罪进行分离，准确地决定案件最终的处置机关，确定行为人应负责任性质，而由行政执法机关、司法机关以及监督机关等共同参与、分工配合、相互监督的程序机制。行刑衔接机制不仅涉及程序问题，也包含实体问题，是相关部门依法追究违法行为人刑事法律责任或行政法律责任的实体衔接与程序衔接的统一。换言之，本文所指的行刑衔接机制，核心在于合法且合理地解决行为人应负行政违法责任还是刑

---

① 参见元明：《行政执法与刑事执法相衔接工作机制总结》，载《国家检察官学院学报》2006 年第 2 期。

② 参见陈兴良：《论行政处罚与刑罚处罚的关系》，载《中国法学》1992 年第 4 期；周佑勇、刘艳红：《试论行政处罚与刑罚处罚的立法衔接》，载《法律科学》1996 年第 3 期；周佑勇、刘艳红：《论行政处罚与刑罚处罚的适用衔接》，载《法律科学》1997 年第 2 期。

③ 参见刘莘：《行政刑罚——行政法与刑法的衔接》，载《法商研究》1995 年第 6 期；张明楷：《行政刑法辨析》，载《中国社会科学》1995 年第 3 期。

④ 参见周佑勇、刘艳红：《行政执法与刑事司法相衔接的程序机制研究》，载《东南大学学报》（哲学社会科学版）2008 年第 1 期；元明：《行政执法与刑事司法相衔接的理论与实践》，载《人民检察》2011 年第 12 期。

⑤ 参见刘远、王大海：《行政执法与刑事执法衔接机制论要》（第 1 版），中国检察出版社 2005 年版，第 293 ~ 294 页。

⑥ 吴云：《法律监督视野下行政执法与刑事司法相衔接的制度完善》，载《政治与法律》2011 年第 7 期。

事犯罪责任的问题。

（三）"扫黑除恶"与"行刑衔接"

通过上述对"扫黑除恶"的打击目标和"行刑衔接"概念的分析，笔者认为"扫黑除恶"专项斗争中不可避免地需要处理大量的行刑衔接问题。具体表现为涉黑涉恶但尚不构成刑事犯罪的一般违法行为，如没有达到犯罪构成标准的敲诈勒索行为、寻衅滋事行为等，与涉嫌构成刑事犯罪的涉黑涉恶行为直接的衔接。因为有些涉黑涉恶案件的定罪标准并不是完全量化的，在判断是否涉嫌构成刑事犯罪时，公安机关、检察机关都有一定的自由裁量权。

以刑法第293条的寻衅滋事罪为例，该条与治安管理处罚法第26条相互衔接，构成了对寻衅滋事行为的行政与刑事处分二元体系。为了明确寻衅滋事行为的违法与犯罪的界限，2013年最高人民法院和最高人民检察院联合发布了《关于办理寻衅滋事刑事案件适用法律若干问题的解释》（以下简称《解释》）。该解释就办理寻衅滋事刑事案件适用法律作出了若干规定，对刑法条文中列举的寻衅滋事罪的具体表现给出了更为细致的判断标准。但是该解释也并不是完全量化的判断依据，其中仍有许多需要司法机关自由裁量的地方。例如，刑法第293条和治安管理处罚法第26条中都列举了"追逐、拦截他人"为寻衅滋事的具体表现之一，根据《解释》第3条的规定，区分二者的标准在于是否构成"情节恶劣"，① 而《解释》给出的"情节恶劣"的判断标准中却又出现了"造成恶劣社会影响"、"其他情节恶劣的情形"等模糊性的表述，这就给司法机关进行判断时留下了自由裁量的空间。公安机关和检察机关可以分别利用手中的立案权和审查起诉权对一起寻衅滋事案件是否涉嫌刑事犯罪进行裁量。而这种裁量的结果对于案件当事人而言事关重大，是否涉嫌刑事犯罪对其将来可能获得的不利后果而言可谓天差地别。因此，在"扫黑除恶"专项斗争中，完善行刑衔接机制不仅是客观的现实需求，更可以通过制度的完善规范公权力的行使，打击公职人员职务违法和犯罪行为。

三、我国行刑衔接机制的问题

行刑衔接机制建立的主要依据是我国的相关法律、司法解释等，同时公安部也对行刑衔接作出过相应的规定，实践中也是行刑衔接机制执行过程中的依据。但是，仍然存在立法位阶低、移送规定不合理、法律监督效能不足、追责机制力量薄弱等问题。

（一）立法不完善

行刑衔接机制的运行涉及行政权、侦查权和司法权等公权力。从规范层面而言，

---

① 《解释》第3条规定："追逐、拦截、辱骂、恐吓他人，破坏社会秩序，具有下列情形之一的，应当认定为刑法第二百九十三条第一款第二项规定的'情节恶劣'：（一）多次追逐、拦截、辱骂、恐吓他人，造成恶劣社会影响的；（二）持凶器追逐、拦截、辱骂、恐吓他人的；（三）追逐、拦截、辱骂、恐吓精神病人、残疾人、流浪乞讨人员、老年人、孕妇、未成年人，造成恶劣社会影响的；（四）引起他人精神失常、自杀等严重后果的；（五）严重影响他人的工作、生活、生产、经营的；（六）其他情节恶劣的情形。"

宪法、法律关于行刑衔接机制的相关条款只是一种宣示性的规定，概括性、原则性极强，难以有效指引具体的执法（司法）实践。在专门制定行刑衔接程序立法的法律文件中，同时存在着立法位阶较低的问题，推动具体衔接工作规范化的制度基础显得薄弱，[①] 难以有效规范行政执法与刑事司法活动，更难言规范两种执法（司法）活动的顺利衔接。从现有法律规定来看，国务院颁布的行政法规是关于行刑衔接程序规定最高位阶的立法规范，但无论是该行政法规还是最高人民检察院单独颁行的司法解释，都因立法调整法律关系范围的不同使得其不具有普适性的法律效力。换言之，行政法规因缺乏司法属性而对公安司法机关不具有法律效力，同样最高人民检察院单独颁布的司法解释属于检察机关的内部规定，对行政执法人员也不具备当然的拘束力。即便是行政、公安司法机关通过联合发文的形式解决了公权力机关之间各管一段的局面，但也只是以“意见”、“通知”的形式出现，体现在立法法中的效力位阶比较低、强制力不足，公权力机关之间的协助配合有余、监督制约不足。

（二）行政机关“移送难”

在我国二元追诉体制下，行政违法与刑事犯罪的界分应当是明确的，与之对应的两种责任追究机制的界限也是清晰的。但是，我国立法采用“定性 + 定量”的模式来定义犯罪，行政犯罪与行政违法行为有时只表现为量上的差异而已。同时，基于社会管理的需要，行政权日益扩张并与司法权出现了交叉重叠，从表面上看，两种职权的交叉重叠似乎为我国行政执法与刑事司法衔接制度中行政权的扩张提供了支持。即行政机关具有了对违法行为涉嫌犯罪的定性权。由此观之，行政机关也就不可避免地对违法行为具有终局决定权，“有案不移”、“以罚代刑”等问题便随之产生。

从立法上来看，无论是政策文件还是法律规定都将“有案不移”、“有案难移”与“以罚代刑”并提来揭示行政不移送的种种表现。其实，“有案不移”、“有案难移”与“以罚代刑”具有逻辑上的延续关系。前者是后者得以实现的基础和前提，正是由于行政机关不移送涉嫌犯罪案件，才为其决定并消化违法犯罪案件提供了自由空间；后者是前者发展的必然结果，行政机关“有案不移”，必然“以罚代刑”。

例如，无论是行政处罚法还是现有关于行刑衔接程序立法规范，都规定了行政处罚中的罚款与罚金相折抵的条款，而且两种处罚的法律效果并不重叠。所以，行政机关在作出行政征收、行政处罚等行政决定时，不管违法行为是否涉嫌犯罪，其一般都作出罚款的决定。而从经济理性人的视角出发，行政工作人员当然会“理性”地选择作出罚款处罚而不予以移送公安司法机关的决定。[②]

（三）监督机制薄弱

在依法治国之语境下，监督机制与责任追究机制是环环相扣的两个环节，监督程序是责任追究的前提，责任追究是监督发现问题的必然结果，两者不可偏废，共同确

① 唐文娟：《反思与推进：我国行政执法与刑事司法衔接机制刍议》，载《江西师范大学学报》（哲学社会科学版）2016 年第 4 期。

② 参见孙杰：《环境执法中的“以罚代刑”现象及其规制》，载《山东社会科学》2017 年第 3 期。

保了行刑衔接程序的有效推进。自2001年国务院《行政执法机关移送涉嫌犯罪案件的规定》颁布开始就将行刑衔接的监督、责任追究机制与行刑衔接程序机制的完善并提。具体而言，对行刑衔接程序的监督既包括内部监督，也包括外部监督，亦有专门机关的监督。从中央层面立法所确定的监督阶段来看，程序规定中体现出事中监督与事后监督并重的路径安排。

现有法律规范明确了检察机关对于行刑衔接程序的监督，其监督范围主要包括对于行政执法机关移送案件与否的监督以及对于公安机关的立案监督。其监督方式主要表现为检察建议。同时，为了弥补检察建议这种柔性监督方式的不足，督促行政执法机关依法移送涉罪案件，有些中央立法辅之规定了检察机关通知公安机关审查违法行为是否涉嫌犯罪并由公安机关决定立案与否的强制性补充规定，如2004年最高人民检察院、全国整顿和规范市场经济秩序领导小组办公室、公安部《关于加强行政执法机关与公安机关、人民检察院工作联系的意见》第3条的规定。但从监督的效果来看，任意性规范与强制性规范的配置不尽合理，难以有效解决检察监督偏软的问题。

四、国家监察体制改革对“扫黑除恶”行刑衔接的影响

在国家监察体制改革之前，行刑衔接的监督主要是由检察院负责，这与检察院是我国宪法规定的法律监督机关的定位有关。①但是自监察委设立之后，监察委对所有的职务违法和犯罪行为进行监督，同时享有侦查和处置权。与过去由检察院监督不同的是，监察委中并入了纪委，并且有监察专员被派驻到每一个、每一级国家公权力机关之中，对于职务违法和职务犯罪的线索获取、调查取证与检察院相比具有天然优势，监督机制的启动更加主动和频繁，由此带来的威慑力更强于检察院。因此，监察委的设立对过去行刑衔接机制中最为薄弱的一环——行刑衔接的监督机制而言可谓脱胎换骨。具体而言，监察委的出现从两个层面对“扫黑除恶”专项斗争产生影响。

（一）监察委对“扫黑除恶”专项斗争中公权力行使的监督

行刑衔接是行政权与司法权的衔接，是两个国家公权力之间的配合与制约，这个公权力使用过程理所应当要受到监察委的监督。如此一来，行刑衔接监督机制就由以检察监督为主转变为监察和检察双监督模式。

国家监察体制改革以后，对监察委员会和检察机关关系的讨论就成为无法回避的话题。有学者认为“监察委员会事实上取代检察机关成了真正意义上的法律监督机关”。②有学者则提出完全相反的看法，认为“监察委员会的成立，并不改变、更不取代检察机关的法律监督机关地位和属性”。③笔者认为，法律监督权并不是只能由一个主体行使的权力。正如韩大元教授指出的，检察机关虽然是法律监督机关，但不是全

---

① 韩大元：《坚持检察机关的宪法定位》，载《人民检察》2012年第23期。

② 参见胡勇：《监察体制改革背景下检察机关的再定位与职能调整》，载《法治研究》2017年第3期。

③ 参见王玄玮：《国家监察体制改革和检察机关的发展》，载《人民法治》2017年第2期。

面监督法律实施的机关，也没有去“统揽法律监督权”。[①] 监察体制改革的目的并不是要剥夺检察院的监督权和法律监督机关的地位，而是要通过新设监察委员会来全方位规范和制约公权力的运行。在改革之后，事实上形成了监察委和检察机关并行的双监督机制，二者相互补充、相互配合，形成更为完整的监督体系。因此，在“扫黑除恶”专项斗争中，行政执法和司法机关对涉黑涉恶案件性质的认定就会直接受到监察委的监督。

（二）监察委调查权与行政执法权、刑事司法权的衔接

《通知》中专门指出，要把扫黑除恶与反腐败斗争和基层“拍蝇”结合起来，深挖黑恶势力“保护伞”。在“扫黑除恶”专项斗争中，伴随涉黑涉恶案件出现的是腐败案件，为黑恶势力充当“保护伞”的国家公职人员实施滥用职权、玩忽职守、贪污受贿等行为是最常见的犯罪形态，而这些犯罪恰恰是国家监察委的主要监督对象。因此，“扫黑除恶”斗争中对“保护伞”的打击将会与国家监察委职权行使密切相关。然而因为监察委尚属新生事物，相关法律法规尚不完备，具体办案机制亟待完善。例如，监察法中对国家监察委的监察权限作出了规定，其他行政机关、司法机关发现的有关公职人员涉嫌贪污贿赂、失职渎职等职务违法或者职务犯罪的问题线索，应当移送监察机关，且一般应当由监察机关为主调查。[②] 但是，对于涉嫌职务犯罪同时又涉嫌其他涉黑涉恶犯罪（如故意杀人、洗钱等）的被调查人，如果以监察委为主进行调查，既与监察委的监察机关职能定位不符，又会增加监察委的办案压力，占用监察委的办案资源，对其他刑事司法机关而言更是一种资源浪费。因此，这样的规定在“扫黑除恶”专项斗争中究竟会起到什么样的作用，还有待观察。

结语

“扫黑除恶”专项斗争是我国在全面建成小康社会的决胜阶段、中国特色社会主义进入新时代的关键时期作出的一项重大部署，是坚持以人民为中心，保障和提升人民群众获得感、幸福感、安全感的必然要求，也是巩固党的执政根基，维护社会稳定的切实举措。“扫黑除恶”过程中涉及大量行刑衔接的问题，而我国行刑衔接机制需要在完善立法、完善监督机制等方面进行努力。国家监察体制改革给“扫黑除恶”带来了直接影响，这种影响是全方位的，可以说“扫黑除恶”能否顺利完成与监察委职能的行使密切相关。但是，监察委在内部办案机制、与外部相关国家机关的衔接等方面还亟待完善，未来这些问题将成为“扫黑除恶”和监察委相关讨论需要解决的主要问题。

---

① 韩大元：《坚持检察机关的宪法定位》，载《人民检察》2012 年第 23 期。

② 监察法第 34 条规定：“人民法院、人民检察院、公安机关、审计机关等国家机关在工作中发现公职人员涉嫌贪污贿赂、失职渎职等职务违法或者职务犯罪的问题线索，应当移送监察机关，由监察机关依法调查处置。被调查人既涉嫌严重职务违法或者职务犯罪，又涉嫌其他违法犯罪的，一般应当由监察机关为主调查，其他机关予以协助。”

广东顺德黑恶势力犯罪实证分析及打防对策

佛山市顺德区人民检察院课题组*

打击黑恶势力犯罪是实现人民安居乐业、社会安定有序、国家长治久安、进一步巩固党的执政基础的重要保障。为深入贯彻落实党的十九大部署和习近平总书记重要指示精神，2018 年 1 月，中共中央、国务院发出《关于开展扫黑除恶专项斗争的通知》(以下简称《通知》)。根据《通知》精神，扫黑除恶专项斗争随即在全国范围内开展和落实。检察机关作为国家法律监督机关，要以对党和人民高度负责的态度，切实提高政治站位，充分发挥检察职能，采取强有力措施，全力投入和深入开展扫黑除恶专项斗争。结合当前扫黑除恶专项斗争的需要，始终保持对黑恶势力犯罪的高压打击态势，笔者将以广东省佛山市顺德区人民检察院办理的黑恶势力犯罪案例为视角，结合当地最近几年的黑恶势力犯罪案例、数据进行分析，深入剖析基层扫黑除恶的特点难点，研究思考打防对策，为地方基层深入开展扫黑除恶斗争，有效预防、控制和打击黑恶势力犯罪提供借鉴和参考。

一、2012 年以来顺德区人民检察院办理黑恶势力犯罪案件的基本情况及实证分析

2012 年以来，顺德区人民检察院办理黑恶势力犯罪案件 18 件 186 人。其中，2012 年至 2017 年，该院提起公诉的黑恶势力犯罪案件 11 件 118 人，2012 年 2 件 27 人，2013 年 2 件 40 人，2014 年 1 件 11 人，2015 年 3 件 29 人，2016 年 1 件 4 人，2017 年 2 件 7 人。2018 年，该院受理审查批捕的黑恶势力犯罪案件 4 件 54 人，批准逮捕 4 件 48 人，受理审查起诉 5 件 34 人，提起公诉 4 件 27 人。

这些案件从案件性质、案件来源、涉案罪名、涉案领域、退补情况、审结情况及涉案人的相关特征等方面来看，有以下几方面的特征：

1. 案件性质特征

对照最高人民法院、最高人民检察院、公安部、司法部印发的《关于办理黑恶势力犯罪案件若干问题的指导意见》对于黑社会性质组织犯罪与恶势力犯罪的认定标准，在该院办理的 18 件黑恶势力犯罪案件中，黑社会性质组织犯罪案件 5 件 61 人，占黑恶

---

* 课题组成员：徐彪，广东省佛山市顺德区检察院检察长；李荣楠，顺德区检察院案件管理部副部长；肖蕾，顺德区检察院公诉部检察官；陈玉苹，顺德区检察院案件管理部检察辅助人员。

势力犯罪案件总件数和总人数的27.78%和32.8%，恶势力犯罪案件13件125人，占黑恶势力犯罪案件总件数和总人数的72.22%和67.2%。

2. 案件来源特征

该院办理的18件黑恶势力犯罪案件，从案件来源上看，全部来源于群众举报以及侦查机关在工作中自行发现。其中，群众举报10件，占全部案件的55.56%，侦查机关在工作中自行发现8件，占全部案件的44.44%。当中的黑社会性质组织犯罪案件来源以群众举报为主，在5件涉黑犯罪案件中，群众举报4件，占该类案件总数的80%。

表1　佛山市顺德区人民检察院办理黑恶势力犯罪案件线索来源　　单位：件

案件来源 / 年份	群众举报	侦查机关自行发现
2012年	2	0
2013年	2	0
2014年	1	0
2015年	1	2
2016年	0	1
2017年	1	1
2018年	3	4
合计	10	8

3. 涉案罪名特征

该院办理的18件黑恶势力犯罪案件，大部分案件涉案人数多、涉多项罪名，一人犯数罪比例超过三成，既判案件中涉案罪名最多的一件涉及组织、领导、参加黑社会性质组织罪，非国家工作人员受贿罪，职务侵占罪，贪污罪，串通投标罪，非法拘禁罪，敲诈勒索罪，强迫交易罪，故意伤害罪，诈骗罪，非法持有枪支罪共计11项罪名。经对涉案罪名统计，具体涉及20项罪名（见表2）。其中，按照涉罪人数多少进行统计，排前五位的罪名分别是开设赌场罪，组织、领导、参加黑社会性质组织罪，串通投标罪，寻衅滋事罪，强迫交易罪。

表2　佛山市顺德区人民检察院办理黑恶势力犯罪案件涉案罪名统计　　单位：人

序号	年份 / 罪名	2012年	2013年	2014年	2015年	2016年	2017年	2018年	合计
1	开设赌场罪	18		5	2			27	52
2	组织、领导、参加黑社会性质组织罪	1	8		17			23	49
3	串通投标罪		28		11			4	43
4	寻衅滋事罪		1		12		6	2	21
5	强迫交易罪		15		3				18

续表

序号	年份 罪名	2012 年	2013 年	2014 年	2015 年	2016 年	2017 年	2018 年	合计
6	受贿罪	8	4						12
7	故意伤害罪			7	4				11
8	破坏生产经营罪							11	11
9	敲诈勒索罪	1			7		1		9
10	故意毁坏财物罪			8					8
11	职务侵占罪				6				6
12	非法拘禁罪				4				4
13	贪污罪				4				4
14	聚众扰乱交通秩序罪					4			4
15	行贿罪	1	1						2
16	非国家工作人员受贿罪				1			1	2
17	非法持有枪支罪				1				1
18	非法持有毒品罪				1				1
19	诈骗罪				1				1
20	盗窃罪		1						1

备注：上述统计因存在一人犯数罪的情形，故按照罪名进行涉罪人数统计，统计总数大于涉案总人数。

4. 涉案领域特征

在该院办理的 18 件黑恶势力犯罪案件中，属于操纵、经营赌博违法犯罪活动的黑恶势力犯罪案件 7 件 66 人，占黑恶势力犯罪案件总数的 38.9%；属于把持基层、操纵破坏基层换届选举、垄断农村资源、侵吞集体资产的黑恶势力犯罪案件 3 件 28 人，占黑恶势力犯罪案件总数的 16.67%；属于在商贸集市、社区、楼盘等场所欺行霸市、强买强卖、收保护费的市霸、行霸黑恶势力犯罪案件 3 件 33 人，占黑恶势力犯罪案件总数的 16.67%；属于在征地、租地、拆迁、工程项目建设等过程中煽动闹事的黑恶势力犯罪案件 2 件 15 人，占黑恶势力犯罪案件总数的 11.1%；属于非法高利放贷、暴力讨债的黑恶势力犯罪案件 2 件 24 人，占黑恶势力犯罪案件总数的 11.1%；属于在建筑工程、农村资源等领域恶意竞标的黑恶势力犯罪案件 1 件 20 人，占黑恶势力犯罪案件总数的 5.56%。

5. 退补特征

在该院办理的 18 件黑恶势力犯罪案件中，已批准逮捕尚未移送审查起诉的 2 件，已受理审查起诉尚未审结的 1 件，已提起公诉的 15 件。在受理审查起诉的 16 件案件中，退回公安机关补充侦查的案件 10 件，占比 62.5%，其中，补充侦查一次的 2 件，补充侦查两次的 8 件。已批准逮捕尚未移送审查起诉 2 件，1 件报请市院审查决定延长侦查羁押期限。

6. 涉案人员的社会特征

（1）性别特征。在该院办理的18件黑恶势力犯罪案件中，涉案被告人（犯罪嫌疑人）186人，男性占绝对多数，有170人，占总人数的91.4%；而女性仅有16人，占总人数的8.6%。

（2）年龄特征。涉案人员的年龄出现“前大后小，逐层减少”的特征。18周岁以下的未成年人1人，占总人数的0.5%；18~40周岁的115人，占总人数的61.83%；40~50周岁的39人，占总人数的20.97%；50周岁以上的31人，占总人数的16.67%。

（3）文化程度特征。涉案人员的文化层次普遍较低，文化程度为初中及以下的占有绝对的比例。涉案的186名犯罪嫌疑人（被告人）中，初中以下文化的157人，高中以上文化的29人，分别占比为84.41%和15.59%。

（4）籍贯特征。涉案人员主要是本地人员，外来人员比例较小。在该院办理的黑恶势力犯罪案件涉案人员186人中，广东籍的有115人（其中107人为佛山户籍），占总人数的61.83%；外省户籍人员71人，其中广西籍人员占外省户籍人员的半数以上，较多见于涉赌的黑恶势力犯罪案件中。

（5）前科特征。涉案人员中有违法犯罪前科的27人，占黑恶势力犯罪总人数的14.52%，其中该部分人员大多存在于涉赌黑恶势力犯罪案件中。

二、顺德区黑恶势力犯罪的特点及原因分析

（一）顺德区查处涉黑恶势力犯罪呈上升趋势，而受案总数比重较小

2012年至2018年7月，顺德区人民检察院共受理各类涉黑恶犯罪案件18件166人，其中2017年前，平均每年仅受理各类涉黑恶势力犯罪案件2件2人，但2017年后，随着国家从立法、司法到政策上“扫黑除恶”专项斗争的不断深入推进，并对界定黑社会性质组织犯罪进一步明确，顺德区人民检察院查处黑恶势力犯罪案件在数量上较为稳定，2018年呈一定上升趋势，如表3所示。

表3　2012~2018年佛山市顺德区人民检察院受理涉黑恶势力犯罪案件情况

年份	2012	2013	2014	2015	2016	2017	2018（1~7月）
宗数	2件	2件	1件	3件	1件	2件	7件
人数	27人	40人	11人	29人	4人	27人	28人

存在的主要原因有如下几点：

1. 严打的高压态势

一直以来，顺德区根据中央专项行动部署，对黑恶势力犯罪呈现高压打击态势，[①]在执法中坚持打早打小，使得一些黑恶势力犯罪在萌芽阶段即被铲除，有利于从源头

① 任文岱：《从“打黑除恶”到“扫黑除恶”中国扫黑除恶历史回顾》，载《民主与法制时报》2018年2月4日第2版。

上治理黑恶势力违法犯罪行为。

2. 涉黑恶势力组织的形成具有过程性

涉黑恶势力的有组织犯罪受客观发展规律的制约，犯罪组织内部需要形成一定的制约、控制、严密的层级、分工，客观上需要一定的过程及规模条件。从顺德区涉黑恶案件来看，黑恶性质组织犯罪的发展具有缓慢扩张过程，但组织一旦成立并形成稳定的架构，该组织的人数和规模便呈现蔓延趋势。

3. 司法办案层面发现线索渠道较窄

黑恶势力犯罪具有一定的隐蔽性，在外部表现为普通刑事犯罪，不宜被发觉。由于部分黑恶性质犯罪的组织头目向市场主体渗透与转型，成为企业法人、公司经理甚至村支部书记等，个别黑社会性质组织有向农村基层渗透的倾向，具有一定的欺骗性、隐蔽性，使得执法机关较难及时发现和掌握黑恶势力犯罪活动的动向。

（二）从犯罪成员构成来看，以本地中青年人口居多，且组织人数具有一定规模

从顺德区办理的黑恶势力犯罪案件来看，一方面，顺德区涉黑恶势力犯罪组织具有成员人数多、组织结构严密的特点。在顺德区人民检察院办理的涉黑恶犯罪案件中，每个组织平均涉案人数达到12人，其中最少为4人，最多达到26人，但是组织人数没有像个别地区一样动辄数十人甚至上百人。这说明，一是顺德区的黑社会性质组织尚处于比较初级的发展阶段；二是顺德区治安环境的改善，司法机关对此类犯罪的严密监控，在形成大规模的涉黑恶性质组织犯罪之前就将它们防治和消灭在萌芽阶段。

另一方面，从涉案人员户籍来看，涉案人员主要是本地中青年人员，外来人员比例相对不高。顺德区人民检察院办理的黑恶势力犯罪案件涉案人员186人，广东籍的有115人（其中107人为佛山户籍），占总人数的61.83%。涉黑恶人员以青壮年居多，18周岁至40周岁的有115人，占总人数的61.83%。上述人员受教育程度普遍偏低，初中及以下学历的占84.41%，往往有一定的社会阅历和违法犯罪经验，以及一定的反侦查能力。

上述问题存在的主要原因有如下几点：

1. 农村社会矛盾多发

顺德区农村部分地区涉及土地转让、土地租用、工程招投标、鱼塘招投标等事项不公开透明。尤其是在社会基层矛盾多发地区，在农村基层换届选举、农村征地拆迁、土地征用补偿等领域容易诱发同乡、同村人员因私人利益聚集在一起，通过实施干扰、破坏基层选举垄断集体资源等行为，依靠家族、宗族势力称霸一方。由于本地部分无业人员学历、技术水平低下，加上就业环境紧张，使得他们容易为利益加入犯罪组织，城市中无业、失业人员也容易被犯罪组织吸纳，容易发生危害农村广大群众的合法权益行为。

2. 人口原因

由于顺德区黑恶势力组织形成具有某种地域性，大多存在于城乡接合地区，活动范围具有一定的地域性。同时针对特殊群体、重点人口，执法单位在管理上容易存在疏漏，一些地区出现了游离于主流社会之外的，由无业农民工、城市失业人员、刑满释放人员等弱势群体组成的社会边缘人群，如果社会引导不力这些人可能成为涉黑涉恶犯罪团伙拉拢的对象。

3. 经济原因

在部分农村基层领域，公平竞争的市场秩序尚未全面建立。市场经济中由于各主体具有逐利性，本应在法制框架下通过比技术、比质量、比服务等方式提升竞争力，但一些领域公平竞争秩序的缺失，使得一些人员为谋取自身利益，通过各种方法甚至不惜采取犯罪的方法解决利益矛盾。尤其是在乡镇基层领域，各宗族势力雇用黑恶势力为自己摆平事端，这为黑恶势力在农村环境中滋生提供了土壤。随着村民自治、村务自治的深入，基层执法部门对特种场所、行业，对出租屋、娱乐场所等公共复杂场所的管理存在交叉弊端，不能有效打击垄断经营和非法经营，为黑恶势力犯罪留下缝隙。

（三）涉及的罪名多样化，显性暴力与隐性暴力都有所呈现

犯罪形式多样化是黑社会性质组织犯罪的重要行为特征。从顺德区人民检察院受理的涉黑恶势力犯罪案件来看，黑恶势力犯罪组织可能采取多种行为方式，包括敲诈勒索、故意杀人、故意伤害、串通招投标、开设赌场等犯罪。从罪名性质、案发经过来看，顺德区黑恶势力犯罪呈现一定的显性暴力特征，采用暴力、威胁手段或者以暴力、威胁手段作为后盾进行违法犯罪活动。但是，部分涉黑恶势力犯罪人员更多使用语言恐吓、电话滋扰、聚众摆势等“软暴力”行为来达到目的，隐性暴力有所呈现。

存在上述情况的主要原因有如下几点：

1. 涉黑恶性质组织发展的规律性

涉黑恶性质组织在发展初期，一般采取显性暴力方式聚拢社会资源，使用暴力开道往往是犯罪组织起步初期的特征，涉及的罪名涵盖刑事恶性犯罪的方方面面。但通过一定的资本积累后，在长期犯罪高压打击态势下，组织成员规避法律行为能力越来越强，头目越来越“幕后化”，一般成员趋向于市场化，有些采用临时雇用社会闲散人员实施威胁、恐吓行为。一些黑恶势力组织以开办合法公司、企业形式掩盖违法犯罪活动，在积累的经济基础之上逐步拓展合法化的经营渠道。

2. 犯罪构成具有复合性

涉黑恶性质组织犯罪，尤其是黑社会性质组织犯罪，从犯罪形态来看，实施犯罪具有复合性、复杂性特点。犯罪种类呈现多元化趋势，犯罪组织成员实施故意杀人、故意伤害、非法拘禁等侵害公民人身权利的行为，又实施抢劫、敲诈勒索、强迫交易等侵犯公民财产权利的行为，同时又通过贿赂、拉拢等手段腐蚀基层组织人员，夺取权力和地位。犯罪组织往往单独使用或者“商、暴、权”相互利用、共同作用，从事商业运营，包括娱乐业、赌博、民间借贷、工程建筑业等方面。

3. 犯罪亚文化的不良影响①

顺德区涉黑恶组织犯罪多通过拉拢同村村民、外来同乡人员等方式聚集壮大，通

---

① 莫洪宪：《我国有组织犯罪的特征及其对策》，载《河南财经政法大学学报》2012年第6期。

过所谓的“义气”观，在组织内部形成软约束，“老大”通过物质上的小恩小惠拉拢人员，通过聚集在一起吃喝玩乐的方式不断巩固和凝聚组织成员。一开始组织经济来源主要来自违法犯罪活动，主要通过敲诈勒索、抢劫、开设赌场等犯罪来完成资本积累，进而通过串通招投标、破坏生产经营等方式对农村基层的正常生产经营进行滋扰，逐渐向合法的经济领域渗透形成稳定的资金来源，甚至主要通过合法的生产和经营来完成，但传统犯罪仍然是犯罪组织资金来源的主要渠道。

三、打击、防控黑恶势力犯罪的对策思考

当前，黑恶势力犯罪活动仍处于活跃期，“扫黑除恶”专项斗争也处于关键期。要充分认识同黑恶势力作斗争的长期性、复杂性，切实增强深化打黑除恶专项斗争的使命感、责任感和紧迫感。通过上述分析研究工作中存在的突出问题，我们认为需要在以下四个方面重点抓好相应的工作：

（一）健全与完善打击黑恶势力犯罪的刑事、行政立法

“有法可依、有法必依、执法必严、违法必究”是我国社会主义法制原则，打击黑恶势力犯罪亦应坚持这一基本原则。由于黑恶势力犯罪组织具有隐蔽性、反侦查能力强的特点，很难予以彻底打击。刑事立法中应当对规范侦查机关使用技术侦查措施、完善证人保护制度、完善有关“保护伞”的法律规定方面，作出明确具体的规定。同时，加强刑事立法与行政立法的无缝衔接，加强刑法与治安管理处罚法的相互衔接。①比如，与恶势力犯罪有关的罪名多是聚众斗殴、寻衅滋事，但聚众斗殴、寻衅滋事背后也可能隐藏着黑恶势力，在立法方面，注重刑事司法与行政执法的无缝衔接，使得打击违法犯罪不枉不纵。

（二）加强社会管理创新，提升社会管理能力

一是切实加强基层政权建设。事实证明，软弱涣散的基层政权极易被黑社会性质组织侵蚀、利用，成为滋生腐败的温床。因此，首先要加强自身政权建设，切实加强拒腐防变的能力，提高行政管理的能力与水平。在村居干部换届选举、任用等重大事项上，要严格按照《村民委员会组织法》和《村民委员会选举规程》的有关规定，加强候选人的背景资格审查，防止黑社会性质组织利用暴力、威胁等手段操纵基层政权选举活动。在维护村民自治权利的基础上，向群众深入了解基层的真实情况，将作风公道正派、群众普遍认可的人优先列入“两委”候选人名单。依法严惩把持基层政权、操纵破坏基层换届选举、垄断农村资源、侵吞集体资产的涉黑恶犯罪。

二是加强对市场、行业的管理，打造公平的竞争秩序。相关部门应加强宣传，着力打造公平竞争、统一有序的市场经济软环境。执法部门应通过多种渠道加强当前市场经济中容易出现的恶意竞争、垄断经营等不正当市场行为的整顿力度。通过切实可行的市场监管办法，一旦发现黑恶势力染指正常市场秩序的违规、违法行为，应当及

---

① 吴青松：《对当前黑恶势力犯罪打防管控研究》，东南大学2016年法律硕士学位论文，载中国期刊网。

时处罚，涉及犯罪的应当移交司法部门办理，不能以罚代刑。

三是加强对重点人群、重点区域、重点场所的监督管理，铲除容易滋生黑恶势力的土壤。加强对城中村、城乡接合部的社区、外来人口聚集的工业厂区等重点区域的监管，对治安隐患点加强巡查和视频监控，对群众的举报及时查处，将管控工作责任落实到人。加强对酒吧、网吧、KTV、洗浴中心、出租屋等重点场所的监管，加强对相关场所和从业人员审查、日常督促检查和不定期随访工作。[①] 一旦发现违法犯罪活动，应当及时打击处理，从根本上铲除黑社会性质组织犯罪赖以生存的土壤。

（三）在司法办案层面，加强公检法三方协作，增强打击力度

一是健全执法、司法涉黑恶案件常态化联动办理机制。在统一执法的标准下形成打击合力。及时统一涉黑恶案件的认定标准，对专项斗争新形势下涉黑恶案件的认定标准进行整理、讨论，以召开专题联席会议等形式对"扫黑除恶"工作疑难问题形成相对统一的认识，形成相对一致的执法尺度，既不能扩大打击范围又不能遗漏普通刑事案件背后的涉黑恶组织。同时加强与纪检监察部门的联动协作，在查办黑恶势力背后的"保护伞"上发力，做到扫黑除恶与查办背后的"保护伞"同部署、同查处。

二是强化情报信息工作。加强情报信息工作，解决发现线索渠道匮乏的问题。密切注意社会治安动态，提高发现控制能力。注重从公安机关日常接处警和办理的违法犯罪案件中广泛收集黑社会性质组织犯罪的线索。

三是充分发挥检察机关的职能作用。检察机关作为法律监督机关，应从社会稳定的大局出发，在审查逮捕阶段加强侦、捕衔接，适时介入侦查、引导取证工作机制，通过派员参与勘验、阅看案卷、参加讨论或讯问等方式熟悉了解案情，引导侦查机关取证，促使侦查机关及时全面客观收集、固定、补强证据，排除非法证据，通过起诉环节强化诉讼监督，及时发现遗漏的犯罪嫌疑人或遗漏的犯罪事实，通过补充证据，开展追捕、追诉工作，做到除恶务尽。对法院定性不准、量刑不当、程序违法的案件，坚决予以抗诉纠正，确保司法公正。

（四）加强基层文化建设和法制宣传，发动各方力量打一场扫黑除恶的人民战争

针对基层群众的文化生活需求增加基层文化建设的投入，针对不同的地域文化加强基层文化设施建设和文化组织培育，让优秀文化抢占基层文化市场。加强青少年特别是农村留守儿童的法制教育，切实筑牢下一代的遵纪守法意识。检察机关未检部门可以联合各中小学校，积极开展法治进校园活动，加强青少年学生的法律观念。利用广播电视、微博、微信公众号等传播平台，采取动漫、微视频等群众喜闻乐见的形式，加大打击涉黑恶犯罪的法制宣传；建立和落实证人、举报人的人身保护机制，解决群众举报、作证的后顾之忧，发动群众积极举报身边的涉黑恶犯罪。

---

① 黄嵩：《黑社会性质组织犯罪的原因分析及其对策研究》，载《上海公安高等专科学校学报》2016 年第 4 期。

扫黑除恶专项斗争的实证问题研究

魏　云*

近年来，黑恶势力犯罪出现了诸多新形势、新特点，涉案领域越来越广，不仅危害社会大局稳定，还逐步向政治、基层政权渗透，成为影响社会发展和国家长治久安、政权稳定的一大毒瘤。特别是农村一些黑恶势力把持基层组织、侵蚀基层政权、拉拢腐蚀党员干部，寻求政治靠山和“保护伞”，一些“村霸”、恶势力横行乡里、欺压百姓，扰乱治安秩序，严重影响群众获得感、幸福感和安全感。开展扫黑除恶专项斗争，是加强基层政权建设的重要切入点，是推动全面从严治党、依法治国向基层延伸的有效举措。可以说，打击的是黑恶势力，净化的是政治生态，赢得的是党心民心，夯实的是执政根基。

本文试图通过对某市当前黑恶势力犯罪的特点规律、扫黑除恶专项斗争开展以来存在的问题加以研究探讨，进而提出检察机关深入开展专项斗争的建议，希望能够抛砖引玉，给司法实践和理论研究以些许启示，为扫黑除恶专项斗争深入开展贡献微薄之力。

一、黑恶势力犯罪的主要特点

（一）涉案领域具有鲜明的地域性

从截至2018年7月10日的数据来看，某市认定涉黑组织4个，其中渔业领域的涉黑组织2个，占比50%。认定涉恶组织42个，多为黄赌毒、暴力讨债和纠集人员无故生事或借故打架斗殴的恶势力，占比74.3%。从黑恶势力的地域分布来看，多为当地人组织领导他人抢占利益资源，其活动范围一般集中在组织领导者的“居住地”或者“业务地”。如在沿海地区，争夺海域利益的黑恶势力较多；在小商品买卖发达的地区多为“市霸”；在市区或临近市区的地区多为“楼霸”、“行霸”、“市霸”。

（二）涉案主体年轻化、复杂化

从截至2018年7月10日的办案数据来看，黑恶势力犯罪的人员呈现低年龄、低学历趋势，年龄在35岁以下的嫌疑人占批准逮捕涉黑恶案件嫌疑人总数的61%，年龄在50岁以上的嫌疑人占比不足10%，且在涉黑案件中多为组织领导者，且涉案人员学历

---

* 唐山市人民检察院扫黑办主任。

多为小学、初中毕业，高中以上学历人员占比不足15%。另外，涉案主体构成比较复杂，一些刑满释放人员因难以回归社会或者不愿付出辛苦而不务正业，长期闲散，通过实施违法犯罪活动赚取经济利益，成为黑恶势力招揽的重点对象。甚至有的人把其坐牢经历作为一种行恶资本，到处招揽人员，纠集成团伙，鼓动他人参与团伙犯罪，成为黑恶势力犯罪组织的重要组成部分。从父母离异、父母监管教育缺位等家庭走出来的孩子，因过早接触社会，受不良风气或对社会不满、报复情绪影响而参加黑恶势力违法犯罪活动。另外，社会闲散人员以及一些没有固定生活来源的人也是黑恶势力犯罪的重要参加人员。据统计，上述人员占涉黑恶案件人员总数的80%以上，其中曾受过刑事、行政处罚人员占涉案总人数的近42%。

（三）实施违法犯罪的目的多样化

据统计，黑恶势力85%以上是为了霸占资源、追求经济利益而实施违法犯罪活动，通过实施违法犯罪活动形成一定的强势地位，积累一定财富和实力后，利用与掌权者“对话”增多的机会，拉拢腐蚀国家公职人员，甚至直接进入到农村基层组织任职，然后利用手中掌握的权利或者寻求的“保护伞”进一步攫取更大的经济利益。如某市办理的杨某某涉黑案件，杨某某通过聚众斗殴、寻衅滋事等暴力方式控制一带海域，然后通过金钱收买等手段使多名公职人员为其提供庇护，更加肆无忌惮地实施违法犯罪活动，获取巨额经济利益。另外，15%的黑恶势力犯罪组织虽有获取一定经济利益的目的，但更多是为了发泄对社会、对他人的不满情绪而组织或参加黑恶势力组织，或者通过参加黑恶势力组织以“寻求保护”、“壮大自身”。

（四）实施违法犯罪的行为手段复杂化

就某市来说，黑恶势力实施的违法犯罪行为以强迫交易、敲诈勒索、寻衅滋事、非法拘禁、故意伤害、恐吓威胁为主，占所有行为手段的近85%，并多体现为暴力，即使实施“软暴力”手段，也是以随时可以实施硬暴力为基础和前提的。并且黑恶势力实施上述违法犯罪行为大多不是赤裸裸地进行，而是利用一些社会管理的漏洞和薄弱环节，给自己的行为披上一个“合法”的外衣。比如打着维权、实现债权的幌子，插手拆迁补偿、追讨债务等各种社会矛盾，有的专门成立“合法讨债公司”，扮演着“执法者、维权者”的角色，在各类矛盾纠纷中推波助澜，严重影响社会稳定。如张某某等涉黑案，张某某利用养虾池被征占的机会，在明知施工企业无权授权和承包海域使用的情况下，使施工企业被迫与其签订承包协议，并以此对外声称自己的“权利”，为维护其海域权利，而组织他人通过实施暴力殴打、非法拘禁、索要钱款等方式控制海域。再如，通过开设赌场或者聚众赌博设计使他人输钱后，放高利贷，并以实现债权为由，组织他人暴力讨债。有的案件嫌疑人在有偿受托讨债的过程中实施轻微暴力，兼施恐吓、威胁等手段帮他人实现债权。

（五）组织结构多数比较松散，但内部联系紧密

从已查办的案件来看，黑恶势力以公司或其他组织形式存在的占所有黑恶势力的比例为18%，其他黑恶势力没有固定的存在形式，但组织领导者固定，并在一定时期内有相对较为固定的人员可以调动，他们借助通讯工具，往往在短时间内便可集聚十几人甚至几十人参与违法犯罪活动。

（六）串供、证据灭失情况严重，侦破难度大

进入刑事诉讼程序的涉黑恶案件，其违法犯罪活动往往已经持续多年，当时被害人基于害怕或者其他心理没有报案、没有做伤情鉴定等留存证据。有的案件虽有报案，但公安机关没有及时有效地开展立案侦查活动，时过境迁，大量证据已经灭失。除此之外，涉黑恶案件嫌疑人反侦查能力较强，如在办理杨某某涉黑案件中发现，杨某某等定期销毁账证，并以能够“保人”、“给予经济利益”为承诺，在组织实施违法犯罪过程中甚至之前，便指使相关人员统一口径，让他人在案发后顶罪。从某市公安机关侦办的涉黑案件来看，全部都有串供、毁灭证据的情况，有的发生在案发前、实施违法犯罪活动过程中，有的发生在案发后被抓获前。

（七）黑恶势力坐大成势背后暴露出三大问题

腐败、“保护伞”是黑恶势力坐大成势的一大要素。除此之外，社会管理的缺位也是造成黑恶势力坐大成势的重要原因之一。由于职能部门组织弱化，社会管理机制薄弱，本应由上述部门管理和调控的社会经济关系，被害人却寻求黑恶势力来实现自己的权益，使黑恶势力有很大的生存空间。比如，杨某某涉黑案以及公安机关以涉黑侦办的张某某案件，均是因渔政等部门对海域管控不力，导致渔民的生活来源空间被嫌疑人极大地挤压，只能转而妥协参与嫌疑人的捕捞活动和违法犯罪活动。再如，由于治安控制不力，一些业主雇用“黑道人物”提供保护；由于执行难，一些债权人雇用“黑道人物”为其讨债；由于诉讼难，一些民事、刑事案件当事人往往就请“黑道人物”出面等。同时民众法律意识、维权意识不强在一定程度上纵容了黑恶势力的发展壮大。如杨某某涉黑案，当地渔民利益被侵害5年之久后才陆续有人举报。

二、目前打击黑恶势力犯罪存在的问题和困难

侦办难度大是办理黑恶势力犯罪案件的客观情况，除此之外，还有诸多主观问题存在。

（一）打击力度还不够，打击还不深入

就目前某市公安机关侦办的涉黑恶案件来说，“村霸”、宗族恶势力、侵蚀基层政权的黑恶势力犯罪案件占比不足7%。但从收到的举报线索来看，涉及“黑村官”、“村霸”、宗族恶势力威胁基层政权的线索占总线索数的68%，且有近15%的线索已有相对明显的证据材料，但这些案件一直处于侦查的薄弱地带。可见，自扫黑除恶专项斗争开展以来，某市在维护社会大局稳定方面取得了一定成绩，但在为基层政权巩固贡献司法力量方面还有很长的路要走。

（二）深挖还不够，还不彻底

截至2018年7月10日，某市共查办黑恶势力犯罪组织40余个，但仅从2个涉黑组织中挖出“保护伞”和腐败线索共计13件。根据对人大代表、政协委员、社区群众

等进行调研掌握的情况来看，开设赌场、放高利贷、“路霸”、“行霸”、“市霸”甚至有些收费的停车场所等，背后都有一定的权力为其提供庇护，但某市仅有约4%的案件挖出了背后的职务犯罪，深挖细究还不够。除了对正在查办的案件本身进行深挖外，黑恶势力组织在发展、壮大过程中实施的已被刑事追究的违法犯罪行为是否被合法合理地追究以及背后是否有职务犯罪的存在，是我们容易忽视的一个环节。比如，某市在办理杨某某涉黑案件过程中，发现该组织成员以往的犯罪行为认定事实、适用法律错误，量刑畸轻，遂对23人启动了审判监督程序，但其他案件对该事项深究还不够。

（三）公安机关侦查不规范、不全面

在涉黑恶犯罪案件客观证据本就不多的情况下，言词证据便成为认定案件的关键。嫌疑人基于本能，不如实供述；被害人基于被害人心理，在反映事实时难免会有所夸大，或者根本记不清细节，被害人的陈述可信度本就不高，加之公安机关调取证据时不规范，使得证据的可信度大打折扣，证据链条不完整。比如，张某某涉黑案件，在对被害人的询问笔录中没有对嫌疑人特征的描述，辨认笔录中仅称“这是我笔录中提到的某某”，甚至有的辨认笔录仅称“这是某某”，该辨认笔录并未体现与案件的关联度。并且通过笔录显示，有的案件在案发时被害人并不认识嫌疑人并称没有看清相貌特征，只是在事后知道了嫌疑人的姓名，时隔多年后对嫌疑人有了较多了解，以此基础作出如上辨认，该辨认难以采信。另外，实践中公安机关对涉黑恶犯罪案件的行为特征、组织特征证据的调取比较重视，但对社会影响力往往不能提供有力的证据，有的是因为群众不配合，但更多的是公安机关重视不够。特别是在涉恶案件侦办过程中，公安机关往往仅凭人数、行为方式和次数认定是否系涉恶案件，认为对社会影响力的认定仅仅依靠嫌疑人的供述即可，并不从被害人或一定行业区域人员处调取证据。有的虽调取该方面证据，但询问时只是问为什么不报案，对被害人不敢报案的真实原因没有追问，导致有的案件难以认定，影响了打击的效果。如办理的某起涉黑案，公安机关在对被害人进行询问时，被害人称因惧怕嫌疑人等人而不敢报案。但检察机关在办案中发现，嫌疑人在实施违法犯罪行为过程中，曾将被害人送派出所处理，但派出所并未认定嫌疑人系违法犯罪行为人。有的被害人被扣留、索要钱款后，还曾继续到嫌疑人控制的海域进行捕捞，从以上迹象来看，被害人在被扣留、索要钱款后不报案的真正原因并不是害怕嫌疑人的打击报复，更多的是对自身行为是否合法的不确定性所致。

（四）侦查后劲不足，捕后诉前监督乏力

在实践中，嫌疑人一旦因涉嫌黑恶犯罪被批准逮捕，公安机关往往便会放慢或者停止案件的有效侦查活动，检察机关对该情况缺乏刚性的监督制约手段，两个月的捕后侦查羁押期限届满前，公安机关报请延长侦查羁押期限的比例高达90%以上，若检察机关因公安机关消极侦查而不批准延押，串供、销毁证据的危险性很大；若批准延押，则是对公安机关消极侦查的一种放纵，检察机关处于两难境地。

（五）群众参与度和线索收集处理方面还有较大的提升空间

经过一段时间的开展扫黑除恶专项斗争，社会各界及人民群众对扫黑除恶有了一定的认识，并能参与其中，提供线索，对已经办理的黑恶势力犯罪案件拍手称快。但群众内心的担忧仍在，害怕黑恶势力除不尽，会卷土重来；担心扫黑除恶只是一阵子，不会长期保持高压态势等。从目前收到的涉黑恶案件线索来看，全部为权利受到侵害的群众进行举报，其他知情群众举报不积极，对侦查活动配合不够。另外有近 20% 的线索系个人借扫黑除恶专项斗争之机，反映单纯的个人利益受到侵害的事实，重点线索不多，就现有线索来看占比不足 10%。我们对线索进行分析研判、移交公安机关核查办理后，公安机关查办进展不力，即使对一些线索，检察机关经过初步核查启动立案监督程序，但侦查进展仍不大，对此检察机关缺少有力的监督制约方式。

（六）调研研判还不够，防控工作还需下大力

打击治标，防控治本。目前多数检察机关主要根据所办案件深入梳理分析了黑恶势力的特点、成因以及实际办案中存在的问题，但深入基层、群众还不够，了解的情况还不够全面透彻，对如何防控的研究尚处于起步阶段。

（七）还需加强部门联动，形成更强大的工作合力

目前，检察机关对公安机关侦办的涉黑案件和重大涉恶案件能够及时提前介入、引导侦查，但公安机关对检察机关提出的监督和补充侦查意见落实不够、反馈不及时，导致部分案件或嫌疑人在审查逮捕阶段无法认定。对一些重大疑难案件，公检法尚未建立案件联席会议，实践中多依靠党委或各单位一把手临时协调会商，致使不能及时统一思想，影响打击效果。另外在涉黑恶线索移送和反馈上，市扫黑办协调公检等部门建立了相关机制，但无论是立法层面还是机制层面，均没有对公安机关反馈的情况作出规定，不利于检察机关及时开展监督活动，一定程度上影响了打击力度。同时部分基层检察院还需加强与侦监、公诉部门等多部门的协作配合。

（八）还需进一步提升工作能力

开展扫黑除恶专项斗争，能力是前提。公安机关处于打击犯罪的一线，但从其侦办的案件来看，还存在侦查不到位、不全面、不规范等诸多问题，特别是在讯问、询问时，有时抓不住重点，有时抓住了重点，但没有深究细问，给嫌疑人翻供留下了空间。有的案件第一时间讯问、询问不到位，后期继续获取口供时，因律师的介入或者羁押人员相互传染，导致言词证据出现重大变化，侦查活动受阻。公安机关提供的电子证据、书证、物证存在来源不明问题，对当事人提供的上述证据不经过核实而直接作为定案的根据，导致有些客观证据间相互矛盾却没有合理解释。另外，检察机关发现挖掘线索的能力、监督能力、办案能力以及释法说理等多方面的综合素能也是有待提升的。如张某某涉黑案，从言词证据来看，有迹象表明嫌疑人控制海域的方式除了阻止外来船只进入外，还对在其控制的海域的施工方实施敲诈勒索、强拿硬要等行为，但公安机关对该迹象没有予以足够重视，没有深究细查，影响了打击犯罪的效果。

（九）追诉时效问题

根据某市检察机关接受的举报线索来看，被举报的违法犯罪嫌疑人有近 40% 的事实行为发生在 5 年前，近 20% 的事实行为发生在 10 年前，且当时多采取的系故意伤害、聚众斗殴、寻衅滋事等暴力性手段。经过多年的过渡，嫌疑人也实现了由暴力性手段到利用多年来形成的影响力的转变，在影响力的延续下控制着某一行业或领域。对于该情况应否追究刑事责任？特别突出的就是某市的煤老板、矿老板多年前通过打打杀杀站稳了脚跟，控制了当地的煤矿开采，待积累了一定资本后便停止了违法犯罪行为，开始正常经营，并将经营领域扩张至酒店等多个行业。多年来，这些人员的影响力并没有减弱，其他人在经营同行业时仍会征求上述人员的意见，或者出现纷争时仍会请这些人出面解决，这些人员不需要动用暴力、威胁等，只要出面说和，一般问题便会得到解决，对该情况是否还要追究？

（十）法律适用问题

一是恶势力犯罪团伙与一般的共同犯罪难以界定。《关于办理黑恶势力犯罪案件若干问题的指导意见》与河北省高级人民法院、河北省人民检察院、河北省公安厅《关于办理恶势力犯罪集团案件的指导意见（试行）》分别就恶势力犯罪作出规定，并要求在司法办案过程中注意区分恶势力团伙犯罪及一般普通刑事案件共同犯罪，但并未就两者的区别作出较为明确的界定，导致司法实践中认定不一。公安机关将“较为固定的多人经常纠集在一起，实施多起故意伤害、敲诈勒索等九类涉恶类罪名的犯罪组织”全部认定为恶势力，但检察机关却存在不同认识。比如，三人经常纠集在一起，到饭店用餐期间通过在饭菜中故意掺入头发、苍蝇、虫子等方式，向饭店索要赔偿四次，对此构成恶势力犯罪还是一般共同犯罪认识不一。二是涉黑犯罪与涉恶犯罪的界定问题。如苏某某案件，公检对该案系涉黑犯罪还是涉恶犯罪存在不同认识，主要的争议焦点为组织存在多长时间、成员人数达到多少是区分黑恶的标准。对于成员人数来说是仅包括较为固定的成员还是同时包括可以随时调动的临时性人员。三是黑恶犯罪中关于犯罪行为的界定。河北省高级人民法院、河北省人民检察院、河北省公安厅《关于办理恶势力犯罪集团案件的指导意见（试行）》关于恶势力犯罪集团一般应具备的基本特征中规定，要“具有较为明确的犯罪目的性，经常纠集在一起有预谋地进行一种或数种严重的刑事犯罪活动，作案次数在三起以上”。何为严重的刑事犯罪活动。“所实施的违法犯罪具有一定的多样性，至少要实施上述一种犯罪活动”，对于采取扣留人员，并伴随有暴力殴打、威胁的手段索取财物的行为，手段行为与目的行为均构成犯罪的，属于一种犯罪活动还是两种犯罪活动，上述犯罪活动是以最终定性为准还是以行为性质为准难以把握，涉黑案件存在同样的疑问。四是认定参加黑社会性质组织人员的问题。根据相关规定，参加黑社会性质组织要求参加人员知道或者应当知道是以实施违法犯罪为基本活动内容的组织，仍加入并接受其领导和管理。如某市办理的张某某案件，张某某等人在其控制的海域组织人员对外来渔船进行扣船、扣人并索要钱财，参加人员以中央电视台曾肯定性地报道过张某某等在该海域养殖的行为以及张某某持有对该海域的承包协议为由，认为张某某对该海域有控制权，只是出于给朋友帮忙而多次参与，并没有从中获利，这些人员在参与的过程中有暴力殴打、非法拘禁等违法犯罪行为。在认定张某某系涉黑组织的情况下，上述参加人员能否认定为参加黑社会性质组织犯罪。五是有些概念较为模糊，有些行为入刑难。例如，何为“恶势力”，如何“打早打小”，“打小”的案件是否还要认定“恶势力”，何为“严重影响”等相关概念不明确。涉黑涉恶案件适用的从轻、减轻政策，对主观恶性小、危险性不大或无危险性等参与者的从宽政策不明确。另外经过深入调研，发现除农村有村霸外，诸多行业均存在行霸。比如，小区门口繁华地段卖饭的有“饭霸”，其他人想在此卖饭，价格、位置等必须由“饭霸”说了算，同时还要交一定的费用；新楼房装修时会出现“楼霸”，就连收垃圾的都有霸主等。但这些人多数不会实施过激的殴打、伤害等行为，而是通过制造事端等方式阻挠他人，在认定涉嫌刑事犯罪时存在困难，加之证人不配合，调取证据不到位等，致使该类行为得不到很好的遏制，反而愈演愈烈，影响群众对扫黑除恶的信心，影响司法公信力。

三、检察机关进一步深入开展扫黑除恶专项斗争的建议

面对当前扫黑除恶专项斗争遇到的种种挑战，承担法律监督职责的检察机关负有不可推卸的责任。要在党的领导下，在院党组的统一领导和调度下，充分发挥自身职能，为保障人民群众安居乐业作出更大的贡献，对此笔者有以下几点建议：

（一）坚持依靠党的领导和支持

坚持党的领导是深入开展扫黑除恶专项斗争的重要保障，只有始终坚持党的领导，才能保证扫黑除恶工作的正确方向，才能确保扫黑除恶工作的有序、有力开展。检察机关要主动向党委汇报开展扫黑除恶工作的思路、部署和措施，以及在查办案件过程中遇到的困难和问题。要紧紧依靠党委解决遇到的困难和问题，排除办案中的阻力和干扰，积极争取党委和上级院的支持，为检察机关扫黑除恶工作创造良好的外部环境。

（二）坚持“双赢多赢共赢”的工作理念

检察机关是法律监督机关，法律监督不是你错我对的零和博弈，也不是我高你低的居高临下，而是共存共赢、共同进步。监督者与公安机关、法院等被监督者虽然各司其职，但却殊途同归，最终都是为了共同维护社会公平正义和公共利益，共同推动法律贯彻执行到位，共同推进依法治国。所以，在检察监督工作中，要努力与其他执法司法部门形成良性、互动、积极的工作关系。要自觉树立“双赢多赢共赢”理念，充分认识到这一理念不只是对某一个监督领域、某一个监督环节的要求，而是贯穿法律监督全部领域、全部环节的总体要求。要运用政治智慧、法律智慧，努力寻找“双赢多赢共赢”的基点，形成打击黑恶势力犯罪的强大合力，努力实现共享共赢的共同目的。

（三）坚持依法、规范、严厉打击

一是坚守法律底线，准确把握法律政策界限，把握好涉黑恶犯罪的认定标准，把握好捕与不捕、诉与不诉的标准，以此倒逼侦查活动的有效规范开展，有力打击黑恶势力犯罪，只有这样才能不贻误战机，夺得先机。二是充分发挥检察机关在立案、侦查、审判、刑罚执行等各个诉讼环节的监督职能，把好案件事实、证据、程序和法律

适用关，深挖漏罪漏犯，深挖参加黑恶势力犯罪的单位犯罪，深挖“保护伞”、“关系网”，深挖已判刑罚，防止和纠正人为拔高、办凑数案等问题，确保检察职能的全面履行，确保每一起案件都经得起历史和法律的检验。三是借检察机关机构改革之机，强化全程跟踪监督，确保检察机关的意见、建议侦查落实到位；强化办案效率，确保案件不在检察环节积压。四是充分规范运用最高人民检察院统一业务应用系统，使检察活动全程留痕，确保自身规范。

（四）坚持惩防控一体推进

在保证依法严惩的基础上，把打击黑恶势力犯罪与系统治理、综合治理、依法治理、源头治理有机结合，抓住每一个关键环节，主动融入共建共治共享的社会治理格局，积极参与社会安全风险防控体系建设，提升社会治理法治化、智能化、专业化水平。如为确保农村换届选举工作的有序进行，确保基层政权的纯洁性，开展“剥夺政治权利执行专项检查活动”，摸排检查被法院判决剥夺政治权利及未执行接受公安机关管控的人员，并将摸排检查情况交市委向乡镇进行通报，防止这些人员进入基层政权组织。同时检察机关要多部门协作，组建防控犯罪团队，梳理多发、易发黑恶犯罪的区域、行业、犯罪主体等关键信息，针对破坏基层政权、破坏营商环境等突出问题，研究黑恶势力滋生的监管漏洞和成因，向党委政府、相关部门和基层组织提出综合治理建议，帮助整章建制，强化监督管理，预防违法犯罪，从源头上遏制、消除黑恶势力的滋生蔓延。

（五）坚持多渠道收集摸排线索

在通过电话举报、来信来访等途径在单位积极受理案件线索的基础上，积极研究开辟其他“战场”，如检察机关通过联合监狱、看守所、社区矫正机构深入监管场所开展揭发检举涉黑涉恶犯罪专项活动，鼓励在押人员揭发检举，全面排查，深入挖掘漏网的黑恶犯罪线索。同时要与时俱进，借助“互联网 +”的优势，创新举报方式，如通过开设手机微信举报平台，为群众举报提供了更多选择和便利渠道。另外，要加强审核研判，对有价值的案件线索，特别是“保护伞”案件线索，及时移送公安机关和纪检监察机关，对有一定证据材料的线索，要敢于启动立案监督程序。

（六）坚持以人民为中心的宣传理念

检察机关要高度重视法制宣传的作用，不断强化法制宣传的效果。一是在宣传对象上，充分发动和依靠群众。对普通民众要广泛宣传，加强宣传，以提高他们的维权意识为重点，提高和增强广大人民群众运用法律武器保障和维护自身合法权益的能力，形成社会各界共同抵制黑恶犯罪的强大舆论声势。二是在宣传内容上，要大力宣传党和政府扫黑除恶斗争的决心、信心，宣传检察机关的职能和斗争成果，营造强大声势。三是在宣传方式上，既可以与法院、公安机关、司法局等部门联合进行宣传，形成协同宣传的合力，也可以以检察机关为主体单独进行宣传，突出检察宣传的特色。可以是面对面式的宣传，还可以通过科技力量进行宣传，如通过 H5 技术制作支持手机微信使用的动态宣传画面，分专题、分阶段集中宣传。四是在宣传手段上，要推陈出新、丰富多彩，除了可以采用传统的广播、电视、刊物、讲座、新闻发布会等形式外，要充分利用好检察机关“两微一端”平台，同时可以将传统宣传方式与新型宣传方式相结合。比如，在深入街头巷尾开展宣传、召开新闻发布会的同时，同步进行新浪视频直播，扩大宣传覆盖面，为扫黑除恶专项斗争营造了良好的社会环境，让黑恶势力无处遁形。

（七）加强学习培训，提升扫黑除恶斗争的能力和水平

公检法机关要联合开展多种形式的培训，以便于统一执法司法认识。同时各单位要针对自身工作特点，量身定制培训计划，不但要组织干警定期对扫黑除恶知识、相关政策法律、司法解释集中培训学习，还要强化日常学习，准确掌握认定黑恶犯罪的标准，不断提高精准打击的能力和水平。同时把扫黑除恶与司法办案责任制结合起来，发挥检察官办案主体作用，调动检察官办理涉黑涉恶案件的积极性、主动性。

结语

扫黑除恶专项斗争已在全国打响，“扫黑除恶”与“打黑除恶”虽一字之差，但对广度、深度、力度却提出了新的更高要求，检察机关要深刻领会党中央、国务院的新精神、新要求，利用司法改革、内设机构改革之机，出重拳，用奇招，自觉开展“大扫除”，像割韭菜一样，一茬接着一茬地打，确保营造朗朗乾坤、清风正气，为实现国家长治久安、社会和谐稳定、人民安居乐业的总体目标贡献检察智慧和力量。

扫黑除恶专项斗争中的“村霸”治理

荆国良[*]　张筠丽[**]

2018年1月，中共中央、国务院发布《关于开展扫黑除恶专项斗争的通知》（以下简称《通知》），决定在全国开展扫黑除恶专项斗争，要求把打击黑恶势力犯罪和反腐败、基层“拍蝇”结合起来，把扫黑除恶和加强基层组织建设结合起来。同年2月，最高人民法院、最高人民检察院、公安局、司法部联合发布《关于依法严厉打击黑恶势力违法犯罪的通告》，明确指出黑恶势力是经济社会健康发展的毒瘤，是人民群众深恶痛绝的顽疾，必须坚决依法予以打击，并且把“村霸”列为黑恶势力违法犯罪的突出问题。同年5月，全国扫黑除恶专项斗争领导小组会议再次部署扫黑除恶工作，矛头直指两类重点人员，一类是潜藏在组织内部的“保护伞”，另一类就是控制基层组织的“村霸”。频频出台的系列政策为整治“村霸”提供了切实可行的工作指南。

一、“村霸”的定义、特征及危害

霸者，顾名思义，是指倚仗权势或武力欺压他人的人或集团。“村霸”一般界定为：“在一个村或一定区域内，仗势欺人，称霸一方，危害农村社会治安秩序，引起公愤，或诬告陷害、煽动群众、操纵闹事、制造事端，严重危害农村基层政权建设的违法犯罪分子或犯罪团伙的头子。”①乱政、抗法、霸财、行凶是“村霸”的“四宗罪”。

（一）“流氓型村霸”——破坏农村秩序

“流氓型村霸”最为常见，在农村地区或城乡接合部，一些游手好闲、无所事事的人聚集在一起，他们通常年纪较轻、文化程度不高，但崇尚暴力、目无法纪，经常聚在一起偷鸡摸狗、打架斗殴，在一片区域内称王称霸、肆意妄为。其动机主要是争强斗狠心理作祟，行为具有一定的随意性和盲目性，实施的往往是一些小打小闹或者扰乱社会治安秩序的行为。就每一起单独的行为来看，社会危害性并不大，但聚沙成塔，长此以往则会严重扰乱村民的正常生活和农村的和谐稳定。“流氓型村霸”打击难度大，难以“斩草除根”，一方面因为这些行为往往未达到入罪标准，难以运用刑罚手段

---

* 石狮市人民检察院业务管理部副主任，检察员。

** 石狮市人民检察院科员。

① 《思想道德修养与法律基础》编写组编：《思想道德修养与法律基础》，高等教育出版社2010年版，第21页。

进行规制，常规打击力度显得有些不够；另一方面在于打击的“度”不好掌握，职能部门往往怠于行使职权，生怕行为越过“雷区”、引起“舆情”，不愿管、不敢管、不想管，对该类行为睁一只眼、闭一只眼，致使农村治安出现“真空地带”，助长了“流氓型村霸”的嚣张气焰。

（二）“黑社会型村霸”——扰乱农村经济

较之于“流氓型村霸”而言，“黑社会型村霸”可以说是其的“升级版”。当“流氓型村霸”发展到一定程度时，他们不再满足于用简单暴力来好勇斗狠，而是开始寻求“政治庇护”，以便在“大树下乘凉”，并图谋巨大经济利益。其发展历程如下：“在其成长的初期，主要就是靠拳头打天下，使用暴力威胁手段是他们进行违法犯罪的基本方式。在组织发展成型之后，特别是由较高文化层次的人加入进来以后，其行为方式也会发生变化。即更多的是利用合法形式进行违法犯罪，较少直接使用暴力、威胁手段。但暴力始终是他们实施违法犯罪的后盾。”① 甚至部分基层党员干部本着“山高皇帝远”的态度，收受不法分子贿赂，与不法分子同流合污，沦为“保护伞”。

“黑社会型村霸”领导层次分明，组织纪律严明，骨干成员相对固定，通常以恐吓、胁迫、威胁等方式插手工程建设、垄断农村市场、从事“黄赌毒”活动、强买强卖，非法敛财，严重扰乱农村经济发展和社会秩序。如安徽无为县的“无为一霸”邢某某，吸收大量社会闲散人员开设赌场，多次实施有组织的违法犯罪活动，并运用暴力、威吓、“谈判”等非法手段维持赌场运转，其所开设的赌场覆盖无为县多个乡镇，对当地社会秩序和经济秩序造成了严重破坏；湖南省衡阳市蒸湘区的陆某某等8人聚集在一起，在强行承包当地民生工程公租房项目未果后，竟采取卑劣手段恶意阻碍施工，索要“协调费”，威胁施工方“不交协调费就不许开工”，被检察机关以涉嫌敲诈勒索罪提起公诉。

（三）“村官型村霸”——妨害基层治理

“村官型村霸”是另外一种典型类型。农村基层公共安全产品相对缺乏，部分村干部作为主要安全力量，由于得不到有效监督，逐渐演变成为“村霸”。村官在此处摇身一变，成为横行千里、欺压百姓、吃拿卡要的代名词。如“最牛村主任”孟某某，利用手中职权私自砍伐集体林木，以他人名义骗取国家补助款，对村民进行敲诈勒索，殴打无辜村民，侵占他人财产；河南涉赌“九处处长”张某某，以大寨村治保主任身份，聚集团伙组成“治安队”，敲诈勒索、寻衅滋事、开设赌场，还私自抬高电价，损害村民利益；村官张某某在任职伊始，尚能热心为村民办事，但在利益的驱使下，开始利用手中权力大肆掠取公共资源，鱼肉乡里，甚至还以“万岁”自居。可见，在村官蜕变为“村霸”的背后，不仅反映出农村治理的短板，更折射出村民对基层党委政府管理能力、服务意识的担忧，对党政威信造成难以挽回的负面影响。

（四）“宗族势力型村霸”——侵蚀基层政权

中国是农业大国，2016年农村人口高达5.8亿。中国乡村自古就受宗族势力影响，

---

① 李文燕：《黑社会性质犯罪防治对策研究》，中国人民公安大学出版社2006年版，第94页。

地区越偏远，宗族势力越强大。费孝通先生在《乡土中国》中指出，从基层看去，中国社会是乡土性的，中国乡土社区的单位是村落，人口流动性小，孤立、隔膜，富于地方性。特别是在一些相对落后的地区，宗族势力对村庄的控制力度更强。宗族势力就是通过加强族内事务的管理以达到巩固宗族凝聚力之目的，比如统理族内财产、教导族人、掌管婚丧等重大事务、会聚族人等。①我国古代乡村社会是典型的宗法社会，即人与人之间都有着或远或近的宗族血缘关系，和睦族邻是以三纲五常为基础的封建伦理秩序的要求，同时也是维护基层乡村社会治安秩序的条件。②因此，乡土社会在地方性的限制下成了生于斯、死于斯的社会，与法理社会相对，是一种礼俗社会，生活上被土地所囿住，平时接触的是与生而俱的具备一定宗族关系的村民。此种由血缘关系带来的亲近，使得宗族观念在农村根深蒂固，一时难以拔除③。历史上横行乡野、为恶一方的会党，大多数是从宗族组织演化而来，如哥老会。对外，大姓欺负小姓，把持地方事务，甚至组织宗族械斗、乱法，组织性质恶劣的群体性事件；对内，则由族长和个别人士进行专制，往往置党纪与国法于不顾，“讲权不讲法”，讲“土法”不讲“国法”，出现族规大于国法的恶果，严重扰乱基层政权的正常运转。而宗族势力一旦与“村霸”相结合，马上就会产生化学反应，产生的危害性更大，特别是在村民选举等政治活动中，宗族势力与“村霸”相互勾结，藐视律法，为选出利益“代言人”而操控选举、欺压打砸，霸占农村政治资源，让党纪国法和上级政策无法在基层得到落实。

二、“村霸”滋生的原因

“村霸”层出不穷，原因是多方面的，既有“村民自治”在体制、功能、结构方面的困境桎梏，也有基层监管治理的匮缺难题，还与基层法治建设的薄弱密不可分。

（一）“基层自治”边界不清

村民自治，是宪法规定的基本原则，也是村民自我管理、自我教育、自我服务、自我发展的必然途径。但是，目前村民自治存在界限不清、管理不力、监管缺乏、权力越位等诸多问题。村民自治的作用受限，是“村霸”存在的根本原因。一是基层自治运行不畅。乡镇党政与村民自治组织之间属于指导与被指导的关系。受自治观念影响，乡镇党政在对村居一级的指导上显得有些束手束脚，加上有的乡镇领导干部欠缺管理能力，没有理顺双方的关系，应当指导的地方没有指导，不应当指导的地方却乱加干预，造成村居自治工作的混乱。可以说，乡镇指导与基层自治之间存在的矛盾为“村霸”的“登台表演”提供了难得的契机。二是传统习惯带来的影响。中国素有“国权不下县”之说，过去社会中乡以下一般由乡绅来治理。即使到了今天，宗族势力在广大农村地区仍然拥有强大的话语权、控制权，是基层权力运行的巨大阻力。许多地区的宗规族约将封建的伦理纲常和国家法纪相糅合，以此为据加强基层乡村的治安

① 史凤仪：《中国古代的家庭与身份》，社会科学文献出版社1999年版，第34～36页。

② 宋平：《传统宗族与跨国社会实践》，载《文史哲》2005年第5期。

③ 肖唐镖：《当前中国农村宗族及其与乡村治理的关系》，载《文史哲》2006年第4期。

管理，维护正常的封建法纪与统治秩序。[①] 打个比方，农村地区发生纠纷后，对于公权力介入的调解村民往往不买账，效果甚微，而由族长或当地有威信的人士组织的调解，效果却立竿见影。可见在历史长河中形成的乡村传统习惯是"村霸"生存发展的肥沃土壤。三是村"两委"履职不力。"村霸"现象蔓延与村民自治内在的体制困境也不无关系，这主要体现在村"两委"的职能履行上。村民委员会除完成自治工作外，它的另一项工作（约占2/3）就是贯彻上级的方针和政策。[②] 作为村民自治组织，村民委员会用在村民自治上的精力并不多，而把大量精力花在了履行上级党政机关交代的"分外"任务上。因此，在村民自治中，由于村民委员会的自治职能让位于党政职能，造成村干部只对上负责而不对下负责，如果乡镇干部有贪污和包庇行为的话，必然造成"村霸"及宗族恶势力的形成。[③]

（二）惩治手段力度不够

惩治不力是"村霸"长期存在的主要原因。"村霸"的产生和坐大显然与当地相关部门的容忍和放任密切相关。在现实生活中，囿于人情社会等因素，对于发生在农村地区的偷鸡摸狗、打架斗殴、肆意侮辱他人等行为，基层机关不想管、不愿管、不出警，就算"出手"整治，也往往会碍于情面而不了了之；对于聚众敛财、强买强卖，扰乱农村经济秩序的行为，只要不是太过分，往往也会睁一只眼、闭一只眼，造成"村霸"的逐步坐大。就算对于村民自治的关键环节——村民选举而言，也经常会出现对候选人资格的审查不到位、对选票管理不公开透明、不接受选民监督等现象。有的基层领导干部对村民选举过程中采用暴力、胁迫手段破坏选举的行为坐视不理，有的乡镇干部甚至还伙同"村霸"直接干涉村民选举，让本该严肃的选举行为成为村民茶前饭后的"谈资"。鉴于"村霸"对村民具有强大威慑力，还可能会得到个别基层党政干部的青睐，在征地拆迁、项目推进、重大工程落实等工作中，让"村霸"冲锋陷阵、打砸恐吓，以不能见光的方式推动工作开展，让"村霸"更加如鱼得水。在对村官的监督管理上，基层机关的手段方式也十分有限，对于由村民选举产生的村民委员会班子成员，监管的力度就更弱了。还有一点需要指出的是，如果村官因贪污渎职等违法犯罪行为被追究刑事责任，则可能会连累上级的领导干部，因此对于发生在村官身上的一些问题，乡镇领导干部往往担心影响政绩而只做内部处理，大事化小，小事化了，加速了"村官"向"村霸"的转变。可以说，制度的漏洞、管理的缺位和失去监督的权力是"村霸"现象久遏不止的根本原因。

（三）利益驱动引发恶果

"村霸"的出现也与社会的发展密切相关。近年来农村经济快速发展，多重利益冲突交织，加上农村社会治理的欠缺，一些不安分人员纠结在一起，干扰村"两委"选

---

① 李山：《清代治安管理的当代启示》，曲阜师范大学马克思主义基本原理专业2013年硕士论文。

② 李连江、熊景明：《中国大陆村级组织建设研讨会综述》，载《中国农村基层民主政治建设年鉴（2001年）》。

③ 龙立：《村民自治背景下的"村霸"治理》，载《西南民族大学学报》（人文社会科学版）2012年第4期。

举、聚众扰乱讹诈钱财、插手重大工程建设、在征地拆迁安置中“狮子大张口”，欺老凌幼，为害一方。特别是随着新农村建设步伐的推进，大批工程项目在农村开展，大把惠农政策在农村实施，大量补贴资金流入农村地区，农村瞬间成了巨额财富的集聚地。巨大的经济利益也让“村霸”蠢蠢欲动，有的三两勾结，目无法纪，在征地拆迁安置中漫天要价，意图“绑架”政府；有的插手农村工程建设，横加干涉项目施工，对施工方威逼利诱，图谋非法利益；有的村官素质低下，纪律作风涣散，法律意识淡薄，罔顾党纪国法，与“村霸”相互勾结，为“村霸”提供“保护伞”；有的村官被利益蒙蔽双眼，为图“先富”更是冲在前列，利用村民对信息掌握的不对称，大肆侵吞集体公款、贪污挪用国家下拨的款物，在强取豪夺中丧失了底线；有的村官本身就是“村霸”，把党和国家以及村民授予的自治权当成个人谋取非法利益的工具，肆意掠取公共资源，违犯党纪国法，损害村民利益，妨碍农村发展。

（四）多重因素共同作用

“村霸”现象的滋生还有其他方面的原因。我国的村官是通过选举产生的，但由于村级制度不完善，难以杜绝贿选、选举暴力、家庭宗族控制、黑恶势力渗透等问题，这给了一些人靠钱开道、变成“村霸”干部的机会。“村霸”频出也是“社会损蚀”的一种结果。费孝通先生在《中国士绅》中说过，“农村输出子弟，损失金钱又损失人才”。随着义务教育的普及和城乡流动的加剧，越来越多的农村子弟依凭高考一跃入城，或者进入城市经商、务工，导致农村精英大量流失，除了留守老人、儿童和少量靠地吃饭的农民外，固守在农村的其余人员大多无所事事、游手好闲，他们文化水平偏低、法律意识淡薄，遇到事情喜欢依靠暴力、“拳头”来解决问题，依赖宗族势力通过“谈判”、“决议”欺压村民。经济的快速发展带来了贫富差距，这部分好逸恶劳、不学无术之人出现了心理落差，为获取非法经济利益走上了一条坑蒙拐骗、敲诈勒索、非法敛财的道路。由于维权能力缺乏、维权周期较长、基层机关不重视等，受欺压的村民往往选择忍气吞声，反过来又助长了“村霸”的嚣张气焰，加速了“村霸”的发展坐大。

三、“村霸”治理对策探寻

党的十九大提出了“乡村振兴”战略，“乡村振兴”战略的实施离不开安定有序的农村发展环境。“村霸”严重影响农村经济发展和秩序稳定，影响农村基层政权运行和基层党政机关的威信，是“乡村振兴”战略实施过程中的巨大障碍。在全国部署开展的扫黑除恶专项斗争为职能部门从源头上治理“村霸”问题注入了一剂“强心剂”，提供了切实可行的遵循和指南。同时，也要对“村霸”治理工作的长期性、艰巨性和复杂性有清醒的认识，充分认识到这是一项长期复杂的社会化、系统化工程，需要发挥各方作用，多措并举，综合施策，形成强大的治理合力。

（一）加强党的领导，夯实乡村治理的根基

党的十九大报告指出，要加强基层组织建设，以提升组织力为重点，把基层组织建设成为宣传党的主张、贯彻党的决定、领导基层治理、团结动员群众、推动改革发展的坚强战斗堡垒。“村霸”问题的屡禁不止主要源于“保护伞、选举漏洞和农村安全真空”三个方面，而这三个方面均与农村党建工作薄弱、基层组织涣散、村民自治不力密切相关。因此，要解决“村霸”问题，推进乡村治理，必须加强党对基层工作的领导，配强配齐村支部班子，选好任用村委会班子，推动全面从严治党战略向乡村一线延伸，让基层焕发出强大活力。一方面，要加强对村“两委”组建的领导。要坚持把村“两委”班子的组建工作作为乡村工作的头等重要任务来抓，严格村“两委”换届资格审查，建立候选人联审机制，加强对相关人选的把关力度，进村入户开展调查，既要查看有没有违法犯罪行为，又要注重对相关人选的道德审查，还要看人选的党性强不强，信仰坚定不坚定，群众基础好不好，群众口碑佳不佳，切实把基层工作做深、做细、做实，坚决防范村“两委”选举不民主、不透明等问题，坚决把不符合条件的人挡在门外，绝不让害群之马进入村“两委”班子，绝不让“村霸”成为“村官”。另一方面，要加强对村“两委”履职的领导。“村霸”的形成往往与基层从严治党不力，基层工作不公开、不公平，村级事务决策中没有充分发扬民主等因素密切相关。对此，要坚持把党的领导贯穿村“两委”履职全过程，严肃规范党内政治生活，严格落实“三会一课”要求，纳入巡视巡查的重点领域，加大整顿软弱涣散基层党组织的力度，坚决遏制村级组织涣散化趋势，推动从严治党常态化，发挥出村党支部的坚强战斗堡垒作用。要紧盯涉及村民切身利益的集体决策、“一村一议”、村务公开、财务透明、村级资金分配等重点事项，切实加强对村“两委”的领导督促力度，发现苗头及时提醒、发现问题及时纠正、发现违纪及时追责、发现违法及时惩处，以完善的制度、严密的措施、严实的作风推进乡村工作，绝不让“村官”沦为“村霸”。

（二）加大惩治力度，消除“村霸”的生存土壤

《通知》明确要求，把专项治理和系统治理、综合治理、依法治理、源头治理结合起来，把打击黑恶势力犯罪和反腐败、基层“拍蝇”结合起来，把扫黑除恶和加强基层组织建设结合起来，这为治理“村霸”问题提供了切实可靠的行动指南。一要始终保持高压打击的工作态势。将“村霸”治理作为扫黑除恶专项斗争的重点，充分发挥政法委、综治办的牵头作用，公检法各司法机关密切配合，加强与乡镇机关、村居组织和基层群众的沟通联络，及时发现“村霸”线索，及时予以处置，综合运用刑事制裁、行政处罚和教育挽救等措施，坚决严厉打击“村霸”，发挥法制强大的震慑作用、教育作用，真正做到让“村霸”无处遁形。要坚决把打击“村霸”背后的“保护伞”放到更加重要的位置来抓，司法机关、纪委监委和相关单位要加强沟通协作，建立健全问题线索快速移送反馈机制，将打击“保护伞”与侦办涉黑涉恶案件同步结合，突出打击“宗族势力”和“权力后台”两类“保护伞”，真正做到对于“村霸”现象发现一起查处一起，露头一起打击一起，坚决遏制其嚣张气焰，同时也要严查彻究“村霸”背后的“保护伞”，确保农村干部队伍的纯洁性。[①] 要坚持实事求是的工作方针，

① 钱立功：《不容“村霸”横行霸道》，载《人民法院报》2017年2月5日。

将“村霸”现象与普通刑事案件、治安案件区分开来，不人为扩大打击面，不扩大社会矛盾。二要实现监督触角基层全覆盖。要充分发挥纪委监委的监督职能，将监督关口下沉到村居一线，强化督导检查、问责追责措施，突出对农村基础设施建设、涉农惠农补贴申领和发放、重大村级资金使用、重要民生项目建设、惠民补贴分配、征地拆迁补偿安置、救灾扶贫优抚、生态环境保护等重点领域的实时同步监督，重点治理涉黑涉恶和腐败长期、深度交织的案件以及“三大攻坚战”领域存在的问题，加强对“村霸”背后“保护伞”问题的执纪监督和巡视巡查力度，在村官头上始终保持利剑高悬，以有力监督督促村官履职尽责、服务村民，提升工作成效。要强化对村居组织的监督，加强对村级选举工作的指导，健全和规范农村基层民主选举程序，大力整治采取贿赂或者暴力、威胁等手段操纵村“两委”换届等村民选举的行为，确保把德才兼备、真正符合群众意愿的人员选进“两委”班子、选进自治组织，防止有前科劣迹人员把持基层政权，既为基层组织发挥作用扫除障碍，又为村民自治提供坚强的法律保障。三要积极帮助村级组织建设发展。要坚持从最基层发力，加强农村地区的法制宣传教育，健全完善基层民主制度、村民监督机制，加大村务公开力度，广泛接受社会各界监督，不断提升村民的民主意识、法治意识和依法维权意识，形成对“村霸”同仇敌忾的社会氛围，不断压缩“村霸”的滋生土壤和发展空间。

（三）坚持综合施策，汇聚基层治理合力

农村社会生态复杂，“村霸”背后往往涉及上级党政机关、基层选举、治安管理、资金使用等一系列问题，诸多因素盘根错节、相互交织，加大了治理难度。可以说，“村霸”肆意横行的背后折射出的是基层政权的弱化和法治建设的缺失。一方面，要始终坚持群策群治的工作原则。要严格按照党的十九大提出的“健全自治、法治、德治相结合的乡村治理体系”要求，坚持用发展和变化的眼光看待“村霸”现象，落实系统治理、源头治理的各项措施，政法、综治、纪委监委、组织人事、法院、检察、公安、民政等部门加大沟通协作，加强信息共享，做到既各司其职，又共同发力，推动形成相关部门齐抓共管、群策群力的工作氛围。要综合运用经济建设、教育宣传、舆论引导等工作措施，多维度推动“村霸”治理。治安社会化本质上是治安主体的社会化，要求发挥社会组织、市场和公众个体在治安秩序维护中的作用。[①] 要坚持走群众路线，深化群防群治，广泛发动群众，积极打击和有效预防各类破坏、干扰和操纵换届选举的职务犯罪，让“村霸”陷于“人民战争”中，从根本上遏制“村霸”的滋生和蔓延。通过一系列手段的综合实施，必将有力加强和改进基层政权建设，推动农村地区民主法治建设与精神文明建设的不断深入，“村霸”现象将逐渐消除。另一方面，要积极探索创新社会治理新模式。笔者所在检察院创新推出“网格化＋社区检察官”的工作模式，按照“属地管理、分级负责、无缝对接、全面覆盖、职责到人”原则，将

① 宫志刚、李小波：《社会治安防控体系若干基本问题研究》，载《中国人民公安大学学报》（社会科学版）2014年第2期。

检察机关参与社会治理的资源下沉至村（居）社区，在全市7个镇、2个街道办事处，102个村、25个社区建立“横向到边、纵向到底”的“网格化+社区检察官”工作体系，在每个村（社区）选任一名网格联络员，每个检察官挂靠一个村（社区），并与该村（社区）网格联络员密切对接，通过不定期巡回加强与所在村（社区）群众的联系，让村民有了“主心骨”。当权益受到侵犯或发现有“村霸”的苗头时，群众可第一时间向社区检察官投诉和举报，检察机关接到投诉和举报后，会及时介入监督，协调法院、公安和乡镇党政机关共同解决。这样既能够有效防范“村霸”坐大坐强，也有利于杜绝基层党政干部和执法人员不作为、乱作为现象的发生。

（四）振兴乡村经济，提升乡村治理能力

经济基础决定上层建筑，中国农村问题和“村霸”现象虽与农村法治不健全、村民素质不高、基层民主观念没有深入人心等密切相关，但也与农村贫穷、农民贫困的现实不无关系。托克维尔在《论美国的民主》中说过，民主思想的培养来自生活，必须有民主文化的熏陶和训练，才能养成公民的参与意识和民主精神，否则，仅仅建立法律和政治制度是不会有太大用处的。[①] 政治发展的速度通常与国民认知水平的提高相关联。[②]“仓廪实则知礼节”，根据马斯洛需求理论，只有当人从生理需要的控制下解放出来时，才能出现更高级的、社会化程序更高的需要，如安全需要、爱和归属需要、尊重和自我实现需要。对此，要紧紧抓住党中央实施“乡村振兴”战略的难得契机，充分发挥服务农村发展的职能，保障农村基础设施建设，督促各项惠农利农政策在农村得到全面落实，助力农村地区城市化进程，大力发展农村经济，帮助农民增产增收，鼓励村民依法生产经营、发家致富，让每一个农民都富起来、强起来，让农民受到更好的教育，努力消除贫富差距，加强监督，履职尽责，频频发力，依法惩治各类侵农害农的违法犯罪行为，为农村各项事业的建设发展提供坚强有力的法律保障，让农民彻底断掉物质上和精神上的双重“穷根”，努力让“村霸”不再成为中国农村改革发展的困扰，让乡村振兴成为中国广大农村地区改革发展的最强音。

① 龙立：《村民自治背景下的“村霸”治理》，载《西南民族大学学报》（人文社会科学版）2012年第4期。

② 闫小波：《中国近现代政治发展史》，高等教育出版社2003年版。

中　编

扫黑除恶专项斗争中的刑事实体法问题

恶势力的概念流变及其司法认定

刘仁文[*]　刘文钊[**]

2018年1月，中共中央、国务院发出《关于开展扫黑除恶专项斗争的通知》（以下简称《通知》），提出在全国开展为期三年的扫黑除恶专项斗争。同年1月16日，最高人民法院、最高人民检察院、公安部、司法部联合印发了《关于办理黑恶势力犯罪案件若干问题的指导意见》（以下简称《指导意见》），进一步明确了扫黑除恶专项活动中办理黑恶势力犯罪案件的法律适用问题。在本次扫黑除恶专项斗争中，恶势力犯罪与黑社会性质组织犯罪被共同作为打击重点。半年多来，从各地发布的扫黑除恶相关信息来看，恶势力实际上已经成为本次活动打击的主体，除恶的比例远远高于扫黑，甚至在有的省份、地区，恶势力犯罪在专项斗争中占比超过了90%。[①]但是与黑社会性质组织犯罪具有明确的立法规定不同，恶势力犯罪仅规定在司法解释性质的文件[②]中，在规范明确性、可操作性、效力层级等方面均有所不足，由此产生了一定的司法风险。如何确保在法治轨道内除恶、在打击犯罪的同时兼顾人权保障，是当前需要认真对待的一件事情。

一、恶势力概念的逐步规范化

恶势力是一个具有中国特色的概念，其产生之初并不具有规范属性。无论是1979年刑法还是1997年刑法，都没有直接规定恶势力犯罪，仅1997年刑法规定了组织、领

---

* 中国社会科学院法学研究所研究员，刑法研究室主任，博士生导师。

** 中国社会科学院法学研究所博士研究生，天津市人民检察院第一分院助理检察官。

① 比如，截至2018年6月，天津共查处黑恶犯罪团伙153个。其中，恶势力犯罪团伙147个，占全部查处团伙的96%（参见http：//tjfy. chinacourt. org/article/detail/2018/07/id/3398947. shtml，2018年8月5日访问）。又如，截至2018年3月28日，河北省唐山市共查处涉黑涉恶团伙23个，其中恶势力团伙21个，占全部涉黑涉恶团伙的91%（参见http：//www. sohu. com/a/226782460_ 99958478，2018年8月5日访问）。再如，截至2018年7月12日，湖北省黄冈市共查处涉黑涉恶团伙139个，其中恶势力团伙137个，占全部涉黑涉恶团伙的98.6%（参见ht-tp：//www. sohu. com/a/241874831_ 268294，2018年8月5日访问）。

② 据《立法法》、《人民法院组织法》、《最高人民法院关于司法解释工作的规定》、《最高人民检察院司法解释工作规定》的相关规定，《指导意见》系由“两高两部”以意见的形式联合发布，严格来说，还不太符合司法解释的制定主体、制定程序、制定形式、发布程序等要件，因而不属于真正的司法解释。但是由于《指导意见》提出了扫黑除恶专项斗争中的法律适用意见，故我们认为其属于司法解释性质的文件。

导、参加黑社会性质组织罪，入境发展黑社会组织罪，包庇、纵容黑社会性质组织罪等涉黑犯罪。但是，随着我国刑事立法的变迁、司法实践的发展以及刑事政策的完善，尤其是2000年以来在全国范围内开展的“打黑除恶”专项斗争的不断推进，作为普通共同犯罪向黑社会性质组织发展的过渡阶段，恶势力概念逐步规范化、法治化。特别是经过《指导意见》的发展，恶势力概念已经具有了相对明确的构成要件和法律效果，可以影响具体定罪和量刑，满足了刑法规范的基本要求，并被司法机关不断运用。但是，应当看到恶势力概念并未进入刑事立法，《指导意见》仅具有司法解释性质，效力层级较低，与共同犯罪、犯罪集团相比，仅属于半制度化的规范。[①]

在这个过程中，主要经历了以下三个阶段：

（一）恶势力概念在新时期的源起[②]：1995～1997年

恶势力概念源起于1995年时任总理李鹏在第八届全国人民代表大会第三次会议上所做的《政府工作报告》，在“为改革和发展创造良好的社会环境”一节中，他提出：“今年要采取更加强有力的措施，加大打击犯罪活动的力度，使社会治安状况得到改善。……二是深入开展打击暴力犯罪、毒品犯罪、车匪路霸、拐卖妇女儿童以及盗窃、破坏生产建设设施等严重犯罪活动，坚决铲除黑社会性质的犯罪团伙和流氓恶势力，扫除卖淫嫖娼、赌博等社会丑恶现象。”之后，1996年、1997年《政府工作报告》以及1995年、1996年《最高人民法院工作报告》均提及严厉打击流氓恶势力。

从上述文件中，我们可以发现这一时期官方对于恶势力犯罪的基本观点：（1）恶势力更趋近于政治概念[③]，不具有规范属性、评价功能；（2）恶势力之前被冠以“流氓”的特征，说明恶势力的行为属性；（3）基于社会综合治理的需要，严厉打击流氓恶势力；（4）恶势力内涵不清，外延模糊。上述文件并未明确说明“流氓恶势力”的内涵，构成要件更是无从谈起。在外延范围上，“流氓恶势力”是否包含黑社会性质的犯罪团伙也存在争议[④]。

---

① 将恶势力作为半制度化规范的观点由黄京平教授首先提出。参见黄京平：《黑恶势力利用“软暴力”犯罪的若干问题》，载《北京联合大学学报》2018年第2期。

② 改革开放之前，恶势力也曾经被频繁使用，与“扫黑除恶”专项活动中恶势力的含义不同，其主要泛指所有与社会主义国家为敌的人及组织，即包括“帝国主义侵略者、新的世界战争的挑拨者和一切反人民的势力”。所以，我们将改革开放后恶势力的再次提出作为规范意义上恶势力概念的源起。关于改革开放前恶势力的分析参见邱格屏：《媒体视角下的黑社会组织六十年》，载《南京大学法律评论》2010年秋季卷。

③ 从官方提出打击恶势力的背景看，此时其属于政治概念，而非犯罪学、刑事政策学、刑法学概念。类似观点参见李旭东、汪力：《地方恶势力犯罪的若干问题》，载《现代法学》1998年第1期。

④ 肯定说认为恶势力包含黑社会性质组织。在官方文件中，典型的如1995年《最高人民法院工作报告》、1999年《全国法院维护农村稳定刑事审判工作座谈会纪要》在流氓恶势力的使用中包含黑社会性质组织。在学者中，典型的如张普华、邹孝认为恶势力含义中包含黑社会性质组织（参见张普华、邹孝：《流氓恶势力的概念与主要特征》，载《法学评论》1995年第1期）。否定说认为恶势力与黑社会性质组织并立。在官方文件中，典型的如1995～1997年《政府工作报告》等相关文件中通常将“黑社会性质犯罪团伙”与“流氓恶势力”相并立。在学者中，典型的如李旭东、汪力将黑社会性质组织以及流氓恶势力相对立（参见李旭东、汪力：《地方恶势力犯罪的若干问题》，载《现代法学》1998年第1期）。

（二）恶势力概念的发展：1997～2017 年

1997 年刑法将黑社会性质组织犯罪纳入犯罪圈，恶势力随着之后的打黑除恶专项斗争逐步进入犯罪学、刑事政策领域，但这一阶段其仍不具有规范属性。2000 年，全国范围内首次实施了打黑除恶专项斗争。为配合此次行动，最高人民法院同期出台了《关于审理黑社会性质组织犯罪的案件具体应用法律若干问题的解释》，虽然专项斗争将打黑与除恶并列，但是司法解释仅规定了黑社会性质组织犯罪的法律适用问题，恶势力概念仍然被排除在规范之外。2006 年，我国实施了第二次“打黑除恶”专项斗争。为了总结该次打黑除恶专项斗争的经验成果，最高人民法院、最高人民检察院、公安部于 2009 年 12 月 9 日出台了《办理黑社会性质组织犯罪案件座谈会纪要》（以下简称《2009 年纪要》），首次在司法解释中规定了恶势力的概念，初步将恶势力引入规范领域。同时，《2009 年纪要》还首次阐明了黑社会性质组织与恶势力的关系，认为恶势力是黑社会性质组织的雏形。但是《2009 年纪要》仍未赋予恶势力独立的法律后果，认定恶势力犯罪并不影响定罪、量刑，其直接影响在于各地公安机关如何确定“打黑除恶”战果。实际上，《2009 年纪要》中关于恶势力的规定也是以全国“打黑除恶”专项斗争协调小组办公室制定的《“恶势力”战果统计标准》为基础，根据实践情况总结、归纳而来的①。如果认为事实构成和法律后果之间的连结是完整的法律规范首要的、最重要的内容②，那么《2009 年纪要》对于恶势力的规定不具有规范性，更极少在刑事判决中予以认定。

在实践中，即便被公安机关认定为恶势力团伙，人民检察院、人民法院也不会在起诉书、判决书中予以认定，更不会在说理过程中论述是否构成恶势力，是否予以从严惩处以及从严惩处的程度。这样既剥夺了被追诉者的辩护权，又产生了打黑除恶流于形式、暗箱操作、脱离法治轨道等一系列法治风险。其中，具有典型意义的是黄某、潘某程、黄某勇强迫交易案③。该案判决书显示：从 2016 年 6 月开始，黄某、潘某程等人威胁采挖海螺的渔民，采挖的海螺必须通过他们出售。同时，威胁收螺老板符某师等四人只能在固定码头收购海螺，并限制价格为每斤 3 元，且额外每斤收取 0.5 元的保护费。截至当年 8 月 4 日黄某等人被抓获，共计收受保护费 39654 元。2017 年 3 月 17 日，一审判决黄某、潘某程、黄某勇构成强迫交易罪，判处有期徒刑 8 个月。从一审判决书确定的事实来看，这个团伙存续了 2 个多月，以威胁手段有组织地干预涉案码头海螺收购交易，控制交易流程，从中抽取保护费，扰乱经济、社会生活秩序，符合《2009 年纪要》关于恶势力的认定标准。但是，本案仅有公安机关出具的《恶势力犯罪团伙认定书》中被认定为恶势力团伙，公诉机关、审判机关均未在法律文书中予以表述，更没有对于该团伙是否从严处理、如何从严处理进行论述，也没有组织控辩

---

① 高憬宏、周川：《〈办理黑社会性质组织犯罪案件座谈会纪要〉的理解与适用》，载《刑事审判参考》（总第 74 集），法律出版社 2010 年版，第 185 页。

② ［德］伯恩·魏德士：《法理学》，丁晓春、吴越译，法律出版社 2013 年版，第 61 页。

③ （2017）琼 9005 刑初 62 号，案例来源于中国裁判文书网。

双方就此进行辩论。这个案例显示《2009 年纪要》中有关恶势力的规定只停留于书本之上，并没有成为行为上的法。

（三）恶势力概念的进一步规范化：2018 年

本次扫黑除恶专项斗争是恶势力概念规范化进程中的又一重要时间节点。主要体现在以下几个方面：

1. 重申恶势力的特征，细化构成要件

在继承《2009 年纪要》恶势力定义的基础上，进一步细化了恶势力的认定标准。从组织特征、行为特征、危害特征等角度细化了恶势力与普通共同犯罪、黑社会性质组织的区别。

2. 明确认定恶势力的法律效果，恶势力作为对特定组织及其行为的整体评价影响定罪、量刑

在定罪方面，《指导意见》通过系统规定恶势力实施软暴力犯罪的法律适用及入罪标准，将恶势力评价为特定共同犯罪组织。只有黑社会性质组织与恶势力实施的滋扰、纠缠、吵闹等软暴力行为才能构成相应的犯罪。个人实施的软暴力行为不能被评价为恐吓或者威胁，也就不能构成相应的犯罪。这无异于将恶势力评价纳入罪与非罪、此罪与彼罪的区分标准中，赋予认定恶势力影响定罪的法律效果。在量刑中，《指导意见》首次明确了恶势力独立的法律后果，强调恶势力犯罪应当区别于普通刑事案件依法从严惩处。

3. 强调法律文书中关于恶势力的表述，突出除恶的有效性与公开性

《指导意见》特别提出在相关法律文书中的犯罪事实认定部分可使用恶势力等表述。考虑到近期以审判为中心诉讼制度改革的深入推进，在法律文书中使用恶势力表述的前提条件是有足够的证据支撑恶势力认定，这样就会倒逼办案机关积极收集认定恶势力的相关证据，分析恶势力认定的构成要件，个案判断是否构成恶势力。另外，吸取以往个别地区“打黑除恶”专项斗争的经验教训，公开恶势力认定，可以缓解部分群众对打黑除恶扩大化的质疑①。

综上，《指导意见》的出台基本确立了恶势力作为特定组织的法律评价地位。与之前以共同犯罪、具体犯罪行为定罪处罚的模式不同，《指导意见》要求司法机关在具体定罪之前先对共同犯罪进行整体评价，认定恶势力后以其作为行为主体判断共同犯罪行为的具体定罪，进而量刑。根据发展状态的不同，将有组织犯罪分为恶势力犯罪与黑社会性质组织犯罪，在刑法规定的范围内分别打击、相互补充、高低搭配，形成一个阶梯化惩治有组织犯罪的法律体系。对于发展成熟的黑社会性质组织打准打实，依法严惩；对于尚未发展成熟的恶势力犯罪组织或犯罪集团打早打小，仅根据所实施的犯罪依法从重惩处。

---

① 典型的如 2009 年 12 月“李庄案”发生以来，外界对重庆打黑除恶的质疑。参见赵秉志、彭新林：《关于重庆“打黑除恶”的法理思考》，载《山东警察学院学报》2011 年第 1 期。

由于扫黑除恶专项斗争的强力推动，这种变化不仅体现为规范层面的变化，更直接引导司法实践的改变。典型的如徐某某、万某某、张某等8人寻衅滋事、开设赌场、强迫交易、聚众斗殴案①。根据该案判决书认定，2009年至2016年，徐某某、万某某、张某等8人经常纠集在一起，形成以徐某某为首的恶势力集团，采取暴力、威胁等手段，有组织地实施了寻衅滋事、开设赌场、强迫交易犯罪活动，为非作恶，欺压百姓，扰乱经济、社会生活秩序，造成较为恶劣的社会影响。公诉机关认定该团伙为恶势力犯罪集团，辩护人提出不构成恶势力犯罪集团的辩护意见。审判机关在犯罪事实认定部分明确认定构成恶势力犯罪集团，单独分析了其形成恶势力犯罪集团的证据。与前述黄某、潘某程、黄某勇强迫交易案不同的是，本案不仅在起诉书、判决书中明确认定恶势力犯罪集团，还在庭审阶段组织控辩双方就是否构成恶势力犯罪集团进行了辩论。前后两个案例判决书的变化进一步印证了恶势力规范属性的变迁，说明恶势力犯罪规范已经从书本走向具体司法行为。

二、恶势力概念规范化的原因及其不足

（一）恶势力概念逐步规范化的原因

对比《2009年纪要》与《指导意见》，恶势力犯罪的法律后果经历了从“依法惩处”到“依法从严惩处”的变化。这体现了对有组织犯罪“打早打小”的刑事政策。但是，打击并不必然意味着恶势力概念的规范化。刑事立法缺陷、共同犯罪制度的实践短板以及本土有组织犯罪特征的多样性才是恶势力概念逐步规范化的具体原因。

1. 刑事立法缺乏阶梯化分层而造成处罚困境

随着改革开放的不断深入，我国社会结构经历了深刻变动，有组织犯罪的打击需求进一步提升，但是刑事立法并没有随之改变。刑法第294条规定了黑社会性质组织相关犯罪，之后的司法解释、立法解释、《刑法修正案（八）》逐步明确了黑社会性质组织的基本特征，为打击黑社会性质组织提供了法律依据。但是没有犯罪学的刑法是盲目的②，一切对有组织犯罪的立法均应当建立在科学认识这种特殊犯罪现象的基础之上。在实践中，大部分黑社会性质组织不是成员直接设立的，而是经由普通共同犯罪、恶势力逐步发展壮大的。刑事立法脱离了有组织犯罪发展的自身规律与特点，忽视了黑社会性质组织犯罪“打早打小”的刑事政策需求，片面强调打击黑社会性质组织犯罪这种高级形态，立法模式、前瞻性、系统性均存在缺陷。尤其是对已经具备了部分黑社会性质组织特征的恶势力组织，司法实践部门如果过分强调打早打小，片面从重从严，可能会造成恶势力被升格处理，认定黑社会性质组织扩大化，违反罪刑法定原则，甚至背离依法治国、建设社会主义法治国家的初衷。另外，如果严守罪刑法定原则，简单按照共同犯罪处理，又会面临打击有组织犯罪力不从心的困境，不利于预防

① （2018）鄂0704刑初197号，案例来源于中国裁判文书网。

② ［德］汉斯·海因里希·耶塞克等：《德国刑法教科书》，徐久生译，中国法制出版社2001年版，第61页。

有组织犯罪，无法凸显犯罪组织自身的社会危害性，甚至造成罪刑不适当。

2. 共同犯罪制度无法充分评价恶势力犯罪

恶势力产生独立评价后果的根源是作为犯罪组织自身的社会危害性。在司法实践中，恶势力通常在一定区域或行业内多次实施违法犯罪活动。这些区域、行业内部成员相对固定，尤其是《通知》中确定的重点地区、重点行业、重点领域。恶势力有组织地公开对这些成员多次实施违法犯罪活动，引发一般人对于法律适用的疑惑。丧失通过法律维护法秩序的真实感后，善良国民的守法精神也会随之降低。人们可能对法律失去信任，遇到类似犯罪不再寻求法律的救济，甚至有的人会效仿恶势力进行犯罪。比如耿某敲诈勒索案①，一审判决书显示：陈某在某批发市场向经营蛤蜊批发业务的张某、刘某夫妇收取保护费，形成恶势力。在陈某被打击之后，耿某单独或伙同他人以陈某恶势力的名义，采用恫吓手段，继续向上述被害人索要“保护费”，持续时间竟达3年之久，共计人民币100800元。在这个过程中，耿某没有采取任何暴力手段，只是谎称是陈某安排来的，就可以收取保护费。这不仅说明陈某恶势力对一般人的守法意识的危害，还说明恶势力一旦形成，即便受到了刑罚处理，对社会秩序的侵害仍可能持续。然而，现有共同犯罪制度无法完全涵盖恶势力自身的社会危害性。恶势力实施的常见犯罪包括故意伤害、非法拘禁、敲诈勒索、故意毁坏财物等侵犯公民人身权利、财产的犯罪。司法机关仅以共同犯罪理论处理上述案件，无法揭示其犯罪组织对社会秩序的危害。即便是在恶势力实施强迫交易、寻衅滋事、聚众斗殴等扰乱市场秩序、公共秩序的犯罪时，定罪量刑的核心也是具体的共同犯罪行为。司法机关是否将组织独立的社会危害性作为量刑情节予以考虑具有很大的不确定性。另外，社会危害性判断的基础是通过侦查过程获得的证据。但是共同犯罪与犯罪组织的侦查方向完全不同。前者重点侦查共同犯罪意志的缔结过程、具体内容，共同犯罪行为的作案分工、实施过程；后者在查清上述两点的前提下还注重挖掘犯罪组织的设立过程、设立目的、分工层级、社会危害等事实。如果仅以共同犯罪理论对恶势力进行惩处，无法有效指引侦查机关收集恶势力独立社会危害性的相关证据。

3. 本土有组织犯罪特征的多样性

当下，我国经济、社会发展不平衡，尤其是区域发展不平衡、城乡发展不平衡、行业发展不平衡，造成不同地区、重点行业中有组织犯罪差异较大。在地域上，广大农村和经济欠发达地区受熟人社会、差序格局的影响，有组织犯罪呈现出熟人属性。这类社会中，由己向外推以构成的社会范围是一根根私人联系的绳子，每根绳子被一种道德要素维持着②。这种维系私人联系的道德可以在一定程度上代替有组织犯罪中的规约，增强了组织凝聚力。由于组织内部成员受“孝、悌、忠、信”这些道德因素联系和制约，组织者、领导者对组织的内部制约并不明显，导致组织形式扁平化、松散化③。根

① （2017）鲁0281刑初104号，案例来源于中国裁判文书网。

② 费孝通：《乡土中国》，人民出版社2008年版，第38页。

③ 参见王烁：《中国的熟人社会与有组织犯罪的组织性特征》，载《犯罪研究》2014年第6期。

据刑法规定，这种松散的组织不符合黑社会性质组织的组织特征，更趋近于团伙型犯罪组织①。同时，在经济发达的地区，有组织犯罪又呈现出组织形式更加严密，公司化特征突出，暴力与软暴力倾向并存，向经济、政治领域深度渗透等特点②。这类组织属于典型的黑社会性质组织，需要严厉打击。我国社会发展的不平衡、不充分造成了有组织犯罪的多样性，分类处理、有效打击是必然之选。恶势力犯罪、黑社会性质组织犯罪阶梯化的打击模式就是在这一现实需求下逐步确立的。

（二）恶势力概念规范化仍存在不足

立法规范与处罚需求之间的对立为恶势力概念规范化提供了空间。经过多年的实践探索，惩治恶势力犯罪已初步实现有规可依。这是一种以具体实践问题为导向，由司法机关推动而非立法设计的规范化。虽然《指导意见》中关于恶势力的规定基本可以缓解实践困境、应对社会变迁、满足处罚需求，但是仍然存在着规范明确性不足、效力层级较低等问题。

1. 规范明确性不足

根据明确性原则，刑法不仅要明文规定犯罪和刑罚，而且必须明确规定犯罪行为的刑事可罚性的先决条件和法律后果，即犯罪构成要件要明确，犯罪行为与非犯罪行为的范围和界限要明确，犯罪行为的刑种和刑度要明确③。《指导意见》在定义恶势力时采用了“经常纠集在一起”、“一定区域或者行业”、“一般为三人以上”等模糊表述在一定程度上损害了规范的明确性，为各地司法机关不当增减构成要件要素、过多考量地方域情、个案处罚需要、人为拔高或降低处罚提供了空间。另外，《指导意见》采取“为非作恶”、“欺压百姓”、“造成较为恶劣的社会影响”等文学性、生活性语言描述恶势力，体现了一般人对于恶势力的直观感受。但是上述语言规定在法律制度的构成要件中就不够明确了，会减损实践过程中的可操作性，也易于将法官从法律评价引向道德评价，进而脱离法治轨道。在《指导意见》发布之后，各地司法机关反映的主要内容也在于恶势力认定缺乏客观、统一、可操作的标准，实践中不易把握，个案争议较大。这也说明了明确性不足对法律适用的具体影响。虽然上述缺陷还不足以达到违反罪刑法定原则的程度，但是恶势力的正确适用离不开明确的标准，有必要对其进行恰当的法律解释，补充现有规范的不足。

2. 效力层级较低

《指导意见》虽然推进了恶势力概念的规范化，但其仅属于司法解释性质的文件，在效力层级上与刑法规范具有显著的差距。一切设定犯罪与刑罚的规范均应由法律规

---

① 这里的团伙型犯罪组织并不是刑法规定的法律概念，主要在警方文件和实践中使用，指三人以上为了多次实行犯罪而结合起来的、组织形式灵活多样、结构松散、成员不完全固定，只有一个或几个核心成员的、组织化程度很低的犯罪结伙。参见何秉松：《犯罪团伙、犯罪集团、黑社会性质组织、黑社会组织、有组织犯罪集团辨析》，载《浙江师范大学学报》（社会科学版）2002 年第 2 期。

② 参见康树华：《我国有组织犯罪的现状及其治理》，载《法学家》2008 年第 3 期。

③ 刘仁文主编：《刑法学的新发展》，中国社会科学出版社 2014 年版，第 46 页。

定，法律解释仅能在法律规定的范围内进行，不能超出法律规定来解释。《指导意见》的效力层级限制了恶势力规范的内容。比如《指导意见》仅规定在事实认定部分可以使用恶势力表述。这并不意味着在“本院认为”部分不会涉及恶势力认定，而是因为该阶段属于法律适用阶段，仅适合分析法律确定的规则。由于我国刑法并未确立该规则，所以《指导意见》对“本院认为”部分能否表述没有规定。但是，司法实践认定犯罪时具有融贯性，一个构成要件要素只能在事实认定阶段确定，不能在法律适用阶段使用，违反了司法认定的规律。《指导意见》效力层级较低还可能影响了现有恶势力规范的正确适用。在扫黑除恶的背景下，迫于指标压力，公安司法机关超越《指导意见》将普通共同犯罪认定为恶势力犯罪的可能性增大①。比如邓某某、彭某某、王某某寻衅滋事案②，仅因一次酒后持械随意追逐、殴打他人的寻衅滋事行为就认定为恶势力犯罪，超出了《指导意见》中多人多次的认定标准，将不符合恶势力认定标准的情况认定为恶势力犯罪。同时，效力层级较低还限制了恶势力概念的进一步发展。恶势力概念若要进一步规范化，需要超越刑法总则共同犯罪、犯罪集团的规定，甚至增加新的罪名。这已经超出了法律解释的范围，进入立法层面的改变，需要由刑法具体规定。

三、恶势力犯罪的司法认定

正确认定恶势力组织是扫黑除恶专项斗争有序开展的前提。《2009 年纪要》、《指导意见》都对恶势力的概念进行了规定。值得注意的是，《2009 年纪要》提出，各级人民法院、人民检察院和公安机关在办案时应根据本纪要的精神，结合组织化程度的高低、经济实力的强弱、有无追求和实现对社会的非法控制等特征，对黑社会性质组织与恶势力团伙加以正确区分。这是用多特征综合分析的方法区分黑社会性质组织与恶势力，较为妥善地解决了黑社会性质组织认定中不同特征存在交叉重叠、难以完全区分的问题，值得借鉴。下文将从恶势力自身特征出发应用类型思维提出具体认定标准。

（一）类型思维在恶势力认定中的应用

根据要素关系不同，法律概念可以分为分类概念与类型概念。分类概念的构成要素之间不存在内在联系，某一要素的成立与否不受其他要素是否成立、以多大程度成立的影响，只要构成概念的要素逐一达成即可认定。所以，分类概念可以精确地用列举出固定不变的组成特征来加以定义，具有封闭性、逻辑性、抽象性、精确性的特点。类型概念是有联系的、有意义的意义关联，普遍的事物在其自身中直观地、整体地被掌握③。类型概念存在一个或多个可区分等级的要素，当一个可区分等级的要素在个案

① 需要说明的是，并非将恶势力上升为刑法规范就可以杜绝扩大处罚的风险，但权威性的提高毕竟有利于降低该风险。

② （2018）粤 0232 刑初 16 号，案例来源于中国裁判文书网。

③ ［德］亚图·考夫曼：《类推与事物本质——兼论类型理论》，吴从周译、颜厥安校，学林文化事业有限公司 1999 年版，第 111～113 页。

中越高程度地被实现，其他可分级的要素所必须被实现的程度便可随之降低①。通过对类型概念与分类概念的对比，可知认定类型概念有两个条件：存在可区分等级的概念要素与概念要素之间的关联性。以此衡量，恶势力概念属于类型概念。

恶势力的特征包括组织特征、行为特征、危害特征。上述三个特征均呈现出可分级的特性。比如组织特征，《指导意见》将恶势力分为普通恶势力组织和恶势力犯罪集团，说明组织特征可分级。普通共同犯罪到恶势力、黑社会性质组织的组织特征变化也具有等级性，呈现为从行为的组织性到结构的组织性；从临时、松散的组织性到固定、严密的组织性；从内部的组织性到内外结合的组织性；从人员、物质的组织性到精神、文化的组织性②。另外，恶势力的组织特征与黑社会性质组织的组织特征存在重合的可能，也就是说恶势力组织可能具备黑社会性质组织的组织特征，但因不具备其他特征或不同时具备其他特征而不构成黑社会性质组织。司法实践通常根据组织者、领导者、骨干成员和一般成员的关系是否稳定、紧密，将黑社会性质组织的组织特征分为紧密型结构、半紧密型结构和松散型结构③。恶势力组织的组织特征也可能包括上述三种情况，还包括不存在明显组织者、领导者、骨干成员分工，仅具有固定纠集者的情况。综上，根据恶势力组织的组织特征至少可以将恶势力组织分为两类：犯罪团伙型恶势力组织与犯罪集团型恶势力组织，其中犯罪集团型恶势力组织又包括松散型、半紧密型和紧密型三种。

恶势力认定的三个特征具有关联性，各个特征之间、各个特征与恶势力组织这个整体之间都具有不可分割的紧密联系。组织特征是认定恶势力组织的基础，但是实践中恶势力组织的成立并不是一蹴而就的，而是通过一次次的有组织的违法犯罪行为不断增强的。没有犯罪行为，就不可能形成恶势力组织。认定恶势力组织时不考虑犯罪行为无法勾勒出组织外形。甚至有的恶势力组织真正确定组织成立，是通过某次违法犯罪行为在一定地域、行业产生了“恶名”，造成了不良影响。不考虑恶势力组织整体的危害特征也无法判断组织特征。同样，在判断行为特征时，也要考虑组织特征、危害特征，否则无法认定犯罪行为到底是恶势力组织成员的个人犯罪行为还是恶势力组织的犯罪行为。另外，恶势力组织的危害特征也是通过有组织地实施犯罪行为逐步形成的，在判断时，同样需要考虑行为特征、组织特征。

由此可见，恶势力的构成要素具有可分级及相互关联的特性，属于类型概念。

分类概念与类型概念的分类对应着概念思维与类型思维的分野。通常认为，概念思维是传统刑法的思维方法，最大的优势在于能够较好地保持法律的稳定性和安全

---

① 参见［德］英格博格·普珀：《法学思维小学堂——法律人的 6 堂思维训练课》，蔡圣伟译，北京大学出版社 2011 年版，第 25 页。

② 杜宇：《刑法体系构建的三种思路》，载《浙江社会科学》2009 年第 7 期。

③ 关于紧密型结构、半紧密型结构、松散型结构的分析，参见罗高鹏：《关于黑社会性质组织特征的若干问题》，载《刑事审判参考》（第 107 期），法律出版社 2017 年版。

性[①]，但也存在机械司法、内涵过度抽象、意义空洞化、滞后于社会现实发展等缺点。[②]与之相对应，类型思维具有价值导向性、介于抽象与具体之间的中间性、使法规范与生活现实相调适的开放性等优势，却也不能忽视其对于法安定性的潜在侵害。我们无意在此比较两种思维方法的优劣，但不能否认的是恶势力认定中应用类型思维的优势。作为普通共同犯罪与黑社会性质组织之间的过渡形态，认定时无法采取逻辑涵摄的模式，这是因为恶势力的具体标准往往是“流动的”[③]，经常是“或多或少”的问题，而非“非此即彼”的问题。虽然类型思维无法完全套用形式逻辑，赋予司法的价值评判空间，但是比起分类概念累加构成要素的做法，更能较为妥适地处理此类过渡阶段的认定难题[④]。比如司法实践中常见的组织卖淫行为，如果机械地理解《指导意见》，则只要三人以上共同组织卖淫就可以认定为恶势力，因为三人组织卖淫符合恶势力的组织要素；组织卖淫的客观行为是招募、雇佣、纠集等手段，管理或者控制他人卖淫，符合恶势力的行为要素；组织卖淫造成多人嫖娼，也可能认定为造成较恶劣的社会影响。如果按照概念思维，此时似乎可以认定为恶势力犯罪，但这无异于扩大了恶势力的认定范围，背离了恶势力规定的初衷。根据一般人的公平正义观，显然三人组织卖淫不都是恶势力，需要进一步的价值判断，这就需要进行类型思维。

类型思维的价值在于能够更为清楚地显示类型中的个别特征。这些特征彼此有意义地相互结合，反映事物的本质。[⑤] 事物的本质不仅体现于个别特征，也限定着个别特征，在认定类型概念时充当主导形象指导比较规则的展开。[⑥] 所以，个案适用类型思维时仅确认认定要素已实现还不够，还要分析这些要素达到了何种程度。然后，才能够将确定类型概念的比较规则运用到个案中[⑦]，认定是否符合法律规范的构成要件。

《指导意见》已经明确恶势力的主导形象是黑社会性质组织的雏形，体现了恶势力概念的本质。关于恶势力的司法认定，我们主张构建一种具体要素与主导形象双层次的认定体系。第一层次是具体要素判断，分析组织特征、行为特征、危害特征三个要素是否达成，以何种程度达成，如果要素最基本的条件都未满足，则不能构成恶势力。第二层次是主导形象判断。根据要素的达成程度，结合主导形象黑社会性质组织的雏

---

① 吴学斌：《刑法思维之变革：从概念思维到类型思维——以刑法的适用为视角》，载《法商研究》2007年第6期。

② 关于概念思维的缺陷，参见齐文远、苏彩霞：《刑法中的类型思维之提倡》，载《法律科学》2010年第1期；任彦君：《论类型思维在刑事疑案裁判中的运用》，载《法学评论》2015年第4期。

③ 关于“流动的”的解释，参见［德］英格博格·普珀：《法学思维小学堂——法律人的6堂思维训练课》，蔡圣伟译，北京大学出版社2011年版，第28页。

④ 过渡概念适用类型思维的优势，参见［德］英格博格·普珀：《法学思维小学堂——法律人的6堂思维训练课》，蔡圣伟译，北京大学出版社2011年版，第25页。

⑤ 参见［德］卡尔·拉伦茨：《法学方法论》，陈爱娥译，商务印书馆2003年版，第347页。

⑥ 关于事物本质、类型思维的关系，参见周维明：《“事物本质”、类型思维与类推适用的关系之探析》，载陈金钊、谢晖编：《法律方法》（第15卷），山东人民出版社2014年版。

⑦ 参见［德］英格博格·普珀：《法学思维小学堂——法律人的6堂思维训练课》，蔡圣伟译，北京大学出版社2011年版，第25页。

形进行价值判断，认定是否构成恶势力。如果三个要素均以最基本的条件满足，较黑社会性质组织更趋近于普通共同犯罪，则一般不宜认定构成恶势力。如果三个要素中，某个要素已经趋近甚至符合了黑社会性质组织的程度，而其他要素达成的程度较弱，也不影响认定恶势力。

（二）恶势力认定的具体要素

1. 组织特征

《指导意见》将恶势力的组织特征细化为一般三人以上，经常纠集在一起，纠集者相对固定。从表述上看，上述内容缺乏客观的量化标准，无法以形式逻辑认定，只能加入价值判断，在个案中补充标准。从实质上看，《指导意见》规定组织特征的规范目的是强调认定恶势力的前提是存在一个组织。这个组织并不要求达到黑社会性质组织的紧密程度，但也不能是临时性的聚合。如何判断成为一个组织呢？第一个因素是组织人数必须是三人以上。这里的三人以上应当是相对固定的成员，而非被临时纠集者。第二个因素是纠集时间，需要经常纠集，而非临时纠集。第三个因素是组织结构，需要有相对固定的纠集者。这些因素是可以相互影响的，在认定时需要综合判断。当组织结构非常明确，纠集者与被纠集者均固定时，纠集时间这个要素就可以相对减弱，也就是即便不是一般意义上的经常纠集在一起，但是由于每次实施犯罪的人员、分工、纠集过程均十分固定，也可以认定为符合组织特征，只不过这个组织的隐藏能力、反侦查能力更强。当纠集时间极长，纠集者固定这个要件就可以相对减弱。比如恶势力成员几乎天天自发到固定的广场聚集，在网上形成固定的QQ群、微信群，只要有成员提出实施敲诈勒索等违法犯罪行为的建议，就全体出动。获得经济利益后，根据纠集与参与的不同分工分取利益。此时可能每次犯罪的纠集者均不固定或者无法查清，但是由于该组织长期自发纠集在一起也可以认为符合恶势力的组织特征。

区分黑社会性质组织与恶势力的组织特征的关键在于内部控制能力的不同。从恶势力到黑社会性质组织的演变是组织内部控制能力不断加强的过程。两者的差别是渐进的，个案中可能存在模糊、不易把握之处。我们在认定组织特征是否超过恶势力、达到了黑社会性质组织的程度时，应当坚守法定标准。刑法第294条规定黑社会性质组织的组织特征是“形成较稳定的犯罪组织，人数较多，有明确的组织者、领导者，骨干成员基本固定”。与恶势力的组织特征相比较，两者内部控制能力形式上的不同在于黑社会性质组织具有组织者、领导者、骨干成员、其他积极参加者、一般参加者的复杂层级与职责分工，而恶势力仅有纠集者与被纠集者两个层级；实质上的不同在于是否达到了较稳定的程度。组织稳定性可以分为存续时间的稳定性、组织成员的稳定性、内部管理的稳定性（组织纪律）等。这些都是组织内部控制成员的体现或者手段。个案判断中，形式区别是前提条件，如果组织内部无法区分出复杂分工与职责，则仅构成恶势力。如果具有上述分工，还要按照实质条件判断组织是否稳定，是否具有严密的内部控制能力，否则即便存在上述分工，也不能认定符合黑社会性质组织的组织特征，仅符合恶势力的组织特征。

2. 行为特征

《指导意见》将行为特征细化为以暴力、威胁或者其他手段，多次实施违法犯罪活动。根据司法实践及《指导意见》，恶势力的行为特征要素包括以下几点：第一，组织性。不能根据成员的个人犯罪认定恶势力组织。行为特征的判断依据必须是恶势力实施的违法犯罪行为，也就是为了确立、维护、扩大恶势力组织的势力、影响、利益或者按照恶势力组织的纪律规约、组织惯例实施的行为。在判断某起行为是否具有组织性时，应当注意判断前后行为的连续性、一贯性，行为动机、目的的统一性，行为是否按照相同惯例实施。第二，暴力性。恶势力的犯罪行为应当以暴力、威胁或软暴力等其他手段进行。第三，一定程度的公开性。《指导意见》列举了通常情况下恶势力犯罪的常见类型，包括强迫交易、故意伤害、非法拘禁、敲诈勒索、故意毁坏财物、聚众斗殴、寻衅滋事等惯常犯罪手段，以及实施开设赌场、组织卖淫、强迫卖淫、贩卖毒品、运输毒品、制造毒品、抢劫、抢夺、聚众扰乱社会秩序、聚众扰乱公共场所秩序、交通秩序以及聚众“打砸抢”等伴随违法行为。从该列举中，我们可以发现恶势力实施行为应当具有一定的公开性。第四，多次性。恶势力实施的犯罪行为必须具有多次性，否则无法区分临时聚众犯罪与恶势力组织犯罪。《指导意见》要求多次实施违法犯罪行为，也就是说恶势力行为特征认定的基础既包括违法行为，又包括犯罪行为。应当注意的是，这里所指的多次实施违法犯罪行为是恶势力认定的条件，并非定罪条件，需要区分恶势力认定中多次实施违法犯罪行为与具体定罪中构成犯罪的入罪条件。比如，恶势力犯罪通常实施的敲诈勒索行为的入罪条件包括“多次敲诈勒索”。司法解释规定“2 年内敲诈勒索 3 次以上的”，应当认定为“多次敲诈勒索”。但是，认定恶势力行为特征的多次性不以每次行为均构成犯罪为条件，也不以 2 年为限。如果 3 次敲诈勒索行为不是在 2 年之内发生，不构成敲诈勒索罪，但是如果符合组织性条件，可以作为认定恶势力的情节。

以类型思维分析恶势力的行为特征，需要结合黑社会性质组织的雏形这一主导形象，关注要素之间的内在联系，综合判断是否符合恶势力的行为特征。通常认为行为暴力性越强，对于公开性的需求越小。比如，横行乡里、称霸一方、欺压残害百姓的“村霸”型恶势力。为了实现称霸一方的目的，多次打击报复与其具有纠纷的群众。为了逃避侦查，打击报复的过程可能并不公开甚至隐瞒身份，但是由于村内社会属于熟人社会，此类报复很容易联想到“村霸”作案，形成恶劣的社会影响。此时虽然不具有典型的公开性，但是也符合恶势力犯罪的行为特征。与之相反，行为暴力性越弱，对公开性的需求越高。比如，软暴力犯罪，暴力程度较低，则需要有滋扰、纠缠、哄闹、聚众造势等手段，对公开性需求较高。再如行为多样性问题。《指导意见》并未规定恶势力必须实施性质不同的多种犯罪。从实践情况看，存在大量恶势力采取某些特殊的犯罪模式专门实施一种犯罪行为。所以，恶势力的行为模式并不要求多样性。但是需要注意的是《指导意见》将恶势力所实施的犯罪分为惯常犯罪手段和伴随违法行为。如果一个犯罪团伙仅实施开设赌场、组织卖淫、强迫卖淫、贩卖毒品、运输毒品、制造毒品、抢劫、抢夺等某项伴随违法行为，由于其并不公然地侵害社会秩序，危害特征要求应当更高，否则无法准确区分恶势力与专门从事此类伴随违法行为的犯罪团伙、犯罪集团。

在行为特征中，黑社会性质组织与恶势力没有本质的区别，只是犯罪数量可能存在一定差异，区分两者时应当结合其他要素综合判断。

3. 危害特征

《指导意见》将危害特征规定为在一定区域或者行业内，为非作恶，欺压百姓，扰乱经济、社会生活秩序，造成较为恶劣的社会影响，但尚未达到黑社会性质组织的破坏程度。需要区别的是此处的危害特征是恶势力自身的危害特征，而非某种具体行为的危害结果，也不是对危害结果的简单累加。恶势力的危害本质是在一定区域或者行业产生具有一定影响的“恶名”。“一定区域”是指空间范围与社会功能的结合体，如市场、码头、车站等。“一定行业”也应当以一定区域为依托，是指一定区域内从事同类生产、经营行为的整体。这里的行业既可能是合法行业，如建筑业、酒类经销等，也可能是非法行业，如放高利贷、黄、赌、毒等。“恶名”可能以多种形式存在，个案之间具有差异性，需要结合恶势力的主导形象综合判断。需要强调的是，恶势力的危害特征并不体现为被害人的内心恐惧、厌恶或者心理强制，而是对一定区域或者行业内其他人员的影响。所以，在证明危害特征时不仅要注意收集被害人的言词证据，还要注意收集其他与具体犯罪行为无关人员的言词证据，单独证实危害特征。

危害特征是恶势力与黑社会性质组织最根本的区别。黑社会性质组织的危害特征体现为非法控制或者重大影响。认定黑社会性质组织要求在一定区域或者行业内严重削弱政府公共管理职能，甚至替代政府形成超越法律的秩序。而恶势力的危害特征仅是组织自身形成了较为恶劣的社会影响，两者存在本质上的区别。

（三）恶势力的主导形象

恶势力的主导形象是黑社会性质组织的雏形，其逐步规范化的目的就是填补黑社会性质组织雏形阶段的处罚空白。恶势力与黑社会性质组织在经济特征上区别较大，在组织特征、危害特征上的区别体现为量变产生质变的过程，在行为特征上仅有量的差距，不具有质的不同。有学者将黑社会性质组织的雏形的特征归纳为恶势力违法犯罪追求的阶段性目的，即“为谋取不法利益或形成非法影响有组织地违法犯罪”①。这种观点忽视了“黑社会性质组织的雏形”这一主导形象对其他要素的价值判断作用，利用案件事实的逻辑判断代替价值判断，名义上限制了恶势力的认定标准，实质上造成了恶势力认定的僵化。比如，《通知》明确重点打击插手民间纠纷，充当“地下执法队”的黑恶势力。此类恶势力插手的民间纠纷大多为合法的债权债务纠纷。债权人因执行受阻，聘请恶势力，甚至为恶势力成员出具合法的代理函，并与其约定了债权履行后的报酬。恶势力成员到达债务人公司后通常首先出示代理函，之后暗示自己的

① 参见黄京平：《恶势力及其软暴力犯罪探微》，载《中国刑事法杂志》2018 年第 3 期。

"黑社会"身份，有组织地采用滋扰、纠缠、哄闹、聚众造势等手段扰乱债务人正常的工作、生活秩序，威胁还款。这个过程中债权合法，且恶势力成员与债权人的约定真实有效，难以认定不法利益。另外，债务人散落在各地，代理讨债无法认定为了形成对某一地区或者某一行业的非法影响而实施犯罪。如果按照分类概念的判断方法将黑社会性质组织的雏形归纳为"为谋取不法利益或形成非法影响有组织地违法犯罪"无法得出妥当的结论。但是如果采取价值判断的方法，此类恶势力在违法犯罪手段上已经具有了黑社会性质组织的行为特征，组织形式也可能存在明确的分级、固定的成员及分工。其随时可以采取暴力手段插手经济领域，获取经济利益，以黑养商，符合黑社会性质组织的雏形的特征。

另外，黑社会性质组织的雏形并非不具有限制恶势力认定的功能。比如，少数上访人员为了不合理的利益，有组织地缠访缠诉，扰乱社会秩序，根据组织特征、行为特征、危害特征，也可能被认定为恶势力，按照软暴力涉恶案件处理。但是通过价值判断也可以发现，此类案件与黑社会性质组织的雏形具有一定区别，因矛盾激化等原因组织实施的违法犯罪行为与恶势力具有明显的区别。

判断一个组织是否符合黑社会性质组织的雏形这一主导形象，要以组织特征、行为特征、危害特征等具体判断要素的满足程度为基础，结合阶梯化处断的规范目的综合判断。恶势力犯罪的规范目的在于建立普通共同犯罪、恶势力犯罪、黑社会性质组织犯罪三者阶梯化处断的认定模式。对普通共同犯罪按照已有的定罪量刑规则进行处罚；对恶势力犯罪除了依据具体犯罪行为适用已有规则外，还要将恶势力组织自身的社会危害性作为量刑情节予以考虑；对黑社会性质组织犯罪，根据组织、领导、参加行为和其他犯罪行为数罪并罚。

在区分共同犯罪、恶势力时，应当重点分析是否产生了组织自身独特的社会危害性。这种危害性不仅仅体现为现实的社会危害，即对现有社会秩序的蚕食，还体现为可能发展为黑社会性质组织的潜在危害，也就是侵害社会秩序的具体危险。这种具体危险表现为：连续犯罪所积累的组织能力、经济能力、社会恶名提升了恶势力再次犯罪的能力；恶势力支配下的犯罪行为更易于复制；特殊组织目的驱使下逐步形成严密组织实体等。单纯适用共同犯罪理论已经无法完全评价该组织，所以有必要认定为恶势力进行整体评价。在认定时，应当重点考虑组织设立的目的、存续的原因、连续实施犯罪行为的目的等要素。比如陈某锋、陈某霆、庄某某、纪某某寻衅滋事案①。该案判决书显示，四人寻衅滋事三次，分别为：2015 年 3 月 9 日，因庄某某在酒吧消费时与他人产生口角，遂纠集陈某锋、纪某某持刀追砍被害人，造成他人轻伤二级；2017 年 3 月 19 日，陈某锋、纪某某、陈某霆在 KTV 消费时，再次与他人产生口角，进而持停车铁牌、塑料椅等殴打被害人，造成他人轻微伤；2017 年 9 月 21 日，陈某锋因电动平衡车的质量问题与卖家产生矛盾，遂纠集陈某霆、纪某某等人殴打卖家，造成他人

① （2018）粤 0507 刑初 314 号，案例来源于中国裁判文书网。

轻微伤和财产损失。有观点认为，上述四人经常相互纠集在一起，因日常偶发矛盾纠纷或肆意发泄情绪，多次随意殴打他人、打砸财物，造成多人不同程度受伤及财物损毁，形成恶势力团伙。如果简单累积认定要素，该团伙可能符合《指导意见》中三人三次以暴力手段实施违法犯罪活动，造成较为恶劣社会影响的恶势力认定形式标准，进而得出构成恶势力的结论。但是如果以黑社会性质组织雏形的主导形象来判断，就可以发现本案的共同犯罪与恶势力仍然存在一定区别。四人实施犯罪行为的起因具有偶发性，特别是第一、二次寻衅滋事行为均因酒后口角引发，无法得出共同的犯罪目的。前后三次犯罪行为时间跨度较大，虽然参与人员有所重叠，但是没有因为犯罪积累任何组织能力、经济能力、社会恶名。如果认为四人经常纠集在一起，产生了一定程度的组织，但是其纠集并非以实施违法犯罪行为为目的，也没有通过犯罪行为逐步明确组织内部分工与层级，加深组织内部控制能力。从发展阶段看，上述四人经常聚集在一起的状态尚不存在黑社会性质组织雏形的特点，仅是共同犯罪的偶然重复。

在区分恶势力与黑社会性质组织时，应当严守黑社会性质组织认定的法定条件。组织、领导、参加黑社会性质组织罪是刑法明文规定的犯罪，恶势力是司法实践推动下逐步规范化的制度。当一个犯罪组织符合了黑社会性质组织的成立条件时应当优先适用刑法分则的概念。只有确实不构成黑社会性质组织时才应当考虑构成恶势力。所以，恶势力与黑社会性质组织的界限就是黑社会性质组织的法定条件。根据刑法第 294 条的规定，黑社会性质组织需要满足组织特征、经济特征、行为特征、危害特征四个要素。恶势力与黑社会性质组织在组织特征、行为特征、危害特征中具有一定的重合之处，但恶势力不以经济特征为要件，既不要求实施犯罪行为的经济目的，也不要求具有维系生存、发展犯罪的经济实力。

四、当前认定恶势力犯罪的几个具体问题

（一）关于恶势力规范解释的条文基础

《指导意见》只能解释现有刑法规范，不能增加规范。恶势力规范必须找到对应的法条基础，否则就超出了法律解释的范围，违反了罪刑法定原则。在恶势力认定过程中，正确理解《指导意见》的相关规定离不开背后法条基础的辅助。在确定恶势力法条基础之前，首先需要分析的是恶势力与现有概念的关系。关于恶势力与犯罪团伙之间的关系，学界有肯定说①、否定说②的对立。关于恶势力与黑社会性质组织的关系，虽然表述略有不同，但基本认可恶势力是黑社会性质组织的雏形的观点③。对于恶势力与犯罪集团的关系，学界基本认为恶势力不是犯罪集团，恶势力的发展过程可以分为：

---

① 肯定说将恶势力直接定义为犯罪团伙，认为恶势力是一种特殊的犯罪团伙。参见李旭东、汪力：《地方恶势力犯罪的若干问题》，载《现代法学》1998 年第 1 期。

② 否定说认为恶势力与犯罪团伙存在区别。参见张普华、邹孝：《流氓恶势力的概念与主要特征》，载《法学评论》（双月刊）1995 年第 1 期。

③ 参见谢勇、王燕飞：《论有组织犯罪研究——十年回顾、评价与前瞻》，载《犯罪研究》2005 年第 3 期。

一般共同犯罪→犯罪团伙→流氓恶势力→犯罪集团→黑社会性质组织[①]。我们认为概念的区分应当在同一标准下进行，有组织犯罪与犯罪组织是两个不同标准下的概念。犯罪组织是刑法的原生概念，认定的标准是犯罪的组织方式，是单一维度的分类。其分析的是共同犯罪人以何种方式结合实施犯罪，关注的重点是组织形式，解决的问题是如何将社会危害结果（法益侵害后果）归属于参与者的结果归属。有组织犯罪是犯罪学、刑事政策学的原生概念，不仅包含了一系列犯罪的行为人（组织方式），还包括了一系列犯罪的活动（行为方式）[②]，属于多维的分类方法，确定标准的方法不在于逻辑而是经验。其着眼于维护社会治安的需要和犯罪的特点，解决的问题是如何瓦解和预防有组织犯罪。共同犯罪、犯罪集团、犯罪团伙属于犯罪组织，恶势力、黑社会性质组织、黑社会组织属于有组织犯罪。根据发展状态不同，依次可以分为恶势力→黑社会性质组织→黑社会组织。其中，黑社会性质组织符合犯罪集团的特点，属于特殊的犯罪集团。《指导意见》将恶势力区分为恶势力团伙与恶势力犯罪集团，说明恶势力在组织形式上未必符合犯罪集团的要求，既可能是犯罪团伙，也可能构成犯罪集团。

既然恶势力是由组织方式、行为方式共同组成的多维概念，那么它的法条解释基础就不能仅是刑法总则第二章第三节“共同犯罪”的相关规定，还应当包括分则中具体的犯罪行为，也就是《指导意见》中确定的 7 种惯常犯罪手段以及 11 种伴随违法行为[③]所涉及的刑法分则条文。在认定恶势力时，既要分辨恶势力犯罪与普通共同犯罪、犯罪集团之间的区别，不能将一切不构成黑社会性质组织的共同犯罪、犯罪集团均认定为恶势力组织，还要区分具体犯罪行为中的共同犯罪行为与恶势力组织的区别，不能认为上述所涉罪名中只要形成了犯罪组织就是恶势力。比如，在司法实践中，有的犯罪组织专门从事抢劫、抢夺等侵财性犯罪或者单纯开设赌场、组织卖淫、贩卖毒品等主要以谋利为目的的妨害社会管理秩序犯罪，虽然这些犯罪组织也可能造成严重后果，但其行为表现形式较为单一，对法律所保护的社会关系的侵害面较窄，应当审慎认定恶势力。

（二）关于恶势力规定的时间效力

根据罪刑法定原则的要求，刑法必须遵循“从旧兼从轻”原则。《指导意见》属于司法解释性质的文件，是否具有溯及既往的效力是认定恶势力过程中值得分析的问题。实务中，通常肯定司法解释的溯及既往效力[④]。理论界对于司法解释是否具有独立

① 张天虹：《黑社会性质组织犯罪的有关问题探讨》，载王牧主编：《犯罪学论丛》（第二卷），中国检察出版社 2004 年版，第 208 页。

② ［英］麦克·马圭尔等：《牛津犯罪学指南》，刘仁文等译，中国人民公安大学出版社 2012 年版，第 599 页。

③ 惯常犯罪手段包括：强迫交易、故意伤害、非法拘禁、敲诈勒索、故意毁坏财物、聚众斗殴、寻衅滋事。伴随违法行为包括：开设赌场、组织卖淫、强迫卖淫、贩卖毒品、运输毒品、制造毒品、抢劫、抢夺、聚众扰乱社会秩序、聚众扰乱公共场所秩序和交通秩序以及聚众“打砸抢”。

④ 典型如最高人民法院、最高人民检察院于 2001 年 12 月 7 日颁布的《关于适用刑事司法解释时间效力问题的规定》第 2 条规定：“对于司法解释实施前发生的行为，行为时没有相关司法解释，司法解释施行后尚未处理或者正在处理的案件，依照司法解释的规定办理。”

的时间效力至今仍存在争议，有从属论、独立论、区分论的争论。从属论认为，司法解释没有创制新的刑法规范，只是对现行刑法规范的解释，其效力必然依附于被解释的条文。[①] 独立论认为，司法解释虽然不能创制新的法律，但事实上起着弥补刑事立法漏洞的作用，较刑事法律具有“滞后性”的特点，因此具有独立的时间效力。[②] 区分论认为，应当区分司法解释内容对时间效力分别予以明确化：对于那些属于常规状态下的解释或有利于被告人的解释，可以溯及既往；对于那些不属于常规状态下的解释或不利于被告人的解释，应当明文规定此解释只适用于颁布之后的行为[③]。

关于《指导意见》中对恶势力规范的时间效力，我们支持区分论的观点，司法解释性质的文件虽然不属于正式的司法解释，但对其时间效力也应当根据内容的不同分别予以明确。刑法的解释通常具有三大功能：一是对抽象的法律概念的内涵、外延的诠释，简单地说，就是对抽象而概括的法律条文字义及其内容的具体解读；二是对司法认定的特定“法律事实”（即个案）与某一具体刑法规范是否符合作出的解释（或解答、批复等）；三是对整个刑法体系的价值及其刑罚目的取向所作的系统解释[④]。对于第一、二种功能中涉及扩大解释的，应当坚持“从旧兼从轻”的原则，落实法治社会的可预期性原则。对于前两种功能中没有涉及扩大解释以及第三种功能下的，应当肯定溯及力。《指导意见》中对恶势力的规范主要包括两个部分：定罪情节与量刑情节。量刑情节是指对构成恶势力后依法从严惩处，属于前述刑法解释中的第三种功能，应当肯定溯及力。定罪情节主要为恶势力实施软暴力的法律适用问题。《指导意见》规定恶势力有组织地采用滋扰、纠缠、哄闹、聚众闹事等手段扰乱正常的工作、生活秩序，使他人产生心理恐惧或者形成心理强制的，可以分别认定为寻衅滋事罪中的“恐吓”、强迫交易罪中的“威胁”、敲诈勒索罪中的“以黑恶势力名义敲诈勒索”。我们认为上述解释为当然解释并非扩大解释。区分当然解释与扩大解释的关键在于解释的内容是以“立法旨趣”的预测可能性衡量还是以“文义”的预测可能性衡量，前者在立法者制定法律时已经纳入评价范围，只是为了行文简洁没有一一列举；后者在文义范围内扩张了条文的含义，使其符合法律的真实含义[⑤]。《刑法修正案（八）》专门完善了打击黑社会性质组织犯罪等犯罪的法律规定，其中对寻衅滋事罪、强迫交易罪、敲诈勒索罪进行了调整，尤其是在寻衅滋事罪罪状描述中增加了“恐吓”，目的是应对黑恶势力团伙采取软暴力对他人进行心理威慑行为的打击盲区[⑥]。这说明《刑法修正案（八）》已经对上述问题加以了考虑，《指导意见》只是进一步明确了上述问题，属于

---

① 参见曲新久：《论刑法解释与解释文本的同步效力——兼论刑法适用的逻辑路径》，载《政法论坛》第24卷第2期；刘艳红：《论刑法司法解释的时间效力》，载《中国刑事法杂志》2007年第2期。

② 参见刘宪权：《我国刑事司法解释时间效力的再思考》，载《法学》2002年第2期。

③ 刘仁文：《关于刑法解释的时间效力问题》，载《法学杂志》2003年第1期。

④ 参见屈学武：《刑法解释论评析》，载最高人民检察院法律政策研究室编：《法律应用研究》，中国法制出版社2002年版，第1页以下。

⑤ 参见杨仁寿：《法学方法论》（第二版），中国政法大学出版社2013年版，第150～158页。

⑥ 参见黄太云：《〈刑法修正案（八）〉解读（二）》，载《人民检察》2011年第7期。

当然解释，而非扩大解释。综上，我们认为根据区分论的观点应当肯定《指导意见》中关于恶势力的规定的溯及力。但是在具体适用时仍然要考虑被解释文本的溯及力，如寻衅滋事罪中的“恐吓”、“以黑社会名义敲诈勒索”涉及的“数额特别巨大或者有其他特别严重情节”认定均涉及《刑法修正案（八)》的溯及力问题，应当予以考虑。

（三）关于恶势力认定程序中的权利保障

依法推进扫黑除恶专项斗争，在严厉打击恶势力犯罪的同时，要充分保障诉讼各方的合法权益，尤其是犯罪嫌疑人、被告人的权利。在认定恶势力的过程中，应当注意以下几点：第一，充分保障被追诉者的知情权。恶势力并非罪名，不属于司法机关应当告知犯罪嫌疑人、被告人的内容。尤其是在侦查、审查起诉阶段，犯罪嫌疑人对现阶段是否被定性为恶势力并不知情，无法做到有效辩护。为了贯彻正当程序原则，我们认为应当在适用强制措施、移送审查起诉、提起公诉等环节建立告知制度，对于已经定性为恶势力的案件，明确告知犯罪嫌疑人、被告人，保障其知情权。第二，充分保障辩护人的会见权。根据刑事诉讼法第37条的规定，除危害国家安全犯罪、恐怖活动犯罪外，其他案件律师会见犯罪嫌疑人、被告人不受限制。第三，充分保障被追诉者的辩护权。公安司法机关认定恶势力时应当充分保护被追诉者的辩护权。我们发现有的恶势力案件侦查机关、检察机关均未认定为恶势力犯罪，也未专门进行庭审调查、辩论，审判机关在判决中直接认定为恶势力，从重处罚。这种做法在一定程度上剥夺了被告人的辩护权，虽然恶势力不是一项独立的罪名，但是作为专项斗争中一项重要的量刑情节，也应当充分保护被追诉者的辩护权，尤其是对于检察机关未按照恶势力起诉的案件，审判机关不应当未经法庭辩论直接认定为恶势力。对于此类案件，审判机关确实认为可能构成恶势力的，应当充分听取公诉机关、被告人、辩护人的意见，再作出是否认定为恶势力的决定。对于一审法院没有认定恶势力的，二审检察院、法院如果认为应当认定为恶势力的，不能直接认定，应当以事实不清为由，发回重审。第四，建立认定为恶势力的特殊诉讼程序。虽然《指导意见》明确法律文书中可以使用恶势力表述，但是缺乏配套的程序保证，导致各地恶势力认定程序的差异，影响专项斗争的有序开展。我们建议在庭审程序中建立恶势力的认定程序，对相关证据单独进行举证、质证，有效引导控辩双方就是否构成恶势力进行辩论，保证恶势力认定程序公正。第五，合理运用认罪认罚从宽制度。合理运用认罪认罚从宽制度对严格贯彻宽严相济刑事政策、有效打击黑恶势力、分化内部成员具有重要意义，尤其是黑恶势力犯罪办案过程中经常面临侦查难、取证难、证明难的问题，影响黑恶案件的办案效率。对于其中犯罪情节较轻的参加者适用认罪认罚从宽制度获取自愿作出的有罪供述，并基于该供述固定证据，可以有效缓解取证的难题，提高侦查效率。

结语

本轮扫黑除恶专项斗争的当务之急是如何准确认定恶势力犯罪。鉴于恶势力概念的实践属性，有必要在适用类型思维的同时建立相对应的案例指导制度，以明确不同类型恶势力认定的具体标准，统一司法尺度。至于恶势力概念如何发展，是否有必要增设“组织、领导、参加恶势力组织罪”的新罪名，我们认为，刑事立法的处罚漏洞确实存在，本着严密法网的想法，对刑法进行补充完善的思路值得肯定，但未必需要增设新罪名，也可考虑采取《指导意见》的思路以量刑情节的方式在刑法总则或者分则的相关条文中增设从重处罚甚至加重处罚的条款，以达到填补处罚空白的目的。如在刑法第26条关于共同犯罪主犯的规定中增加“组织、领导、参加恶势力实施犯罪的，应当从重处罚”的规定，或者在分则第226条强迫交易罪、第274条敲诈勒索罪、第234条故意伤害罪、第238条非法拘禁罪等恶势力惯犯中增加“组织、领导、参加恶势力犯前款犯罪的，应当从重处罚”的规定。至于具体采用何种方案，可以进一步研究。

黑社会性质组织与恶势力的刑法区分

臧冬斌[*] 董 颖[**]

2018年年初中共中央、国务院发布了《关于开展扫黑除恶专项斗争的通知》，决定在全国范围内开展为期三年的扫黑除恶专项斗争。由“打黑除恶”到“扫黑除恶”，体现了国家对扫除黑恶势力的态度与决心，但在实践中也出现为了片面追求成果而导致扫黑的扩大化，正确厘清黑社会性质组织与恶势力的区别对正确界定黑社会性质组织非常重要。

一、黑社会性质组织概说

“黑社会最早是一个社会学上的概念，按照社会学的观点，社会可被划分为上等社会或上流社会与下等社会或黑社会，它们是两种不同的社会，两者有着本质上的区别。上等社会，是指国家建立和保护的、传统的、守法公民的社会；下等社会或黑社会是由罪犯和黑社会组织所控制的、非法存在的社会，它存在于合法社会之中，并公开与之相对立。”[①]立法者认为我国并未出现类似于意大利黑手党这样真正意义上的黑社会组织，更多的是黑社会性质组织，因而没有采用黑社会这个概念。

全国人大常委会在《关于〈中华人民共和国刑法〉第二百九十四条第一款的解释》中概括了黑社会性质组织的四个特征：一是形成较稳定的犯罪组织，人数较多，有明确的组织者、领导者，骨干成员基本固定；二是有组织地通过违法犯罪活动或者其他手段获取经济利益，具有一定的经济实力，以支持该组织的活动；三是以暴力、威胁或者其他手段，有组织地多次进行违法犯罪活动，为非作恶，欺压、残害群众；四是通过实施违法犯罪活动，或者利用国家工作人员的包庇或者纵容，称霸一方，在一定区域或者行业内，形成非法控制或者重大影响，严重破坏经济、社会生活秩序。

可以认为，黑社会性质组织就是形成一定规模并有经济实力支撑的，以暴力、威胁或者其他手段有组织地实施违法犯罪活动或者利用国家工作人员的包庇或纵容，称霸一方，严重破坏经济、社会生活秩序的犯罪组织。

---

* 河南财经政法大学刑事司法学院教授，法学博士。

** 河南财经政法大学刑法学硕士研究生。

① 何秉松：《中国有组织犯罪研究（第一卷 中国大陆黑社会（性质）犯罪研究）》，群众出版社2009年版。

二、恶势力犯罪概说

刑法条文中明确规定了黑社会性质组织的基本特征，而恶势力是什么，刑法条文并未明文规定。“恶势力”这一概念并非特定的法律术语，而对其概念有不同的定义。有观点认为，“恶势力是指以暴力、威胁、滋扰等手段，在相对规定的区域或行业内，多次实施敲诈勒索、聚众斗殴等违法犯罪活动，横行乡里，欺行霸市，为非作歹，欺压残害百姓，扰乱社会治安的纠合性违法犯罪组织”①。还有观点认为，“恶势力是指由三人或多人以获得金钱或其他物质利益为目的结合起来、多次实施犯罪、已形成一定实力的暴力性团伙”②。

最高人民法院、最高人民检察院、公安部、司法部在2018年1月印发的《关于办理黑恶势力犯罪案件若干问题的指导意见》中对“恶势力”的表述加以认同，认为“恶势力”是指经常纠集在一起，以暴力、威胁或者其他手段，在一定区域或者行业内多次实施违法犯罪活动，为非作恶，欺压百姓，扰乱经济、社会生活秩序，造成较为恶劣的社会影响，但尚未形成黑社会性质组织的违法犯罪组织。恶势力一般为三人以上，纠集者相对固定，违法犯罪活动主要为强迫交易、故意伤害、非法拘禁、敲诈勒索、故意毁坏财物、聚众斗殴、寻衅滋事等，同时还可能伴随开设赌场、组织卖淫、强迫卖淫、贩卖毒品、运输毒品、制造毒品、抢劫、抢夺、聚众扰乱社会秩序、聚众扰乱公共场所秩序、聚众扰乱交通秩序以及聚众“打砸抢”等。在该指导意见中，“两高两部”认为在相关法律文书的事实认定部分可以使用“恶势力”加以表述。

在笔者看来，“恶势力”是黑社会性质组织的雏形，并且很有可能最终发展成为黑社会性质组织。正因为如此，两者具有很多相似性，在司法实践中也很容易混淆。“扫黑除恶”专项整治斗争虽然同时要求扫清除尽黑、恶势力，但并不意味着对尚处于雏形状态的恶势力按照较成熟形态的黑社会性质组织加以惩治。对于不符合黑社会性质组织认定标准的，应按照案件事实和法律规定加以裁决。

三、黑社会性质组织与恶势力的不同

（一）组织特征方面

根据《刑法修正案（八）》的规定，黑社会性质组织的组织特征可归纳为几点，即较稳定的犯罪组织、人数众多、成员分工基本固定。首先，“较稳定的犯罪组织”主要说明这个犯罪组织保持时间较长。通常在司法实践中辩方常以成立时间较短这一点来论证未构成黑社会性质组织犯罪，而在立法上并未设立标准，在司法上也未形成统一的标准。但各地司法机关裁判案件所经常适用的时间标准为最短6个月。“人数众多”这一点，司法实践中及理论界一般认为黑社会性质组织的成员至少在10人以上，

① 李文燕、柯良栋：《黑社会性质犯罪防治对策研究》，中国人民公安大学出版社2006年版。

② 何秉松：《中国有组织犯罪研究（第一卷　中国大陆黑社会（性质）犯罪研究）》，群众出版社2009年版。

这是与其另一点“成员分工基本固定”相辅相成的，黑社会性质组织内部成员地位鲜明，分工等级明确，如果要构成一个有规模性的组织，人员势必会较多。而对恶势力组织成员规定人数相对较少，最少为三人。如果仅从这几个方面区分的话，好似很简单。但实际上恶势力与黑社会性质组织如今规模相差甚小，不管是成立时间还是人员组成都很接近，所以才造成司法认定上的困难，也在扫黑除恶运动中很容易被不做区别地打击。

所以，为了更好地进行区分，在组织特征方面，笔者认为应注意犯罪组织是否已经形成内部规矩，或者说是“帮规”。黑社会性质组织的突出特点就在“黑社会”上，它是与国家秩序相违背的隐藏于地下的一个小社会，有与主流秩序相反的内在秩序，脱离国家秩序的管控。正因为如此，国家才致力于将具有黑社会性质的组织与已有其雏形的恶势力及早消灭。所以，在区分黑社会性质组织与恶势力时，最重要的是看该组织是否已经形成内部管理秩序，这是区分两者的关键性因素。

（二）行为特征方面

根据刑法第294条的规定，黑社会性质组织的行为特征是以暴力、威胁或者其他手段，有组织地多次进行违法犯罪活动，为非作恶，欺压、残害群众。关于对“暴力、威胁或者其他手段”的理解，有观点认为，“黑社会性质组织打破国家正常的公共管理秩序只能采取暴力、威胁手段”①。还有观点认为，“黑社会性质组织基本的犯罪手段都是暴力性的，即实施暴力、威胁或者以暴力、威胁为后盾。暴力手段不仅是其发家的途径，也是其不断发展壮大的必要保证”②。也有观点认为，“不管黑社会性质组织如何变换手法，其在实施违法犯罪活动时始终是以暴力、威胁为基础，以干扰、破坏正常经济、社会生活秩序为目的。在分析某种具体情形是否属于其他手段时，应当紧扣以上两点”③。

笔者认为黑社会性质组织与恶势力在手段方面并未有太大差别，从一定意义上讲，恶势力是黑社会性质组织的前身，那么在到达黑社会性质组织阶段时，手段可能只是发展得更加多样、性质更加恶劣，也就是对被害人除了生理的伤害以外，可能会进行心理的迫害，或者说称为软暴力。在手段方面是不好区分两者的，毕竟在一个发展过程中，前者与后者的界限是很难把握的。

（三）经济特征方面

黑社会性质组织的设立目的即在于有组织地通过违法犯罪活动或者其他手段获取经济利益，具有一定的经济实力，以支持该组织的活动。

通常来说，黑社会性质组织之所以未达到黑社会组织的程度，就在于其目的方面。黑社会组织已经上升到政治层面，企图控制政局，正如意大利黑手党在意大利的政治

---

① 李林：《黑社会性质组织司法认定研究》，载《河南财经政法大学学报》2013年第4期。

② 阴建峰、万育：《黑社会性质组织行为特征研析》，载《政治与法律》2011年第7期。

③ 高憬宏、周川：《对办理黑社会性质组织犯罪案件若干问题的理解与认识》，载《人民司法》2011年第1期。

局势中影响很大。黑社会性质组织是为了获取经济利益而存在的，而这种经济利益并不仅是从违法犯罪活动中取得的，还可能是通过一些合法手段，如开设公司，通过正常的经营活动取得的。恶势力的成立目的如何，刑法条文并未作明文规定，或者是为获利，或者是为"耍威风"。

还有一点是黑社会性质组织本身具有一定的经济实力，至于经济实力究竟如何，最低的标准是要能支持本组织的活动，既包括违法活动，也包括合法活动。这样一来，具有经济实力与组织的违法活动之间就是互相依存的关系。一般来说，黑社会性质组织的违法犯罪活动背后都有经济实体的支撑，用来维系其生存发展，而组织的各种活动也大多是为了给这一经济实体创造更大的利益。对恶势力来说，并不要求其具有一定的经济实力，没有硬性规定，是否具有经济实力都不影响它的犯罪活动的实施。

（四）非法控制方面

黑社会性质组织的第四个特征在于通过实施违法犯罪活动，或者利用国家工作人员的包庇或者纵容，称霸一方，在一定区域或者行业内形成非法控制或者重大影响，严重破坏经济、社会生活秩序。在本文中笔者将其概括为非法控制特征来论述。一些学者将其称为"危害性特征"。在笔者看来，这个概念太过笼统浅显，与恶势力的恶劣影响特征很难区分，所以更认同"非法控制特征"这一概念。

最高人民法院、最高人民检察院、公安部于2009年12月15日联合下发的《办理黑社会性质组织犯罪案件座谈会纪要》在总结司法经验的基础上曾指出："称霸一方，在一定区域或者行业内，形成非法控制或者重大影响，从而严重破坏经济、社会生活秩序，是黑社会性质组织的本质特征，也是黑社会性质组织区别于一般犯罪集团的关键所在。"

笔者认为，非法控制特征包含了两个层次的内涵：第一个层次是"通过实施违法犯罪活动，或者利用国家工作人员的包庇或者纵容"，第二个层次是"称霸一方"，第一个层次是第二个层次的前提或者说手段。对此，笔者认为应该从三个方面来理解：一是仅实施违法犯罪活动而称霸一方；二是仅利用国家工作人员的包庇或纵容称霸一方；三是在国家工作人员的包庇纵容下实施违法犯罪活动来称霸一方。这并不影响对黑社会性质组织的认定，最终目的都是"称霸一方"，但对用来扩展势力的"保护伞"，也应该严厉打击，这在本次扫黑除恶专项斗争中是打击的重点。而恶势力的发展也可能会受到国家工作人员的包庇或纵容，所以这一点不是区分两者的关键，关键在于"称霸一方"这一点。

如何理解"称霸一方"？从词义来讲，"称霸"，是指"因具有更大的势力、权威而统治"；而"一方"有"一处"、"一边"、"一个方面、一带地方"以及"物的一部分或事的一方面"等15种含义，若采文义解释，"称霸一方"应取"在一个方面、一带地方因具有更大势力、权威而统治"之意。[①] 对于称霸一方，在刑法中的解释是"在

① 陈世伟：《黑社会性质组织基本特征的实践展开》，载《河南大学学报》（社会科学版）2012年第1期。

一定区域或者行业内，形成非法控制或者重大影响，严重破坏经济、社会生活秩序”。其中，“严重破坏经济、社会生活秩序”也可理解为“称霸”的结果，但也包含在其内涵中。

称霸的范围是一定区域或行业，但并没有规定区域面积或者行业规模。对于“一定区域”，主要考虑该区域范围受到犯罪组织的控制力和影响力。所以，一个村庄、几条街道等面积不大的区域也会因此成为黑社会性质组织“称霸一方”的区域要件；“一定行业”可以是合法行业，也可能是如赌博之类的非法行业，在这个行业内形成非法控制或严重影响，破坏原有的秩序。恶势力的活动范围也会涉及一定区域或一定行业，所以不能仅根据犯罪组织活动的范围来认定是黑社会性质组织或者恶势力组织。那么，争议的焦点就放在“称霸”上，具体来说，就是非法控制力或者重大影响力。在笔者看来，非法控制力本身已经体现了重大影响力，所以最终以犯罪组织是否对一定区域或行业形成非法控制力来区分黑社会性质组织与恶势力。

黑社会性质组织的非法控制表现在控制一定区域或行业的秩序，已经在这一领域内建立自己的威信，最重要的是形成心理控制力，达到人们不敢反抗、谈之色变的程度。而且黑社会性质组织所实施的犯罪行为也是为了扩大自己的影响力，以更好地控制一定区域或行业来谋求经济利益。而且大多数黑社会性质组织有“保护伞”，更使得对一般群众产生心理威慑力，因为这就相当于缺失了反抗的途径。没有国家的保护，一定区域或行业内的人们就只能忍气吞声，这就同时削弱了人民群众对国家的认同感，认为“官匪一家、官官相护”，使得人们对原有秩序减少信赖，更有利于黑社会性质组织对社会经济和生活秩序的控制。这也是国家要大力惩治“保护伞”的原因。同时，黑社会性质组织的非法控制力在一定领域是公开的，以便于确立作为其生存基础的经济实体的地位。比如，在一定行业实施违法犯罪活动或者在国家工作人员的包庇纵容之下进行非法垄断，在一定区域或行业对原有秩序的公然破坏，更加剧了人们的恐惧，这也导致黑社会性质组织的非法控制力更强。

恶势力所实施的违法犯罪活动并未达到控制一定领域社会秩序的程度，仅是在一定区域或行业产生恶劣的影响。如果说人们对黑社会性质组织更多的是恐惧，那么对恶势力就主要是厌恶。恶势力也并未公然与社会秩序相抗争，它的很多违法犯罪活动是隐蔽的，虽然会扩充势力，但是在“地下”进行，而且恶势力的犯罪目的是直接的，即直接利用违法犯罪活动获得经济利益，但没有经营背后经济势力的目的。同时，恶势力在一定区域或行业的影响程度是有限的，并未形成广泛的心理威慑力。

四、余论

在恶势力犯罪日益猖獗的今天，不能简单地从组织特征、行为特征、经济特征、非法控制特征等某个特征方面来区分它与黑社会性质组织，这已经无法适应司法实务的需要。所以笔者认为，在司法实践中应该将非法控制特征作为认定的关键依据，同时考虑其他特征来对黑社会性质组织与恶势力进行区分认定。

区分黑社会性质组织与恶势力的关键在于非法控制特征，黑社会性质组织所实施的违法犯罪活动主要是为了在一定区域或行业建立自己的威信，对该领域的人们形成心理威慑力，使得对该区域或行业的经济或社会生活秩序进行非法控制，以更好地从中获得非法利益，既增强自己的经济基础，又进一步扩展势力范围。而且黑社会性质组织实施的违法犯罪活动基本都有国家工作人员的包庇或者纵容，只有在“保护伞”的作用下，黑社会性质组织的犯罪行为才能达到非法控制的程度，才敢于在一定区域或行业公开广泛地展现自己的“霸主”地位。而黑社会性质组织对经济或社会生活秩序的破坏程度是它“称霸”的结果表现，对这个程度的判断则需要在司法实践中具体问题具体分析，要综合考虑非法控制对正常经济活动造成的损失占当地经济总量的比重，判断其是否在一定区域或行业内已达到垄断地位，考虑其非法控制的人口数量以及实施违法犯罪活动造成的伤亡人数。恶势力组织尚未达到能够控制一定区域或行业的程度，应该说只是扰乱一方的经济或社会生活秩序。

黑社会性质组织所实施的违法犯罪活动多是为了提高其所依附的经济实体的能力，只有该组织的经济实力足够强大才能支撑整个组织的运行，这里就体现了黑社会性质组织的经济特征。而恶势力开展违法犯罪活动是为了获取经济利益，并不是为了保障组织的运行，一般是在实施违法犯罪活动后组织分赃，主要是为了满足个人获得利益的需要。

在行为特征方面，虽然黑社会性质组织与恶势力的手段行为都很恶劣，尤其是在经济快速发展的今天，手段也不只是过去那种单纯的暴力，为了规避法律，往往实施一些在法律边缘的行为，使得司法实践中对这些行为难以处理。比如对被害人的心理的折磨，借助网络技术的骚扰，暗中控制网络言论，所形成的网络暴力就能摧毁一个人的生活乃至生命，但对这些行为的惩处确实很难落实。但总的来说，黑社会性质组织的多样性的手段都是为了一个目的，即经济利益。但恶势力有时候不单为此，也许只是为了报复。

在组织特征方面，必须承认黑社会性质组织的内部管理比恶势力更加规范，这种规范是指有组织纪律的约束，行为分工有等级的限制，但恶势力组织的人员管理比较分散，行为也更不受约束。

总而言之，判断是黑社会性质组织还是恶势力，先看该组织是否已经是一个有纪律规范的团体，然后看这个团体是否有经济实力来支撑其活动，从手段看目的是否统一为了经济利益。在前面几点都难以判断时，关键看是否有“保护伞”的支撑，实施的违法犯罪活动是否已经控制一定区域或行业，是否已经形成心理威慑力，使得一定领域的人们不得不遵守该组织制定的反社会秩序。

认定和惩处恶势力犯罪的相关问题探析

李玉杰[*]　蒋扬眉[**]

黑恶势力犯罪严重危害党和国家政权稳定、严重危害社会稳定和人民群众的生命财产安全，是依法应当严厉打击的严重犯罪。尤其是2018年伊始，中共中央、国务院下发了《关于开展扫黑除恶专项斗争的通知》，彰显了打击黑恶势力犯罪的决心和态度，必须出以重拳予以严惩。[①]为贯彻落实中央通知精神，“两高两部”发布了《关于办理黑恶势力犯罪案件若干问题的指导意见》（以下简称《指导意见》），针对实践中遇到的新情况、新问题，制定了“依法、准确、有力惩处黑恶势力犯罪，严厉打击‘村霸’、宗族恶势力、‘保护伞’以及‘软暴力’等犯罪”的具体意见。恶势力作为黑社会性质组织的初级形态，较多地存在于我国城乡地区，他们横行乡里，破坏治安秩序；欺行霸市，破坏经济秩序；插手民间纠纷，充当“地下执法队”；操作破坏选举，侵蚀基层政权；为非作恶，欺压百姓，对人民群众的生活安全造成极大的危害，破坏力远远超过了普通刑事犯罪。黑恶势力若不能得到有力打击与遏制，任其发展壮大后很容易演变成黑社会性质组织，将会造成更大的社会危害。由此可见，当前开展恶势力犯罪的理论研究和实践探讨具有重要的现实意义。

一、恶势力犯罪之界定

恶势力，沿自古法语，意为“邪恶的权力”或“凶残的力量”。恶势力一词包含着法律和道德的强烈否定评价，也常出现在司法实践中，但我国刑法并未把恶势力作为一个法律概念明确规定。因此，“恶势力”不是严格意义上的法律概念，而是刑事政策概念。恶势力与黑社会性质组织常常联系在一起，被称作“黑恶势力”。有观点认为，恶势力主要是以暴力、威胁、滋扰等手段，在相对固定的区域或行业内为所欲为，欺压群众，打架斗殴，强买强卖，扰乱公共秩序。目前关于恶势力的规范性文件主要有2009年最高人民法院、最高人民检察院、公安部、司法部印发的《办理黑社会性质

---

* 河南省焦作市中级人民法院党组书记、院长。

** 河南省焦作市中级人民法院刑三庭副庭长。

① 中共中央、国务院发出《关于开展扫黑除恶专项斗争的通知》。该通知指出，为深入贯彻落实党的十九大部署和习近平总书记重要指示精神，保障人民安居乐业、社会安定有序、国家长治久安，进一步巩固党的执政基础，党中央、国务院决定在全国开展扫黑除恶专项斗争。

组织犯罪案件座谈会纪要》(以下简称《2009 年纪要》),2015 年最高人民法院印发的《全国部分法院审理黑社会性质组织犯罪案件工作座谈会纪要》(以下简称《2015 年纪要》)和《指导意见》。这些规范性文件为依法打击恶势力提供了重要依据,尤其是《指导意见》对恶势力犯罪的认定与法律适用等问题作出了非常明确、系统的规定,为司法机关在法治框架内科学合理地处理恶势力犯罪提供了有力保障。

(一)《指导意见》对恶势力的新规定

《指导意见》规定,“恶势力”是指经常纠集在一起,以暴力、威胁或其他手段,在一定区域或者行业内多次实施违法犯罪活动,为非作恶,扰乱经济、社会生活秩序,造成较为恶劣的社会影响,但尚未形成黑社会性质组织的违法犯罪组织。并且说明“恶势力”一般为三人以上,纠集者相对固定,违法犯罪活动主要为强迫交易、故意伤害、非法拘禁、敲诈勒索、故意毁坏财物、聚众斗殴、寻衅滋事等,同时还可能伴随抢劫、抢夺或者黄、赌、毒等。

与两个纪要相比,《指导意见》对恶势力的规定有以下突破:

1. 概念性质明确化

虽然《2009 年纪要》和《2015 年纪要》都对恶势力问题有所涉及,但这两个纪要对恶势力概念的本质认定是一致的,认为恶势力并非法律用语,① 在此基础上对恶势力团伙的基本特征、认定标准、处罚原则,以及“打早打小”的惩治策略和“打准打实”的审判原则作出较为细化的规定。而《指导意见》改变了这一现象,将恶势力与黑势力同时予以规定,并对恶势力的概念再次界定,将恶势力定性为违法犯罪组织,突出了恶势力的违法性、组织性,重申了恶势力的特征,调整细化了恶势力的认定标准,明确规定了恶势力犯罪集团的成立条件,为依法惩处恶势力提供了法律依据。

2. 定性评价法律化

《指导意见》明确规定了在相关法律文书中的犯罪事实认定部分可使用“恶势力”等表述加以描述,允许以恶势力对特定组织及其违法犯罪活动做整体评价、对行为主体做区分性标示。该规定标志着恶势力半制度化的确立,② 是对恶势力规定的新突破,同时也对司法机关在审理恶势力案件时提出了新要求,即在法律文书中要对涉及恶势力犯罪的事实认定和规范评价进行表述,增加是否应当认定为恶势力,是否应当认定为恶势力团伙成员、恶势力犯罪集团成员的内容。在庭审中,是否认定为恶势力也将成为控辩双方争议的焦点内容。

3. 软暴力手段具体化

《指导意见》明确使用“软暴力”的提法,较为系统地规定了“软暴力”的各项

---

① 高憬宏、周川:《〈办理黑社会性质组织犯罪案件座谈会纪要〉的理解与适用》,载最高人民法院刑事审判第一、二、三、四、五庭主办:《中国刑事审判指导案例》(5 妨害社会管理秩序罪),法律出版社 2017 年版;戴长林、朱和庆、刘广三等:《〈全国部分法院审理黑社会性质组织犯罪案件工作座谈会纪要〉的理解与适用》,载最高人民法院刑事审判第一、二、三、四、五庭主办:《刑事审判参考》(总第 107 期),法律出版社 2017 年版。

② 黄京平:《黑恶势力利用软暴力犯罪的若干问题》,载《北京联合大学学报》(人文社会科学版)2018 年第 2 期。

特征，细化了“软暴力”手段在寻衅滋事罪、强迫交易罪、敲诈勒索罪构成要件中的定位。这些规定对准确认定恶势力利用“软暴力”实施犯罪的行为，严格区分罪与非罪、此罪与彼罪、重罪与轻罪的界限有重要的指导意义。惩治软暴力犯罪也将是打击恶势力犯罪的重点。

（二）恶势力的特征分析

恶势力犯罪是一种有组织的违法犯罪，被称为黑社会性质组织的雏形，① 但目前立法仅对黑社会性质组织犯罪的特征作出具体规定，并未对恶势力的特征进行明确，为准确界定恶势力，笔者认为也应从四个特征方面来分析。

1. 组织特征方面

“经常纠集在一起”是认定恶势力组织特征的核心要素。“恶势力”有相对固定的纠集者，成员数一般为三人或三人以上，故也被称为“恶势力团伙”。需要说明的是，纠集者和领导者有所不同，纠集者不一定是领导者，也不一定固定不变。在实践中，纠集者往往是违法犯罪行为的邀请者、发起者，但不一定有维系一个组织的主观意愿，这也是恶势力与黑社会性质组织的区别。

2. 经济特征方面

有无强烈的自我发展要求是认定恶势力经济特征方面的主要因素。黑社会性质组织通过违法犯罪活动或者其他手段获取经济利益后，其中部分或全部将会用于维系组织的存在、发展，支持组织继续实施违法犯罪活动。而“恶势力”由于自身组织结构具有不稳定性、松散性，敛财的目的性不是很强，犯罪动机多样，即使在获取不法经济利益后也往往是“坐地分赃”或大肆挥霍，而不是用于组织自身的发展壮大。

3. 行为特征方面

“违法犯罪行为的暴力性和多样性”是恶势力的行为特征。尽管《指导意见》规定恶势力以“暴力”、“威胁”或者“其他手段”为实施犯罪的行为方式，但笔者认为“暴力性”是恶势力犯罪的基础行为特征，缺乏暴力性或暴力性手段没有达到相当程度的将影响恶势力犯罪的认定。因为无论是威胁还是软暴力等其他手段都是以暴力的可能性为前提的，且恶势力犯罪前期也多是以暴力手段实施违法犯罪行为。此外，恶势力在进行违法犯罪活动时，动机和目的的随意性较大，大多是因一时一事，临时起意、临时纠集，违法犯罪行为呈多样性，主要涉及两类，一类是具有公开性、强迫性的强迫交易、故意伤害、非法拘禁、聚众斗殴、寻衅滋事等；另一类是具有隐藏性的开设赌场、组织卖淫、贩卖毒品等。在这些违法犯罪行为中，应至少有一次犯罪活动，若多次实施的均是犯罪活动，则应按犯罪集团定罪处罚，这也是恶势力与普通刑事犯罪、犯罪集团的区别。

4. 危害性特征方面

“恶势力”团伙实施违法犯罪活动也可能会造成“恶劣影响”，但并未达到非法控

① 《2009 年纪要》中就明确指出：“恶势力是黑社会性质组织的雏形，有的最终发展成了黑社会性质组织。”

制某一行业或区域的程度，只要其违法行为造成较为恶劣的社会影响即可。这也是恶势力同黑社会性质组织犯罪的本质区别。

二、惩治恶势力犯罪的实践探讨

（一）焦作地区恶势力犯罪的情况分析

自开展专项斗争以来，焦作两级法院按照“有黑扫黑、无黑除恶、无恶治乱”的要求，对黑恶案件进行分层次打击、分情况处理，从而实现综合治理、源头治理、齐抓共管的效果。通过对焦作地区已侦破的十余起恶势力犯罪案件进行统计分析，该地区的恶势力犯罪主要有以下特点：

1. 寻衅滋事、聚众斗殴等是恶势力违法犯罪行为的常态

在实践中，恶势力违法犯罪行为主要以公开性、胁迫性的寻衅滋事、聚众斗殴、故意伤害等行为为主。此类行为多伴随着暴力或暴力威胁等手段，行为的发生或后果往往更容易被社会普通人群知悉或传播，更能影响一个地方的社会和群众的安全感。目前侦破的恶势力案件中，寻衅滋事、故意伤害、聚众斗殴仍是恶势力犯罪行为的主要方式。

2. 扰乱工作秩序、非法要债等软暴力行为成为恶势力犯罪行为的新特点

采取“断电断水、挖路拦路、阻止施工”等妨碍他人工作秩序的软暴力方式以实现非法目的逐渐成为恶势力犯罪的新特点。如李某军等八人恶势力团伙违法犯罪案件，2012 年河南某建工集团中标承建博爱县柏山路道路施工工程后，该团伙通过聚众造势、拦路阻止等方式阻止工程正常施工，进而收取保护费、劳务费，谋取不正当利益，造成了恶劣的社会影响。

此外，雇用恶势力非法索要债务也是恶势力犯罪的新表现方式，恶势力人员一般采取深夜串门、言语恐吓、跟踪滋扰、不定期联系等手段来达到目的和逃避打击。

3. 开设赌场成为恶势力暴敛钱财的重要途径

随着经济的发展，恶势力犯罪已由过去闲杂无事、斗勇逞强向非法谋取经济利益转变，利益趋向性突出。无论是已经被打击的黑社会性质组织，还是新滋生的恶势力犯罪团伙，他们大多数都是采取临时设场、开办“赌博公司”，采用“抽头”、“放水”等方式暴敛钱财。赌场也由过去的地下赌场发展为网络赌博方式，组织和分工也比较明确，行动诡秘，参与人数不等，少则十几人，多则几十人、上百人。如崔某涛等人开设赌场案，2016 年以来，崔某涛伙同李某鹏、范某闹等人在网络上经营“洪荒渔乐”赌博平台，先后发展赌客 324 人，涉案赌资 271 万余元，获利 106 万余元，为该团伙实施其他违法犯罪活动暴敛财物。

4. 作案区域本土化，呈现较强的地域性

恶势力团伙分布具有明显的地域性，一般都有自己的地盘和势力范围，主要犯罪活动大都集中在核心成员的居住地及周边地段。尤其是近些年，区域经济迅速发展，人流、物流、资金流快速增长，违法犯罪的诱因不断增多，加之农村及城镇都不同程

度地存在带有各自习俗的帮派风气，个别的积淀较深，这些都为黑恶势力形成提供了外部环境。

（二）惩治恶势力犯罪的问题分析

尽管目前针对恶势力犯罪的司法认定已经构建了较为具体的规范体系，但在实务工作中仍有较大的争议，主要表现在以下几个方面：

一是对恶势力犯罪的认定标准不统一。《指导意见》对恶势力的特征进行了具体描述，但在对“为非作恶”、“欺压百姓”的表述上尚没有准确的内涵和外延，缺乏可供量化的具体标准，这种定性上的困惑造成检察机关和人民法院在司法实践中对恶势力的界定分歧较大，存在把恶势力犯罪当作一般的刑事犯罪或黑社会性质组织犯罪论处的情况。为避免打击扩大化或缩小化，对此类犯罪案件我们一般采取个案处理的方式来认定恶势力团伙中各行为人的法律责任。但从长远来看，这并不利于摧毁犯罪组织、严惩团伙首犯、震慑犯罪活动。

二是对恶势力犯罪的证明标准不统一。“恶势力”是尚未形成黑社会性质组织的违法犯罪组织，其可能是一般违法组织形态（“恶势力”违法组织），也可能是“恶势力”犯罪集团。基于“打早打小”的政策规定，侦查机关在对认定恶势力犯罪的证据标准上有所宽泛，部分普通刑事案件被作为恶势力案件起诉。如刘某龙等四人寻衅滋事案，刘某龙、靳某伟、郭某涛、杨某锐持棍棒殴打被害人蒋某，致其身体多处骨折后又将其拖行数米后继续殴打，经鉴定蒋某的损伤程度为轻伤一级。公诉机关认为刘某龙等人气焰嚣张、手段残忍，造成了较为恶劣的社会影响，应认定为恶势力人员。但在案证据仅有该团伙实施的本起寻衅滋事案的犯罪事实，刘某龙等人虽供述曾开设过赌场，但并无其他证据予以印证，法院审理后认为认定该团伙为恶势力的证据不足，最终以普通寻衅滋事罪对四名被告人判处刑罚。

三是对“软暴力”行为的认定标准不统一。随着打击力度的不断加大，恶势力软暴力的行为种类和行为方式也在不断增多，手法不断翻新，且“软暴力”不仅在恶势力犯罪中存在，也在黑社会性质组织犯罪和普通刑事犯罪中存在，给实际认定带来困难。

四是对恶势力分子的量刑标准不统一。在开展专项斗争过程中，司法机关对恶势力犯罪的定罪和量刑标准的把握容易宽泛化，未就涉恶类案件探索类案类判的方法，没有形成类案类判的工作机制，造成量刑上的标准不统一。尤其是对恶势力犯罪中的主从犯认定标准和刑事责任承担方面仍有较大分歧。

（三）原因探析

1. 立法方面

（1）刑法对恶势力的立法疏漏不利于对恶势力犯罪的认定和惩治。我国刑法并未将恶势力纳入具体罪名之列，只能依附于具体犯罪而存在，造成实践中对恶势力的关注度和惩处度不够。此外，与恶势力相关的违法犯罪行为，如组织、领导和积极参加恶势力等行为并未以犯罪论处，在一定程度上放纵了恶势力分子。

（2）相关术语规定模糊，不利于准确认定。如“为非作恶、欺压百姓”、“保护伞”等术语，具有较强的描述性质，缺乏较为具体的评判标准，不利于实践评判。

2. 司法方面

（1）对刑事政策和刑法关系的理解不到位，导致对恶势力犯罪的认定有宽泛化趋势。在涉恶犯罪的认定中，既有宽严相济的宏观刑事政策，又有“打早打小”、“打准打实”的具体政策。但在实际操作中，由于缺乏相应的定量因素与精细化标准，与具有不确定性的“从宽”和“出罪”相比，“从严”与“定罪”更容易被司法机关掌握和采用，在一定程度上造成打击面的扩大化。

（2）对恶势力的认定和证明标准不明确，造成认识分歧较大。由于恶势力并非法定概念，缺乏全面、系统的认定标准和明确性的指导案例，在一定程度上造成定性标准模糊，认定争议较大。

（3）对人权保障重视不到位，重实体、轻程序的思想，影响程序公正的实现。专项行动容易使办案人员产生错误认识，认为只要能快速实现对犯罪的惩罚，是否严格履行程序并不重要，导致诉讼程序的简化，影响被告人和犯罪嫌疑人正当诉讼权利的保障和实现。

三、完善惩处恶势力犯罪的对策建议

针对惩治恶势力犯罪的司法实践中存在的问题，笔者从以下几个方面提出对策建议：

（一）立法层面的建议

“法律修改和补充是完善立法所使用的最为常规和主要的方式。”[①] 为维护法律的统一性和稳定性，增强修改的可行性，笔者提出立法完善的近期和远期方案。

1. 近期方案

（1）明确法律术语。《指导意见》用“为非作恶、欺压百姓、造成恶劣影响等”对恶势力进行了规定，但是这些术语具有较强的描述性质，不容易界定，需要对相关术语和范围进行细致规定，建议将“为非作恶”、“欺压百姓”等不确定性、模糊性的用语予以完善。

（2）细化“保护伞”的认定标准。《指导意见》指出要坚决依法严惩充当黑恶势力“保护伞”的职务犯罪，相关司法解释把“保护伞”特征概括为被收买、被迫或提供非法保护三种形式，[②] 但是该解释并未对“保护伞”的主体、行为等予以明确。此外，《指导意见》也只是规定了国家工作人员利用职务之便实施“保护伞”行为，对非国家工作人员利用职务之便实施的“保护伞”行为未予规定。建议将“保护伞”的标准明确化，包括主体、实施行为、实施方式等，同时对非国家工作人员利用职务之

---

① 马荣春：《刑法完善论》，群众出版社2008年版，第326~327页。

② 李高峰：《“保护伞”的认定探析》，载《河南科技大学学报》（社会科学版）2010年第2期。

便实施的“保护伞”行为予以规定。

（3）增设“恶势力”特征的认定标准。《指导意见》规定，恶势力是尚未形成黑社会性质组织的违法犯罪组织。恶势力进一步发展即是黑社会性质组织，准确、及时打击恶势力是有效遏制黑社会性质组织存在的重要手段。建议在立法上将恶势力纳入与黑社会性质组织共域的视野内，明确恶势力的法定特征，提高对恶势力的关注敏锐度和打击力度，力求将恶势力扼杀在萌芽状态。

2. 远期方案

（1）恶势力概念法定化，增设组织、领导、参加恶势力组织罪。《2009年纪要》指出：“恶势力是黑社会性质组织的雏形，有的最终发展成了黑社会性质组织。”《指导意见》也规定：“恶势力是尚未形成黑社会性质组织的违法犯罪组织。”对于这种萌芽犯罪，本应重拳出击，但是现行刑法并未将恶势力纳入罪名之列，只能依附具体犯罪而存在。笔者认为，鉴于恶势力与黑社会性质组织有一定的相似性，且《指导意见》也将黑社会性质组织犯罪和恶势力犯罪统称为黑恶势力犯罪，因此可以将我国刑法第294条的组织、领导、参加黑社会性质组织罪扩大修改成组织、领导、参加黑恶犯罪组织罪。这里的黑恶犯罪组织包括恶势力团伙和黑社会性质组织。有观点认为应将黑社会组织也纳入黑恶犯罪组织之列，笔者认为，我国目前尚未有黑社会组织的相关规定，且对恶势力、黑社会性质组织的准确、及时打击是遏制黑社会组织产生的有效举措，我国目前也有相对完善的扫黑制度，故不宜再将黑社会组织纳入罪名之列。

（2）增设认定恶势力的证据规则。恶势力犯罪具有一定的组织性，且作案手段多样化，普遍存在取证难等问题，部分纠集者躲在幕后，并不参与实施违法犯罪行为，追究其刑事责任难度较大。对此，建议立法对恶势力的证据规则进一步明确，可列入举证责任倒置原则，明确规定可推定为恶势力分子的相关事实，同时允许对方提出反证。

（二）司法层面的建议

1. 实务方面

首先，坚持依法惩处和宽严相济的刑事政策。依法惩处是《指导意见》的明确要求，司法人员要以法治的思维，准确把握刑事政策和刑法的内在关系，在法治的框架内打准、打实恶势力犯罪。[①] 宽严相济是我国的基本刑事政策，在扫黑除恶专项斗争中具有重要的指导意义。恶势力尚处在有组织犯罪的初级阶段，其组织性与社会危害性与极端严重的黑社会性质组织犯罪还有一定差距，因此在恶势力犯罪的惩处中应体现出宽严相济的刑事政策，对于犯罪较为轻微的罪犯，可采用宽缓的刑罚制度，鼓励犯罪分子悔过自新，正如贝卡利亚在论述共同犯罪时所指出的“法律应尽少促成犯罪同伙之间可能的团结”。[②] 对于犯罪行为严重的犯罪分子，应依法从重处罚，体现刑罚的

---

① 参考刘子阳：《扫黑除恶专项斗争要打准打狠》，载《法制日报》2018年4月4日。

② ［意］贝卡利亚：《论犯罪与刑罚》，黄风译，中国法制出版社2005年版，第49页。

震慑作用。

其次，细化恶势力认定标准，准确界定恶势力范围。针对恶势力认定标准不明确的问题，笔者认为，应严格按照《指导意见》对恶势力的规定，从前文所述的恶势力犯罪的“四个特征”方面分析认定，准确区分恶势力与普通刑事犯罪，恶势力与恶势力犯罪集团、黑社会性质组织犯罪的区别，做到打准、打实。针对实践中难以认定的“软暴力”行为，笔者认为应从“感知性”、“非暴力性”、“心理强制性”等方面予以考虑，“感知性”是指被害人对行为人实施的软暴力行为的感知情况；“非暴力性和心理强制性”是指行为人虽未对被害人实施暴力行为，但足以达到让被害人产生心理恐慌的程度。具备上述这些特征的，可以认定为“软暴力”。针对恶势力犯罪中争议较大的主从犯认定问题，笔者认为可以参照黑社会性质组织犯罪中“组织者、领导者、参加者”的认定标准，将恶势力犯罪中的成员按照地位和作用不同区别对待，并在量刑时予以体现，从而达到惩治和预防犯罪的目的和效果。

最后，探索构建层级化的恶势力犯罪刑法适用体系。加强同公安、检察、政法委等部门的沟通协调，统一对恶势力犯罪、利用“软暴力”实施恶势力犯罪等犯罪的认定标准。笔者认为，在恶势力没有独立罪名，只能依附具体犯罪而存在的情况下，司法机关应充分运用刑法总则中关于共同犯罪的规定，对恶势力犯罪的纠集者、指挥者、积极参加者及有累犯等从重情节的组织成员依法从严惩处，符合犯罪集团特征的，按照关于犯罪集团的规定依法惩处。对于以实施滋扰、纠缠、哄闹等软暴力行为构成恶势力犯罪的，依据具体案件事实分别以寻衅滋事罪、强迫交易罪、敲诈勒索罪等罪名定罪处罚，并在法律文书中明确认定为“恶势力”。对于实践中常见的、多发的有暴力情节的聚众斗殴、寻衅滋事、故意伤害等犯罪行为，在不符合恶势力认定的情况下不能拔高为恶势力犯罪，而仍应按普通刑事犯罪定罪处罚。

2. 程序方面

一是设立律师辩护绿色通道，保障诉讼参与人的合法权益。刑事诉讼法是司法机关的授权书，更是被告人和犯罪嫌疑人的“小宪法”。在扫黑除恶专项斗争中更应充分注重程序公正的价值和作用，要以以审判为中心的诉讼制度改革要求为统领，以实现律师辩护全覆盖为着手点，充分发挥律师的作用，开辟涉恶案件律师辩护绿色通道，为律师履行辩护责任提供便利，切实保障被告人的辩护权和其他诉讼权利，将程序公正和人权保障落实到每一起案件中。

二是确立认定恶势力的特殊诉讼程序。《指导意见》提出在相关法律文书中的犯罪事实认定部分可使用“恶势力”等表述加以描述，但在实践中尚未有配套的规定和程序，建议在庭审调查程序中增设“恶势力”的专门调查程序，对认定恶势力犯罪的相关证据进行单独举证、质证，有效引导控辩双方进行法庭调查与法庭辩论。同时，对“恶势力”案件的文书制作方面进行规范，增强认定恶势力犯罪的说理性。

三是建立证人、被害人保护制度。在实践中，恶势力犯罪的威胁性往往大于普通刑事犯罪，一些被害人和证人基于对恶势力犯罪分子的畏惧不敢报案，不愿作证。探索建立对被害人、证人的特殊保护制度，对侦破和办理恶势力犯罪有重要的作用。如对被害人、证人的姓名、家庭住址、工作单位等个人资料予以保护，并在裁判文书中体现；扩大证人、被害人的保护范围，加强事后保护机制；细化证人、被害人保护制度的实施程序，确保制度的可操作性。

结语

恶势力与黑社会性质组织之间存在着天然的联系，在组织、联系、犯罪内容上已经有了黑社会性质组织的初级形态。准确、有效地打击恶势力是遏制其发展成黑社会性质组织的有效手段。可见扫黑必先除恶，只有准确认定恶势力犯罪，建立完善的惩处恶势力犯罪的制度，才能在打黑除恶的司法实践中取胜。基于此，本文以恶势力犯罪的认定标准为研究对象，结合实践中存在的问题，并对惩处恶势力犯罪提出了立法和司法建议。在立法方面，提出近期要明确认定恶势力的相关法律术语，细化“保护伞”认定标准，增设“恶势力”特征的认定标准；远期要将恶势力概念法定化，增设组织、领导、参加恶势力组织罪；完善认定恶势力的证据规则，即对恶势力组织成员可适用推定原则，同时允许提出反证。在司法方面，提出在实务方面要探索建立构建层级化的恶势力犯罪刑法适用体系；在程序方面要开辟律师辩护绿色通道，确立认定恶势力的特殊诉讼程序，建立证人、被害人的特殊保护制度。

恶势力组织的界定及其单独评价分析*

王强军**

一、"恶势力"从非法律术语到法律术语的演变

2018年1月，中共中央、国务院发出《关于开展扫黑除恶专项斗争的通知》，在全国范围内开展了"扫黑除恶"的专项斗争。我们认为，扫黑除恶的专项斗争和之前的"老虎苍蝇一起打"是相辅相成的。"老虎苍蝇一起打"的主要目标是针对我们所说的公权力的一种治理，惩罚对象是利用公权力实施贪污受贿的腐败行为，主要目标是实现风清气正。而现在的扫黑除恶主要针对的是各个行业、各个领域的黑社会性质组织和恶势力。主要针对的是一种不具有公权的个人强权行为。也就是在各个领域当中的恶霸。我们对"黑恶势力"犯罪的打击经历了从"口语化表达"到"规范性法律文件规定"再到"法律术语"的演化过程。

1. 口语化表达阶段

黑恶势力是2000年12月11日在公安部召开的全国公安机关"打黑除恶"专项斗争电视电话会议上，由前国务委员、中央政法委书记罗干提出的一个名称。他在会上强调指出，要充分认识当前黑社会性质组织和各种黑恶势力犯罪的严重社会危害，务必给各种黑恶势力以毁灭性的打击。这里的黑恶势力包括流氓团伙分子、流氓恶势力、黑社会势力、地方恶势力、农村恶势力等。应该指出，由于这些称谓在法律上没有明文规定，所以都不是法律术语，而是一种习惯上的称呼。①

2. 规范性法律文件规定阶段

最高人民法院、最高人民检察院、公安部于2009年印发的《办理黑社会性质组织犯罪案件座谈会纪要》（以下简称《纪要》）对于何为"恶势力"进行了界定，而且明确了"恶势力"是不同于"黑社会性质组织"的一类组织。根据《纪要》的规定，"恶势力"是指经常纠集在一起，以暴力、威胁或其他手段，在一定区域或者行业内多次实施违法犯罪活动，为非作恶，扰乱经济、社会生活秩序，造成较为恶劣的社会影

---

* 本文系作者主持的国家社科基金项目"刑罚处罚早期化的限制与理论应对研究"（项目编号：18BFX106）的阶段性成果。

** 南开大学法学院副教授，法学博士。

① 康树华：《黑恶势力：连年打击的重点》，载《辽宁警专学报》2008年第6期。

响，但尚未形成黑社会性质组织的犯罪团伙。“恶势力”一般为三人以上，纠集者、骨干成员相对固定，违法犯罪活动一般表现为敲诈勒索、强迫交易、欺行霸市、聚众斗殴、寻衅滋事、非法拘禁、故意伤害、抢劫、抢夺或者黄、赌、毒等。

3. 法律术语阶段

最高人民法院、最高人民检察院、公安部、司法部于2018年通过了《关于办理黑恶势力犯罪案件若干问题的指导意见》（以下简称《指导意见》），其中第14条对恶势力犯罪进行了规定，具有下列情形的组织，应当认定为“恶势力”：经常纠集在一起，以暴力、威胁或者其他手段，在一定区域或者行业内多次实施违法犯罪活动，为非作恶，欺压百姓，扰乱经济、社会生活秩序，造成较为恶劣的社会影响，但尚未形成黑社会性质组织的违法犯罪组织。恶势力一般为三人以上，纠集者相对固定，违法犯罪活动主要为强迫交易、故意伤害、非法拘禁、敲诈勒索、故意毁坏财物、聚众斗殴、寻衅滋事等，同时还可能伴随实施开设赌场、组织卖淫、强迫卖淫、贩卖毒品、运输毒品、制造毒品、抢劫、抢夺、聚众扰乱社会秩序、聚众扰乱公共场所秩序、交通秩序以及聚众“打砸抢”等。

同时《指导意见》指出，在相关法律文书中的犯罪事实认定部分可使用“恶势力”等表述加以描述。通过《指导意见》的规定，我们可以看到黑恶势力已经在法律文件中得到落实，而不是电视电话会议或媒体宣传中的口语化非规范化表达，是通过规范性的法律文件进行确认的。由此我们可以看到黑恶势力已经从一个非法律术语进化成为一个法律术语。

二、理论和实践中对恶势力组织体界定的缺乏

同时，我们必须清楚“有组织（名词）犯罪”和“有组织（动词）犯罪”的区别。如果有组织犯罪中的组织是名词的话，那么就强调这种有组织犯罪内部的结构比较严密，形成了较为稳定的组织架构，有明确的领导层、骨干成员和小“马仔”。此时的有组织犯罪指的是一个团体的称呼，注重对团体性质的描述，强化其“group”特征。而作为动词状态的有组织犯罪指的是在犯罪过程中，行为人之间存在主犯、从犯、胁从犯的分工，强调的是对犯罪过程和犯罪行为的描述，强化的是其“active”特征。

对于黑社会性质组织犯罪来说，我们当下的刑法规定非常明确，即规定了黑社会性质组织的团体（group）特征，也就是刑法第294条的规定：黑社会性质组织应当同时具备以下特征：（1）形成较稳定的犯罪组织，人数较多，有明确的组织者、领导者，骨干成员基本固定；（2）有组织地通过违法犯罪活动或者其他手段获取经济利益，具有一定的经济实力，以支持该组织的活动；（3）以暴力、威胁或者其他手段，有组织地多次进行违法犯罪活动，为非作恶，欺压、残害群众；（4）通过实施违法犯罪活动，或者利用国家工作人员的包庇或者纵容，称霸一方，在一定区域或者行业内，形成非法控制或者重大影响，严重破坏经济、社会生活秩序。

刑法除了规定黑社会性质组织的团体特征，也规定了黑社会性质组织实施的具体

行为（active）特征。如果成立黑社会性质组织之后又实施了具体的危害行为（active），那么就将按照具体行为的表现和性质，根据刑法规定认定为故意杀人罪、故意伤害罪、非法持有枪支罪、行贿罪等，从而实现对组织实施的行为的惩罚。如果行为人只是实施了组织、领导和参加黑社会性质组织行为，那么就惩罚其组建黑社会性质组织的刑事责任，从而实现将黑社会性质组织作为整体（group）的责任。如果行为人既实施了组织、领导和参加黑社会性质组织行为，也在黑社会性质组织的统一安排之下实施了具体的危害行为，那么就将黑社会性质组织本身的团体责任和实施的具体危害行为的责任进行数罪并罚。也就是刑法第294条规定的犯前三款罪又有其他犯罪行为的，依照数罪并罚的规定处罚。

通过上述分析，可以看到刑法对于黑社会性质组织的团体特征和行为特征规定得非常详细，而且规定了团体责任和行为责任的并罚规则，从而给黑社会性质组织犯罪的司法认定提供了较为清晰的标准。即便如此，在“扫黑”行动中，我们也看到很多地方的“黑扫”。而作为“扫黑除恶”的一个有机组成部门的“恶势力”的团体规定和行为规定缺失大相径庭。尽管我们认为有恶势力的存在，但对恶势力的描述和界定较为困难，也较为混乱。我们较为容易把握的是恶势力客观外化的犯罪行为，也就是具体的行为（active）特征，如寻衅滋事、强迫交易、故意伤害等。但对恶势力本身具有什么团体（group）特征，应当如何界定，缺乏系统的研究。

有的学者认为恶势力不具有组织性。黑社会性质组织与流氓恶势力的根本区别在于是否形成犯罪组织。前者是，后者则不是。对于黑社会性质组织和恶势力的区别主要有以下三点：第一，团伙结构形式不同。黑社会性质组织多为组建式，即一开始就有发起、组织者，成员经过一定的考察、筛选，加入或脱离都要有较严格的手续，是一种结构严密的犯罪组织。流氓恶势力通常是纠合式结构，即以少数较稳定的“中心人物”纠合臭味相投者而逐渐形成团伙，没有组织、发起者，团伙成员也很不稳定，没有严格的纪律。第二，主观目的不同。黑社会性质组织通常一开始就有统一明确并贯穿始终的实施某一种或某几种犯罪的目的，而且具有较强的经济能力。流氓恶势力从产生到进行活动其目的较模糊，主要是通过为非作恶、称王称霸，以显示自己“老子天下第一”。第三，行为特征不同。黑社会性质组织是以走私贩毒、制贩枪弹、拐卖人口、绑架勒索以及贿赂官员、破坏选举等为特征。流氓恶势力主要是实施各种具有流氓性质的违法犯罪行为，如聚众斗殴、寻衅滋事、欺行霸市、强买强卖等。①

也有学者认为恶势力具有组织性，只是组织性相对于黑社会性质组织较为松散。在此基础上认为“恶势力”和“黑社会性质组织”的区别在于：一是前者的组织结构相对于后者来说较为松散，成员多数不固定，没有严格的组织纪律；只有实施违法犯罪活动时，才纠合在一起，成员之间一般没有明确的分工，组织、领导者常直接参与作案。二是犯罪目的有所不同。前者不仅追求经济利益，而且还有其他多种目的，违

① 李旭东、汪力：《地方恶势力犯罪的若干问题探讨》，载《现代法学》1998年第1期。

法犯罪目的呈现出多样性；后者主要是为了获取经济利益。三是前者没有或较少有“保护伞”；后者或多或少有些“保护伞”或“关系网”。四是犯罪的领域。前者主要是扰乱社会管理秩序，势力范围相对较小；后者不仅扰乱社会管理秩序，而且还严重破坏社会的经济秩序和侵犯公民的人身权利等，势力范围较大。①

所以，我们看到对恶势力界定时往往只注重对恶势力惯常实施的危害行为的描述。

1. 规范性法律文件的列举式描述

《指导意见》宣告了恶势力组织的存在，并不意味着我们完全明确了恶势力的内涵以及构成特征。就《指导意见》的规定来看，恶势力尽管有概念界定但是缺乏具体的认定标准，无论是规范性法律文件还是理论分析，多是对恶势力实施的具体犯罪行为进行描述，并没有对恶势力的组织体进行界定和处罚。而且《指导意见》本身在恶势力是否应当有组织体的规定上存在一定的自我矛盾。

《指导意见》第 14 条规定，具有下列情形的组织，应当认定为“恶势力”：经常纠集在一起，以暴力、威胁或者其他手段，在一定区域或者行业内多次实施违法犯罪活动，为非作恶，欺压百姓，扰乱经济、社会生活秩序，造成较为恶劣的社会影响，但尚未形成黑社会性质组织的违法犯罪组织。根据这一规定，《指导意见》承认了恶势力的组织体特征，只不过这种犯罪组织的危害性要小于黑社会性质组织。

同时《指导意见》第 14 条后半段又规定：恶势力一般为三人以上，纠集者相对固定，违法犯罪活动主要为强迫交易、故意伤害、非法拘禁、敲诈勒索、故意毁坏财物、聚众斗殴、寻衅滋事等，同时还可能伴随实施开设赌场、组织卖淫、强迫卖淫、贩卖毒品、运输毒品、制造毒品、抢劫、抢夺、聚众扰乱社会秩序、聚众扰乱公共场所秩序、交通秩序以及聚众“打砸抢”等。这一规定没有认可恶势力的组织体特征，只是对恶势力惯常实施的危害行为进行了描述。这等于是通过恶势力实施的犯罪行为来界定恶势力。

再加上《指导意见》第 2 条对黑恶势力存在的领域和可能的表现进行了列举式规定：各级人民法院、人民检察院、公安机关和司法行政机关应聚焦黑恶势力犯罪突出的重点地区、重点行业和重点领域：重点打击威胁政治安全特别是政权安全、制度安全以及向政治领域渗透的黑恶势力；把持基层政权、操纵破坏基层换届选举、垄断农村资源、侵吞集体资产的黑恶势力；利用家族、宗族势力横行乡里、称霸一方、欺压残害百姓的“村霸”等黑恶势力；在征地、租地、拆迁、工程项目建设等过程中煽动闹事的黑恶势力；在建筑工程、交运运输、矿产资源、渔业捕捞等行业、领域，强揽工程、恶意竞标、非法占地、滥开滥采的黑恶势力；在商贸集市、批发市场、车站码头、旅游景区等场所欺行霸市、强买强卖、收保护费的市霸、行霸等黑恶势力；操纵、经营“黄赌毒”等违法犯罪活动的黑恶势力；非法高利放贷、暴力讨债的黑恶势力；

① 胡敏、万富海：《有组织犯罪、带黑社会性质组织的团伙犯罪和流氓恶势力犯罪的特征及其认定》，载《华东政法学院学报》2001 年第 5 期。

插手民间纠纷，充当“地下执法队”的黑恶势力；组织或雇佣网络“水军”在网上威胁、恐吓、侮辱、诽谤、滋扰的黑恶势力；境外黑社会入境发展渗透以及跨国跨境的黑恶势力。同时，坚决深挖黑恶势力“保护伞”。

2. 理论上的列举式分析

如果规范性法律文件对于恶势力的界定通过其惯常实施的危害行为来描述尚可以理解，因为作为规范性司法解释必须对相关的行为进行明确的规定，那么理论分析就应通过恶势力惯常实施的危害行为来总结和归纳出其本质特征。有学者也采取了通过描述恶势力惯常实施的危害行为的方式来界定恶势力。值得注意的是，“流氓恶势力犯罪”不是法律用语。修订后的刑法将流氓罪取消了，并将其分解成聚众斗殴、寻衅滋事、猥亵、聚众淫乱等罪。所以，我们认为“流氓恶势力犯罪”除了上述4种犯罪外，还包括其他一些犯罪，如杀人、抢劫、强奸、故意伤害、敲诈勒索等，犯罪形式一般均为共同犯罪。因此，对流氓恶势力的犯罪行为，其具体构成什么罪，就定什么罪。[①]这是较为典型的采取列举方式来界定有组织犯罪，并不揭示“恶势力”犯罪的本质和特征。

3. 概念性界定

有些学者结合黑社会性质组织的概念，对恶势力的概念进行了界定，但又存在一定的不同，有学者将恶势力界定为犯罪团伙，如根据刑法第294条规定的基本内容，可将地方恶势力定义为：以暴力、威胁或者其他手段，结伙或者有组织地实施违法犯罪活动，称霸一方，为非作恶，欺压、残害群众，严重危害社会的违法犯罪团伙。[②]恶势力是指以暴力、威胁、滋扰等手段，在相对固定的区域或行业内为所欲为，欺压群众，打架斗殴，强买强卖，扰乱公共秩序的犯罪团伙。[③]农村流氓恶势力是指一定数量的农民以血缘或亲缘关系为纽带纠合在一起，公然蔑视法律和社会公德，在本地长期进行破坏公共秩序，侵害他人利益，横行乡里、鱼肉百姓的流氓犯罪活动的犯罪主体。其形成和演变经历了萌生和形成、发展、成熟并疯狂三个阶段。[④]

4. 概念加特征式界定

有学者将“流氓恶势力犯罪”界定为：由地痞、流氓和不法分子多人组成的，出于共同的犯罪目的，经常纠合在一起，在首要分子的组织、领导、策划和指挥下，在相对固定的区域或行业范围内，以暴力、威胁、滋扰等手段，有预谋或互相配合共同实施的犯罪活动的总称，是一种严重破坏社会秩序的犯罪行为。在这一概念的统领下，流氓恶势力犯罪一般具有以下特征：（1）在犯罪主观方面，主要是出于共同的流氓犯罪目的。（2）组织结构一般比较松散，三人以上，重要成员基本固定，有明显的为首

① 胡敏、万富海：《有组织犯罪、带黑社会性质组织的团伙犯罪和流氓恶势力犯罪的特征及其认定》，载《华东政法学院学报》2001年第5期。

② 李旭东、汪力：《地方恶势力犯罪的若干问题探讨》，载《现代法学》1998年第1期。

③ 郭子贤：《黑社会性质组织形成的研究》，知识产权出版社2002年版，第39页。

④ 胡福来：《农村流氓恶势力的滋生演化过程、存在原因及治理对策》，载《公安大学学报》1999年第2期。

分子。（3）经常纠合在一起，多次共同或者分别实施以流氓性质为主的犯罪活动。（4）在活动方式方面，往往在一定区域或行业内，以暴力等方式称王称霸，横行乡里，欺压群众，形成违法犯罪势力。因此，流氓恶势力在一些城镇和乡村形成了“村霸”、“市霸”、“街霸”、“路霸”等。[①] 可以说，这一个概念和特征的界定，完全是将恶势力建立在流氓行为之上，而我们知道流氓行为是一个非常宽泛的行为，建立在流氓行为之上的恶势力，其内涵和外延将会难以明确。

按照《联合国打击跨国有组织犯罪公约》的规定，“有组织犯罪集团”系指由三人或多人所组成的、在一定时期内存在的、为了实施一项或多项严重犯罪或根据本公约确立的犯罪以直接或间接获得金钱或其他物质利益而一致行动的有组织结构的集团。如果我们只是将恶势力认定为是几个犯罪的组合，而并不对恶势力本身进行界定，那么就没有找到恶势力犯罪的主要特征。我们只是对其实施的行为的描述和惩罚，对于这种恶势力本身的“恶”如何体现和描述并没有进行界定。我们不能界定恶势力，自然也就不能界定其内涵和外延。

目前我们国家的扫黑除恶还存在一个值得思考的问题，即“恶势力”的认定标准问题。我国的法律当中有很明确的黑社会性质组织的规定。刑法第294条对黑社会性质组织的特征作了明确的规定。因此，在扫黑除恶专项斗争中，我们对黑社会性质组织的标准规定得较为明确，而且各地之间也不会存在差异。

三、恶势力组织体缺乏的危害性之分析

1. 存在司法实践混乱，且不能对恶势力进行刑法评价的风险

司法标准不明确，自然的结果就是会随意出入人罪，将不是恶势力的行为也认定为恶势力。而我们对恶势力的犯罪，就是只处罚其实施的各种犯罪行为，并不处罚拉拢、组织和成立恶势力行为本身。这等于是对行为人形成“恶势力”这个组织体的行为没有进行刑法上的评价。笔者认为这是不科学的，而且不利于对恶势力犯罪的惩罚。《指导意见》第16条规定，公安机关、人民检察院、人民法院在办理恶势力犯罪案件时，应当依照上述规定，区别于普通刑事案件，充分运用刑法总则关于共同犯罪和犯罪集团的规定，依法从严惩处。但是，如果恶势力的犯罪标准不明确，就会导致将普通刑事犯罪认定为恶势力犯罪的可能，也有将恶势力犯罪认定为普通犯罪的可能。但在“扫黑除恶”的政策之下，将普通刑事犯罪认定为恶势力犯罪的可能性更大，如果将普通刑事犯罪认定为恶势力犯罪，显然造成了性质认定的混乱，同时也导致对行为人处罚的加重。

而且，按照目前的司法处理标准，只是在对行为人的犯罪事实描述时将其定性为“恶势力”，但是在对其具体定罪时确定的只是普通的强迫交易罪、寻衅滋事罪、敲诈

---

① 胡敏、万富海：《有组织犯罪、带黑社会性质组织的团伙犯罪和流氓恶势力犯罪的特征及其认定》，载《华东政法学院学报》2001年第5期。

勒索罪等。对于其“恶势力”的定性完全没有进行刑法评价，没有做到事实和法律的全面对接。

2. 存在架空黑社会性质组织犯罪的风险

在不能将恶势力单独定罪的情形下，我们只是处罚恶势力之下的具体犯罪行为，那么就有可能出现司法实践中将黑社会性质组织认定为恶势力，从而出现架空黑社会性质组织的可能。从黑社会性质组织的概念特征以及实践经验来看，在黑社会性质组织犯罪这一母罪之下，一般都会牵连出一系列子罪，其中最多的就是寻衅滋事罪、聚众斗殴罪、强迫交易罪、敲诈勒索罪。而这些恰恰是恶势力团伙犯罪所主要实施的犯罪行为。这就使得黑社会性质组织与恶势力团伙之间再次产生了交集，也就导致司法实践中普遍存在将团伙犯罪误判为黑社会性质组织或者将黑社会性质组织误判为犯罪团伙的谬误与尴尬。①

比如，我们可以看到有些地区出现将借助拉面协会的旗号对他人进行多次敲诈勒索和强迫交易的行为认定为恶势力，只是数罪并罚。2009 年 12 月，在邢台市经营兰州拉面的人员成立了“邢台市兰州拉面协会”，逐渐发展形成了以马孝忠（另案处理）为首，被告人马伊布拉等 10 人为成员的犯罪集团。该犯罪集团为了形成非法垄断、获取更大的经济利益，打着“拉面协会”的旗号，以拉面协会规定“在其成员店直线 600 米内不得经营重新开张第二家拉面馆”为由，长时间、多次使用堵门、恐吓、打砸、殴打等手段逼迫多名被害人（店主）关门停业，给他们造成巨大的经济损失。该恶势力犯罪集团长期寻衅滋事、敲诈勒索，有组织地实施欺行霸市的违法犯罪行为，严重破坏了社会主义市场经济秩序，必须坚决予以铲除。邢台市桥西区人民法院对被告人马伊布拉以寻衅滋事罪、敲诈勒索罪数罪并罚，判处有期徒刑 9 年零 6 个月，并处罚金。对本案其他 8 名被告人根据在犯罪集团中的地位和作用分别以寻衅滋事罪、敲诈勒索罪判处有期徒刑 1 年零 2 个月至 7 年零 6 个月不等。我们认为，司法实践极有可能将恶势力犯罪认定为组织、领导黑社会性质组织罪。

3. 存在恶势力犯罪和黑社会性质组织犯罪错位处理的风险

如果不对恶势力的认定标准进行明确和限定，将黑社会性质组织认定为恶势力的司法判决可能会加剧。因为在扫黑除恶的大背景下，各地司法机关必然要完成“扫黑”和“除恶”的各种指标。因为黑社会性质组织有明确的认定标准，而且司法实践中具有较为充实的判例，而且有指导性案例，所以相对较为容易认定和完成扫黑的指标。但是由于恶势力的标准不明确，所以极有可能将原本的黑社会性质组织认定为恶势力。

确定恶势力团伙是否属于黑社会性质组织，应当把握案件的宏观性质，避免仅仅依据其所实施的具体犯罪行为的性质而进行主观臆断。对于社会危害性较大的“恶势力”犯罪团伙，在不具备黑社会性质组织特征的情况下，可以根据刑法总则中关于犯罪集团的有关规定，对其从重处罚。应避免为了迎合社会压力或者特定刑事政策将不

---

① 于冲：《黑社会性质组织与恶势力团伙的刑法界分》，载《中国刑事法杂志》2013 年第 7 期。

具备黑社会性质组织法定特征的恶势力团伙“黑打”为黑社会性质组织。①

四、恶势力组织体存在的现实性及其界定

在中国当前语境下，“黑社会性质组织”和“恶势力”有其特定的社会环境，而且相应地应当有所特指。也即在中国的社会环境下，在人们的心中确实存在“恶势力”这样特殊的犯罪样态，所以我们需要对恶势力进行符合中国国情的界定，而不能采取在黑社会性质组织的诸个特征上降一格处理的方式。

恶势力和黑社会性质组织的区别关键在“势力”和“社会”上，恶势力强调的应当是“势力”，而黑社会性质组织强调的应当是“社会”。这就需要我们准确界定何为“势力”，何为“社会”。

黑社会性质组织所实施的犯罪行为主要是为了扩大自己的势力范围，进而控制某一行业或者某一地区以实现经济谋利的目的。结合案例不难发现，黑社会性质组织进行寻衅滋事、打架斗殴的目的大多在于增强自己在某一行业或者某一地区的“影响力”，即使随着黑社会性质组织犯罪发展形式的成熟，传统黑社会性质组织所具备的公开性以及公开张扬的犯罪样式逐渐开始发生变化，转而逐步走向“地下”，但是其本质上还需要抢占势力范围，这一特征是无法改变的。而一般的团伙犯罪则没有抢占势力范围进行非法营利的目的，因而其所实施的犯罪行为往往具有隐蔽性。②

最高人民法院、最高人民检察院、公安部印发的《纪要》对于何为“恶势力”进行了界定，而且明确了“恶势力”是不同于“黑社会性质组织”的一类组织。根据《纪要》的规定，“恶势力”是指经常纠集在一起，以暴力、威胁或其他手段，在一定区域或者行业内多次实施违法犯罪活动，为非作恶，扰乱经济、社会生活秩序，造成较为恶劣的社会影响，但尚未形成黑社会性质组织的犯罪团伙。“恶势力”一般为三人以上，纠集者、骨干成员相对固定，违法犯罪活动一般表现为敲诈勒索、强迫交易、欺行霸市、聚众斗殴、寻衅滋事、非法拘禁、故意伤害、抢劫、抢夺或者黄、赌、毒等。“恶势力”是黑社会性质组织的雏形，有的最终发展成为黑社会性质组织。从这一规定我们可以看出，《纪要》对“恶势力”的界定就是采取了列举其行为的方式来进行描述，而并没有接触组织本身的特征。

但《纪要》承认了“恶势力”存在的客观性，而且明确规定司法机关应当认真区分“恶势力”和“黑社会性质组织”，不能将二者混淆，不能将“恶势力”认定为“黑社会性质组织”，也不能将“黑社会性质组织”错误地认定为“恶势力”。各级人民法院、人民检察院和公安机关在办案时应根据本纪要的精神，结合组织化程度的高低、经济实力的强弱、有无追求和实现对社会的非法控制等特征，对黑社会性质组织与“恶势力”团伙加以正确区分。同时，还要本着实事求是的态度，正确理解和把握

① 于冲：《黑社会性质组织与恶势力团伙的刑法界分》，载《中国刑事法杂志》2013 年第 7 期。

② 于冲：《黑社会性质组织与恶势力团伙的刑法界分》，载《中国刑事法杂志》2013 年第 7 期。

"打早打小"方针。在准确查明"恶势力"团伙具体违法犯罪事实的基础上，构成什么罪，就按什么罪处理，并充分运用刑法总则关于共同犯罪的规定，依法惩处。对符合犯罪集团特征的，要按照犯罪集团处理，以切实加大对"恶势力"团伙依法惩处的力度。

"恶势力"的重点在于"势力"，也即是表现出一种外在的有形或无形的势力，这种势力可以是显性的，也可以是隐性的，但是一定是具有外化的表现。如果黑社会性质组织使用的多是软暴力，那么恶势力使用更多的可能是硬暴力。而且，这种势力是恶的，也即行为人并不掩饰自己的行为。而黑社会性质组织往往通过利用自己的控制能力来掩饰自己的行为，如我们常见的以公司或企业为掩护，以各种企业家或各种代表称号为掩护。恶势力完全依靠自己的"武力"形成对周围群众的压制。

基于上述分析，结合我国恶势力的历史沿革、语言内涵和规范性法律文件，综合考虑恶势力的组织（group）特征和行为（active）特征，笔者尝试将恶势力界定为：多次实施违法犯罪行为并在一定区域或行业内形成对他人威胁的态势，并利用这种态势进行违法犯罪活动的组织。基于此，建议在刑法中增设组织、领导、参加恶势力组织罪。同时，如果恶势力组织形成之后，又实施了其他犯罪行为，如强迫交易、敲诈勒索、寻衅滋事等，应当数罪并罚。

结语

社会科学的价值就在于对出现的社会现象进行界定和分析，从而进行引领、规范和评价。恶势力逐渐进入法律体系和社会治理体系之中，我们对恶势力应该有一个准确的界定，而不能随意地界定恶势力。如果对恶势力没有界定，那就会在认定的实践中出现随意性和偏差。也就是我们在认定"什么是流氓"时不能"耍流氓"。相应地，我们在认定恶势力组织及其实施的行为时，也要有明确的法律意识和法律标准，而不能完全凭感觉或依照政策。

"扫黑除恶"和"老虎苍蝇一起打"是一个相辅相成的关系。扫黑除恶主要是厘清民间平等主体之间的交易规则，让个人之间的交往回归朴素和平等，实现民风淳朴。目前指导扫黑除恶的法律规定和操作规范不够具体、明确，存在执行标准的模糊性和差异性，尤其是对于"恶势力"的标准。因此，我们有必要制定更加明确和具体的关于黑恶势力的操作规范。唯有如此，扫黑除恶才会在法治的轨道上运行，也才能够切实打掉社会当中的黑恶势力，实现对强权的震慑。

犯罪集团与黑社会性质组织之关系辨析

敦　宁[*]　李昊天[**]

犯罪集团与黑社会性质组织是我国刑法明确规定的两种有组织犯罪的组织形态。鉴于有组织犯罪特别是黑社会性质组织犯罪对社会的严重危害，其一直是我国刑事治理的重点所在。考虑到近年来黑恶势力犯罪越发猖獗，2018 年 1 月，中共中央、国务院发布了《关于开展扫黑除恶专项斗争的通知》，在全国范围内掀起了新一轮治理黑恶势力犯罪的浪潮，“扫黑除恶”也成为我国司法机关当下的工作重点。尽管在专项斗争过程中，对黑恶势力犯罪应坚持从严惩处的精神，但不能由此而突破罪刑法定原则的基本要求，对一般的恶势力犯罪集团与黑社会性质组织还是要进行合理的界分。基于此，在理论上全面厘清犯罪集团与黑社会性质组织的关系就显得更加重要。

一、犯罪集团的概念与特征分析

（一）犯罪集团的概念界定

犯罪集团是共同犯罪的一种特殊形态。我国刑法第 26 条第 2 款规定：“三人以上为共同实施犯罪而组成的较为固定的犯罪组织，是犯罪集团。”因此，构成犯罪集团需满足如下条件：第一，组成人员数量上要达到三人以上；第二，成立组织的目的是共同实施犯罪活动；第三，组织结构方面具有固定性或稳定性。概言之，犯罪集团就是一种组成人数达三人以上、相对固定且准备长期存在的犯罪组织。

在认定犯罪集团时需要注意与犯罪团伙相区分。犯罪团伙并不是刑事法律规定的专业术语，而是司法实践中对共同犯罪通常使用的一种称谓。一般来讲，犯罪团伙的外延要广于犯罪集团。例如，二人结合在一起多次共同实施犯罪，也可称之为犯罪团伙，但并不是犯罪集团；三人以上临时聚集共同实施犯罪，犯罪后即行解散的，也属于犯罪团伙，同样不是犯罪集团。由于犯罪团伙并非规范性的法律概念，在实践中办理共同犯罪案件时应当按照如下原则处理：“凡其中符合犯罪集团基本特征的，应按犯罪集团处理；不符合犯罪集团基本特征的，应按一般共同犯罪，并根据共犯基本原则，按照其共同犯罪的事实和情节处理。”①此外，在司法实践中应当注意用词的规范性与准

---

* 河北大学政法学院副教授，法学博士、博士后。

** 河北大学政法学院 2017 级刑法学硕士研究生。

① 张明楷：《刑法学（上）》（第 5 版），法律出版社 2016 年版，第 389 页。

确性，在共同犯罪的组织定性方面应避免使用犯罪团伙这种非规范性的称谓。

（二）犯罪集团的特征分析

根据我国刑法对犯罪集团的规定，某一犯罪组织被认定为犯罪集团，应当具备以下三个方面的特征：

（1）组织的人员数量要达到三人以上。这是成立犯罪集团的基础条件，共同犯罪的人数不满三人的，不能构成犯罪集团。从我国公众的认识习惯来看，“三人为众”，刑法的规定并未突破公众对集团性组织的一般认识。从集团内部的结构要求来看，只有人数达到三人以上，一般才可能形成组织、领导和参与的分工，并建立基本的组织架构。因此，“从我国的实际情况出发，将犯罪集团成立的最低人数限定为三人，有利于实现打早打小的政策要求，是合理的”①。

（2）组织活动的目的是共同实施犯罪。共同实施犯罪活动既是犯罪集团成立的目的，也是犯罪集团成员的联结纽带。一般来讲，“犯罪集团的形成是为了反复多次实施一种或数种犯罪行为”②，既可以是以实施某一种犯罪为目的，也可以是以实施多种犯罪为目的。犯罪集团的活动通常具有预谋或计划。而且，相较于单独犯罪或一般的共同犯罪，集团犯罪中因各成员存在相互分工与协作关系，也能够在提高犯罪效率的同时显著降低犯罪失败的风险。

（3）组织形态较为固定或稳定。组织的稳固程度与成员之间的关联性成正比，没有关联性的单纯人数组合不可能形成组织。犯罪集团的组织固定性表现在有明显的首要分子，重要成员固定或基本固定，集团成员以首要分子为核心结合得比较紧密，集团成员实施一次或数次犯罪行为后，其组织形式一般会继续存在。③ 因此，通常来讲，只有组织内部的成员之间联系较为紧密且具有相对明显的分工时，才能被认定为犯罪集团。此外，犯罪集团是在一定时期内持续存在的，临时聚集作案的共同犯罪人一般不构成犯罪集团。

二、黑社会性质组织的概念与特征分析

（一）黑社会性质组织的概念阐释

民国时期的帮派组织一度十分猖獗，中华人民共和国成立后，为了有效打击黑社会组织，中央人民政府于1951年2月公布了《惩治反革命条例》，以此为法律依据发起打击会道门组织的治理行动，收效巨大，会道门组织基本销声匿迹。1955年至1979年的近30年间，由于我国长期实行计划经济，国家对社会实行高度集中的统一管理，经济关系简单，社会结构单一，黑社会难以找到生存的土壤，“黑社会”一词也渐渐从人们的记忆中消失。④ 直至20世纪80年代，“黑社会”这一概念才又重新出现在我国

---

① 王俊平：《犯罪集团界定之比较》，载《海南大学学报》（人文社会科学版）2009年第1期。

② 张明楷：《刑法学（上）》（第5版），法律出版社2016年版，第388页。

③ 参见张明楷：《刑法学（上）》（第5版），法律出版社2016年版，第388页。

④ 参见邱格屏：《中国黑社会性质组织犯罪之60年回顾》，载《犯罪研究》2010年第1期。

的社会生活中。

在1997年刑法颁布之前，许多学者建议根据我国国情并结合国外立法经验，在刑法中设立“黑社会组织罪”，并将其定义为：“黑社会组织，是指组织、领导、积极参加黑社会组织或介绍、教唆、胁迫他人参加黑社会组织的行为。”① 不过，立法机关考虑到，“在我国，明显的、典型的黑社会性质犯罪还没出现，但带有黑社会性质的犯罪集团已经出现，横行乡里，称霸一方，为非作歹，欺压、残害群众的有组织犯罪时有出现”。② 于是，在修订刑法时增设了“组织、领导、参加黑社会性质组织罪”。1997年刑法第294条对黑社会性质组织的界定是：以暴力、威胁或者其他手段，有组织地进行违法犯罪活动，称霸一方，为非作恶，欺压、残害群众，严重破坏经济、社会生活秩序的组织。但这一界定并没有具体列举黑社会性质组织的基本特征，且“称霸一方”、“为非作恶”、“欺压”、“残害”等词语指涉的内容不清，缺乏法律概念应有的明确性，因而不利于司法机关准确认定黑社会性质组织。

鉴于此，在充分吸收十多年实践经验和理论研究成果的基础上，2011年的《刑法修正案（八）》取消了上述规定，并通过具体列举黑社会性质组织的基本特征来实现对该组织内涵的诠释。据此，只要符合这些基本特征的犯罪组织，便可认定为黑社会性质组织。考虑到这些特征在内容上的丰富性，笔者暂不对黑社会性质组织的概念进行集中概括。不过，需要指出的是，“黑社会性质组织”与“黑社会组织”，“虽然成熟程度不同，但在性质上是一样的，并无本质的区别，在国外和我国港澳台地区，一般是不加以区别的”。③ 黑社会性质组织具有黑社会组织的基本属性，但其处于黑社会组织发展的初级阶段。也就是说，“黑社会组织与黑社会性质组织虽然有所区别，但仅仅是发展水平和程度的区别”。④ 前者在每个特征的成熟度上都要高于后者，即组织更为紧密，暴力程度更加严重，势力规模更加庞大，通过多种途径逃避打击的能力也更强。

（二）黑社会性质组织的特征分析

最高人民法院于2000年发布的《关于审理黑社会性质组织犯罪的案件具体应用法律若干问题的解释》（以下简称《解释》）首次对黑社会性质组织的特征进行了界定，提出了“组织结构”、“获取经济利益”、“保护伞”、“严重破坏社会秩序”四个方面的基本特征。⑤ 但是，在具体适用过程中却产生了一些分歧，特别是对于认定黑社会性质

---

① 参见朱继良、雷东生：《试论黑社会组织罪》，载《法商研究》1995年第4期。

② 王汉斌：《关于〈中华人民共和国刑法（修订草案）〉的说明——1997年3月6日在第八届全国人民代表大会第五次会议上》，载《全国人民代表大会常务委员会公报》1997年第2期。

③ 何秉松：《犯罪团伙、犯罪集团、黑社会性质组织、黑社会组织、有组织犯罪集团辨析》，载《浙江师范大学学报》（社会科学版）2002年第2期。

④ 何秉松：《黑社会组织（有组织犯罪集团）的概念与特征》，载《中国社会科学》2001年第1期。

⑤ 具体界定如下：一是组织结构比较紧密，人数较多，有比较明确的组织者、领导者，骨干成员基本固定，有较为严格的组织纪律；二是通过违法犯罪活动或者其他手段获取经济利益，具有一定的经济实力；三是通过贿赂、威胁等手段，引诱、逼迫国家工作人员参加黑社会性质组织，或者为其提供非法保护；四是在一定区域或者行业范围内，以暴力、威胁、滋扰等手段，大肆进行敲诈勒索、欺行霸市、聚众斗殴、寻衅滋事、故意伤害等违法犯罪活动，严重破坏经济、社会生活秩序。

组织是否必须要求其具备“保护伞”争议较大，“检察院系统更多倾向于对保护伞不要过于苛求。而法院系统则更多倾向于严格按照解释中规定的四个特征定罪”。[①] 为了解决分歧，全国人大常委会于2002年通过了《关于〈中华人民共和国刑法〉第二百九十四条第一款的解释》，重新规定了黑社会性质组织的“四个特征”。其中，重点就是将“保护伞”特征规定为了选择性要件，以应对现实生活中黑社会性质组织形态的多样性。2009年，最高人民法院、最高人民检察院、公安部联合印发的《办理黑社会性质组织犯罪案件座谈会纪要》（以下简称《2009年纪要》）将这四个特征概括为“组织特征”、“经济特征”、“行为特征”和“危害性特征”，并明确指出，认定黑社会性质组织必须同时具备这四个特征。2011年的《刑法修正案（八）》对刑法第294条进行了修正，将上述立法解释中的“四个特征”写入了刑法。下面对这四个特征进行简要的说明和分析。

1. 组织特征：黑社会性质组织成立的基本前提

刑法第294条第5款对黑社会性质组织之组织特征的规定是：“形成较稳定的犯罪组织，人数较多，有明确的组织者、领导者，骨干成员基本固定。”在实践中，只要黑社会性质组织的组织者、领导者和积极参与者较为稳定，一般就可以认定为犯罪组织较为稳定。[②] 因此，在司法认定过程中要关注各成员之间的联系，通过成员之间的联系性来认定组织的稳定性。另外，从各地公安、司法机关联合出台的黑社会性质组织的认定标准来看，“较稳定”的最短时间在6个月以上，“人数较多”一般确定为10人以上。[③] 但这两个标准并不是硬性规定。根据最高人民法院、最高人民检察院、公安部、司法部于2018年1月发布的《关于办理黑恶势力犯罪案件若干问题的指导意见》（以下简称《2018年指导意见》）的规定，“恶势力”团伙和犯罪集团向黑社会性质组织的发展是一个渐进的过程，没有明显的性质转变的节点，故对黑社会性质组织的存在时间、成员人数问题不宜作出“一刀切”的规定。

2. 经济特征：黑社会性质组织存在的物质支持

刑法第294条第5款对黑社会性质组织之经济特征的规定是：“有组织地通过违法犯罪活动或者其他手段获取经济利益，具有一定的经济实力，以支持该组织的活动。”“财力是黑社会组织的经济基础，有了钱，才能豢养徒众，购买武器装备。财力决定黑社会组织的规模和实力。”[④] 需要注意的是，对于该经济特征认定，不仅要看到黑社会性质组织具备一定的经济实力来支持其活动，更应认识到其攫取和获得不当利益途径的多样性，其既可以通过实施违法犯罪来获取经济利益，也可以借助组织实力通过合法的途径来获取利益。最高人民法院于2015年印发的《全国部分法院审理黑社会性质

---

① 王志祥：《论黑社会性质组织的界定》，载《法治研究》2010年第2期。

② 参见李林：《黑社性质组织犯罪司法认定研究》，法律出版社2013年版，第81页。

③ 参见陈世伟：《黑社会性质组织犯罪的新型生成及法律对策研究》，法律出版社2016年版，第404页。

④ 参见何秉松：《中国有组织犯罪研究（第二卷　台港澳黑社会犯罪研究）》，群众出版社2010年版，第122页。

组织犯罪案件工作座谈会纪要》(以下简称《2015 年纪要》)指出:“各高级人民法院可以根据本地区的实际情况,对黑社会性质组织所应具有的‘经济实力’在20 万~50 万元幅度内,自行划定一般掌握的最低数额标准。”不过,《2018 年指导意见》对此作出了重新规定,明确指出:“由于不同地区的经济发展水平、不同行业的利润空间均存在很大差异,加之黑社会性质组织存在、发展的时间也各有不同,在办案时不能一般性地要求黑社会性质组织所具有的经济实力必须达到特定规模或特定数额。”因此,在认定黑社会性质组织的经济实力时,要从实际情况出发,不能在数额上采取僵化的标准。

3. 行为特征:黑社会性质组织活动的基本手段

刑法第 294 条第 5 款对黑社会性质组织之行为特征的规定是:“以暴力、威胁或者其他手段,有组织地多次进行违法犯罪活动,为非作恶,欺压、残害群众。”对于该行为特征,《2009 年纪要》中指出,暴力性、胁迫性和有组织性是黑社会性质组织行为方式的主要特征,但有时也会采取一些“其他手段”。这些“其他手段”,是指以暴力、威胁为基础进行的所谓“谈判”、“协商”、“调解”以及滋扰、哄闹、聚众等非暴力手段。同时,根据《2018 年指导意见》的规定,以组织的势力、影响和犯罪能力为依托,以暴力、威胁的现实可能性为基础,足以使他人产生恐惧、恐慌进而形成心理强制或者足以影响、限制人身自由、危及人身财产安全或者影响正常生产、工作、生活的手段,即使暴力、威胁色彩不明显,也可以认定为“其他手段”。由此可见,这里的“其他手段”也是以暴力、威胁为基础或后盾的。对于黑社会性质组织来讲,暴力手段不仅是其发家的途径,也是其不断发展壮大的必要保证。因此,对其中的“其他手段”均应本着与暴力、胁迫具有相当性来理解,即旨在使对方不能反抗、不敢反抗或者不知反抗的方法。① 同时,根据《2009 年纪要》的规定,如果相关组织仅实施了违法活动,而没有实施犯罪活动的,不能认定为黑社会性质组织。也就是说,黑社会性质组织的成立以实施犯罪活动为要件,同时也可能伴随着其他违法活动。

4. 危害性特征:黑社会性质组织造成的社会影响

刑法第 294 条第 5 款对黑社会性质组织之危害性特征的规定是:“通过实施违法犯罪活动,或者利用国家工作人员的包庇或者纵容,称霸一方,在一定区域或者行业内,形成非法控制或者重大影响,严重破坏经济、社会生活秩序。”“危害性特征”是前三个特征的结果特征,即由前三个特征造成了这样的危害结果。其中的“非法控制”,是黑社会性质组织危害性的集中体现。“政府对社会的控制是一种合法控制,而非法控制对抗合法控制,并削弱合法控制,这就是黑社会性质组织的反社会性与反政府性的集中体现。”② 黑社会性质组织就是通过对“一定区域”或“一定行业”的非法控制来达到“称霸一方”的地位,进而在该区域或行业内攫取非法利益。根据《2015 年纪要》的规定,“一定区域”以空间为基础,并承载一定的社会功能;“一定行业”是指在一

① 参见阴建峰、万育:《黑社会性质组织行为特征研析》,载《政治与法律》2011 年第 7 期。

② 赵长青:《论黑社会性质组织犯罪的认定》,载《云南法学》2002 年第 1 期。

定区域内存在的同类生产、经营活动，该行业既可以是合法行业也可以是非法行业。而《2018 年指导意见》则指出，“一定区域”的大小具有相对性，不能简单地要求必须达到某一特定的空间范围，而应根据具体案情，并结合黑社会性质组织对经济社会生活秩序的危害程度加以综合分析判断。同时，《2018 年指导意见》还具体列出了可以认定为“在一定区域或者行业内，形成非法控制或者重大影响，严重破坏经济、社会生活秩序”的八种情形。[①] 从这八种情形的具体内容来看，上述的“一定行业”应当只包括合法行业，而不应包括“黄、赌、毒”等非法行业。另外，这些危害后果的产生可以有两种途径，即“通过实施违法犯罪活动”和“利用国家工作人员的包庇或者纵容”。也就是说，在没有国家工作人员的包庇或者纵容时，也完全可能成立黑社会性质组织。

三、犯罪集团与黑社会性质组织的关系解析

尽管我国刑法对犯罪集团和黑社会性质组织分别作出了规定，但这并不意味着这两种犯罪组织完全不同，不存在任何联系。相反，这两种犯罪组织之间既存在着差异性，同时也有着紧密的联系。在实践中，只有对这两种犯罪组织之间的关系形成合理认识，才能有效保证刑事责任追究的准确性与适当性。

（一）犯罪集团与黑社会性质组织的联系

1. 犯罪集团与黑社会性质组织存在包含与被包含关系

如前所述，犯罪集团的主要特征为：组成人数三人以上、目的是共同实施犯罪、组织形态较为固定。在符合这些特征的情况下，可构成犯罪集团，但不一定构成黑社会性质组织。但是，从黑社会性质组织的上述基本特征来看，在符合这些特征的情况下，既构成黑社会性质组织，同时也一定构成犯罪集团。也就是说，犯罪集团不一定是黑社会性质组织，但黑社会性质组织一定是犯罪集团。由此，从概念层面来看，犯罪集团与黑社会性质组织就是一种包含与被包含的关系，后者是一类特殊的、高级的犯罪集团。

犯罪集团是一个外延较为宽泛的概念，实际上是对有组织犯罪之组织形态的概括规定。从组织化程度及其附随特征来讲，犯罪集团大体可分为三类：初级形态的犯罪集团、中级形态的犯罪集团和高级形态的犯罪集团。其中，初级形态的犯罪集团一般

---

① 这八种情形分别是：（1）致使在一定区域内生活或者在一定行业内从事生产、经营的多名群众，合法利益遭受犯罪或严重违法活动侵害后，不敢通过正当途径举报、控告的；（2）对一定行业的生产、经营形成垄断，或者对涉及一定行业的准入、经营、竞争等经济活动形成重要影响的；（3）插手民间纠纷、经济纠纷，在相关区域或者行业内造成严重影响的；（4）干扰、破坏他人正常生产、经营、生活，并在相关区域或者行业内造成严重影响的；（5）干扰、破坏公司、企业、事业单位及社会团体的正常生产、经营、工作秩序，在相关区域、行业内造成严重影响，或者致使其不能正常生产、经营、工作的；（6）多次干扰、破坏党和国家机关、行业管理部门以及村委会、居委会等基层群众自治组织的工作秩序，或者致使上述单位、组织的职能不能正常行使的；（7）利用组织的势力、影响，帮助组织成员或他人获取政治地位，或者在党政机关、基层群众自治组织中担任一定职务的；（8）其他形成非法控制或者重大影响，严重破坏经济、社会生活秩序的情形。

就是指仅仅具备了犯罪集团基本特征的犯罪组织；中级形态的犯罪集团是指在具备犯罪集团基本特征的基础上，又因组织化程度较高或实施的违法犯罪较为严重，从而具有更大社会危害性的犯罪组织，如恶势力犯罪集团；而高级形态的犯罪集团则是指在具备犯罪集团基本特征的基础上，又因同时具有组织形式、经济实力、危害后果等方面的“高级”特征，从而能对经济、社会秩序形成严重冲击的犯罪组织，典型的代表就是黑社会性质组织。[①] 也正是因为黑社会性质组织这种高级的犯罪集团具有更加严重和特殊的社会危害性，刑法才对其单独进行了规定，并扩大了刑事责任的追究范围。[②]

在实践中，对于初级和中级形态的犯罪集团，我们可称之为“一般犯罪集团”；对于高级的犯罪集团，在刑法已作了单独规定的情况下，我们可直接称其为黑社会性质组织。据此，笼统地讲“要区分犯罪集团和黑社会性质组织”是不准确的。对一般犯罪集团与黑社会性质组织进行准确的界分才是司法实践中的重点所在。

2. 一般犯罪集团是黑社会性质组织产生的摇篮

如上所述，一般犯罪集团是形成黑社会性质组织的初级或中级阶段，黑社会性质组织通常是由一般犯罪集团演变而来的。而且，近年来黑社会性质组织的产生还出现了由犯罪集团合并生成的苗头。[③] 但是，无论何种类型的黑社会性质组织，维持其组织稳定的核心在于保证组织成员特别是骨干成员的稳固，而要把组织成员固定在组织内部则需要一定的物质基础。因此，获取经济利益是黑社会性质组织得以存续的基本条件，也是其实施违法犯罪活动的最终目的。

从实践中的情况来看，黑社会性质组织追逐经济利益的活动大致有三类：一是通过组织提供非法商品和服务以牟取暴利，如贩毒、走私、赌博、卖淫、放高利贷等；二是从事一些掠夺性的犯罪活动，如大规模的盗窃、抢劫、敲诈勒索及收取“保护费”等；三是利用违法犯罪所得向具有潜在利润的合法商业领域渗透，如开办餐饮、娱乐、运输、服务业、工厂、公司等企业，借此既可以将手中的“黑钱”清洗干净，又可以为自己寻找到新的“经济增长点”。[④] 据此，当一般的犯罪集团开始实施上述三类行为获取经济利益，并逐步积累物质财富时，就极易转化为黑社会性质组织。因为无论是稳定的非法商品或服务交易，还是大规模的掠夺性犯罪活动，都难以通过少数人顺利完成，经济利益的刺激会促使犯罪集团规模不断扩大，而人员规模的扩张反过来又迫使犯罪集团谋求更为巨大的财富。同时，集团人数的上升也要求组织内部的层级更加固定、分工更加明确，从而提高集团犯罪的成功概率，并保障其正常运行。在此情况下，一般犯罪集团转化为黑社会性质组织只是一个时间问题。

（二）一般犯罪集团与黑社会性质组织的差异

明确犯罪集团与黑社会性质组织的联系，只是为合理认定这两类犯罪组织提供了

---

① 我国刑法中规定的“恐怖活动组织”，原则上也应属于高级的犯罪集团。

② 比如，对单纯的组织、领导、参加黑社会性质组织的行为也要追究刑事责任，而对组织、领导、参加一般犯罪集团的行为并不单独追究刑事责任。

③ 参见陈世伟：《黑社会性质组织犯罪的新型生成及法律对策研究》，法律出版社2016年版，第313页。

④ 参见王志祥：《论黑社会性质组织的界定》，载《法治研究》2010年第2期。

一定的基础。而司法实践中的关键问题则在于，通过准确区分一般的犯罪集团与黑社会性质组织来实现正确的定罪处刑。因此，对一般犯罪集团与黑社会性质组织的差异也必须形成清醒的认识。

1. 组织化程度上的差异

尽管一般犯罪集团和黑社会性质组织都要求达到一定的组织化程度，但一般犯罪集团只要求犯罪组织"较为固定"即可，而黑社会性质组织作为一种"形似社会，但其各个方面的实质却是反社会的犯罪组织"，[①] 所要求的组织程度要更为严密。对此，不能认为只要有明确的组织者、重要成员基本固定即可。因为中级形态的犯罪集团往往也具备这一特征。例如，《2018 年指导意见》中规定的恶势力犯罪集团的特征表现就是："有三名以上的组织成员，有明显的首要分子，重要成员较为固定，组织成员经常纠集在一起，共同故意实施三次以上恶势力惯常实施的犯罪活动或者其他犯罪活动。"结合黑社会性质组织的基本特征来看，其一般需要具备更为复杂的组织结构，才能有效满足其他方面的构成要求。

在实践中，黑社会性质组织大体表现为以下几种组织结构：第一种是"金字塔形"的组织结构，即按照组织成员所扮演的角色或所处的地位来建构组织层级，层级越高人数越少，上层成员对下层成员有指挥和控制的能力。这种组织结构是黑社会性质组织中最为常见的一种结构形式。第二种是"树状分布形"的组织结构，其可以视作"金字塔形"结构的变形，即由大的黑社会性质组织延伸出一系列组织结构完整的小型黑社会性质组织。例如，在河南许昌"梁某利案"中，以梁某利为首成立了黑社会性质组织，但在其之下的成员张某涛、李某伍等又效仿梁胜利成立了以各自为首的黑社会性质组织，此类二级黑社会性质组织有数十个。在上述两种组织结构中，黑社会性质组织的成员均较为固定。第三种是"圆点辐射形"的组织结构，即以首要分子为中心（圆点）向外辐射组织成员，组织内部除组织者、领导者和骨干成员外，结构并不太清晰和明确，其他成员也并不十分固定。例如，在辽宁沈阳的"刘涌案"中，只有"四大金刚"和几名犯罪的警察是相对固定的，其他成员均不太固定，甚至在供述中也没有表明其隶属于"刘涌集团"。第四种是"环状包含形"的组织结构，即表现为一个大的组织内部控制或包含着小组织。例如，广西百色地区的周某南黑社会性质组织便是如此。在周某南以"公司"名义掩盖的组织内还控制着一个名为"洪兴社"的黑社会性质组织，周某南组织为"洪兴社"提供物资支持，而"洪兴社"作为回报，听命于周某南组织，接受其发布的任务。而作为一般的犯罪集团，通常并不具备上述组织形式。

此外，黑社会性质组织在发展过程中往往还会形成具有帮派特色的"亚文化"环境。在司法实践中，许多被打掉的黑社会性质组织都有自己的"帮规帮约"，以控制帮会成员。这些"帮规帮约"中常常会规定不听指挥、脱离帮会、背叛组织等行为的处

---

① 参见王志祥：《论黑社会性质组织的界定》，载《法治研究》2010 年第 2 期。

罚措施。例如，四川宜宾的黑社会性质组织“狄某伟集团”制定的员工手册共有47条，其中包括对出卖、背叛、损害组织利益、不服从命令的成员处以割舌、挖眼、切指、断双腿等处罚措施。而一般的犯罪集团中，则很少有如此系统、明确的“帮规帮约”。也正是基于此，《2018年指导意见》中明确规定：“为确立、维护、扩大组织的势力、影响、利益或者按照纪律规约、组织惯例多次实施违法犯罪活动，侵犯不特定多人的人身权利、民主权利、财产权利，破坏经济秩序、社会秩序，应当认定为‘有组织地多次进行违法犯罪活动，为非作恶，欺压、残害群众’。”

2. 暴力程度和表现形式上的差异

黑社会性质组织以实施暴力行为或暴力威胁为其存在基础。暴力在黑社会性质组织中有两种表现形式：一种是对内的暴力，即通过实施“家法”等肉刑或者变相肉刑，加强对组织内部成员的约束；另一种是对外的暴力，即通过使用暴力或以暴力为后盾达到欺压、残害群众，建立非法势力范围、攫取非法钱财的目的。对外的暴力是黑社会性质组织犯罪行为最直接的表现形态，也是其建立组织威势的重要方式。

暴力的实施有赖于一定的工具，暴力工具随着组织实力的增长而不断升级。当前，管制刀具和有杀伤性的冷兵器已经是黑社会性质组织的标配，而许多势力较大的组织已经拥有自制火药枪、猎枪、土炸药、土炮等，更有甚者还有制式手枪、冲锋枪等热兵器。例如，梁某利黑社会性质组织就有连发猎枪12支、手枪若干支，刘涌黑社会性质组织亦持有各式枪支共13支。拥有暴力工具的黑社会性质组织对社会公众十分凶残，暴力成为其肆意宣泄情绪的手段。例如，海南琼山“黑帮老大”海某文就因农民陈某敬出言顶撞，将陈的脚筋挑断，又因其亲戚与他人发生纠纷，而将他人的双手砍断。另外，从发展趋势来看，当前黑社会性质组织的暴力性还呈现出逐步隐蔽化的特征，即从初始的“硬暴力”开始向“软暴力”转变。所谓“软暴力”，即以暴力和胁迫为后盾，采用滋扰、纠缠、哄闹、聚众造势等手段侵犯人身权利、财产权利，破坏经济秩序、社会秩序的行为。由于刑法明确规定处罚针对生命、身体健康、人身自由的侵害行为，因此直接实施这些行为极易使组织受到司法机关的强力打击，为了逃避刑事责任，当下的黑社会性质组织逐渐倾向于采用“软暴力”来实现目的。

但是，不论是何种形式的暴力，都是在组织的支配下进行的，即是一种“有组织的暴力”。“以帮会为代表的黑社会势力不仅是一种有组织的力量，而且是一种有组织的暴力。他们不仅建立具有严密的等级结构、严格的组织纪律的帮会组织和黑社会组织，而且把这种帮会组织与暴力有机地结合在一起，形成一种有组织的暴力。”① 因此，“有组织的暴力”可谓是黑社会性质组织的安身立命之本，组织的各项运作主要是以有组织的暴力为后盾。

而一般的犯罪集团则在暴力的程度或表现形式上与黑社会性质组织存在差异。首

① 参见何秉松：《有组织犯罪研究（第一卷　中国大陆黑社会（性质）犯罪研究）》，中国法制出版社2002年版，第75页。

先，一般的犯罪集团可能并不包含暴力成分，如盗窃犯罪集团或诈骗犯罪集团。其次，一般的犯罪集团也很少会存在“对内的暴力”。再次，一般的犯罪集团即便包含暴力成分，其暴力的凶残程度通常也会比黑社会性质组织要低。即使是恶势力犯罪集团，由于其经常实施的是强迫交易、故意伤害、非法拘禁、敲诈勒索、故意毁坏财物、聚众斗殴、寻衅滋事等犯罪行为，因此其暴力程度总体上要轻于黑社会性质组织。最后，一般的犯罪集团所实施的暴力，不论是“硬暴力”，还是“软暴力”，其有组织性的程度通常也要低于黑社会性质组织。从一定意义上可以说，黑社会性质组织所实施的“软暴力”之所以会奏效，在很大程度上要归功于其背后的组织性以及组织本身所具有的强大威慑力。

3. 经济利益获取和分配上的差异

通过探究黑社会性质组织的形成原因不难发现，经济原因是其产生的本源，贫富差距和阶级差别是其产生的重要因素。“贫富差距的拉大使处于弱势地位的贫困者形成了强烈的被剥夺感，加上富有阶层奢靡生活方式的不良示范作用，又强化了贫困者的不满心理，于是犯罪便成了对社会分配不公的一种病态矫正选择。”① 而在孤立的犯罪难以成功或难以取得丰厚利益的情况下，这类人员便会集合在一起，形成黑社会性质组织。在黑社会性质组织形成后，其不仅会直接通过实施违法犯罪来获取利益，在具备一定经济实力后还会通过有组织的生产、经营活动获取利益。由于有犯罪组织作为后盾，其在生产、经营中往往会利用不正当竞争等方式来获取高额的收益。在此过程中，为了更加有效地规避查处，一些黑社会性质组织还会通过行贿等手段来寻求相关国家工作人员的庇护，甚至其中的首要分子还可能获得“人大代表”、“政协委员”、“优秀民营企业家”等“头衔”或荣誉称号。②

同时，在黑社会性质组织形成后，为了维持这一庞大组织的正常运转，也必须进行一定的经济投入。例如，维持或扩大组织人员规模、购置暴力工具、打通政治通道、平息违法犯罪后果等都需要大量的金钱投入。由此，黑社会性质组织的经济收益除进行“利益分成”外，往往还会拿出一部分来支持组织的运转或扩大组织的规模。

与黑社会性质组织相比，一般的犯罪集团也可能以获取经济利益为主要目的，但其获利的方式往往较为简单。一般的犯罪集团通常是以职业化的犯罪行为来获取利益，如拐卖妇女集团、走私集团、盗窃集团等；或者仅仅通过实施违法犯罪活动来获取利益，而尚未达到通过有组织的生产、经营来获取经济利益的程度。同时，由于组织规模相对较小、实力有限，且犯罪表现较为明显，一般的犯罪集团通常也很难得到相关国家工作人员的非法庇护。另外，一般犯罪集团所获取的经济利益多是用于成员间的分配，而很少会投入到组织本身的运转或“扩大再生产”之中。

---

① 参见何秉松、廖斌：《黑社会（性质）组织犯罪原因论》，载《浙江师范大学学报》（社会科学版）2003年第6期。

② 例如，辽宁沈阳的刘涌在案发时就是沈阳市人大代表、和平区政协委员，并获有“优秀民营企业家”、“市扶贫先进个人”等荣誉称号。

4. 危害后果上的差异

黑社会性质组织在危害后果上的核心表现就是，“称霸一方，在一定区域或者行业内，形成非法控制或者重大影响，严重破坏经济、社会生活秩序”。其中的“非法控制”和“重大影响”具有大致相同的意蕴，都是指在一定区域或者行业内产生了足以与合法秩序相抗衡的、具有支配性的非法控制力。而且，这种控制或影响一般是具有公开性的，即“在一定区域或者领域内已经产生公开的、广泛的‘震慑力’，导致相关公众对该组织表现为‘闻之色变’的心理态度”。[①] 黑社会性质组织成立的目的就是“企图在以刑罚等国家强制力为后盾的法律秩序中建立以暴力等犯罪手段为后盾的反社会秩序”，[②] 因此其在危害后果方面必然会集中表现为与合法秩序的抗衡性，使国家的合法控制在一定区域或行业内出现失效现象。由此，也才能产生“称霸一方”的效应，正常的经济、社会生活秩序也才会受到“严重的”破坏。

同时，根据刑法第 294 条第 5 款第 4 项的规定，上述后果是“通过实施违法犯罪活动，或者利用国家工作人员的包庇或者纵容”而形成的。尽管刑法将“利用国家工作人员的包庇或者纵容”规定为一个选择性要件，但从实践中的情况来看，没有国家工作人员作为“保护伞”，单纯靠“实施违法犯罪活动”，相关犯罪组织是很难在一定区域或行业内形成非法控制的。毕竟仅仅依靠一定的犯罪组织来对抗强大的国家机关，在力量上明显是处于弱势状态。

对于一般的犯罪集团而言，虽然其也会破坏经济或社会生活秩序，但并不要求达到在一定区域或者行业内形成非法控制、造成重大影响的程度。这一点也正是那些处于中级形态的犯罪集团与黑社会性质组织的重要差异。例如，就恶势力犯罪集团而言，其在组织、经济、行为等方面也可能具有与黑社会性质组织相类似的特征，但在危害后果上并不能达到“在一定区域或者行业内，形成非法控制或者重大影响”的程度。如果达到了这一程度，就可以考虑将其认定为黑社会性质组织，而不是只作为犯罪集团对待。

结语

在理论上厘清犯罪集团与黑社会性质组织的关系，最终目的是实现刑事责任追究上的准确性和适当性。如果某一犯罪组织被认定为一般犯罪集团，则只需按照犯罪集团的处理原则，对其所犯的具体罪行进行定罪处刑。而如果某一犯罪组织被认定为黑社会性质组织，则不仅要对其所犯的具体罪行予以定罪处刑，对组织、领导、参加该犯罪组织的行为，也要以“组织、领导、参加黑社会性质组织罪”予以定罪处刑。同时，在对黑社会性质组织所犯的具体罪行进行定罪处刑时，亦要按照犯罪集团的处理原则来办理，因为黑社会性质组织同样符合犯罪集团的成立条件，其本质也是一种犯

① 参见于冲：《黑社会性质组织与“恶势力”团伙的刑法界分》，载《中国刑事法杂志》2013 年第 7 期。

② 参见王志祥：《论黑社会性质组织的界定》，载《法治研究》2010 年第 2 期。

罪集团。

基于一般犯罪集团与黑社会性质组织在刑事责任上的差异性，在开展扫黑除恶专项斗争的过程中，既不能将黑社会性质组织降格为一般恶势力犯罪集团处理，也不能将一般恶势力犯罪集团升格为黑社会性质组织处理。从历次“严打”斗争的经验和教训来看，如何有效避免后一种现象的发生，应当成为各地司法机关重点考虑的问题。

简论包庇、纵容黑社会性质组织罪

何小元[*]　徐留成[**]

关于“黑社会”一词的起源，至今尚未有准确的说法，根据何秉松教授的考证和梳理，认为作为概念形式的“黑社会”首先是在明末清初时期出现。[①]它以清代的帮会活动为标志。最初，封建帮会就是模仿封建家族制度而建立起来的，但它们毕竟不是带有血缘的家族关系，换言之“帮”是以师徒宗法关系（其本身也是封建家法的延伸）为纽带，是封建行会的变异形态；而“会”是以兄弟结义关系为纽带，是血缘家族的变异形态。19世纪末以来，帮与会相互渗透，混合生长，人们遂以“帮会”统称之。[②]而中国帮会是在封建社会濒临解体的历史条件下诞生的，由大批陷于贫困、破产和失业的农民、小手工艺者、艺人、水手、脚夫、船夫等个体劳动者以及乞丐等无业游民发展而来。这些游民所在的帮会由于在政治上具有盲目性和依附性，导致其必然依附于更强大的组织，比如军阀和政党党派等，而逐步演化成黑社会组织和黑社会势力。[③]

新中国成立后，党和国家集中力量对反动“会、道、门”进行了毁灭性打击，铲除了帮会生存、发展的土壤，帮会基本在中国大陆销声匿迹。[④]改革开放以来，中国的经济和社会发生重大的改变，黑社会又在中国大陆滋生和抬头。由于各地政府均有“禁止自称黑社会成员”的法令，黑社会的存在更趋于地下化和隐秘化，一般人都不能得知其存在。政府也因为黑社会的存在是直接挑战其权威，而一直不肯承认黑社会的确实存在情况。因为黑社会的存在直接威胁到政府的管制并影响其权威性，各地政府

---

* 中国政法大学博士研究生。

** 青海省高级人民法院刑一庭庭长（北京市高级人民法院研究室挂职交流），全国第三届审判业务专家，法学博士、博士后，研究员。

① 何秉松教授对黑社会的概念历史进行过考证，但一直未明确黑社会概念的来历。根据他的推断，最早使用这个概念是在清末民初，即19世纪末20世纪初，但并不是作为法律概念来使用，而是在一些文学作品中首次出现。我国最先把“黑社会”一词用于法律中的是港澳地区。更多参见何秉松：《有组织犯罪研究（第一卷）：中国大陆黑社会（性质）犯罪研究》，中国法制出版社2002年版，第197～198页。

② 周育民、邵雍：《中国帮会史》，武汉大学出版社2012年版，第1页。

③ 何秉松：《有组织犯罪研究（第一卷）：中国大陆黑社会（性质）犯罪研究》，中国法制出版社2002年版，第2页。

④ 饶罡：《包庇、纵容黑社会性质组织罪研究》，南昌大学2014年硕士学位论文。

均积极予以打击。

一、包庇、纵容黑社会性质组织罪的概念和特征

刑法第294条第3款规定：“国家机关工作人员包庇黑社会性质的组织，或者纵容黑社会性质的组织进行违法犯罪活动的，处五年以下有期徒刑；情节严重的，处五年以上有期徒刑。”①

（一）本罪的主体

刑法第294条第3款规定的“国家机关工作人员”，是指在国家各级党政机关、权力机关、司法机关和军事机关中执行一定职权的工作人员。② 在依法行使国家行政管理职权的组织中从事公务的人员，或在受国家机关委托代表国家行使职权的组织中从事公务的人员，或虽未列入国家机关人员编制但在国家机关中从事公务的人员，在代表国家机关行使职权时，视为国家机关工作人员。③ 行为人是否同时系黑社会性质组织成员，在此不作要求。若其同时具备黑社会性质组织成员的身份，则以本罪与组织、领导、参加黑社会性质组织罪数罪并罚。实践中应结合职务审批表、承担工作的职责范围的相关证书和证人证言来识别其主体身份。④

（二）关于对“包庇”要件的理解

根据最新的司法解释，“包庇”是指国家机关工作人员为使黑社会性质组织及其成员逃避查禁而通风报信，隐匿、毁灭、伪造证据，阻止他人作证、检举揭发，指使他人作伪证，帮助逃匿，或者阻挠其他国家机关工作人员依法查禁等行为。⑤ 为了密切防范和严厉惩治国家机关工作人员包庇、纵容黑社会性质组织的行为，最高人民法院《关于审理黑社会性质组织犯罪的案件具体应用法律若干问题的解释》（以下简称《解释》）对包庇、纵容黑社会性质组织罪“包庇”、“纵容”两种行为方式所作的解释，为正确认定包庇、纵容黑社会性质组织罪提供了基本保障。2017年修改的刑法第294条第3款对“包庇、纵容黑社会性质组织罪”作了明确规定，具体是指国家机关工作人员包庇黑社会性质的组织，或者纵容黑社会性质的组织进行违法犯罪活动的行为。其中，包庇行为的种类有很多，有的是通风报信或帮助黑社会性质组织隐匿、毁灭违法所得及违法证据的行为，有的是为黑社会性质组织及成员提供隐藏处所、财物，还有的是阻挠有关部门查处、打击黑社会性质组织或者阻止证人作证、检举揭发，指使

---

① 本次修改是2017年11月4日全国人民代表大会通过的《中华人民共和国刑法（2017修正）》。修订前的1997年刑法原条文为：“国家机关工作人员包庇黑社会性质的组织，或者纵容黑社会性质的组织进行违法犯罪活动的，处三年以下有期徒刑、拘役或者剥夺政治权利；情节严重的，处三年以上十年以下有期徒刑。”

② 《中华人民共和国刑法释义（第六版·根据刑法修正案九最新修订）》，http：//www. pkulaw. cn/CLink_form. aspx？Gid = 17010&tiao = 294&subkm = 0&km = siy。

③ 冯江：《刑法解释与适用全书》，中国法制出版社2014年版，第728页。

④ 最高人民检察院公诉厅：《刑事公诉案件证据审查指引》，中国检察出版社2015年版，第193页。

⑤ 《中华人民共和国刑法释义（第六版·根据刑法修正案九最新修订）》，http：//www. pkulaw. cn/CLink_form. aspx？Gid = 17010&tiao = 294&subkm = 0&km = siy。

他人作伪证，为黑社会性质组织游说、说情等。

在司法实践中，大多数的包庇行为都是行为人为了帮助黑社会性质组织逃避法律制裁而主动实施的某些犯罪行为，也就是说其行为方式是作为。但也不能排除存在行为人以不作为的方式进行包庇犯罪活动的可能。例如，某国家机关工作人员发现了某黑社会性质组织的犯罪证据，按照法律所规定的国家机关工作人员的一般性义务，其应将相关证据提交给相关部门。但为了帮助该黑社会性质组织逃避法律的制裁，其故意不向有关部门报告，则不管该黑社会性质组织有没有被查处，他的行为都已经构成了包庇黑社会性质组织罪，因为他没有履行交出证据义务，则此种行为是一种不作为，也应构成本罪的客观方面。在这个问题上，容易将包庇的不作为与纵容相混淆。

（三）关于对“纵容”要件的理解

在本罪中，“纵容”的含义可以简单地表述为对黑社会性质组织的犯罪行为不进行制止，任其发展。“纵容”是指国家机关工作人员不依法履行职责，对黑社会性质的组织的违法犯罪活动不依法制止，反而予以放纵的行为。[①] 从纵容的含义中我们可以看出，本罪中纵容行为的行为方式应该是不作为。这种不作为既可以是行为人对职责范围内的黑社会性质组织犯罪活动不进行打击、查处，也可以是行为人对职责范围内的黑社会性质组织犯罪活动故意查处不力或是打击不严。由于纵容的行为对象是黑社会性质组织的犯罪活动或者违法活动，因此其着手时间应当是行为人知道其行为对象是黑社会性质组织或其违法犯罪活动时。应当注意的是，这个时间必须是黑社会性质组织违法犯罪活动的准备阶段和实施阶段，而不能是黑社会性质组织犯罪活动的终止阶段。因为从法律的规定来看，纵容的含义是“不加制止、任其发展”，仅从字面上也可以看出，实施纵容行为的时间应该是在犯罪活动的准备和实施阶段，已经完成的犯罪行为也不存在发展的可能性了。如果是在黑社会性质组织犯罪活动完成之后再进行纵容的话，那就应该理解为一种包庇行为，也就是前文所说的属于包庇行为中的不作为。

（四）关于对“黑社会性质组织”要件的理解

“黑社会”是指由黑社会组织控制或统治的势力范围。在这个势力范围内，遵从的是黑社会组织奉行的行为准则和社会规范。黑社会存在于合法社会之中。[②] 它通常又称帮派、黑暗联盟、黑暗组织，在中国称为有组织犯罪集团，具体是指自外于规范社会的组织，存在着内部独有的社会规范，组织上通过秘密结社凝聚力量以为基本组成，以传统人际关系和结谊为中坚，以社团利益相关者为核心的组织，这些组织集团更可以构建庞大的地下社会与政治力量。[③] 这里需要说明的是，黑社会化这一概念，是指一般的犯罪组织为谋取更大的经济利益，采取贿赂政府官员、使用犯罪组织暴力、垄断

---

① 《中华人民共和国刑法释义（第六版·根据刑法修正案九最新修订）》，http://www.pkulaw.cn/CLink_form.aspx? Gid = 17010&tiao = 294&subkm = 0&km = siy.

② 何秉松:《有组织犯罪研究（第一卷），中国大陆黑社会（性质）犯罪研究》，中国法制出版社2002年版，第98页。

③ 中文维基百科：https://zh.wikipedia.org/wiki/黑社会#cite_note-1。

犯罪资源和犯罪市场、严厉管理等手段和措施，逐渐形成经济目的性、成员众多性、组织严密性、暴力性、垄断性、半隐蔽性、有自己的亚文化和保护伞的特性而演变成黑社会组织的过程。[①] 只得强调的是本罪的构成要件是“黑社会性质组织”而不是“黑社会”，二者是两个不同的概念。我国是中国特色的社会主义国家，社会是中国特色的社会主义社会，根本不存在“黑社会”，现实中存在带有黑社会性质的违法犯罪组织，即“黑社会性质组织”。根据刑法第294条的规定，“黑社会性质组织”才是包庇、纵容黑社会性质组织罪的构成要件。

（五）关于对“保护伞”的理解

根据《简明廉政文化词典》的定义，“保护伞”是指某种庇护性力量，用来保护某些人或某些组织，使其利益不受损害或不受干涉的权力主体。从广义上讲，主要是指政府官员包庇纵容违法违纪违章行为，为其提供各种便利或非法保护。刑法中的“保护伞”主要是指国家公职人员包庇纵容黑社会性质组织的违法犯罪行为，或者国家公职人员组织、领导、参与黑社会性质组织，沆瀣一气，共同实施犯罪的情况。成为“保护伞”一般应该具备主观和客观两个要件。首先，成为“保护伞”的人在主观上肯定是故意的，即明知黑社会性质组织从事的是违法犯罪活动而予以包庇或者纵容。其次，纵容黑社会性质组织违法犯罪的，行为人在客观上实施的是放纵行为，可以是直接故意，也可以是间接故意。总之，被认定为黑社会性质组织“保护伞”的人必须实施了包庇、纵容黑社会性质组织的行为。[②] 本文中所探讨的黑社会性质组织是指向地方权力机构进行腐蚀渗透并建立“保护伞”，以获取经济利益为行动目标的隐藏性较强的犯罪集团。

（六）关于对“黑社会性质组织”的理解

有组织犯罪，在英语中表述为“organized crime”[③]，它是一种特殊的犯罪集团。所谓犯罪集团，是指三个或三个以上的人进行一次或多次故意犯罪，并建立一定的组织稳定性的共同犯罪组织。该组织具有犯罪主体、犯罪目的明确，犯罪和犯罪组织形式相结合的稳定性等特点。“黑社会性质组织”是有组织犯罪的一种，它在国外刑事立法中往往被称为有组织犯罪。实际上，有组织犯罪并不完全等同于黑社会性质的组织犯罪，黑社会组织不仅仅是有组织犯罪，而且强调“黑”的性质，即带有一定的暴力性，是最危险的一种有组织犯罪。迄今为止，关于有组织犯罪在世界范围内尚没有一个统

① 谢勇、王燕飞：《有组织犯罪研究》，中国检察出版社2005年版，第414页。

② 杨礼宾、成云雷主编：《简明廉政文化词典》，山东人民出版社2015年版，第5页。

③ 美国执法和审判管理总统委员会特别小组于1967年在其报告中所阐述的“有组织犯罪”（organized crime）是指企图操纵某种不受美国人民及政府控制的社会。德国议会于1992年将有组织犯罪定义为：由数个犯罪人或组织有计划地实施旨在获利的犯罪行为，数个犯罪人或组织在较长的时间和不确定的时间内，利用企业或商业组织，使用暴力或其他恐怖措施致力于对政策、传媒、司法、经济等施加影响。日本有学者认为“有组织犯罪”是指某些集团或经常性进行暴力的不法行为的恐怖组织。日本犯罪学辞典将“有组织犯罪”也称为“暴力团”，即暴力集团，是指暴力组织中的反社会集团，它是进行经常性暴力不法行为的黑社会团体。更多参见王秀梅：《黑社会性质的有组织犯罪刍议》，载《法学论坛》1999年第2期。

一并得到普遍公认的定义。美国的“黑手党”是世界上最大的犯罪组织，该组织拥有3000至5000名成员，分为24家，其成员已渗透到美国的立法机构、行政机构和司法机构中。[①] 同时，比较典型的黑社会组织在日本被称为“暴力团”，在意大利被称为“黑手党”，在我国香港被称为“三合会”。[②]

2000年12月5日发布的最高人民法院《解释》将“黑社会性质组织”的特征说明如下：(1) 形成较稳定的犯罪组织，人数较多，有明确的组织者、领导者，骨干成员基本固定；(2) 有组织地通过违法犯罪活动或者其他手段获取经济利益，具有一定的经济实力，以支持该组织的活动；(3) 以暴力、威胁或者其他手段，有组织地多次进行违法犯罪活动，为非作恶，欺压、残害群众；(4) 通过实施违法犯罪活动，或者利用国家工作人员的包庇或者纵容，称霸一方，在一定区域或者行业内，形成非法控制或者重大影响。严重破坏经济、社会生活秩序。[③]

需要强调的是，按照全国人民代表大会常务委员会《关于〈中华人民共和国刑法〉第二百九十四条第一款的解释》的规定，黑社会性质组织必须同时具备“组织特征”、“经济特征”、“行为特征”和“危害性特征”。由于实践中许多黑社会性质组织并非这“四个特征”都很明显，因此在具体认定时，应根据立法本意，认真审查、分析黑社会性质组织“四个特征”相互间的内在联系，准确评价涉案犯罪组织所造成的社会危害，确保不枉不纵。[④] 若“四个特征”中其他构成要素均已具备，仅在成员人数、经济实力规模方面未达到《全国部分法院审理黑社会性质组织犯罪案件工作会议座谈会纪要》（法〔2015〕291号）提出的一般性要求，但已较为接近，且在非法控制特征（危害性特征）方面同时具有最高人民法院、最高人民检察院、公安部《办理黑社会性质组织犯罪案件座谈会纪要》（法〔2009〕382号）以及相关规定的多种情形，其中至少有一种情形已明显超过认定标准的，也可以认定为黑社会性质组织。[⑤] 需要关注的是，有学者提出，黑社会（性质）组织包括黑社会性质组织和黑社会组织。这里所指的是犯罪组织自身。黑社会性质组织是黑社会组织的低级形态，它虽然还不够成熟，但在性质上已属于黑社会组织，它与黑社会组织只有量的差异而无性质上的区别。[⑥]此种观点，值得商榷。笔者坚持认为，如果系界定“黑社会”的外延，此种观点不成问题。但是，研究包庇、纵容黑社会性质组织罪的构成要件时，根据刑法第294条的规定，“黑社会性质组织”才是本罪的构成要件。理由如前所述，在此不再赘述。

---

① 郭永辉、索跃：《法学之最600》，中国政法大学出版社1991年版，第240页。

② 孙国祥：《黑社会性质组织犯罪研究》，载《南京大学法律评论》1997年第2期。

③ 最高人民法院刑事审判第一庭编：《刑法条文及配套规定适用指引（下册）》，2016年版，第859页。

④ 最高人民法院网，http://www.court.gov.cn/shenpan-xiangqing-6612.html。

⑤ 最高人民法院刑事审判第一庭编：《刑法条文及配套规定适用指引（下册）》，2016年版，第874页。

⑥ 何秉松：《有组织犯罪研究（第一卷），中国大陆黑社会（性质）犯罪研究》，中国法制出版社2002年版，第98~99页。

二、相关争议问题

众所周知，涉黑案件中的事实、证据问题和所涉及的法律关系较为复杂。其中有两点比较难把握，其一，对“包庇”的含义理解的分歧；其二，司法工作人员包庇黑社会性质组织是否成立本罪存有异议。

（一）对“包庇”含义的理解存在分歧

虽然根据最新的司法解释规定，“包庇”是指国家机关工作人员为使黑社会性质组织及其成员逃避查禁，而通风报信，隐匿、毁灭、伪造证据，阻止他人作证、检举揭发，指使他人作伪证，帮助逃匿，或者阻挠其他国家机关工作人员依法查禁等行为。但在司法实务中，是否完全按照司法解释的规定进行理解，法律界有许多不同的观点。笔者通过对比的方式列举了张明楷、刘志伟、李福成和高一飞等几位教授的观点。

包庇是指行为人利用其职权、地位、影响等条件庇护黑社会性质组织，掩饰黑社会性质组织的性质，阻挠查获黑社会性质组织（张明楷）。① 包庇，应从广义上理解，泛指行为人积极实施的一切庇护黑社会性质组织的行为。其中，既应包括掩饰黑社会性质组织的性质，帮助其隐匿、毁灭违法犯罪证据或者做假证明的行为，还应包括为他们提供隐藏处所、财物，向他们通风报信，替他们说情、游说等一切妨害有关部门查办、惩处、打击黑社会性质组织的行为。既应包括利用职权、地位、影响等国家机关工作人员身份条件实施的包庇行为，也应包括没有利用上述条件实施的包庇行为（刘志伟）。② 包庇是指行为人向有关机关提供虚假证明，掩盖黑社会性质组织的行为（李福成）。③ 包庇是指行为人为犯罪分子做假证明、隐匿罪证，阻挠司法机关查处黑社会性质犯罪组织，为犯罪分子通风报信、开脱说情，以使犯罪分子逃避法律制裁的行为（高一飞）。④

从上述不同学者对“包庇”的论述加以对比可知，他们所强调的侧重点有所差异。从某种程度上而言，这也体现了法律的多元价值选择而导致的差异。难以评价谁是谁非！这要求审判人员在具体司法实务过程中，结合具体案件情况，在规范与事实之间来回穿梭，结合最新的刑事政策来加以考察。

又如刑法分则“渎职罪”一章中许多以“徇私枉法、徇情枉法”或“徇私舞弊”为犯罪构成必备要素的犯罪。在实践中有时就会出现某国家机关工作人员虽利用职务包庇、纵容了黑社会性质组织，但不是出于徇私或徇情，因而其行为只能构成包庇、纵容黑社会性质组织罪，而不能构成有关渎职犯罪。在这种情况下，应按包庇、纵容黑社会性质组织罪定罪处罚，即使与按有关渎职犯罪处理比较来看对行为人的处罚明

---

① 参见张明楷：《刑法学（下）》，法律出版社 1997 年版，第 816 页；贾宏宇：《中国大陆黑社会组织犯罪及其对策》，中共中央党校出版社 2006 年版，第 66 页。

② 参见赵秉志主编：《改革开放 30 年刑法学研究精品集锦》，中国法制出版社 2008 年版，第 1364 页。

③ 参见李福成主编：《中华人民共和国刑法问答》，人民法院出版社 1997 年版，第 816 页。

④ 参见高一飞：《有组织犯罪问题专论》，中国政法大学出版社 2000 年版，第 148 页。

显过轻，也只能如此处理。

（二）司法工作人员包庇黑社会性质组织能否构成本罪

在司法实务中，司法工作人员包庇黑社会性质组织应如何处理呢？一种观点认为这种情况仍应成立包庇、纵容黑社会性质组织罪。[①] 郭立新、黄明儒两位教授则认为应当按照刑法第399条的规定定为徇私枉法罪。因为司法工作人员在打击黑社会性质组织犯罪中直接处于战斗的第一线，地位特殊，他们若包庇黑社会性质组织，其方法自然是明知其有罪而不使犯罪分子受追诉，或者故意违背事实和法律做枉法裁判，放纵犯罪分子，这完全符合徇私枉法罪的构成要件。而徇私枉法罪与包庇、纵容黑社会性质组织罪相比，在立法方面，属特别法与普通法的关系，且徇私枉法罪法定刑更重，故应依徇私枉法罪论处。[②] 笔者亦非常赞同此种观点。

三、立法现状和立法建议

（一）立法现状

包庇、纵容黑社会性质组织罪自1997年订立以来，至今已有21年。笔者针对目前生效的相关法律文件进行了全面统计，结果如下：

（1）法律（2件）：《刑法修正案（八）》（2011年2月25日发布，2011年5月1日实施）、第十届全国人民代表大会第一次会议《关于第九届全国人民代表大会常务委员会工作报告的决议》（2003年3月18日发布并实施）。

（2）相关立法解释（1件）：全国人民代表大会常务委员会《关于〈中华人民共和国刑法〉第二百九十四条第一款的解释》（2002年4月28日发布并实施）。

（3）相关司法解释（1件）：最高人民法院《关于审理黑社会性质组织犯罪的案件具体应用法律若干问题的解释》（法释〔2000〕42号）。

（4）相关规范性文件（3件）：最高人民法院印发的《全国法院维护农村稳定刑事审判工作座谈会纪要》（法〔1999〕217号），最高人民法院、最高人民检察院、公安部印发的《办理黑社会性质组织犯罪案件座谈会纪要》（法〔2009〕382号），《全国部分法院审理黑社会性质组织犯罪案件工作座谈会纪要》（法〔2015〕291号）。

（5）地方性规章（6件）：《江苏省检察机关减刑、假释、暂予监外执行专项检察活动实施方案》（2014年发布并实施），广东省高级人民法院、广东省人民检察院、广东省公安厅、广东省司法厅《关于印发〈关于审理减刑、假释案件实施细则〉的通知》（粤高法发〔2014〕11号，2014年5月6日发布，2014年5月15日实施），贵州省高级人民法院办公室《关于规范我省三类罪犯减刑幅度及减刑、假释起始时间、间隔时间等问题的通知》（黔高法办〔2014〕41号，2014年4月9日发布并实施），甘肃省律师协会刑委会、兰州市律协刑委会《关于召开〈刑法修正案（八）〉（草案）座谈

---

① 周道鸾、张军主编：《刑法罪名精释》，人民法院出版社1998年版，第633页。

② 郭立新、黄明儒主编：《刑法分则典型疑难问题适用与指导》，中国法制出版社2012年版，第429页。

会的通知》(2010 年 9 月 3 日发布并实施)，中共湖南省委办公厅、湖南省人民政府办公厅《关于印发〈湖南省打黑除恶工作责任制规定〉的通知》(湘办发〔2009〕27 号，2009 年 11 月 27 日发布并实施)，中共郴州市委办公室、郴州市人民政府办公室《关于印发〈郴州市打黑除恶工作责任制规定〉的通知》(郴办发〔2009〕16 号，2009 年 11 月 26 日发布并实施)。

(6) 部门规章 (1 件):《司法部关于贯彻中政委〔2014〕5 号文件精神严格规范减刑、假释、暂予监外执行工作的通知》(司发通〔2014〕38 号)。

(7) 刑事政策 (1 件):《在审理故意杀人、伤害及黑社会性质组织犯罪案件中切实贯彻宽严相济刑事政策》(2010 年 4 月 14 日发布并实施)。

(二) 立法建议

包庇、纵容黑社会性质组织罪是 1997 年刑法增设的罪名。《解释》对包庇、纵容黑社会性质组织罪“包庇”、“纵容”两种行为方式作出了解释，以及全国人民代表大会于 2017 年修正的刑法第 294 条第 3 款之规定对包庇、纵容黑社会性质组织罪作了明确规定，为正确认定包庇、纵容黑社会性质组织罪提供了基本保障。但是国家机关工作人员包庇黑社会性质组织，或者纵容黑社会性质组织进行违法犯罪活动行为的认定问题需要进一步解释。

考虑到司法工作人员在打击黑社会性质组织犯罪中直接处于战斗的第一线，地位特殊，他们若包庇黑社会性质组织，其方法自然是明知其有罪而不使犯罪分子受追诉，或者故意违背事实和法律做枉法裁判，放纵犯罪分子，这完全符合徇私枉法罪的构成要件。而徇私枉法罪与包庇、纵容黑社会性质组织罪相比，在立法方面，属特别法与普通法的关系，且徇私枉法罪法定刑更重，故应依徇私枉法罪论处。[①] 鉴于当前涉黑犯罪具有表现形式多样、隐蔽性不断增强、手法不断翻新等特点，对于黑社会性质组织的存在时间、成员人数等一些暂时无法达成共识或者不宜统一划定标准的问题，《办理黑社会性质组织犯罪案件座谈会纪要》只是作了原则性的规定。[②] 在具体的司法实务过程中，需要结合具体情况加以考察。建议在审判实务过程中对“包庇”的含义再作细化规定和结合刑事一体化的思想，基于犯罪预防和处罚并重的原则，在实际的司法实务中对司法工作人员包庇黑社会性质组织的行为进行特殊考量，加以细化研究和讨论。最好在修改刑法时作出明确规定。

---

① 郭立新、黄明儒主编:《刑法分则典型疑难问题适用与指导》，中国法制出版社 2012 年版，第 429 页。

② 《〈办理黑社会性质组织犯罪案件座谈会纪要〉的理解与适用》，http://www.court.gov.cn/shenpan-xiangqing-6612.html。

论涉黑案件在司法实践中存在的问题

邹佳铭*

自2018年1月党中央、国务院发布《关于开展扫黑除恶专项斗争的通知》后，全国开始了轰轰烈烈的扫黑除恶运动，已产生了广泛的影响。涉黑犯罪作为一种对社会、经济秩序造成恶劣影响的组织犯罪，将其遏制在初始阶段，不仅是完全有必要的，也是经济的。但是，我们也应看到，这类案件不仅涉案人数众多，有的还是当地的支柱企业，一旦误判，所造成的影响也是广泛和难以消除的。

笔者所承办的一起涉黑案件宣判，该中级人民法院最大的审判庭内，旁听席座无虚席，审判长宣读判决时，整个审判庭完全失控，一片骂声和哭声，法警也无法控制现场。被告人的情绪虽然比较平静，但也是一脸麻木和茫然。在座的律师有的也忍不住流下眼泪，既有同情，也有无奈，这样的场景在其他个案中是少见的。涉黑案件如果不能公正合法地处理，对司法公信力的伤害是巨大的。该类案件与其他案件不同，不仅存在定性的问题，作为组织犯罪还有定量的问题。下面笔者就从这两个方面论述涉黑案件在司法实践中存在的主要问题。

一、组织、领导黑社会性质组织罪的犯罪构成有定量和定性两个方面

刑法中的一般个罪，由犯罪主体、犯罪客体、主观方面、客观方面四个要件构成，这四个方面是平面耦合的关系，如果用图形表示，它像是一个平面四边形，各个边在同一平面上，缺一不可（见图1）。但是组织、领导黑社会性质组织罪的构成模式与此不同，它是一种立体的模式，表现为纵向和横向两个维度（见图2）。从横向维度来讲，根据相关法律规定和司法解释，组织、领导黑社会性质组织罪是一种组织犯罪，必须是实施了多个犯罪行为，这就是它的定量问题。为了满足这一定量条件，公诉机关必须起诉一组罪名。实践中，我们发现很多指控涉黑的案件，涉嫌犯罪的事实是不充分的。为了便利起诉，公诉机关可能会用一些方法拼凑涉嫌犯罪事实，最常见的就是把之前已经处理过的案件放到黑社会性质组织犯罪中重复处理。这样，通过对同一事实重复处理，充足案件数量，可以直接影响组织、领导黑社会性质组织罪的成立与否。

---

* 武汉大学刑法学博士，京都律师事务所高级合伙人律师。

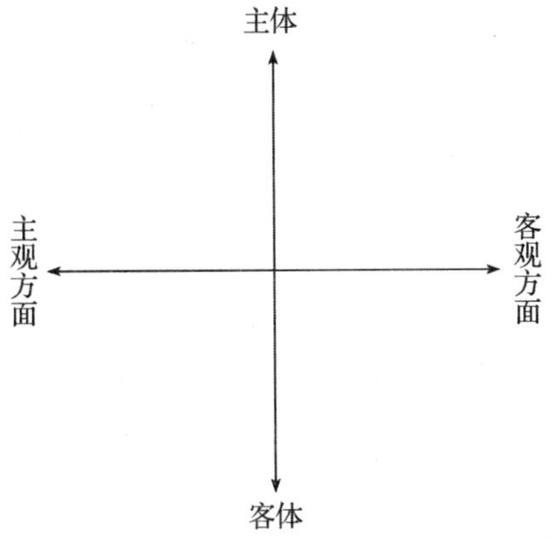

图1　一般个罪的犯罪构成

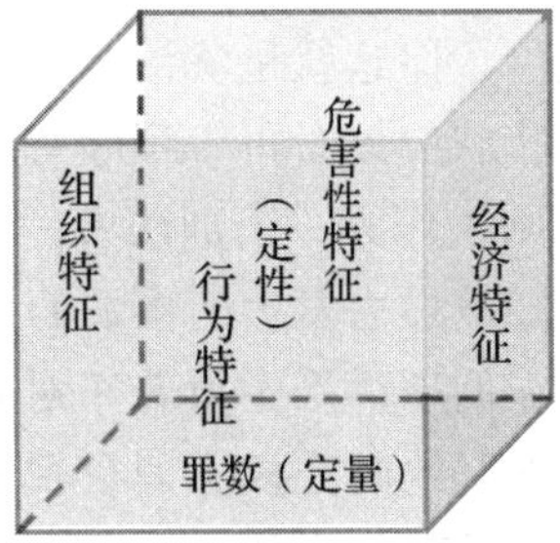

图2　组织、领导黑社会性质组织罪的构成模型

除了定量因素以外，定性问题涉及的是涉黑犯罪的四个法定特征——组织特征、行为特征、经济特征和非法控制特征。在这四个特征中，其实都存在一个核心要素的程度递进问题。组织特征是共同犯罪→犯罪集团→组织犯罪；行为特征是暴力行为→有组织的暴力行为；经济特征是经济支持→“以黑养黑”；非法控制特征是影响→重大影响→非法控制。在司法实践中，很少存在这四个特征的要素完全不具备的情形，所以从某种程度上说，四个特征不是一个有无的问题，而是一个程度的问题，正是程度的差异决定了是否能认定为组织、领导黑社会性质组织罪。所以，组织、领导黑社会性质组织罪的定罪存在定量和定性两个方面的问题。

二、在定量方面，涉黑案件存在同一事实重复处理的问题

在司法实践中，通过对同一事实重复处理，可以充足涉黑犯罪的犯罪数量，达到定量的目的。它主要表现为两种形式：一种是将已经处理过的刑事案件重新提起公诉；另一种是将之前的治安案件或其他非刑事案件作为刑事案件来指控。这都是违背人权保障的基本原则的。

（一）同一事实不能重复处理的理论和法律根据

首先，《公民权利和政治权利国际公约》明确规定：“任何人已依一国的法律及刑事程序被最后定罪或宣告无罪者，不得就同一罪名再予审判或者惩罚。”大陆法系和英美法系有不同的理论解决这一问题，两个理论的侧重点不一样。大陆法系叫作“一事不再理”，主要是维持法院判决的权威，避免发生相互矛盾的判决，从而对提起再审有严格的程序要求，并且绝对禁止或者严格限制对被告人不利的再审。英美法系的理论是“禁止双重危险”，这种“危险”并不是大陆法系所说的判决，而是说一旦组成了陪审团，或者在不是陪审团审理的案件中，第一个证人出庭或者公诉机关提交第一份证据后就产生了“危险”，就同一事实不能让这种危险再次发生。它是以人权保障为价

值取向，限制公诉权的膨胀。

不管这些理论背后的价值取向是什么，两大法系都严格禁止或者限制对同一事实重复处理，也就是说公诉机关不能对同一个人的同一行为重复提起公诉，以避免公民的人身和财产总处于不稳定和不安全的境地。当然，这一原则的实行可能付出罪犯逃脱处罚的代价，但这就是法治的成本。

在此，我们应该对再审程序有一个深刻的反思。以前的观点说再审是基于“有错必究”的原则。作为一个刑法人，首先我们要质疑的是这个“错”如何去认定。如果没有一个人知道过去发生的事情的真相是什么，我们怎么可以确凿无疑地说这个“错”是存在的？在刑事诉讼中执着于对客观真相的追求往往是徒劳的，也是我们承担不了的，但是不加制约的公权力对公民人权的侵犯却是显而易见的。所以，我们应该对再审程序有一个重新的定位：它是对被告人权利的非常救济程序。最高人民法院《关于适用〈中华人民共和国刑事诉讼法〉的解释》第386条规定的“除人民检察院抗诉的以外，再审一般不得加重原审被告人的刑罚”在一定程度上也是这一原则的体现。当然，应否赋予检察院提起对被告人不利的抗诉权，也是另一个值得探讨的问题。

（二）司法实践中同一事实重复处理的四种情形

同一事实重复处理，在司法实践中表现为各种样态，常见的有如下四种情形：

（1）之前已有生效判决，该判决没有被撤销，公诉机关又把同一事实以相同的罪名或者改变罪名并到黑社会性质组织中重新起诉。这种情形很明显，就是为充实指控犯罪的数量，为指控而指控。由于原来判决的合法性和权威性不能被推翻，重新起诉没有法律根据。

（2）之前有生效判决，上级法院通过审判监督程序撤销原判决，并发回重审。在重审过程中，检察院撤销原来的起诉书，重新作为黑社会性质组织犯罪提起公诉。在这种情况下，关键的问题是公诉机关能否在审判监督程序中撤销原审起诉，重新起诉。

首先，从撤回起诉的时间来看，根据最高人民法院《关于适用〈中华人民共和国刑事诉讼法〉的解释》第242条和最高人民检察院《关于公诉案件撤回起诉若干问题的指导意见》第2条的规定，撤回起诉只能发生在一审判决之前，因为这个起诉还没有产生任何法律后果。但是在该情形中，撤回起诉发生在该起诉已经产生一个生效判决，后被撤销，进入审判监督程序之后，也就是说原起诉已经产生了一系列法律后果，我们当然不可能再回过头把这个源头——原起诉书撤销。所以，它不满足撤回起诉的时间条件。

其次，从撤回起诉的事由来看，根据最高人民检察院《关于公诉案件撤回起诉若干问题的指导意见》第3条规定，只有在被告人不构成犯罪或者不应追究刑事责任的情形中，才应撤回起诉。该案以发现新的犯罪事实为由作出撤销起诉的裁定，但是根据该指导意见第5条规定，在案件审理过程中发现新的犯罪事实，只能补充或者变更起诉，而不得撤销起诉。仍值得商榷的是，案例显示侦查机关重新侦查后，同案被告人只是对同一事实改变了之前的供述，这种情况是同一证据本身发生变化，本质上是一个证据采信的问题，并不是发现了新的事实。而且我们有什么理由认为一个证人在数年或数十年后讲的事实一定比他在案发当年讲得更为合法和真实呢？相反，从常情常理而言，应该是案发当年的供述或证言更可信，除非有证据证明当年的取证不合法。

（3）之前作出不起诉决定，现在撤销该决定，重新起诉。在这种情况下，关键的问题是作出撤销不起诉决定的事由是不是合法。该案之前立案侦查的罪名是寻衅滋事罪，作出不起诉决定是因为被告人情节轻微，并且积极赔偿。后公诉机关以被告人没有如实交代同案犯，证据发生变化为由，撤销不起诉决定。问题是这个所谓的证据变化能否改变案件“情节轻微”的定性，因为该案是被害人举报的，案卷中没有当年的报案材料和讯问笔录，公诉人说被告人隐瞒了其他实施者参与的情况，那么被害人可不可能隐瞒？即使隐瞒的事实成立，是不是必然影响该涉嫌犯罪行为情节的严重性，从而应该重新起诉，这都是值得商榷的问题。

被告人到案后口供的变化对案件产生的实质影响在于，他供述说该事件是笔者的当事人指使的，公诉人据此将该案并到黑社会性质组织犯罪中指控，这样就为这个所谓的黑社会性质组织犯罪补充了一个犯罪事实，这才是本案重新起诉的根本原因。

（4）之前通过其他程序处理过，现在作为刑事案件提起公诉。比如，之前作为治安案件处理，或者双方达成民事调解协议后没有进入刑事程序的。这种情况与前三种情形不同的是，之前没有进入刑事程序，不能满足大陆法系所讲的“一事不再理”的严格定义。但是我们还是应该从根源上思考，是不是满足了“严重社会危害性”这一犯罪的本质条件。以打架为例，同一事实，不能说涉黑案件立案之前是治安案件或民事案件，立案之后就变成刑事案件。如果法律的标准就是一根橡皮筋，总是来回伸缩，它就会断掉。不能坚守法定标准的指控，最终损害的是法律和司法的威严。

三、在定性方面，缺少对四个特征中程度问题的关注

（一）组织、领导、参加黑社会性质组织罪的犯罪构成不明晰

刑法第294条规定，组织、领导、参加黑社会性质组织罪的犯罪构成，包括“称霸一方”、“为非作恶，欺压、残害群众”等这样一种主观或者颇带情感色彩的词汇，这种立法技术是很不成熟的。因为作为一个犯罪的构成要件，也就是犯罪标准，必须对应明确、清晰的行为，才能为侦查、审判提供相对确定的标准。但是“称霸一方”对应现实社会生活中一种怎样的状态？“为非作恶，欺压、残害群众”又是实施了哪些具体的行为？我们很难通过这些词汇建立一个边界清晰、内涵明确的行为模型，如果标准不确定，一个行为是否满足这个标准，就是一个很有自由裁量空间的主观判断，这会导致大量的司法专断。

2018年1月最高人民法院、最高人民检察院、公安部、司法部发布的《关于办理黑恶势力犯罪案件若干问题的指导意见》中大量地使用了“恶势力”、“黑恶势力”这样一些非法律用语，并且明确地说“‘恶势力’团伙和犯罪集团向黑社会性质组织发展是一个渐进的过程，没有明显的性质转变的节点，故对黑社会性质组织存在的时间、

成员人数问题不宜作出‘一刀切’的规定”。不可否认，黑社会性质组织的形成确实是一个过程，这个过程也是黑社会性质组织对社会的控制程度不断加强、从量变到质变的过程。作为刑法严重打击的对象，刑法必须对这个过程截取一个质变点，作为其规制的对象。否则，罪刑法定就是一个高挂悬空、空洞无物的原则。

（二）黑社会性质组织四个特征的认定本质上是程度的判断

黑社会性质组织实际上是共同犯罪发展到高级阶段的一种形态，所以对其性质的判断本质上是一种程度判断。

1. 黑社会性质组织的组织特征

刑法中关于多人犯罪存在几种形态：首先是共同犯罪，要求两人以上有共同的意思联络，这是最低级的多人犯罪形态。更高级的是犯罪集团，要求三人以上，以实施某一种或多种犯罪为目的。犯罪集团体现了多人之间的相对固定的联系和目的，这一点跟普通的共同犯罪不一样。最高级的形态是有组织犯罪，黑社会犯罪在有的国家就等同于有组织犯罪，它跟其他共同犯罪的区别在于它的稳定性和控制性，也就是刑法所说的人员相对固定，具有严格的层级性。黑社会性质组织正是通过逐级的控制，实现了组织对人员强大的控制力。有人把这种控制性称为成员对组织的人身依附性，表现为加入组织的成员不能随便退出。这是有组织犯罪的一个特点。但是，司法实践中对黑社会性质组织的稳定性和层级性的要求被淡化，或与商业组织的架构混同，两者的区别实际上也是一个程度的问题，前者对组织成员的控制实际上到了一种强制的程度，这往往是被忽视的。

那么，黑社会性质组织是通过什么来维系运转和发展呢？是纪律和规约。在最高人民法院印发的《全国部分法院审理黑社会性质组织犯罪案件工作座谈会纪要》中强调过黑社会性质组织的纪律和规约，认为它确保了黑社会性质组织的生存和发展。但是，我们看到在司法实践中有将该纪律和规约与普通商业的纪律相等同的现象，后者是以提高管理效率、实现经济利益为目的；前者则是为了更高效率地实施犯罪和有效地规避惩罚，这也是黑社会性质组织能够坐大成势、发展壮大的原因。通过纪律和规约，松散的个人才会被组织紧密地联系和控制，组织化地实施犯罪行为，达到对社会的非法控制。

2. 黑社会性质组织的行为特征

在涉黑案件中，暴力具有一定的普遍性，但是黑社会性质组织的暴力和其他暴力的不同之处在于，一般的暴力多是在特定条件下的临时起意，人员也是因为暂时实施犯罪而纠集。黑社会性质组织是一种有组织的暴力，不仅表现在实施犯罪时的有计划性和强制性，也表现在实施犯罪之后有计划地规避惩罚。这些计划性和强制性又来自它的组织架构是稳定和层级明确的，并通过纪律和规约，对组织成员实行控制，保障黑社会性质组织高效、有组织地实施暴力。

3. 黑社会性质组织的经济特征

我们关注到一个事实，据有关材料统计，涉黑案件的被告人 90% 左右都是企业，这就涉及一个很重要的问题，即涉嫌违法犯罪的商业组织和黑社会性质组织有什么区别。最高人民法院《刑事审判参考》2010 年第 3 辑有一个指导意见，是从成立目的、经济特征、行为特征、非法控制特征四个方面来进行划分。简言之，商业组织一般初始就是依法成立的，有明确的宗旨和经营范围，黑社会性质组织很多时候是在发展壮大的过程中成立一些商业组织，前者有稳定的运行模式和经营收入，而后者在很多时候经营的是高利贷、赌博、贩毒等以暴力为支撑的灰色或者黑色领域。所以有一句话说黑社会性质组织的经济特征是"以黑养黑"。从行为特征来讲，商业组织的暴力行为不具有经常性，它主要还是以合法的经营模式作为利益的来源；黑社会性质组织是以经常性的、普遍性的犯罪作为营利和解决纠纷的手段。从非法控制特征来讲，黑社会性质组织对一定区域和行业形成非法控制；而商业组织可能会有一定的违法犯罪行为，但是不会达到对社会的非法控制。

简言之，我们认为涉嫌违法犯罪的商业组织犯罪的最终目的是赚钱，涉案起因多是经济利益之争；黑社会性质组织的经济特征是为了通过经济收益支持组织的发展，并进一步非法控制社会，可以说赚钱的目的是犯罪，所以这两者的因果关系是完全相反的。在司法实践中，有很多企业都存在实施涉嫌违法行为时有金钱支出和赔偿，并将此作为认定其经济特征的主要证据。如果不考虑金钱支出在其收益中的比例，以及金钱支出的最终目的，那我们就完全脱离了目前商业社会的大背景，将犯罪构成要件完全理论化，必将扩大打击面。所以，在黑社会性质组织的经济特征认定过程中也应该考虑金钱对犯罪的渗入程度和两者之间的关系。

4. 黑社会性质组织的危害性特征

北京大学康树华教授认为，黑社会是"企图在以刑罚等国家强制力为后盾的法律秩序中建立以暴力等犯罪手段为后盾的反社会秩序"。在西方一些国家，"黑社会"的表述是"地下社会"，与它相对应的是合法政府。合法社会是以刑罚权为后盾来管理和控制社会，这是一种合法的控制。黑社会性质组织虽然是黑社会的初级形态，但是已经具备了黑社会的本质特征，就是非法控制，又称危害性特征，它是以非法暴力为后盾形成的一种反社会的秩序。

《全国部分法院审理黑社会性质组织犯罪案件工作座谈会纪要》中使用了"影响"、"重大影响"和"非法控制"三个递进的表述，一个犯罪行为发生后，必定会对一定的区域和行业的特定经济关系或者社会关系产生影响，这是普遍存在的。但是只有发生一系列的犯罪行为，对社会的影响达到一定的深度和广度，才是"重大影响"。最严重的程度是"非法控制"，就是以上所说的政府对社会的控制，从某种程度上看是任意操纵的程度，这才是黑社会性质组织的本质特征。如果不考虑犯罪行为影响的程度和范围，黑社会性质组织犯罪就是罪名的叠加，与犯罪集团或恶势力就难以区别。我们在很多案件中会看到，对于非法控制特征的举证，实际上就是把所有的犯罪行为一一罗列一遍，然后把所有的犯罪行为所在的行业和所在的区域认定为受它的非法控制，如果不考虑社会危害的影响程度，那么黑社会性质组织的本质特征就荡然无存。

系统论认为，系统中各个要素最后产生的效用不是各个要素的简单叠加，而是各个要素相加之后的扩大效应。黑社会性质组织是一个系统，四个特征有着有机统一的联系。组织特征是黑社会性质组织的基本特征，稳定和受其控制的架构使它有能力实施有组织犯罪，并通过犯罪所得，反哺、支撑组织的发展，让它不断通过犯罪控制特定的行业和区域，这就是黑社会性质组织四个特征之间有机统一的联系。

黑社会性质组织就像社会的毒瘤，会对整个社会机体的健康运转产生负面影响，我们有必要严厉打击。但是前提是它已经具备"恶性肿瘤"的属性，必须手术割除。如果只是普通的微小"肿块"，它们往往可以与身体和平共处，就像犯罪也是社会的一部分，我们无法消除它，只能适当控制它。如果我们频繁地实施大手术，反而会摧毁身体中与它共生的部分，影响整个身体的健康。《关于办理黑恶势力犯罪案件若干问题的指导意见》指出，"要正确把握'打早打小'与'打准打实'的关系，贯穿落实宽严相济刑事政策，切实做到宽严有据，罚当其罪，实现政治效果、法律效果和社会效果的统一"。"打早打小"必须建立在"打准打实"的基础上，否则一个案件少则涉及几十人，背后是几十个家庭，多则影响一个行业和多个区域，很容易触动人权保障的红线，更遑论实现政治效果、法律效果和社会效果的统一。

“扫黑除恶”个案疑难问题研究

李卫红*

自2001年起，被告人张某某在广东省某镇开厂，后经济实力壮大，其亲属、老乡等陆续投奔过来。2007年到2016年间，被告人张某某通过暴力手段处理了几件与自己有关的民事纠纷，并且通过牵着饲养的藏獒到村市场炫耀，持砍刀在市场追砍自己的亲哥哥等形式，逐渐以本村市场为中心，影响力扩大到本村，在当地树立了臭名昭著、唯我独尊的恶霸形象。从2016年开始，张某某以平时请吃请喝、给予好处费和劳务费、债务抵偿等为诱饵，笼络其亲属、老乡、社会闲杂人员组成团伙一起作案。为了达到牟取暴利、打击异己、称霸一方的目的，被告人以共同经营赌场、非法经营六合彩为经济来源，指令团伙成员在本村市场进行强迫交易、敲诈勒索等违法犯罪活动，随意恐吓、殴打、敲诈村市场经营者，引起当地群众的恐慌。为了提升团伙的霸气和知名度，同时跟异己势力争抢地盘，圈定势力范围，称霸某村一带，严重扰乱了当地的社会生活和市场经济秩序，造成了极为恶劣的社会影响。以被告人张某某为首的涉黑团伙组织架构严明、层级管理有序，其中被告人张某某是团伙的绝对指挥，拥有最高指挥权、决策权，平时团伙成员尊称其为“老板”，其他参加成员分别是王某、李某、赵某、孙某等。

对于本案如何认定，司法机关存有较大的争议。本案涉及“扫黑除恶”刑事政策及刑法、刑事诉讼法中的许多问题，以下分别论述。

一、是否构成黑社会性质组织

（一）黑社会性质组织的法定要件

扫黑除恶中的“黑”指的就是黑社会性质组织，这是一个明确的法律用语，1997年刑法第294条对此作了规定，2011年2月25日实施的《刑法修正案（八）》第43条对刑法第294条进行了修正。相关的司法解释有2009年12月最高人民法院、最高人民检察院、公安部印发的《关于办理黑社会性质组织犯罪案件座谈会纪要》（以下简称《2009年纪要》），2015年最高人民法院印发的《全国部分法院审理黑社会性质组织犯罪案件工作座谈会纪要》（以下简称《2015年纪要》），最高人民法院、最高人民检察院、

* 中国社会科学院大学政法学院教授。

公安部、司法部于2018年1月16日联合印发的《关于办理黑恶势力犯罪案件若干问题的指导意见》（以下简称《指导意见》）三个具有司法解释性质的文件。黑社会性质组织不是一个罪名，但它对于构成组织、领导、参加黑社会性质组织罪具有构成要件要素的功能，属于犯罪对象范畴。

黑社会性质组织的构成要件理论上可以归纳为组织性、经济性、行为性、危害性，其本质为“非法控制”性①，构成要件是对外部特征的描述，上升到本质就是其内在的本性，人们通过特征看到本质。至今依然以此四个特征为认定标准，只是在细节规定上有些变化，我们以《指导意见》为分界线，以前与以后的对于黑社会性质组织的规定不同，司法认定应当不同。

《指导意见》第3条规定，黑社会性质组织应同时具备刑法第294条第5款中规定的“组织特征”、“经济特征”、“行为特征”和“危害性特征”。如果缺少其中的任何一个特征，都不能认定为黑社会性质组织。虽然《指导意见》第3条后半部分又规定，由于实践中许多黑社会性质组织并非这“四个特征”都很明显，在具体认定时，应根据立法本意，认真审查、分析黑社会性质组织“四个特征”相互间的内在联系，准确评价涉案犯罪组织所造成的社会危害，做到不枉不纵。笔者认为，在司法实践中，如果一个案件缺少了四个特征要件的某一个或某两个，对于罪名的认定难以构成。即便再综合判断其社会危害性的大小，不符合法定条件依然不能成立犯罪，这是罪刑法定要求不可逾越的藩篱。

（二）《指导意见》之后的不同

《指导意见》之后的不同主要是行为特征的不同。

1. 增加了软暴力

《指导意见》将黑社会性质组织的行为特征作了扩大解释，一是增加了软暴力，《指导意见》第9条规定，不管黑社会性质组织实施的违法犯罪活动是暴力性还是非暴力性，暴力、威胁色彩虽不明显，但只要是以组织的势力、影响和犯罪能力为依托，以暴力、威胁的现实可能性为基础，足以使他人产生恐惧、恐慌进而形成心理强制或者足以影响、限制人身自由、危及人身财产安全或者影响正常生产、工作、生活的手段，属于刑法第294条第5款第3项中的“其他手段”，包括但不限于所谓的“谈判”、“协商”、“调解”以及滋扰、纠缠、哄闹、聚众造势等手段。

当然，暴力或以暴力相威胁始终是黑社会性质组织实施违法犯罪活动的基本手段，并随时可能付诸实施，这是其控制他人行为、意志的保障和根据，有暴力作为行为人的最终依赖，即便他们只是作出瞪眼、颇有仪式感地脱掉风衣、抚摸他人的头发或面部、语言刺激等软暴力形式的行为，相对人也会心惊胆战，主要是由于害怕对方将会采取殴打、伤害、杀害、毁坏财物等报复手段来回应对他们的蔑视与反抗。为了达到

① 参见周光权：《黑社会性质组织非法控制特征的认定——兼及黑社会性质组织与恶势力团伙的区分》，载《中国刑事法杂志》2018年第3期。

某种目的，上述行为也具有黑社会性质的违法犯罪活动特征，只要有证据证明即可。

有学者对“软暴力”进行了充分的论证。① 通过以下层面理解软暴力更为深入，一是软暴力在外观上不是暴力，是由内而外的一种控制力，虽然没有传统的暴力、胁迫行为，但对他人的意志具有强迫性、强制性，或者说在行为人的种种示意下，他人没有意志自由，没有选择的可能性，如果去选择会有更大的灾难发生。二是软暴力以硬暴力为后盾，表面风平浪静，背后暗藏杀机，而且这种杀机可随时兑现，相对人畏惧的正是这种潜在的对人身的伤害。三是软暴力以组织的形式实施，即多人共同完成。人多力量大，犯罪集团、有组织犯罪的社会危害性比单个人犯罪更具有威慑性、恐怖性。

2. 多个严重违法行为

多个严重违法行为而不是多个具体犯罪行为也可构成黑社会性质组织的行为特征。关于行为要件的认定，《2009 年纪要》中规定：“黑社会性质组织实施犯罪活动过程中，往往伴随着大量的违法活动，对此均应作为黑社会性质组织的违法犯罪事实予以认定。但如果仅实施了违法活动，而没有实施犯罪活动的，则不能认定为黑社会性质组织。”即认定黑社会性质组织的成立，必须有该组织成员以该组织的名义实施了犯罪行为，而且是多次实施犯罪行为，仅仅有违法活动并不能构成黑社会性质组织，行为要件要求极为严格。

《2015 年纪要》中规定：“涉案犯罪组织仅触犯少量具体罪名的，是否应认定为黑社会性质组织要结合组织特征、经济特征和非法控制特征（危害性特征）综合判断，严格把握。”其行为特征的要求基本与上面相同，“少量具体罪名”是多少，与“多次犯罪行为”相对应，根据立法相关规定与司法的相关解释，少量应当在三次以下，多次应当在三次以上，时间跨度大多在两年内。

而《指导意见》第 10 条规定了行为特征，只要有下述违法犯罪活动，即可构成上述所规定的多次具体犯罪及触犯具体罪名。内容是：“为确立、维护、扩大组织的势力、影响、利益或者按照纪律规约、组织惯例多次实施违法犯罪活动，侵犯不特定多人的人身权利、民主权利、财产权利，破坏经济秩序、社会秩序，应当认定为‘有组织地多次进行违法犯罪活动，为非作恶，欺压、残害群众’。符合以下情形之一的，应当认定为是黑社会性质组织实施的违法犯罪活动：（1）为该组织争夺势力范围、打击竞争对手、形成强势地位、谋取经济利益、树立非法权威、扩大非法影响、寻求非法保护、增强犯罪能力等实施的；（2）按照该组织的纪律规约、组织惯例实施的；（3）组织者、领导者直接组织、策划、指挥、参与实施的；（4）由组织成员以组织名义实施，并得到组织者、领导者认可或者默许的；（5）多名组织成员为逞强争霸、插手纠纷、报复他人、替人行凶、非法敛财而共同实施，并得到组织者、领导者认可或

① 参见卢建平：《软暴力犯罪的现象、特征与惩治对策》，载《中国刑事法杂志》2018 第 3 期；黄京平：《黑恶势力利用“软暴力”犯罪的若干问题》，载《北京联合大学学报》（人文社会科学版）2018 年第 2 期。

者默许的；（6）其他应当认定为黑社会性质组织实施的。”

从《关于开展扫黑除恶专项斗争的通知》和《指导意见》的最新精神看，《2015年纪要》的严格要求似乎已被突破，不仅非暴力的行为方式被明确，且凭借对刑法第294条“其他手段”的解释将通过非暴力形式实施的软暴力行为囊括到黑社会性质组织的行为特征中。尽管如此，笔者仍然认为认定黑社会性质组织要有行为的节点，以标志性行为作为认定的根据，上述六点行为为标志性行为，且在2018年1月以后实施的上述行为方可认定，当然必须结合黑社会性质组织的另外三个特征进行综合判断。

（三）本案不属于黑社会性质组织

本案虽然具备组织性、经济性、危害性，但欠缺行为特征要件。2001年至2016年黑社会性质组织的行为特征应当是以构成多个具体犯罪来认定，而本案无法认定犯罪嫌疑人的行为构成数个具体的犯罪，黑社会性质组织犯罪的时间节点及标志性事件很难确定，一般涉黑案件的时间跨度较大，有的十几年，形成黑社会性质组织的时间或者标志性事件不明显。本案没有时间节点，没有标志性事件，具体罪名案件时间跨度长达10多年，难以认定其行为属于黑社会性质组织。公诉人员在办案过程中主要的区分标准是“该团伙是否主动介入他人的民事纠纷”，这样的认定是值得商榷的。《指导意见》印发以后发生的案件可以，但在此之前的不可以。因此，本案不成立黑社会性质组织，当然也就不能成立组织、领导、参加黑社会性质组织罪。

当然，只要一个特征不符合，我们就很难将其定性为黑社会性质组织。在考察其他案件时，我们不能仅仅根据一个或数个孤立事实来认定，而是通过一系列的违法事实来反映。而且对具体的违法犯罪事实不能只看客观上造成的后果，还要审查行为时的主观意图。应着重审查犯罪组织是否基于争抢势力范围、树立非法权威、攫取不法利益等非法控制目的而实施犯罪行为；是否在一段较长的时期内连续多次通过实施违法犯罪行为对他人的自主性造成干扰或破坏；被侵害对象的数量以及所造成的后果是否已达到形成非法控制或重大影响的程度。其中的一种是以合法外衣掩盖非法目的，隐蔽性更强。

另外，对于本案积极参加黑社会性质组织罪的认定，犯罪嫌疑人是否参与实施了黑社会性质组织的违法犯罪活动；嫌疑人与涉案的黑社会性质组织之间有无相对固定的从属关系。如果与组织没有任何从属关系，只是临时受邀或基于个人意愿参与某起犯罪，即使一起参与了该组织的违法犯罪活动，也不能认定其是该组织成员。主观方面也很重要，因为参加黑社会性质组织的认定前提是明知是黑社会性质犯罪组织，并予以参加的行为。其前提是黑社会性质组织得到司法确认，一旦这一性质难以确定，那么所有参加人员均不构成此类犯罪。

二、是否属于“恶势力”的范畴

（一）“恶”的含义

“恶”是指恶势力，立法中没有对此作出明确规定，即它不是标准的法律用语，至少不是立法规定的法律用语。《2009 年纪要》界定了恶势力的概念。《指导意见》第 14 条再一次界定了恶势力的概念：具有下列情形的组织，应当认定为“恶势力”：经常纠集在一起，以暴力、威胁或者其他手段，在一定区域或者行业内多次实施违法犯罪活动，为非作恶，欺压百姓，扰乱经济、社会生活秩序，造成较为恶劣的社会影响，但尚未形成黑社会性质组织的违法犯罪组织。恶势力一般为三人以上，纠集者相对固定，违法犯罪活动主要为强迫交易、故意伤害、非法拘禁、敲诈勒索、故意毁坏财物、聚众斗殴、寻衅滋事等，同时还可能伴随实施开设赌场、组织卖淫、强迫卖淫、贩卖毒品、运输毒品、制造毒品、抢劫、抢夺、聚众扰乱社会秩序、聚众扰乱公共场所秩序、交通秩序以及聚众“打砸抢”等。恶势力是黑社会性质组织的前提，其实施违法活动不单纯为了获取经济利益，同时也有在社会上逞强争胜、扬名立万的意图，但其没有明确追求对经济、社会生活进行非法控制进而攫取更大经济利益的意愿。是否追求非法控制是区分黑社会性质组织与恶势力团伙的关键标准。

“恶势力”这一称谓被刑事政策所强化，司法解释对它的界定也只是局限在“定性”及“量刑”情节的范畴，它不是一个罪名，但已具有了法律术语的属性，它可以渗透到相关罪名中，影响具体个罪的定性和量刑。以非法拘禁罪为例，2006 年 7 月 26 日最高人民检察院发布的《关于渎职侵权犯罪案件立案标准的规定》关于非法拘禁罪的规定：“是指以拘禁或者其他方法非法剥夺他人人身自由的行为。国家机关工作人员利用职权非法拘禁，涉嫌下列情形之一的，应予立案：1. 非法剥夺他人人身自由 24 小时以上的……”这一立案标准从某种司法解释意义上说明了非法拘禁的时间要求，虽然强调主体是国家机关工作人员，但特殊主体相对于一般主体而言，应当有更为严格的规定，入罪标准更低处罚更严重，因为他们手中有国家赋予的职权，立法有许多如此的规定，一般主体至少非法剥夺他人人身自由 24 小时以上才可构成。但对于黑恶势力却只要求两种情况之一即非法拘禁他人 3 次以上、每次持续时间在 4 小时以上，或者非法拘禁他人累计时间在 12 小时以上的，即可构成非法拘禁罪。如果司法机关将一犯罪组织认定为“恶势力”，在某种情况下，将影响对行为人的定罪和量刑。“恶势力”已不仅仅是一个政治、法律术语，它在向某些犯罪构成要件要素转化，其过渡的桥梁目前还在于司法解释，即以司法解释的样态渗透到某些个罪中，将来有可能通过立法形式固定化。但目前恶势力不构成单独的犯罪，司法机关不可以恶势力来定性量刑。但刑事政策已向犯罪构成要件渗透。

（二）“恶”与“黑”的区别

两者在构成上都可以用法定的四个特征进行描述，即组织性、经济性、行为性、危害性，区别在于度的不同，上述客观特征既有客观上的“非法控制性”，也反映出主观特征的“非法控制性”。“黑”与“恶”在非法控制性上呈现不同的状态，“黑”是足以控制，其时间节点就在于已呈已然状态或是“既遂”状态，足以控制了他人的行为、意志；而“恶”是正在进行中，所有行为表现出来是为了达到控制的目的，普通人通俗地理解就是“说话好使”、“说话算数”，但其组织性、经济性、行为性、危害性都没有完全达到这一状态，有一定组织但相对松散、有些经济基础但还不雄厚、行为上打打杀杀以树立“威信”、生活在一定区域或一定行业的人们的恐惧心理尚未形成，但行为人已在上述四个方面有所作为，以恶势力示人，但没有达到黑社会性质组织的程度。

组织性上的不同在于程度大小。恶势力具有一定的组织性，非组织性的犯罪是普通犯罪而不是恶势力违法犯罪。《指导意见》第15条规定，恶势力犯罪集团是符合犯罪集团法定条件的恶势力犯罪组织，其特征表现为：有三名以上的组织成员，有明显的首要分子，重要成员较为固定，组织成员经常纠集在一起，共同故意实施三次以上恶势力惯常实施的犯罪活动或者其他犯罪活动。

恶势力的大多成员较为固定，但不完全固定，有进有出，可入可退，但重要成员有一定的稳定性，他们经常纠集在一起，敲诈、强迫交易、控制一定的行业领域的整体走向、非法拘禁、寻衅滋事，包括违法行为与犯罪行为。

恶势力的组织性弱于黑社会性质组织的组织性。《指导意见》并没有实际降低恶势力的认定门槛，反而更加严格地规定了恶势力的认定标准。主要体现在：一是继续强调或重申恶势力（尤其是恶势力团伙）与黑社会性质组织的联系，即前者是后者的雏形，两者的组织化程度存在差异。二是对恶势力的组织化程度的认定标准作出调整，将“尚未形成黑社会性质组织的犯罪团伙”修改为“尚未形成黑社会性质组织的违法犯罪组织”，明确将恶势力称为“组织”而不是称为“团伙”，提升了对恶势力组织化程度的实际要求，明显提高了恶势力的认定门槛。

非法控制性与非法强制性是两者的重要区分点。部分恶势力的暴力成分逐步由软暴力转化成硬暴力或者与软暴力并存。实践中存在有“能吓不骂”、“能骂不打”、“能打不伤”的非暴力手段胁迫，使相对人产生恐惧、恐慌的心理，从而进一步达到控制他们的目的。如通过开房消费不给钱、砸物品等软暴力威胁方式强迫酒店老板准许其团伙成员进驻酒店看场并收取看场费。涉黑恶案件大部分以开设赌场、聚众赌博、赌场放贷、组织卖淫、强迫交易、收保护费等方式快速谋取高额经济利益，获得生存资本后，除了继续用于运营牟利外，发展、供养打手、马仔，壮大黑恶势力范围，形成恶性循环，从而越滚越大。

非法强制性与非法控制性的不同在于：在大多数情况下，强制性是正在进行时，而控制性已是完成时。追求和实现对社会的非法控制，强制是在追求的过程中，控制是已经实现或部分实现了非法控制。在动态的行程中，恶势力与黑社会性质组织是在一条线段上的不同位置，两者只是程度的不同，前者是后者的预备，后者是前者追求的结果。

在危害性与牟利性上也存在程度上的差别。在一定区域或者行业内，有组织地多次实施违法犯罪活动，为非作恶，欺压百姓，扰乱经济、社会生活秩序，造成较为恶劣的社会影响，这是恶势力的严重危害特征。恶势力实施违法犯罪活动不单是为了获取经济利益，同时也有在社会上逞强争胜、扬名立万的意图，但其没有明确追求对经济、社会生活进行非法控制进而攫取更大经济利益的意愿。

对于本案可以认定为恶势力，但如果没有具体个罪的认定，对于恶势力只得采取行政处理，不构成刑事上的犯罪。

三、溯及力还是时效

《指导意见》关于黑社会性质组织犯罪的构成要件修改后，行为人的行为构成该罪的时间和事实应当从何时起认定，是一个司法实践中非常难以界定的问题。上述案例从2001年开始，时间跨度非常大，在《指导意见》公布之前行为人的行为是否构成犯罪，理论上存有争论。在司法解释层面，因为司法解释一定是在立法范畴内进行，否则就会突破罪刑法定的基本原则。问题是当司法解释对原来的犯罪作了扩大解释以后，原来的犯罪构成要件的要素被扩大，即犯罪圈被扩大后，实质上突破了原来的构成要件要素，如何认定？溯及力与诉讼时效不同，前者是指刑法规定的犯罪与刑罚改变时是否追究行为人的刑事责任；后者是指刑法规定的犯罪与刑罚没有改变时，由于时间的推移，是否追究行为人的刑事责任。前一个案例是溯及力问题，下一个案例是时效问题。

例如，秦某某自2003年开始，为谋取非法利益，先后网罗一批社会闲散人员从事违法犯罪活动。为了维持自身的生存和发展，秦某某团伙在南海区某些村镇有组织地通过看管老虎机、开设赌场、强迫交易、敲诈勒索等违法犯罪活动获取经济利益，其团伙在经济及其他实力上有所提升，逐步垄断了当地的老虎机看管业务和地下赌场的开设，称霸一方，为非作恶，欺压残害群众，严重破坏经济、社会生活秩序。

对于本案的认定法院持否定的态度。法院认为本案已超过诉讼时效，被告人涉嫌参加黑社会性质组织罪、强迫交易罪，但被告人在侦查机关立案追诉之后，未逃避侦查，所以参加黑社会性质组织罪、强迫交易罪（均为5年追诉期限）已过时效，应当终止审理，建议检察院撤回对其的起诉。检察院则认为，被告人在2011年已被刑事立案侦查，根据刑法第88条的规定，不受追诉期限的限制，对其应当提起公诉。

我国刑法第88条规定的追诉时效延长是有条件的，行为人逃避侦查是相对于公安机关、人民检察院、国家安全机关，行为人逃避审判是相对于审判机关。本案被告人在侦查机关立案追诉之后，未逃避侦查，在本地未逃跑，并一直配合检察机关工作。因此，应当受到追诉时效的限制，即参加黑社会性质组织罪、强迫交易罪（均为5年追诉期限）已过时效，不再追究其刑事责任。

无论如何，随着社会的发展，为了保持立法的稳定性及刑事政策的及时实现性，刑法难免出现扩张解释，虽然扩张解释必须是在法条的逻辑范围之内进行，但什么是“逻辑之内”，学者们存有很大的争议，这也是解释学上的“难言之隐”。尤其是针对具体行为而言，因为刑法必须遵循“无行为即无犯罪”这一格言。“黑社会性质组织”这一犯罪对象的司法解释流变，导致本案是否具有溯及力，可能会成为问题的焦点。上面对“黑社会性质组织”的行为性的梳理已表明，2018年1月以后的行为认定将更为严格，在此之前需要构成“多个具体罪”才能被认定为“黑社会性质组织”，而此后只需要有严重违法行为即可，《指导意见》将其规定为六种情形。笔者认为，这是对“黑社会性质组织”行为要件的突破，是对具体犯罪“组织、领导、参加黑社会性质组织罪”的修改，从严格的罪刑法定意义上说，对于以前行为人的行为不具有溯及力。当然这违反了司法解释从立法确定生效时间起即具有效力的基本原理。但那是建立在司法解释不越权的基础上，即司法解释在当然解释范畴内，如果超越，是否考虑基本原理的不可适用，否则将带来更为严重的后果，罪刑法定将受到挑战。

因此，本案不具有溯及力，《指导意见》之前的行为不能按照《指导意见》之后的规定进行认定，它不是时效问题，而是溯及力问题。

四、本案刑事诉讼法方面的疑难问题

黑社会性质组织犯罪证据在诉讼证据链条中具有多重性，既要证明黑社会性质组织的成立，也要证明具体个罪的成立，直接证据少，间接证据多，主要源于黑社会性质组织的危害性、隐蔽性和人们对其恐怖的心理，组织性事实与控制性事实被披上合法外衣的公司或其他法人所遮掩。如2015年被起诉的张某某一案。犯罪嫌疑人开设了废品收购站和鱼苗交易市场，通过开公司、办企业、搞合伙的形式，以合法的经营示人，依托经济实体存在，组织成员也均称自己所在的组织为公司。这些只是合法的外衣，他们一旦与其他经济实体发生利益冲突，立刻依赖暴力手段逼迫对手，扰乱秩序，谋求非法利益。针对这样的案例，必须结合其他传来证据综合认定。

本案在办理过程中，面临的证据问题如下：第一，组织、领导黑社会性质组织犯罪的嫌疑人基本上是“零口供”；参加黑社会性质组织犯罪的嫌疑人中有少部分嫌疑人认罪，但指控较为模糊。第二，案件或者事件时间跨度大，被害人或证人的陈述材料滞后，涉及诉讼效力及证据采信的问题。第三，单独实施的故意伤害等需要证据材料的案件无法取得相关鉴定意见。当某一案件的证据无法形成完整的证据链条时，即便有再大的社会危害性，也不能认定为犯罪。程序正义是底线，即使我们都知道是某人实施的杀人、放火行为，但是如果没有证据能证明，依然不能定其故意杀人罪、放火罪。

本案由于取证困难，现有证据难以证明行为人的行为构成黑社会性质组织，当然更无法认定组织、领导、参加黑社会性质组织罪。因此，不应当以犯罪论处，但可以对其违法行为进行认定，给予行政处罚。

下　编

扫黑除恶专项斗争中的刑事程序法问题

“扫黑除恶”斗争中的正当诉讼程序问题研究

樊崇义 *

一、问题的提出

关于办理黑社会性质组织犯罪案件的刑事诉讼程序适用问题，自从1997年刑法增设第294条后，立法机关和司法机关先后作出了一些规定。在2012年前，主要是以实体法规定为主。2012年刑事诉讼法修订后，在程序法方面也作出了规定。2018年，党和国家正式启动“扫黑除恶”斗争，并发布了相应的政策要求与指导意见。这些相继丰富了办案规定和强化了程序正义的要求。

在上述规定中，有三个规定值得关注：（1）最高人民法院、最高人民检察院、公安部、司法部《关于办理黑社会性质组织犯罪案件若干问题的规定》（以下简称《若干规定》）指出，应当依法严厉打击黑社会性质组织犯罪，按照宽严相济的刑事政策和“打早打小、除恶务尽”的工作方针，办理黑社会性质组织犯罪案件。在此基础上，对管辖、立案、强制措施和羁押、证人保护等问题作出了规定。这是1996年刑事诉讼法修改后专门出台的司法解释，具有很强的指导性。（2）最高人民法院《全国部分法院审理黑社会性质组织犯罪案件工作座谈会纪要》（法〔2015〕291号，以下简称《2015年纪要》）规定，面对新的形势和任务，各级人民法院应当以审判为中心，进一步增强程序意识和权利保障意识，严格按照法定程序独立行使审判职权，并要坚持罪刑法定、疑罪从无、证据裁判原则，依法排除非法证据，通过充分发挥庭审功能和有效运用证据审查判断规则，切实把好事实、证据与法律适用关，以令人信服的裁判说理来实现审判工作法律效果与社会效果的有机统一。《2015年纪要》结合最高人民法院、最高人民检察院、公安部印发的《办理黑社会性质组织犯罪案件座谈会纪要》（2009年印发，以下简称《2009年纪要》）的规定，进一步细化了实体和程序方面的规定。《2015年纪要》结合《2009年纪要》规定是最为完整的实体方面的规定，具有普遍的指导意义。（3）2018年，“打黑除恶”斗争变成了“扫黑除恶”斗争。中共中央、国务院发出《关于开展扫黑除恶专项斗争的通知》（以下简称《扫黑除恶专项斗争通知》）要

* 北京师范大学“京师首席专家”，北京师范大学刑事法律科学研究院特聘教授，中国政法大学国家法律援助研究院名誉院长、中国政法大学诉讼法学研究院名誉院长，教授，博士生导师。本文的资料收集和写作得到了北京师范大学刑事法律科学研究院孙道萃博士后的协助。

求，主动适应以审判为中心的刑事诉讼制度改革，切实把好案件事实关、证据关、程序关和法律适用关，严禁刑讯逼供，防止冤假错案，确保把每一起案件都办成铁案。随后，最高人民法院、最高人民检察院、公安部、司法部《关于办理黑恶势力犯罪案件若干问题的指导意见》（法发〔2018〕1 号，以下简称《指导意见》）要求，正确运用法律规定加大对黑恶势力违法犯罪以及“保护伞”的惩处力度，在侦查、起诉、审判、执行各阶段体现依法从严惩处精神。对黑恶势力犯罪，注意串并研判、深挖彻查，防止就案办案，依法加快办理。坚持依法办案，坚持法定标准，坚持以审判为中心，加强法律监督，强化程序意识和证据意识，正确把握“打早打小”与“打准打实”的关系，贯彻落实宽严相济刑事政策，切实做到宽严有据，罚当其罪，实现政治效果、法律效果和社会效果的统一。这是党和国家正式启动“扫黑除恶”斗争以来发布的相关文件，涉及政策导向、指导思想、操作规程等，是指导当前实践工作的首要标准。

从这些规定可以看出，黑社会性质组织犯罪（黑恶势力犯罪，下同）是当前我国一类比较特殊的严重犯罪类型。正因为如此，与之相应的刑事诉讼程序规定也有一些不同之处。纵观前后规定的主要内容①，黑恶势力犯罪的刑事诉讼程序具有以下显著的特征：（1）宽严相济刑事政策与从严从重处理。对于黑恶势力犯罪，依法从严惩处是这次扫黑除恶斗争中的基本精神，而且要求在各个诉讼阶段都有所体现。因此，在掌握这次扫黑除恶斗争中的刑事政策时，“严”相对而言是主要的政策要求。这不仅体现在实体法层面，也体现在程序法层面。在程序上从严处理，则意味着在保护犯罪嫌疑人、被告人等诉讼权利方面难免存在一定的“折扣现象”。（2）从快处理精神与程序简化的现状。无论是原有的“打黑除恶”斗争，还是目前“扫黑除恶”下的黑恶势力犯罪，“依法加快办理”实际上都是这次扫黑除恶斗争的基本要求之一。既然是依法加快办理，则意味着诉讼程序在不同程度上会有所简化。应当看到的是，一方面，黑恶势力犯罪往往案情复杂，人员众多，由于过于简化而缺乏实际可操作性。另一方面，加快办理的要求必然在部分诉讼阶段表现为简化，以此提高司法效率。这就使二者之间存在一个微妙的“背反”关系，同时隐藏背离刑事法治与程序正义的风险。（3）程序正义与人权保障的诉求与压力同步增加。从打击黑社会性质组织犯罪到“扫黑除恶”斗争，“依法办理”是始终不变的基本要求。法治原则是保障程序正义的政策基础。只是在实践中，从目前的一些情况看，一些案件在办理过程中由于对相关政策文件和法律规范理解不充分、不到位，在程序正义与人权保障方面存在一些问题，甚至背离了相关政策文件和法律规范的本意。总之，在“扫黑除恶”斗争中，迫切需要克服政策

① 目前，主要有以下规定：（1）程序法规定：《刑事诉讼法》、《公安机关办理刑事案件程序规定》、《人民检察院刑事诉讼规则（试行）》、《最高人民法院关于适用〈中华人民共和国刑事诉讼法〉的解释》、《关于办理黑社会性质组织犯罪案件若干问题的规定》（2012）。（2）实体法规定：《关于审理黑社会性质组织犯罪的案件具体应用法律若干问题的解释》、《办理黑社会性质组织犯罪案件座谈会纪要》（2009）、《全国部分法院审理黑社会性质组织犯罪案件工作座谈会纪要》（2015）、《关于开展扫黑除恶专项斗争的通知》、《关于办理黑恶势力犯罪案件若干问题的指导意见》。

安排的价值冲突、规则对冲以及司法正义与诉讼效率的博弈等疑难问题。

在新近开展的“扫黑除恶”斗争中，办案机关应当充分理解党和国家的政策定位与指导思想，应当严格遵守《扫黑除恶专项斗争通知》与《指导意见》的基本精神和相关规定，以程序正义原则为逻辑起点，在依法严厉打击黑恶势力犯罪的同时也要充分保障人权，在司法公平与司法效率之间谋求最佳的结合点。

二、“扫黑除恶”与刑事诉讼程序的准确适用

既要依法严格推进“扫黑除恶”斗争，严厉打击黑恶势力犯罪，保障社会稳定与人民群众的合法权益；也要严格保障诉讼各方的合法权益，遵循程序正义原则。这就是宽严相济刑事政策在“扫黑除恶”斗争中的基本体现和基本要求。

（一）会见权的充分保障

刑事诉讼法第37条第2、3款规定，辩护律师持律师执业证书、律师事务所证明和委托书或者法律援助公函要求会见在押的犯罪嫌疑人、被告人的，看守所应当及时安排会见，至迟不得超过48小时。危害国家安全犯罪、恐怖活动犯罪案件，在侦查期间辩护律师会见在押的犯罪嫌疑人，应当经侦查机关许可。而且，侦查机关应当事先通知看守所。

当前，在“扫黑除恶”的司法实践中，律师行使会见权问题出现了新的情况，也即刑事诉讼法第37条可能存在被“绑架”的嫌疑。实际上，在办理涉黑案件过程中，部分案件中已经出现了律师“会见难”的现象。而其原因在于：（1）《扫黑除恶专项斗争通知》要求，把扫黑除恶与反腐败斗争和基层“拍蝇”结合起来，深挖黑恶势力“保护伞”。纪检监察机关要将治理党员干部涉黑涉恶问题作为整治群众身边腐败问题的一个重点，纳入执纪监督和巡视巡察工作内容。纪检监察机关和政法各机关建立问题线索快速移送反馈机制，对每起涉黑涉恶违法犯罪案件及时深挖其背后的腐败问题，防止就案办案、就事论事。各级纪检监察机关要将党员干部涉黑涉恶问题作为执纪审查重点，对扫黑除恶专项斗争中发现的“保护伞”问题线索优先处置，发现一起、查处一起，不管涉及谁，都要一查到底、绝不姑息。加大督办力度，把打击“保护伞”与侦办涉黑涉恶案件结合起来，做到同步侦办，尤其要抓住涉黑涉恶和腐败长期、深度交织的案件以及脱贫攻坚领域涉黑涉恶腐败案件重点督办。这就充分明确了正在开展的扫黑除恶斗争，不仅要攻克“保护伞”的问题，也要借此契机高压打击职务犯罪与腐败犯罪，因而“扫黑除恶”斗争也就与反腐败斗争紧密联系在一起，“扫黑除恶”包含了反腐斗争的任务，新时代的反腐工作也要与“扫黑除恶”斗争高度联动。进而在指导思想、办案逻辑等方面，客观上使“扫黑除恶”斗争与刑事诉讼法第37条第2、3款产生紧密的联系。（2）根据刑法第294条的规定，《刑法修正案（八）》增加了黑社会性质的组织特征，其一便是“通过实施违法犯罪活动，或者利用国家工作人员的包庇或者纵容，称霸一方，在一定区域或者行业内，形成非法控制或者重大影响，严重破坏经济、社会生活秩序”，也被称为“危害性特征”。从中可见，从黑恶势力犯罪

的基本特征及其成立条件来看，“利用国家工作人员的包庇或者纵容”作为要素之一，进而也意味着黑恶势力通常与职务人员勾结在一起，也就往往伴随腐败犯罪的滋生。因此，在“扫黑除恶”的办案过程中，往往涉及反腐败问题，而且往往是特别重大的贿赂犯罪案件。这就进一步强化了刑事诉讼法第37条在“扫黑除恶”斗争中的适用可能性。(3) 从发案的情况来看，黑恶势力犯罪往往是重大、复杂的社会焦点案件，涉案人员众多，涉及的面很广，案情牵涉诸多方面，与一些国家机关工作人员有牵连，侦查难度很大，案件保密工作增加。为了确保侦查工作顺利进行，办案机关不免对律师会见权有所顾虑，担心出现串供、帮助毁灭证据等情况，因而对刑事诉讼法第37条的适用也有所影响。这正是目前暴露出的律师会见难的根源所在。

但是，最高人民法院、最高人民检察院、公安部、国家安全部、司法部《关于依法保障律师执业权利的规定》(2015) 第2条规定，办案机关应当尊重律师，健全律师执业权利保障制度，在各自职责范围内依法保障律师的会见执业权利。第4条规定，人民法院、人民检察院、公安机关、国家安全机关、司法行政机关应当建立和完善律师会见室，方便律师会见。第7条则更进一步对看守所依法保障律师会见权作出了详细的规定。由此可见，会见权是最基本的辩护权内容，也是被追诉者依法获得有效辩护的最基本的前提条件。在任何情况下，都应当积极保障律师行使会见权；即使作出限制，也要严格依法进行，防止权力滥用。

对于黑恶势力犯罪的律师会见问题，严格依法保障律师的辩护权是不变的主题。对于黑恶势力犯罪案件中，有涉嫌特别重大贿赂犯罪的犯罪嫌疑人与被告人的，可以按照刑事诉讼法第37条的规定，对律师会见这类犯罪嫌疑人、被告人进行一定的限制。对于限制条件的理解和适用，应当严格审查，仅限于直接相关而不是间接相关的其他同案人员。同时，对黑恶势力犯罪案件中的其他涉案人员，应当依法充分保障律师的会见权，侦查机关以及看守所、监察委等不得以“与特别重大贿赂犯罪案件相关”等为由，违规阻挠律师依法行使会见权。

(二) 证据收集的合法性

黑恶势力犯罪案件往往涉案人数众多，牵涉的社会面很广，而且由于存在“保护伞”等情况，办案机关面临的外部阻力因素不少。因此，在办案过程中，除了采取常规的侦查措施之外，还需要采取特殊的侦查措施。通过特殊的侦查措施，可以更好地寻找案件的突破口，获得案件的相关证据材料，推动侦查活动顺利进行。

例如，在实践中，收集、固定视听资料对黑恶势力犯罪的侦查工作具有积极的意义；同时，在视听资料的收集方面，往往需要借助特殊侦查措施予以有效完成。对此，《2009年纪要》在“关于视听资料的收集、使用”中指出，公安机关在侦查时要特别重视对涉黑犯罪视听资料的收集。对于那些能够证明涉案犯罪组织具备黑社会性质组织的“四个特征”及其实施的具体违法犯罪活动的录音、录像资料，要及时提取、固定、移送。通过特殊侦查措施获取的视听资料，在移送审查起诉时，公安机关对证据的来源、提取经过应予说明。这对特殊侦查措施首次作出了明确的规定，并且对“视听资料”的收集工作等一系列行为予以规范，从而较好地解决了实践中的侦查难、取证难等问题。

从黑社会性质组织犯罪案件的内部特征来看，这类犯罪具有高度的组织性，对外也具有相当的隐秘性，甚至“洗白”为合法的企业。由于存在这些“外衣”的掩护，因而在对其所实施的违法犯罪行为进行调查取证时，借助常规的侦查措施有时并不奏效。为此，刑事诉讼法第 148 条规定，公安机关在立案后，对于黑社会性质的组织犯罪案件，根据侦查犯罪的需要，经过严格的批准手续，可以采取技术侦查措施。人民检察院在立案后，对重大的贪污、贿赂犯罪案件，也可以采取特殊侦查措施。因此，特殊侦查措施被明确纳入了刑事司法轨道，特殊侦查措施是一项特殊的收集证据的方式，由此获得的证据材料经法庭查证属实，可以作为定案的根据。这种证据资格的转换不仅赋予特殊侦查措施以强大的外部需要，也使特殊侦查措施在一些案件中发挥着特殊的侦查“突破口”作用。

在对黑恶势力犯罪及所涉及的特别重大贿赂犯罪依法采取技术侦查措施时，要坚持合法性原则与比例原则，强化证据收集的合法性。具体地说：（1）要严格按照刑事诉讼第 148 条的规定，针对黑社会性质组织犯罪采取特殊侦查措施，而不应随意延伸到其他相关的犯罪。当然，从实体法与程序法的角度看，“组织犯罪”的范围仍需进一步解释，而且应当以限制解释为基准，主要是指首要分子的组织与领导行为、主犯的实行行为。（2）对于重大的贿赂犯罪案件，根据监察法第 28 条的规定，监察机关调查涉嫌重大贪污贿赂等职务犯罪，根据需要，经过严格的批准手续，可以采取技术调查措施，按照规定交有关机关执行。这无疑为解决黑势力犯罪中的相关犯罪的特殊侦查问题提供了规范依据。只是目前如何实现监察法与刑事诉讼法的衔接，仍需要在实践中作进一步的细化规定。（3）严格遵守措施类型与期限。无论是侦查机关还是监察委，在采取特殊侦查措施时，都应当按照已经批准决定的技术调查措施的种类和适用对象，在签发之日起三个月以内完成；对于复杂、疑难案件，期限届满仍有必要继续采取技术调查措施的，经过批准，有效期可以延长，每次不得超过三个月。对于不需要继续采取技术调查措施的，应当及时解除。（4）通过特殊侦查措施侦查取证，也要注意证人保护问题。对此，刑事诉讼法第 152 条已经作出了明确的规定，包括不暴露有关人员的身份、技术方法等具体的保护措施。

（三）庭审程序的合法规范

在办理黑恶势力犯罪案件中，要切实把好案件事实关、证据关、程序关，强化程序意识和证据意识。这是“扫黑除恶”所应当坚持的基本原则，在任何情况下都不能动摇。同时，在“以审判为中心”的司法诉讼制度中，基于繁简分流、“大案要案精审”的要求，黑恶势力犯罪案件的庭审阶段应当充分围绕举证与质证、定罪量刑的辩护等重点审判内容展开。以举证与质证为例，《人民检察院公诉人出庭举证质证工作指引》（2018）第 2 条规定，举证是指在出庭支持公诉过程中，公诉人向法庭出示、宣读、播放有关证据材料并予以说明，对出庭作证人员进行询问，以证明公诉主张成立的诉讼活动。质证是指在审判人员的主持下，由控辩双方对所出示证据材料及出庭作证人员的言词证据的证据能力和证明力相互进行质疑和辩驳，以确认是否作为定案依据的诉讼活动。显然，举证与质证是庭审活动的焦点，是控辩双方对抗的重心，也是保障被告人辩护权以及辩护律师实现有效辩护的基本支点。

关于黑社会性质组织犯罪案件的举证与质证问题，其实早已有相关的规定。具体而言：(1)《2009 年纪要》规定，为确保庭审效果，人民法院在开庭审理涉黑案件之前，应认真做好庭审预案。法庭调查时，除必须传唤共同被告人同时到庭质证外，对各被告人应当分别讯问，以防止被告人当庭串供或者不敢如实供述、作证。(2)《2015 年纪要》在"法庭举证、质证问题"中规定，合议庭应当按照刑事诉讼法及有关司法解释的规定有效引导控辩双方举证、质证。主要有：一是不得因案件事实复杂、证据繁多而不当限制控辩双方就证据问题进行交叉询问、相互辩论的权利。二是应当根据案件事实繁简、被告人认罪态度等采取适当的举证、质证方式，突出重点；对黑社会性质组织的"四个特征"应单独举证、质证。为减少重复举证、质证，提高审判效率，庭审中可以先就认定具体违法犯罪事实的证据进行举证、质证。对认定黑社会性质组织行为特征的证据进行举证、质证时，之前已经宣读、出示过的证据，可以在归纳、概括之后简要征询控辩双方的意见。对于认定组织特征、经济特征、非法控制特征(危害性特征)的证据，举证、质证时一般不宜采取前述方式。三是对于庭前会议中出示的证据材料，控辩双方无异议的，庭审举证、质证时可以简化。四是合议庭应当针对争议焦点和关键的事实、证据问题，有效引导控辩双方进行法庭调查与法庭辩论。五是应当全程录音录像，相关音视频资料应当存卷备查。这些规定对庭审活动中的"举证、质证"作出了类型化的规定，以期在庭审效率与庭审正义之间寻找最佳的结合点。

在"扫黑除恶"斗争中，立足审判中心与精审的标准开展庭审活动之精神，结合刑事诉讼法的有关规定，对于黑恶势力犯罪案件的庭审活动，在程序正义上应注意以下几个方面：(1) 充分发挥庭前会议的作用。刑事诉讼法第 182 条规定，在开庭以前，审判人员可以召集公诉人、当事人和辩护人、诉讼代理人，对回避、出庭证人名单、非法证据排除等与审判相关的问题，了解情况，听取意见。黑社会性质组织是一种高级的犯罪集团，因而黑恶势力犯罪案件往往案情复杂、被告人数众多、涉及的罪名数量很多，召开庭前会议的意义尤为凸显，既可以充分集中案件的争议焦点，明确庭审的重点，也可以发挥排除非法证据等作用；更重要的是，可以防止程序的不当拖沓以及诉讼效率的降低。(2) 举证与质证的规范化。《人民检察院公诉人出庭举证质证工作指引》的出台，是为了适应以审判为中心的刑事诉讼制度改革新要求，全面贯彻证据裁判规则，进一步加强和改进公诉人出庭举证质证工作，构建认罪和不认罪案件相区别的出庭公诉模式，增强指控犯罪效果。其中，该指引第 5 条规定，公诉人可以根据被告人是否认罪，采取不同的举证质证模式。被告人认罪的案件，经控辩双方协商一致并经法庭同意，举证质证可以简化。被告人不认罪或者辩护人作无罪辩护的案件，一般应当全面详细举证质证。但对辩护方无异议的证据，经控辩双方协商一致并经法庭同意，举证质证也可以简化。由此可见，对于黑恶势力犯罪案件而言，除非出现了自愿认罪认罚的情形，否则应当严格按照刑事诉讼法的规定，充分实现举证与质证的全面性，举证责任主要在公诉部门，被告人及其辩护律师可以提交证据，以便可以充分、全面质证，严格把握不同证据的证明资格、证明力，作为法官裁判的基本依据。对于认罪认罚的案件，举证与质证则可以简化。此外，该指引第 6 条还规定，公诉人举证质证，应当注重与现代科技手段相融合，积极运用多媒体示证、电子卷宗、出庭一体化平台等，增强庭审指控犯罪效果。这意味着在现代互联网信息技术、大数据以及人工智能时代的背景下，举证与质证也应向“科技要生产力”。在办理黑恶势力犯罪案件中，举证与质证也要重视“信息化”、“智慧化”的建设，充分方便庭审需要，提高庭审效率。（3）证人到庭与证人保护。无须赘言的是，证人出庭与证人保护不仅是黑恶势力犯罪案件办理过程中的重要问题，也是庭审过程的重要任务。《若干规定》对“证人保护”作出了详细的规定，总的来说，应当采取必要措施保障证人及其近亲属的安全。对于因作证行为可能导致本人或者近亲属的人身、财产安全受到严重危害的证人，分别经地市级以上公安机关主要负责人、人民检察院检察长、人民法院院长批准，应当对其身份采取保密措施。对于秘密证人，应当以代号代替其真实姓名，不得记录证人住址、单位、身份证号及其他足以识别其身份的信息，证人签名以捺指纹代替，并应当单独立卷和封存。法庭审理时不得公开秘密证人的真实姓名和身份信息。用于公开质证的秘密证人的声音、影像，应当进行变声、变像等技术处理。秘密证人出庭作证，人民法院可以采取限制询问、遮蔽容貌、改变声音或者使用音频、视频传送装置等保护性措施。（4）量刑事实与证据的充分举证、质证。在黑恶势力犯罪中，由于涉及的罪名很多，量刑事实的量也很大。刑事诉讼法第 193 条规定，法庭审理过程中，对与定罪、量刑有关的事实、证据都应当进行调查、辩论。在黑恶势力犯罪案件的庭审过程中，特别考虑到黑恶势力犯罪的人数众多、犯罪人身份交错的情况，不仅要对定罪的事实、证据进行充分举证与质证，有关量刑的事实、证据亦是如此。总之，在黑恶势力犯罪案件的庭审过程中，要坚持控辩平等对抗的精神，贯彻充分辩论，真正落实控辩双方的对抗角色与各自的诉讼职能。而且，刑事诉讼法第 193 条规定，经审判长许可，公诉人、当事人和辩护人、诉讼代理人可以对证据和案件情况发表意见并且可以互相辩论。审判长在宣布辩论终结后，被告人有最后陈述的权利。在任何情况下，都应当充分保障黑恶势力犯罪案件的被告人的辩护权，而被告人的最后陈述是不可逾越的界限。

（四）证明标准的理解和把握

证明标准是刑事诉讼活动的重点与难点问题。刑法第 294 条规定的主客观犯罪构成要件要素多且复杂，使实践中的证明难问题以及证明标准的把握都非常棘手。而且刑事诉讼法对我国法定的有罪证明标准作出了修改，在办理黑恶势力犯罪案件时也要准确把握证明标准问题。

关于黑社会性质组织犯罪的证明标准问题，已有相关规定，具体为：（1）《2009年纪要》在“关于认定黑社会性质组织犯罪的证据要求”中规定，办理涉黑案件同样应当坚持案件“事实清楚，证据确实、充分”的法定证明标准。但应当注意的是，“事实清楚”是指能够对定罪量刑产生影响的事实必须清楚，而不是指整个案件的所有事实和情节都要一一查证属实；“证据确实、充分”是指能够据以定罪量刑的证据确实、充分，而不是指案件中所涉全部问题的证据都要达到确实、充分的程度。对此，一定要准确理解和把握，不要纠缠那些不影响定罪量刑的枝节问题。比如，在可以认定某犯罪组织已将所获经济利益部分用于组织活动的情况下，即使此部分款项的具体数额难以全部查实，也不影响定案。（2）《2015年纪要》在“证明标准和证据运用问题”中指出，办理黑社会性质组织犯罪案件应当坚持“事实清楚，证据确实、充分”的法定证明标准。黑社会性质组织犯罪案件侦查取证难度大，“四个特征”往往难以通过实物证据来加以证明。审判时，应当严格依照刑事诉讼法及有关司法解释的规定对相关证据进行审查与认定。在确保被告人供述、证人证言、被害人陈述等言词证据取证合法、内容真实，且综合全案证据，已排除合理怀疑的情况下，同样可以认定案件事实。

从上述前后出台的规定可以看出，在证明“四个特征”等主客观的犯罪构成要件要素上，既需要综合运用各种证据材料，不能过度依赖口供，清除非法取证的土壤；也要对证明标准的理解，采取实事求是的态度，要特别强调对黑恶势力案件的主要事实的证明程度，以及是否达到排除合理怀疑标准的内心确信。应该说，上述规定及其做法有其法律依据。刑事诉讼法第195条规定，案件事实清楚，证据确实、充分，依据法律认定被告人有罪的，应当作出有罪判决。这是有罪判决所应达到的证明标准。而且，根据刑事诉讼法第53条的规定，对一切案件的判处都要重证据，重调查研究，不轻信口供。证据确实、充分应当符合定罪量刑的事实都有证据证明、据以定案的证据均经法定程序查证属实、综合全案证据对所认定事实已排除合理怀疑的基本条件。刑事诉讼法对有罪的证明标准作出了调整，明确将“排除合理怀疑”因素纳入证明标准的体系内，使证明有罪的法定标准更具有主客观统一性与逻辑层次性。

在这次“扫黑除恶”斗争中，把握有罪的证明标准时，应注意以下几个方面：（1）应当坚持“事实清楚，证据确实、充分”的法定证明标准，并在司法操作上做折中的处理。要求在办理黑社会性质组织犯罪案件时，应当坚持“事实清楚，证据确实、充分”的法定证明标准。但是，由于这类犯罪的案情非常复杂。因此，“事实清楚”是指案件的主要事实清楚，而不是全案的事实清楚。“证据确实、充分”是指需要用于定罪量刑的事实，而不包括涉及的全部问题的证据。这其实在一定程度上对证明标准作出了“逻辑微调”，而且是基于客观事实的前提下对“主观上确信”的适度调整。（2）实物证据的弱化与综合判断下的排除合理怀疑标准。在证明标准上，证明对象基本上是刑法第294条规定的成立条件或通常意义上的“四大特征”（组织特征、行为特征、经济特征、危害性特征）。在实践中，往往难以通过有效的实物证据来充分证实四个特征，尽管视频资料等证据材料可以作为很好的补强形式；同时，这类犯罪的言词证据很丰富，对证明主要事实往往具有直接或者主要的作用。因而，依法获取口供并排除刑讯逼供，对证明活动很关键。鉴于此，可以相互结合不同的证据类型，用于综合证明四个特征的客观存在，但必须达到“排除合理怀疑”的程度，夯实定罪的事实基础。

三、认罪认罚从宽制度的合理嵌入与规范运行

对于黑恶势力犯罪问题而言，为了缓解办案过程中需要面临的侦查难、取证难、证明难等问题，同时也为了防止刑讯逼供、非法取证等情况，以及减少高度的诉讼对抗所产生的诉讼效率相对低下等问题，在不损害司法公正的前提下，对黑恶势力犯罪这类特定的犯罪情形也可以探索适用认罪认罚从宽制度。

（一）可以适用认罪认罚从宽制度的论证

从法理与规范依据上看，在这轮“扫黑除恶”斗争中，可以考虑引入认罪认罚从宽制度，从而为更好地打击和治理黑恶势力犯罪提供更丰富的路径。

1．实际意义

对黑恶势力犯罪案件探索适用认罪认罚从宽制度，其实际意义包括：（1）缓解证明难问题。从实践中看，黑恶势力犯罪案件的证明难问题较为突出，也在较大程度上影响了办案效率与质量。在坚持法定的证明标准不变的情况下，同时为了杜绝非法取证等行为，引入认罪认罚从宽制度，不失为一种可行的选择。因为被追诉者自愿认罪认罚首先就是非常重要的证据材料，而且是有罪的证据材料。同时，被追诉者自愿作出认罪认罚的，客观上减少了控诉机关的证明任务，有利于缓解基于证明标准难以达到并避免出现的定罪难现象。（2）正当地满足“从快审理”的需求。在“扫黑除恶”斗争中，为了依法实现“从快审理”的目标，需要在不动摇正当程序原理的基础上进行。显然，按照传统刑事诉讼的普通程序，依照控辩对抗的诉讼机制，所能创造的空间是相对有限的。我国正在试点的认罪认罚从宽制度，首先是以繁简分流和提供诉讼效率为初衷的，并基于被追诉者自愿认罪认罚而予以从宽，从而确保在不突破司法公正的要求下，合理地简化诉讼程序，提供诉讼效率。这对于当前办理黑恶势力犯罪案件而言，具有繁简分流与效率提高的积极意义。（3）营造和谐的司法合作环境。黑恶势力犯罪对我国经济社会秩序以及公共安全、国家政权安全都具有非常严重的危害性。按照宽严相济刑事政策的基本精神，应当区别对待，宽严得当。对于应当从宽的犯罪分子，认罪认罚从宽制度的引入不仅是一种制度创新，可以更具体地落实“从宽”精神；同时，也有利于在这类犯罪案件的处理中合理地确立起一种司法合作的良性环境，排除不必要的司法对抗，增加司法过程中的合作性与协作性。如此有助于“案结事了”，实现“服判息诉”的目标。（4）更好地预防犯罪和恢复社会良好秩序。对于黑恶势力犯罪问题，应当看到其背后的复杂因素，通过社会治理现代化等综合手段予以有效治理与控制。对于自愿认罪认罚的，依法对其从宽处理，是对其主动降低人身危险性的正面肯定。这有助于更好地预防犯罪，同时也有助于恢复被破坏的社会秩序并使其恢复到良好的状态。

2. 规范依据

同时，在现有的法律规定下，引入认罪认罚从宽制度有其相应的规范依据。其中，《若干规定》在“特殊情况的处理”中作出如下规定：（1）其第14条规定，参加黑社会性质组织的犯罪嫌疑人、被告人，自动投案，如实供述自己的罪行，或者在被采取强制措施期间如实供述司法机关还未掌握的本人其他罪行的，应当认定为自首。参加黑社会性质组织的犯罪嫌疑人、被告人，积极配合侦查、起诉、审判工作，检举、揭发黑社会性质组织其他成员与自己共同犯罪以外的其他罪行，经查证属实的，应当认定为有立功表现。在查明黑社会性质组织的组织结构和组织者、领导者的地位作用，追缴、没收赃款赃物，打击“保护伞”方面提供重要线索，经查证属实的，可以酌情从宽处理。（2）其第15条规定，对于有本规定第14条所列情形之一的，公安机关应当根据犯罪嫌疑人的认罪态度以及在侦查工作中的表现，经县级以上公安机关主要负责人批准，提出从宽处理的建议并说明理由。人民检察院应当根据已经查明的事实、证据和有关法律规定，在充分考虑全案情况和公安机关建议的基础上依法作出起诉或者不起诉决定，或者起诉后向人民法院提出依法从轻、减轻或者免除刑事处罚的建议。人民法院应当根据已经查明的事实、证据和有关法律规定，在充分考虑全案情况、公安机关和人民检察院建议和被告人、辩护人辩护意见的基础上，依法作出判决。

由此可见，对于认罪（认罚）的案件，应当适用自首、立功以及对其进行从宽处罚。这其实已经蕴含了认罪认罚从宽制度的基本要义及其内容，二者其实是完全一致的。而且，认罪认罚从宽制度作为一项专门的综合性制度，可以更科学地围绕认罪认罚与从宽及其内在关系等核心问题，在司法公正与司法效率之间展开良性的互动，从而成为破除这类犯罪办理过程中的一些难点的有益方式。因此，在“扫黑除恶”斗争中，适用认罪认罚从宽制度是题中之义。

（二）扫黑除恶斗争与认罪认罚从宽制度的衔接

应当激活认罪认罚从宽制度的效能，助推“扫黑除恶”斗争的顺利进行。为此，应当结合二者之间的契合点，通过有效的运作机制来实现高效对接的目标。

1. 认罪认罚自愿性的审查

从认罪认罚从宽制度的相关规定来看，在适用该制度时，首先要以犯罪嫌疑人、被告人自愿认罪认罚作为基本前提，否则既无法启动认罪认罚从宽诉讼协商程序，也无法在此基础上对被告人作出从宽的处理决定。例如，最高人民法院、最高人民检察院、公安部、国家安全部、司法部《关于在部分地区开展刑事案件认罪认罚从宽制度试点工作的办法》（法〔2016〕386号，以下简称《试点办法》）第1条规定：“犯罪嫌疑人、被告人自愿如实供述自己的罪行，对指控的犯罪事实没有异议，同意量刑建议，签署具结书的，可以依法从宽处理。”从该规定可以看出，在试点期间，自愿性作为适用认罪认罚从宽制度的前提和依据具有重大性与关键性。舍此，认罪认罚从宽制度的适用便无从谈起，更是对司法正义的“损害”。

关于自愿性的保障问题，结合黑恶势力犯罪的情况，既要遵循目前的一般要求，如侦查阶段的权利义务告知书、值班律师的现场见证、检察机关的审查、人民法院的庭审调查等；也要根据实际情况，特别注意以下几个方面：（1）对认罪认罚的准确认定。关于何为认罪认罚，理论上与实践中都有一些不同的认识。这种差异也会在复杂的黑恶势力犯罪中得到进一步的放大。为了准确把握认罪认罚这一前提因素，应当根据黑社会性质犯罪的人员特征、行为特征、组织结构等要素，对不同共同犯罪人员的认罪认罚进行相应的判断，首要分子、主犯及积极参与分子、从犯、胁从犯、教唆犯在认罪认罚的内容、真实性、有效性等内容上是有差异的，在具体内容上应以主要的犯罪事实为判断对象。同时，从逻辑上讲，只要认罪的，原则上也就认罚了，否则违背了认罪认罚之间的一致性逻辑关系。（2）对于认罪认罚的，要注意共同犯罪成员之间的相互印证。易言之，对于首要分子、主犯及积极分子、从犯、胁从犯、教唆犯以及国家工作人员的认罪认罚的内容，可以相互印证其真实性、有效性。（3）对于自愿性的判断，要特别注意防止“顶包认罪”、“丢卒保车”等“不完全”或“投机型”、“侥幸型”的认罪认罚情形，防止犯罪嫌疑人钻空子。（4）需要建立完整的保障机制，尤其是律师参与机制。无论是辩护律师还是值班律师的参与，都是认罪认罚自愿性的重要保障方式。其中，关于犯罪嫌疑人被第一次讯问时律师在场权、律师全程参与认罪认罚以及律师辩护权的有效行使等，都对认罪认罚自愿性的实现具有重大意义。

与此同时，为了确保认罪认罚的自愿性，还应当依法严格贯彻落实非法证据排除制度。因为保障认罪认罚的自愿性与非法证据排除是一个问题的两个侧面，是辩证统一的两个支点，是确保言词证据收集的合法性、防止刑讯逼供以及冤假错案的根本措施，同时也可以有效排除非自愿认罪认罚的主要情形。关于非法证据排除，刑事诉讼法第54条规定，采用刑讯逼供等非法方法收集的犯罪嫌疑人、被告人供述和采用暴力、威胁等非法方法收集的证人证言、被害人陈述，应当予以排除。收集物证、书证不符合法定程序，可能严重影响司法公正的，应当予以补正或者作出合理解释；不能补正或者作出合理解释的，对该证据应当予以排除。在侦查、审查起诉、审判时发现有应当排除的证据的，应当依法予以排除，不得作为起诉意见、起诉决定和判决的依据。在办理黑恶势力犯罪中，要打破口供依赖症与合法收集言词证据难之间的“魔咒”。一方面，由于黑恶势力犯罪背后的有组织性、违法暴力性、“保护伞”等因素，这类案件往往盘根错节，人员与社会关系交错在一起，因此在收集犯罪嫌疑人的口供时面临较大的难题。另一方面，绝不能走非法取证的错误工作方式，通过非法方式获得口供，从而获得侦查的突破口。这不仅违反法律规定和涉嫌犯罪，也是得不偿失的做法。

2. 量刑协商的达成

从认罪认罚从宽制度的主旨及精神看，依法从宽处理是其目的所在。换言之，犯罪嫌疑人、被告人选择自愿认罪认罚，是为了能够获得从宽的机会与实惠。在黑恶势力犯罪案件的办理过程中，为了减少不必要的利益对冲和节约司法资源，同时从和谐社会、稳固基层治理等因素出发，鼓励涉案人员自愿认罪认罚，可以从内部瓦解，降低涉案人员的人身危险性，强化“扫黑除恶”的终极目标。黑恶势力犯罪严重威胁基层政权安全，冲击基层社会治理与国家管理秩序，严重危害广大人民群众的安全以及社会经济安全，因而从严打击是基本的政策导向。但是，在黑恶势力犯罪案件中，也应当看到不同涉案人员的身份、地位、作用、参与程度、危害程度、人身危险性系数等都是不同的。在高压打击的政策下，也要从策略上强调“逐个击破”和“争取多数”，不能忽视“治病救人”的人文关怀，要围绕营造和谐社会的初衷加以考虑。

在这个机制的运行过程中，依法在控辩双方之间展开的量刑建议协商是关键。具体而言：(1) 从宽处理的实现依赖于控辩的量刑协商机制。根据《试点办法》第10条的规定，在审查起诉过程中，人民检察院应当告知犯罪嫌疑人享有的诉讼权利和认罪认罚可能导致的法律后果，就指控的罪名及适用的法律条款，从轻、减轻或者免除处罚等从宽处罚的建议，认罪认罚后案件审查适用的程序等事项听取犯罪嫌疑人及其辩护人或者值班律师的意见，记录在案并附卷。犯罪嫌疑人自愿认罪，同意量刑建议和程序适用的，应当在辩护人或者值班律师在场的情况下签署具结书。由此可见，在自愿认罪认罚的前提下，从宽处理的效果能否真正实现，首先主要取决于控辩之间的量刑协商机制是否自愿、对等、达成合意且符合司法公正的要求，并且在法律形式上以自愿签署具结书为重要标志。(2) 从宽需于法有据。根据《试点办法》的规定，从宽必须依法进行，要符合正当与合法的原则。办案机关既不能打折扣，也不能过度从宽。对此，应当根据《试点办法》的规定，结合最高人民法院《人民法院量刑指导意见(试行)》的细则，对黑恶势力犯罪案件中的不同被告人，根据其是不是首要分子、主犯、积极参加者、从犯、教唆犯以及国家工作人员等因素，以及犯罪事实，在自愿认罪认罚的前提下，区别对待，选择最合适的量刑意见，做到罪责刑相适应。其中，应特别强调量刑的协商过程及其量刑意见的合意性，只有保障充分平等与自愿，才能确保量刑意见的达成是合意的结果，才能避免被告人反悔与程序反转的低效。

3. *律师的有效辩护*

在认罪认罚从宽协商诉讼程序中，律师的充分参与是极其重要的。[①] 只有确保律师的有效辩护，才能在认罪认罚案件的办理过程中确保抗辩之间的对等性，才能真正保障犯罪嫌疑人、被告人的诉讼权利。在“扫黑除恶”斗争中，为了防止“从严从重从快”打击的策略走向偏激的误区一面，对于适用认罪认罚从宽诉讼协商程序的黑恶势力犯罪案件，也要高度重视律师的有效辩护问题。

事实上，《若干规定》对律师辩护代理作出了规定。其第22条与第23条从办案机关与辩护律师的角度充分强调了保障律师依法行使辩护权的精神。而且，第24条还对司法行政机关的指导、监管作出规定，包括加强对敏感、重大的黑社会性质组织犯罪案件律师辩护代理工作的业务指导，指导律师事务所建立健全律师办理黑社会性质组

① 参见樊崇义：《认罪认罚从宽协商程序的独立地位与保障机制》，载《国家检察官学院学报》2018年第1期。

织犯罪案件辩护代理工作的登记、报告、保密、集体讨论、档案管理等制度。同时,《指导意见》着重规定了在办理黑恶势力犯罪案件中的“律师辩护”问题,主要包括:一是规定司法行政机关应当加强对律师办理黑社会性质组织犯罪案件辩护代理工作的指导监督,指导律师事务所建立健全律师办理黑社会性质组织犯罪案件的请示报告、集体研究和检查督导制度。二是办案机关应当依法为保障律师各项诉讼权利代理职责提供便利,防止因妨碍辩护律师依法履行职责对案件办理带来影响。三是严格律师执业纪律,严厉打击执业律师的违规违纪行为,规范扫黑除恶斗争中的律师辩护活动。充分保障律师辩护权与依法监督管理执业律师活动并不冲突,反而二者是辩证统一的关系,律师的有效辩护是确保办案质量的重要措施。

在办理黑恶势力犯罪案件时,公安机关、检察机关以及人民法院都必须严格遵循《指导意见》等法律规定,依法充分保障律师的辩护权,从而确保犯罪嫌疑人、被告人的诉讼权利不受削弱或侵犯。当前,应特别注意以下两点:(1)审判阶段的辩护律师全覆盖。2017 年 11 月,最高人民法院、司法部发布《关于开展刑事案件律师辩护全覆盖试点工作的办法》。其中,第 2 条规定,适用普通程序审理的一审案件、二审案件、按照审判监督程序审理的案件,被告人没有委托辩护人的,人民法院应当通知法律援助机构指派律师为其提供辩护。适用简易程序、速裁程序审理的案件,被告人没有辩护人的,人民法院应当通知法律援助机构派驻的值班律师为其提供法律帮助。在法律援助机构指派的律师或者被告人委托的律师为被告人提供辩护前,被告人及其近亲属可以提出法律帮助请求,人民法院应当通知法律援助机构派驻的值班律师为其提供法律帮助。目前,这场试点活动仅在北京、上海、浙江、安徽、河南、广东、四川、陕西试行。从发展趋势看,有进一步拓展的现实需要。黑恶势力犯罪的人数众多、罪名繁多、事实复杂、证据量大、社会关系交错、职务犯罪牵扯其中等因素决定了其是社会广泛关注的案件。这决定了这类犯罪的刑事诉讼活动需要处理更多元的内外法律关系,为了防止公权力的滥用,维持控辩对抗的均衡性,更需要有效的刑事辩护作为支撑,特别是在审判阶段应当争取实现全覆盖的目标,以确保刑事诉讼的依法进行,积极防止非法取证、冤假错案的发生,保障办案质量。既不冤枉好人,也不放纵任何犯罪分子。(2)要充分重视值班律师的作用。2017 年 8 月,最高人民法院、最高人民检察院、公安部、国家安全部、司法部发布《关于开展法律援助值班律师工作的意见》,旨在充分发挥法律援助值班律师在以审判为中心的刑事诉讼制度改革和认罪认罚从宽制度改革试点中的职能作用。其中,其第 2 条规定了法律援助值班律师应当依法履行的工作职责:解答法律咨询;引导和帮助犯罪嫌疑人、刑事被告人及其近亲属申请法律援助,转交申请材料;在认罪认罚从宽制度改革试点中,为自愿认罪认罚的犯罪嫌疑人、刑事被告人提供法律咨询、程序选择、申请变更强制措施等法律帮助,对检察机关定罪量刑建议提出意见,犯罪嫌疑人签署认罪认罚具结书应当有值班律师在场;对刑讯逼供、非法取证情形代理申诉、控告;承办法律援助机构交办的其他任务。法律援助值班律师不提供出庭辩护服务。从第 2 条的规定看,在认罪认罚从宽协商诉讼程序中，值班律师所承担的工作可以为自愿认罪认罚的犯罪嫌疑人、被告人提供相应的法律帮助。对于黑恶势力犯罪，重视值班律师的法律帮助作用，不仅可以很好地弥补委托辩护、法律援助指派律师辩护“覆盖不足”的问题，间接强化有效辩护的贯彻；同时，值班律师提供的法律帮助，在侦查阶段、审查起诉阶段以及审判阶段都可以为黑恶势力犯罪案件中的犯罪嫌疑人、被告人提供不同程度且类型化的法律服务，有利于更好地贯彻辩护权，有助于确保从严打击犯罪不脱离正义的边界。

挥好信息化利剑：论刑事远程视频审判在扫黑除恶斗争中的应用

利映雅*

引言

2018 年 1 月国务院发出《关于开展扫黑除恶专项斗争的通知》，通知中要求各政法单位要将扫黑除恶专项斗争作为一项重大政治任务，摆到工作全局突出位置。随着扫黑除恶这一斗争的全方面进行，涉黑涉恶类案件不断增加，这对法院如何充分高效利用司法资源提出了挑战。为了提高法院审理该类案件的针对性与实效性，笔者认为可以将扫黑除恶斗争与司法信息化改革结合发展，利用好刑事远程视频审判这柄信息化利剑。因此，本文将从考究远程刑事审判的现状出发，探索其对于审判涉黑涉恶类案件的可行性，并且提出新的制度构建思路，从而指导远程视频技术更好地实现刑事庭审功能，并最终应用于我国的扫黑除恶斗争。

一、由表及里：远程视频审理的应用现状

远程视频审判，是指通过计算机及网络技术建立的声音、视频图像传输通道及终端设备等，使法院审判人员与当事人、诉讼参与人分别在法庭及远程审理点同步完成接待当事人、开庭审理、开庭宣判等审理活动。刑事远程视频审判是司法信息化的前沿阵地，该审判方式可以大大节省司法资源，提升司法效率。为了准确反映远程视频审理的现状，本文随机收集了 G 市中级人民法院和各基层人民法院自 2017 年 12 月以来的 457 个刑事远程视频审理案例进行数据总结，并且选取其中 82 个代表性案例，对其中的庭审情况进行较为深入的分析。另外，本文也通过网络问卷调查的方法，共计收集了 42 名刑事审判人员的意见，其中从事审判业务 5 年以上的占 50%，接触过刑事远程审判模式的占 57.14%。同时本文也考察了全国各地刑事远程视频审理的相关制度规范，旨在全方位地剖析刑事远程视频审理的具体特征与实践情况。

（一）审理范围

远程视频审理在刑事审判中已经得到了较为广泛的适用。在接受调查的法官中，

---

* 广东省广州市从化区人民法院民一庭法官。

有57.14%的刑事法官接触过远程视频审理的模式。同时，远程审理也不仅局限于一审速裁程序等简单案件的审理，在其他程序中均有涉及（见图1）。

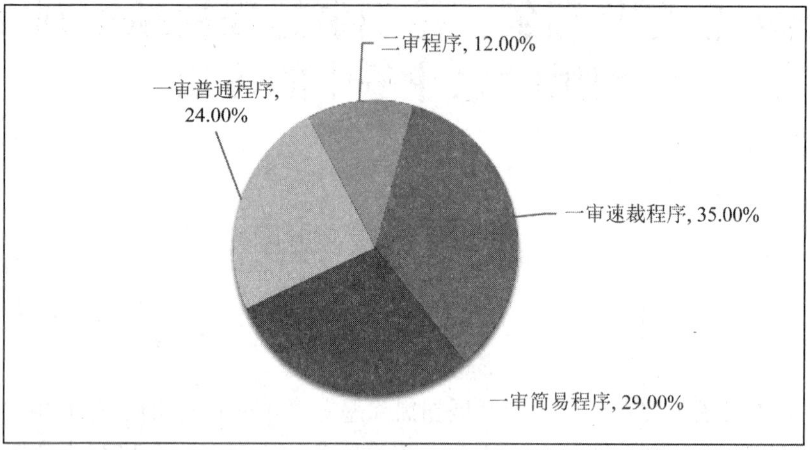

图1　远程视频审理适用的程序

同时，对于刑事远程视频能够审理的案件范围，各地存在着如下规定（见表1）：

表1　远程审理规范一览表

法院	文件	具体规定
最高人民法院	《最高人民法院关于进一步推进案件繁简分流优化司法资源配置的若干意见》	第10条："对于适用简易程序审理的民事、刑事案件，经当事人同意，可以采用远程视频方式开庭……"
S市第一中级人民法院	《案件远程审理工作规则（试行）》	一般适用于刑事二审案件中被告人羁押地所在的辖区法院已设立远程审理系统的案件，而一审案件、新类型和疑难复杂案件等则被排除在远程审判适用范围之外
浙江省N市中级人民法院	《刑事案件远程审判操作规程》	3. 下列刑事案件可以采用远程审判或提审： （1）除案情重大、复杂、被告人数众多的案件一般不适用远程视频审判外，通常均可采用远程视频方式审理。 （2）简易程序审理的案件。 （3）案件宣判。宣判案件的范围不受案件性质、被告人人数及关押场所的限制。 （4）上级法院需要远程视频提审、庭审、宣判的刑事案件。 （5）其他适宜远程审判的刑事案件
广东省G市中级人民法院	《刑事案件远程视频庭审操作规程》	3. 下列情况下，可以采用远程视频审判或提审： （1）被告人、辩护人对一审认定的事实、证据无异议的二审案件； （2）除案情重大、复杂、被告人数众多的案件以外的普通一审案件的宣判； （3）上级法院需要远程视频提审、庭审、宣判的刑事案件； （4）其他适宜远程审判的刑事案件

可以看出，各地规定普遍认为远程审判只能审理一些事实较为清楚、法律关系简单的案件，这种从案件审理难度上的区分角度给扫黑除恶案件适用远程视频审判打下了制度基础。

（二）审理效果

笔者选取了各法院的代表性案例，各案庭审中的视频设备特征与显示情况如下（见表2）：

表2　庭审中的视频设备特征与显示情况

案号	法院	远程视频点	屏幕设备数	法庭屏幕摆放位置	远程视频摄像角度	法庭屏幕分镜情况
(2017) ×01刑初4××号	G市中级人民法院	G市B区看守所	3台	一台置于庭审被告人席位处，朝向审判席。另外两台分别悬挂于辩护人席位与公诉人席位上方，侧朝向旁听席	摄像设备以俯视角度显示被告人半身正面	屏幕分镜固定。全屏幕显示被告人
(2018) ×0104刑初2××号	G市中级人民法院	G市第三看守所	3台	同上	以平视被告人的视角拍摄全身正面	屏幕分镜固定。全屏幕显示被告人
(2018) ×0106刑初9××号	G市T区人民法院	G市T区看守所	2台	两台分别平齐悬挂于辩护人席位与公诉人席位上方	以俯视角度显示被告人全身正面	屏幕分镜不固定。屏幕左上角大部分区域将自动切换为当前陈述者的画面，其他区域分别显示审判席位，辩护人席位，公诉人席位，被告人、旁听席位，证物出示台等情况
(2018) ×0104刑初2××号	G市Y区人民法院	G市Y区看守所	4台	两台置于庭审被告人席位处，分别朝向审判席与旁听席。另外两台分别悬挂于辩护人席位与公诉人席位上方，侧朝向旁听席	以俯视角度显示被告人半身正面	屏幕分镜固定。全屏幕显示被告人的半身正面
(2018) ×0112刑初3××号	G市H区人民法院	G市H区看守所	4台	两台置于庭审被告人席位处，分别朝向审判席与旁听席。另外两台分别悬挂于辩护人席位与公诉人席位上方，侧朝向旁听席	以俯视角度显示被告人半身正面	位于被告人席的屏幕分镜固定，全屏幕显示被告人。其他两个屏幕将自动切换为当前陈述者的画面

在传统的当面审判中，法官能够获得陈述者除陈述内容外的语调、表情、眼神、肢体语言等丰富的“情态证据”。① 而在现有的视频审判模式下，摄像头多以俯视角度拍摄被告人正面，这导致被告人若注视摄像头，则需抬头且无法正视屏幕，但如果注视屏幕，在法庭一端的显示器中被告人陈述时与法官、公诉人或辩护人缺乏眼神交流，因此在视听过程中产生了明显的“对视无力”现象。同时，若屏幕中被告人为全身，其显示的面容仅为屏幕中的很小一部分，即使放大显示半身，由于屏幕大小和清晰度的限制，审判员难以捉摸被告人的神态和表情。因此，类似的情态证据很难被法官察觉，这直接降低了法庭能够调查信息的种类与数量。

在庭审调查方法上，虽然远程视频审判实践中配有“实物展示平台”技术，该技术通过摄像仪拍摄桌面上的文件材料来向各方展示证据，但在实践中存在某些问题。首先，适用频率极低且效果不佳。在 82 起远程审理的刑事案件中，公诉方共举出书证 533 份，平均每案 6.62 份，最多一案为 58 份；公诉方共举出证人证言 211 份，平均每案 2.57 份，最多一案为 11 份。即使书证的出示一般为出示原件或复印件的方式，可通过摄像的方式向法庭、被告人展示，但仅有 12 份书证使用了“实物展示平台”，而证人证言中仅有 1 份通过证人出庭质证，其余证人证言均通过公诉人宣读来出示。其次，证据展示质量不高。由于清晰度不够，对于文字较多的证据材料在屏幕上难以辨识其内容。此外，图像在传输过程中出现的图片失真问题也会影响证据的正确辨识。

各地视频数量与摆放位置的无序体现着庭审布局的杂乱，进而也引起了笔者对于庭审文化的思考。我国刑事庭审经过长年发展，已形成具有恒定性与特定性的庭审文化，其具体的表现形态为：一是各庭审参与者遵守庭审的礼仪与规范；二是庭审的标识、服饰、布局具有一致性。②

法庭的礼仪是庭审文化动态的体现，它是指庭审活动具有一定的仪式性，遵循严格的程式和规则，对于违背法庭礼仪的行为，由审判者进行制止。③ 为了研究远程视频审理的法庭礼仪情况，笔者考察了 82 个案例中所有影响庭审进行的现象并同时记录了审判员相应的处理方法（见表 3）。

表 3　庭审中的法庭礼仪

序号	范畴	案号	现象	处理方式
1	开庭礼仪	（2018） ×01 刑初 × × 号 故意伤害罪	在审判员进入法庭时，法庭一侧的公诉人、辩护人均已起立。但远程视频点的被告人未起立	审判员未发现此行为

① 蔡艺生：《论情态证据的产生与认知原理》，载《河南师范大学学报》（哲学社会科学版）2015 年第 2 期。

② 范登峰：《刑事庭审研究》，法律出版社 2017 年版，第 113 页。

③ 赵雪东、黎小芳、肖娜：《以规范人民法官司法礼仪的视角浅谈司法公信力》，载《法制与社会》2017 年第 5 期。

续表

序号	范畴	案号	现象	处理方式
2	法庭秩序	（2017）×01 刑初 3××号 走私、贩卖、运输、制造毒品罪	在庭审中，在法庭现场，旁听席有人鼓掌	审判员发现此行为，并且予以制止训诫
3	法庭秩序	（2018）×0115 刑初××号 盗窃罪	在庭审进行时，远程视频房间外传来噪音，传入了庭审现场，干扰了法庭问答	审判员发现此行为，但没有纠正
4	法庭秩序	（2017）×01 刑初 5××号 故意伤害罪	在庭审进行时，远程视频房间内不时有人员在摄像设备前走动，挡住了被告人的视像	审判员发现此行为，但没有纠正

不难发现，在远程审理下，对于发生在法庭内部的庭审礼仪问题，审判员可及时发现并予以训诫。但对于远程视频点的一些影响庭审的状况，审判员难以发现或即使发现也缺乏相应的处理。

还应当注意的是，由于绝大部分远程审判点位于各看守所，远程审理中被告人穿着看守所识别服及对被告人使用戒具的现象远高于当面审判（见图 2）。

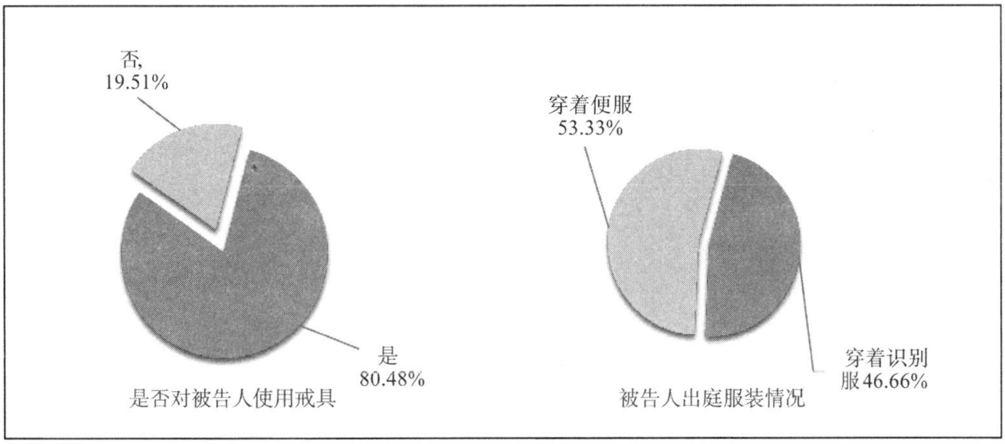

图 2　被告人出庭形象

二、投石问路：刑事远程视频审判在扫黑除恶斗争中的困境分析

（一）涉黑涉恶类案件庭审特点的客观局限

组织、领导、参加黑社会性质组织罪，是指组织、领导以暴力、威胁或者其他手段，有组织地进行违法犯罪活动，称霸一方，为非作恶，欺压、残害群众，严重破坏经济、社会生活秩序的黑社会性质的组织，或者其他参加黑社会组织进行违法犯罪活

动的行为。[①] 而对于涉黑涉恶类案件的审判特点，可以从该类犯罪的认定标准中推得。2002 年 4 月 28 日全国人大常委会公布了《关于〈中华人民共和国刑法〉第二百九十四条第一款的解释》，规定了黑社会性质组织的四项特征，2011 年5 月1 日施行的《刑法修正案（八）》吸收了该四项特征，为此增设了刑法第 294 条第 5 款，规定黑社会性质组织应当同时具备组织特征、经济特征、行为特征、非法控制特征。

因此，涉黑涉恶类案件由于其犯罪具有组织性，在审判中参与庭审的被告人数大多情况下体现为多人。根据国内学者的调查，G 省黑社会性质组织在规模上多为中小型组织，具体见表 4：[②]

表 4　G 省黑社会性质组织规模

	频率	百分比	累计百分比
11 ~ 20 人	11	44. 0	44. 0
21 ~ 30 人	7	28. 0	72. 0
31 ~ 50 人	4	16. 0	88. 0
51 人及以上	3	12. 0	100. 0
总计	25	100. 0	

可以看到，在该学者统计的 25 个黑社会性质组织中，人数为 11 ~ 20 人的组织数量最多，共计 11 个，占到总数的 44%。而据笔者考察，当下运用刑事审判的案例被告人数大多为 1 人，最多的时候不超过 3 人。其实对于被告人数较多的案件，远程视频审理有着独特的优势，如远程视频审理可以将多个看守所的被告人同时进行审判，相对于一般的刑事案件，更节约司法资源。因此要将刑事远程视频审判运用于扫黑除恶的司法实践，必须重新设计刑事远程视频审理的案件范围。

（二）打准打实：守住司法公正的底线

根据十八届四中全会的部署和习近平总书记的重要指示，人民法院审理涉黑案件要与推进以审判为中心的刑事诉讼改革紧密结合，要坚持审判的程序公正与案件裁判的实体公正，要守住司法公正的底线。要在审判过程中坚持“打准打实”的审判原则，即要求审判时认真查明事实，严格区分违法与犯罪、此罪与彼罪、轻罪与重罪，依照刑法第 294 条的规定认真审查黑社会性质组织犯罪诸特征，准确评价涉黑犯罪的社会危害，准确定罪量刑。

然而在现有的远程视频审判实践当中，庭审审理的质量有待提高，现存的主要问题有：一是审判技巧的缺失。具体体现为陈述者的语调、表情、眼神、肢体语言等“情态证据”难以获取。正如一些学者所指出，听被告人当庭讲，让证人走进法庭说，

---

① 周光权：《黑社会性质组织非法控制特征的认定——兼及黑社会性质组织与恶势力团伙的区分》，载《中国刑事法杂志》2018 年第 3 期。

② 图表来源：张翔、李康震：《广东省黑社会性质组织犯罪实证调查研究——基于已判刑的 25 个黑社会性质组织的考察》，载《江西警察学院学报》2018 年第 3 期。

才能将笔录这类“死的信息”予以激活，才能够把卷宗这种“第二手材料”变为“第一手材料”，从而使法官在中立的态度下感知事实和证据，形成心证。[①] 在司法实践中也有不少法官重视对庭审技巧的培养，形成了庭审“望闻问切”等技巧。[②] 这些技巧是法官驾驭庭审、查清案件事实、防范冤假错案的重要保障。问卷调查结果显示，被告人的神情与肢体语言一直是刑事庭审审理中审判者所看重的信息（见图3）。然而，在现有的视频审判模式下，类似的情态证据很难被法官察觉，这便无形之中降低了远程陈述者在法官内心的可信程度。当庭审的技巧被仅仅局限于“听审”，甚至由于设备问题使陈述内容断断续续时，庭审可获得的信息便大大减少，这在一定程度上解释了问卷调查中高达87.5%的刑事审判者认为在远程审理的模式下，法庭基于庭审调查获取准确案情的能力有所下降的原因。

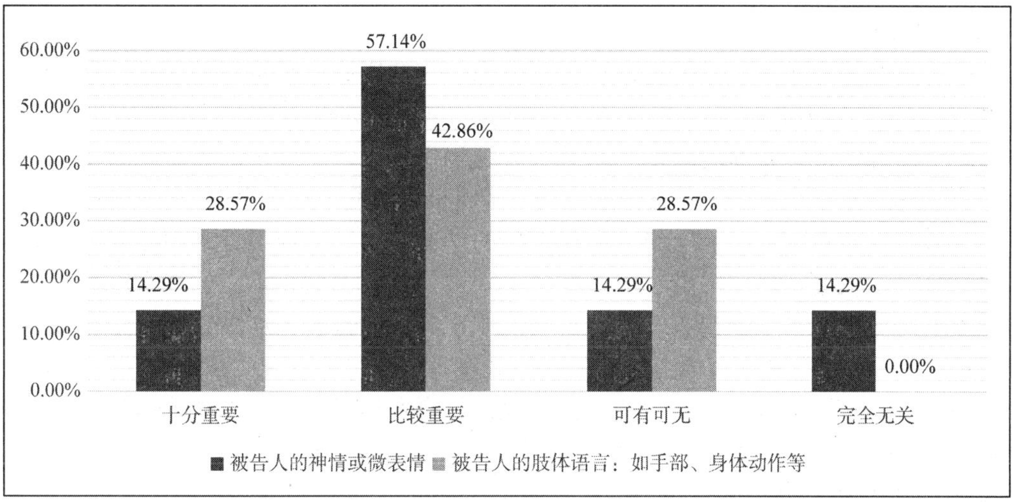

图3 在刑事庭审过程中，认为该信息对于审理案件的重要性程度

二是无法满足庭审的质证需要。根据1998年发布的最高人民法院《关于执行〈中华人民共和国刑事诉讼法〉若干问题的解释》第58条的规定，证据必须经过当庭出示、辨认、质证等法庭调查程序查证属实，否则不能作为定案的根据。而在远程审理这一模式下，证据的出示、辨认环节受到很大的限制，可以看到，目前远程视频审理中证据的出示仅有两种，一是通过宣读证据材料；二是通过“实物展示平台”技术展示给远程被告人。这两种证据的出示、辨认方法存在很大的局限性，特别是当公诉人作为远程视频者的时候，通过视频展示的证据不仅不利于被告人辨认，同时也使法庭难以确定其真实性。目前一些法院正在倡导逐步改变以照片出示代替物证展示的法庭

① 荣延平：《刑事审判中的卷宗与庭审》，载《人民法院报》2015年第2版。
② 王俊：《法官庭审的“望闻问切”》，载《人民法院报》2013年8月12日。

举证质证方式。[①] 对关键的物证或控辩双方存在争议的物证，要求公诉人或侦查机关直接在法庭上出示物证原物，由控辩双方直接进行质证，这样有利于法官更加准确、直观地认定物证的可采性。但现阶段远程视频审理中的质证能力无法让远程一方仔细辨认，因此很难满足实物证据类型的质证要求。

（三）社会效果：远程视频庭审的礼仪

根据《关于开展扫黑除恶专项斗争的通知》的相关精神，在扫黑除恶的攻坚战当中，相关政法工作要特别注重扫黑除恶的舆论效果。正如通知明确强调，要“坚持严格依法办案，确保办案质量和办案效率的统一，确保政治效果、法律效果和社会效果的统一”。而在审理涉黑涉恶案件过程中，庭审氛围的营造、庭审文化的传播，直接关系到案件参与者、旁观者对于法庭严肃性的认知，关系到法庭的教育、指引功能的实现，关系到法庭审理的社会效果。但法庭审理的社会效果在远程视频审判中受到了不同程度的影响。

首先在庭审规范上，远程庭审过程中出现独特的影响庭审进行的事项，如远程视频点的噪音与遮挡摄像头的行为。由于这种行为出现在远程视频一端，难以有效控制。根据调查显示，62.5%的刑事审判人员认为远程视频中对于庭审的支配能力下降。而法官作为庭审秩序的维护者，支配能力的下降将会影响庭审的有序性。

其次是法庭的空间布局受到了远程审判的冲击。传统的刑事审判中庭审的空间布局为：正上方高悬庄严的国徽；暗红色的审判台位于国徽的正下方，刑事审判中的辩护人席位于审判台的前两侧，整体而言略低于审判席。被告人席处于法官正对面，靠近旁观席。[②] 可见我国庭审的空间布局在法庭装潢、座位摆放方面都是有独特要求的。法院建筑、法庭布局被视为物化的法治文化，具有宣扬正义、公平等价值理念和传播文化的作用。[③] 而远程审判点在实践中却装潢杂乱，布置不统一，这导致远程审判点将很难形成庄严肃穆的氛围。

现代司法文明也存在被忽略的风险。我国对于被告人出庭的服饰、是否使用戒具有着专门的规定，如最高人民法院发布的《关于全面深化人民法院改革的意见》第11条规定，禁止让刑事在押被告人或上诉人穿着识别服、马甲、囚服等具有监管机构标识的服装出庭受审。《人民法院法庭规则》第13条规定，刑事在押被告人或上诉人出庭受审时，着正装或便装，不着监管机构的识别服。人民法院在庭审活动中不得对被告人或上诉人使用戒具，但认为其人身危害性大，可能危害法庭安全的除外。受审人的外在形象深层地反映出国家对于被告人的无罪推定、疑罪从无的审判态度。[④] 而在相关调查中，超半数刑事远程审判案件的被告人穿着看守所识别服出庭，八成案件中对被告人使用了戒具。当被告人处于看守所，其对于法庭的安全危害性大大降低，戒具

① 刘强：《广州中院改革质证方式：审命案搬来自行车作证》，载新华网，2016年4月25日访问。

② 中共中央政法委员会《关于实施修改后的刑事诉讼法几个问题的通知》第1条。

③ 张维：《物化的法治文化研究——以法院建筑为例的研究综述》，载《法制与社会》2016年第4期。

④ 张保生：《司法文明指数是一种法治评估工具》，载《证据与科学》2015年第1期。

的大范围使用显然不符合我国司法文明的精神。

三、扫黑除恶背景下刑事远程视频的进路探究

（一）构建合法性基础：明确远程视频审理的范围

目前远程视频的适用范围均是案情是否复杂、事实是否有异议等，但该判断标准过于模糊，同时不少规范留有诸如“其他适宜远程审判的刑事案件”等条款。笔者认为，要将远程视频审理适用于扫黑除恶斗争，应当既考虑远程审理的局限性，同时兼顾与扫黑除恶案件特点的结合。

首先，扫黑除恶案件的特点是被告人具有组织性，因此人数较多，同时可能被关押在不同的看守所，因此在远程视频实践制度设计上，适用远程视频审理的标准应关注证据本身，而非被告人人数这种形式化的标准。同时在设备统筹上，兼顾多个看守所与法院的信息联动，实现多个看守所的不同被告人能够同时进行远程审理。

其次，要解决远程视频审理的局限性。在远程视频庭审中法官难以捕捉陈述人的眼神、表情等情态证据，这使得当事人陈述效果难以达到当面审理水平。同时视像媒介无法满足所有证据的出示、辨识要求，通过“证据展示台”拍摄证据的手段不能立体地展示物证等证据。因此适用远程视频时应当：一是考虑客观证据是否充分，能否形成足够的证据链，进而判断当事人的陈述是否仅起到辅助判断作用；二是考虑证据的种类是否适合通过摄像来出示。只有当以上两个条件同时满足时，案件的审理才能契合远程视频的方式，同时也避免了庭审的形式化。

（二）注重庭审社会效果：建构统一的视频庭审标准

1. 统一的技术标准

各法院远程视频审理的技术标准应该统一。当下远程视频庭审时视像显示设备的数量、大小、摆放位置、屏幕的分镜都存在着较大的任意性，这些技术标准直接关系到庭审各主体的视听能力，在一定程度上影响到视频审理的效果。在法国，司法学界从视像导演学的角度讨论了不同的视频分镜会产生不同的心理暗示，如从远到近的镜头效果会使人注意力突然集中同时产生陈述人更加可信的视觉效果。① 虽然我国的远程视频庭审中采用的是非人为操控视频设备，显示的分镜也是固定不变的，但随着远程视频技术在刑事审判中运用程度的不断加深，应当注意类似的技术标准将直接影响到审判人员的听审甚至内心判断。荷兰专门颁布的统一的远程视频审理技术规范，对能够影响交流体验的各项标准如屏幕质量、屏幕位置、摄像头视角甚至焦距大小等进行了详细的规定。② 我国应该尽快建立起统一的视频审理相关技术规范，如为了解决当下视频审判中存在的“对视无力”问题，可要求必须在显示器上方安装摄像头的方式来解决。技术标准的出台能够在技术层面保障庭审质量，从而切实有效地保护被告人的

---

① Licoppe. C，Video Communicationand “camera actions” The production of wide video shots in courtrooms with remote defendants，Journal of Pragmatics，Vol. 76，PP. 117－134.

② Jamie Young，A Virtual Day In Court，Design Thinking& Virtual Courts，December 2011.

诉讼权利。

2. 坚守庭审的文化：统一庭审礼仪

远程审理时庭审礼仪应与当面审理一致。庭审礼仪是庭审文化的具体表现，它直接塑造了庭审的严肃性与感召性，使庭审具有公平与正义的外在形式，这样法庭作出的判决更容易得到被告人的尊重与服从，进而法院作出的审判能得到社会的认可与信任。[①] 因此，一是需要重视远程审理中庭审规则与庭审文化的一致性，可规定在远程视频一端配备司法警察或者其他审判辅助人员，若发生影响庭审正常进行的事项，远程配备人员应依照法官的指令来维持法庭秩序。二是远程视频所在房间的建筑与装潢设计标准应与法院法庭的设计一致。用物化可见的形式来传播法治文化，宣扬法治理念。三是要严格遵守法庭的仪式规范，如开庭仪式、各主体服饰规范等，使各远程视频参与者感受到庄严肃穆的庭审氛围。

（三）人文关切：优化远程视频审理程序

1. 引入告知的机制：健全程序的启动

各地刑事远程视频的细则无一例外地规定进行远程视频审理应征得被告人的同意。这一设计体现了我国对于被告人的刑事程序选择权利的尊重。但在实践中，绝大部分被告人仅因为远程审理可以免去押送过程中的辛苦劳累便选择同意，致使这种同意下的启动程序流于形式。出现此现象的深层原因在于被告人对于视像媒介的认识程度不够，没有意识到远程视频审理的客观限制和这种客观局限性将会对自己的诉讼权利造成何种影响，如远程视频审理中情态证据不能有效传达、举证方式的种类受到限制。这种缺乏认知下的同意存在着司法风险：一是被告人的诉讼权利得不到实质保护，出现程序瑕疵；二是容易使被告人在远程视频审理过程中反悔，造成司法资源的浪费。因此告知被告人远程视频审理的局限性十分有必要。

要做到有效告知，笔者认为首先可以借鉴我国司法工作中相关启动简易程序的现有经验。在适用简易程序审理时，人民法院均会向被告人送达《适用简易程序告知书》，告知书的内容包括简易程序的适用条件、审查期限、审查程序、诉讼权利和法律后果等。在远程视频审理中可以借鉴使用告知书的方式，向被告人送达《远程视频审理告知书》，告知被告人远程视频审理的形式、程序与诉讼权利。其次，我国正在推行看守所值班律师法律帮助制度，可以结合该项制度的建设，扩大值班律师的法律帮助范围，通过值班律师向被告人详细阐述远程视频审理的异同，充分听取被告人的意见，使被告人对远程视频审判形成全面的媒介认识。

2. 打通选择媒介的渠道：完善程序的变更

程序的变更权，是指在程序进行过程中，出于对某些因素的考虑，认为当前所适用的程序将会造成不利影响，变更所适用程序的权利。[②] 目前远程视频审理中程序的变

---

① “人民法院文化建设研究”课题组：《法院文化建设的司法取向及其实现》，载《中国法学》2014 年第 6 期。

② 万毅：《刑事诉讼权利的类型分析——以分析实证主义法学为视角》，载《政法论坛》2014 年第 2 期。

更权均为法官所掌握，能够变更的情形也十分有限，广州市与宁波市均对何时能变更远程审理的模式有所提及，并且相关条款均相同：一是被告人如对所出示证据的真实性提出重大异议，或要求提交新证据，或对案件事实提出较大分歧，或被告人当庭否认罪行等情形，应由合议庭决定或报庭长决定中止远程庭审。二是发生信号中断、延迟，当事人因故障而提出异议，有异议的审理内容应重新进行相应的审理程序；故障不能及时排除时，承办人应立即电话通知法警告知被告人改期审理。

笔者认为，当前远程视频审理程序的变更条件过于严格。庭审是动态的过程，现有规定中被告人提出重大异议、否认罪行与庭审出现设备故障等条件并不能全面涵盖，应当转为当面审理的情况。因此，应当完善远程审判的变更程序，当出现任何影响庭审效果的事项时，应允许审判员变更远程审判模式，方能充分保障被告人诉讼权利的实现，同时也能保障在扫黑除恶斗争中，司法工作既可以高效又能高质量地完成。

结语

从打黑除恶到扫黑除恶，虽然只有一字之差，含义却完全不同。“打黑”是从社会治安的角度进行社会治理。而“扫黑”则是从维护国家长治久安的角度，在更大范围内，更全面、更深入地扫除黑恶势力。在司法领域，扫黑除恶的斗争不应该是孤立的，它可以与各项司法改革措施同步推进，用好刑事远程视频技术这柄司法信息化的利器，能够确保扫黑除恶斗争案件的审理质量与审理效率，确保政治效果、法律效果和社会效果的统一。

以审判为中心背景下的扫黑除恶检察工作机制创新研究

刘新义*

党的十八届四中全会通过的《关于全面推进依法治国若干重大问题的决定》（以下简称《决定》）提出“推进以审判为中心的诉讼制度改革”的目标，从而正式确立了以审判为中心的诉讼制度改革的宏观政策设计，这既是对刑事司法规律的科学回归及刑事司法内在要求的有效回应，也是刑事诉讼制度改革和发展的根本方向。2016 年 6 月 27 日，中央全面深化改革领导小组第二十五次会议通过了《关于推进以审判为中心的刑事诉讼制度改革的意见》（以下简称《意见》），按照各机关在刑事诉讼中的法定职能，明晰了诉讼制度改革的方向和任务。

推进刑事诉讼制度改革，是在近年来冤假错案频繁“曝光”的背景下，党中央着力推进的一项重大改革战略。长期以来，我国在刑事司法领域事实上形成了“以侦查为中心”的诉讼模式，在“有罪推定”思维和追求破案率等“政绩”的驱使下，案件“带病”移送、起诉、审判的不在少数，刑事诉讼法学理论界和司法实务界都渴望并呼吁改革刑事诉讼制度。可以说，推进以审判为中心的诉讼制度改革是众望所归。

一、推进以审判为中心的诉讼制度改革的背景及意义

以审判为中心，就是在刑事诉讼的“侦查—起诉—审判”三个阶段中，要依法保障审判程序的最终裁决地位。侦查、起诉等审前程序都是作为审判程序的准备阶段而存在的，法官在审判程序特别是庭审中直接听取控辩双方的意见，依据刑事法律和裁判规则，依法独立作出最终裁判。简言之，以审判为中心就是通过实现庭审实质化，最终提高审判质量。

（一）推进以审判为中心的诉讼制度改革的背景

准确把握以审判为中心的诉讼制度改革提出的背景，是理解以审判为中心及推进该项改革的基础和前提。在我国长期的刑事司法实践中，事实上形成了侦查决定起诉、起诉决定审判的“侦查中心主义”诉讼模式，侦查、检察、审判三机关在刑事诉讼中“分工负责、互相配合、互相制约”的基本原则，在司法实践中出现“扭曲、失真”，

---

* 河南省汝州市人民检察院党组书记，检察长。

导致“配合有余、制约不足、侦查独大”的“畸形局面”，以至于社会上出现了“公安造案、检察院照办、法院宣判”、“公安做饭、检察院端饭、法院吃饭”等形象化、戏谑式的表述。

在“侦查中心主义”诉讼模式下，法院作出裁判决定时，基本上是“抄袭”检察机关的起诉书，有的判决书与起诉书几乎一字不差；而检察机关的起诉书基本上是从“抄袭”公安机关的起诉意见书而来。由此可见，公安机关在刑事诉讼中居于“核心地位”。侦查机关“一家独大”对司法公正和司法公信力造成了严重损害，佘祥林案、杜培武案、呼格吉勒图案、张氏叔侄案等一系列冤假错案，皆是由于公安机关在侦查过程中，采取威胁、引诱、刑讯逼供等非法取证手段，故意让存在瑕疵的证据堂而皇之地进入审查起诉阶段和审判阶段，从源头上污染了水质。正是由于事实上的“以侦查为中心”，导致本应进行定罪量刑的法院庭审程序虚化，彻底沦为“走过场”，刑事诉讼过程呈现出“一步错、步步错、错到底”的局面。伴随着冤假错案频繁“曝光”，推进以审判为中心的诉讼制度改革成为刑事诉讼理论界和司法实务界的共同心声。习近平总书记在《关于〈中共中央关于全面推进依法治国若干重大问题的决定〉的说明》（以下简称《说明》）中指出，“推进以审判为中心的诉讼制度改革，目的是促使办案人员树立办案必须经得起法律检验的理念，确保侦查、审查起诉的案件事实证据经得起法律检验，保证庭审在查明事实、认定证据、保护诉权、公正裁判中发挥决定性作用”。

（二）推进以审判为中心的诉讼制度改革的重要意义

诉讼制度改革是对“以侦查为中心”的反思，有利于纠正其诸多弊端。在我国刑事诉讼“侦查—起诉—审判”三个阶段中，早已形成了“以侦查为中心”的刑事司法格局。有学者认为，我国当前的刑事诉讼结构是一个“葫芦形”结构：侦查阶段的各项侦查活动是这个葫芦最为膨胀的底端；审判阶段的活动则是葫芦上部的膨胀部分，但是这个膨胀的部分相对于侦查活动而言则要小得多；介于侦查活动和审判活动之间的检察机关的审查起诉活动则是葫芦的“细腰”，起着“承上启下”的过渡作用。这个比喻形象、贴切地指出了我国当前刑事诉讼的格局。在“以侦查为中心”的诉讼构造下，审查起诉程序、审判程序成为对侦查成果（事实和证据材料）的“质检”过程，而且大多时候是“绿色通道”，是“免检”的。如此一来，公检法三机关切实坚守了“相互配合”原则，却忽视了“相互制约”原则，导致庭审过程虚置、刑事诉讼效果不理想等问题。由于侦查机关事实上主导了刑事诉讼走向，导致冤假错案频繁发生，学界和公众对改变当前刑事诉讼体制的意愿越加强烈。从《决定》及其《说明》和《意见》的表述来看，推进刑事诉讼制度改革的目的就是要扭转“以侦查为中心”的弊端，回归“以审判为中心”的合理诉讼构造。

诉讼制度改革是对司法规律的理性回归，有利于贯彻刑事诉讼法的规定。现代刑事诉讼制度将刑事诉讼过程划分为“侦查—起诉—审判”三个阶段，目的即是要求三机关各负其责，由专业部门和人员做专业的事。刑事诉讼法第 12 条规定：“未经人民法院依法判决，对任何人都不得确定有罪。”由此可见，“未经审判，不得定罪”是审判程序的核心价值所在。审判程序具有最终裁决的性质，裁决只能由审判机关依法作出。推进刑事诉讼制度改革，是现代刑事司法制度的题中之义，也是全面依法治国的基本属性，更是对刑事司法规律的终极回归。

诉讼制度改革是对全面依法治国的呼应，有利于贯彻刑事诉讼基本原则。刑事司法关乎公民人身自由、财产安全等基本权利，而世界各国当代刑事诉讼法律也普遍确认了无罪推定、证据裁判、程序正义等基本原则。“无罪推定”是现代刑事司法理念的基本要求之一。贯彻这一要求，就要摒弃传统的司法理念，抛弃重打击、轻保护等司法观念，在依法惩治犯罪的同时，更要强化人权保障意识，既要让有罪的人受到公正审判、法律制裁，更要让无罪的人免受刑罚追究、得到保护。还必须贯彻证据裁判规则，一方面，要重视调查研究，不轻信口供，依法收集、固定、保存、审查、运用证据，确保形成科学严密的证据链条，为指控犯罪打下基础；另一方面，要坚决排除非法证据，认定案件事实必须以经过法定程序查证属实的证据作为根据，防止“带病”案件进入审判程序。程序正义也是刑事诉讼必须坚持的原则，在侦查、起诉、审判各个环节，必须严格执行刑事诉讼法及其司法解释的规定，确保程序正当，防止侦查权、公诉权以及其他公权力对审判权的不当干预。

二、以审判为中心对扫黑除恶检察工作的挑战

2018 年 1 月，中共中央、国务院发出《关于开展扫黑除恶专项斗争的通知》（以下简称《通知》），决定在全国开展扫黑除恶专项斗争。这是党和政府审时度势，在全面建成小康社会的决胜阶段、中国特色社会主义进入新时代的关键时期作出的一项重大部署，是坚持以人民为中心，保障和提升人民群众获得感、幸福感、安全感的必然要求，也是巩固党的执政根基，维护社会稳定的切实举措，具有重大的现实意义和历史意义。

扫黑除恶检察工作，即检察机关在涉黑涉恶案件刑事诉讼中承担的职能。一方面，承担对涉黑涉恶案件刑事诉讼自立案阶段至执行阶段的全流程诉讼监督职能。另一方面，承担受理移送审查起诉的涉黑涉恶案件、提起公诉、出庭支持公诉等刑事指控职能。以审判为中心的司法制度改革，在为检察机关创新扫黑除恶检察工作机制、提高诉讼效率创造机遇的同时，更提出了诸多新的挑战。当前，扫黑除恶检察工作中还存在着与以审判为中心不相匹配和不相适应的一些问题，成为推进以审判为中心诉讼制度改革的“绊脚石”。

（一）传统刑事司法理念的桎梏

以审判为中心的诉讼制度改革，要求司法人员树立现代刑事司法理念，在案件办理和诉讼过程中充分体现公平正义原则，强化人权保障理念，贯彻证据裁判规则，树立程序正义意识，贯彻“疑罪从无”理念。而传统刑事司法理念以“有罪推定”为核心，重视发挥打击、追诉犯罪等指控职能，对犯罪嫌疑人的合法权益保护力度较小，

而且坚持实体优先、程序次之。虽然自我国刑事诉讼法1996年进行修订以来，刑事司法理念有所更新和进步，但是，不论是侦查机关，还是检察机关、审判机关，传统刑事司法理念仍根深蒂固，并未得到彻底转变，部分司法人员尚未完全树立人权意识、程序意识、证据意识、时效意识和监督意识，在一定程度上还存在着刑讯逼供、暴力取证、选择性司法等问题。比如，就检察机关公诉职能而言，其重要职责是指控犯罪，因此公诉人所从事的出庭支持起诉等活动具有鲜明的“社会利益保护者”的角色特征。检察机关公诉人长期在这种意识的熏陶下，出于保护国家、社会和他人合法利益的职业责任感，更倾向于完成控诉犯罪、追诉犯罪的任务，而不是保护被告人的合法权益。因此，有人戏称检察机关公诉人为“圣斗士”。

当前，在全面推进依法治国、深化司法改革和深化以审判为中心刑事诉讼制度改革的背景下，检察机关办理涉黑涉恶案件必须摒弃传统的刑事司法理念，以“让人民群众在每一个司法案件中感受到公平正义”为最高目标，坚决避免浙江张氏叔侄案、内蒙古呼格吉勒图案等冤假错案的再次发生。如果依旧保持“有罪推定”的思维，就难以适应以审判为中心的诉讼制度改革的节奏，无法正确发挥检察机关的法定监督职责，导致冤假错案继续“登堂入室”，进入审判环节，其后果不堪设想。

（二）审前程序中侦、捕、诉关系错位

长期以来，由于侦查职能的强大优势，在我国刑事司法实践中，事实上形成了“以侦查为中心”的现实状况。在“侦查—起诉—审判”三个阶段中，侦查处于刑事诉讼的起始阶段，侦查职能的行使在很大程度上“决定着”检察机关公诉职能的发挥，检察机关对侦查机关及其侦查活动的监督乏力，检察权对侦查权的制约作用难以发挥，侦查和起诉质量难免受到影响。

在我国司法实践中，检察机关侦查监督部门和公诉部门都面临着严峻的考验。一方面，侦查监督部门负责审查逮捕职能，批捕率长期高位运行是目前批捕环节最突出的问题。究其原因，一是考核机制中对“不批捕率”的严格控制；二是担心作出不批捕决定会影响检警关系；三是防止犯罪嫌疑人出逃等状况，以免影响诉讼程序正常进行；四是担心群众误解检察机关的不批捕行为。因此仍按照“构罪即捕”的观念，只要不存在可以作出不批捕决定的因素，往往都是“一捕了之”。另一方面，在公诉环节也存在问题。近两年检察机关撤回起诉率攀升，有很大一部分案件是因为证据方面存在问题，而公诉部门出于维护检警关系的考虑，为公安机关开通“绿色通道”，刑事犯罪案件基本上“能移尽移、可诉即诉”，导致一些检察机关在法院拟作出无罪判决时不得不撤回起诉。

由以上分析可见，在刑事诉讼审前程序中，侦捕、侦诉之间的配合远大于制约，检察机关对侦查活动的监督作用未能有效发挥，对公安机关的侦查活动制约极为有限。在以审判为中心的背景下，倘若侦查机关在涉黑涉恶案件侦查活动中依旧按照传统办案思维“我行我素”，不主动转变思维、适应改革，案件质量没有有效改观，可能存在“瑕疵”；与此同时，法院对证据的要求和定罪量刑标准的把握越来越严格。夹在中间的检察机关应如何作为，值得检察机关和检察人员深思。

（三）司法实践中的证据审查模式存在缺陷

我国当前的刑事证明标准为“证据确实、充分”。在司法实践中，传统的证据审查模式是“以案卷为中心”的“坐堂阅卷办案”模式。这一模式的操作方式是一种“纯粹”的书面审查，检察官在接到案卷材料后，内心首先树立了一个“信念”：侦查机关的取证程序都是合法进行的，获取的证据都是真实可信的，可以作为定案的证据使用。在这一先入为主的“信念”驱使下，检察官“终于”可以坐下来安心阅卷，通过查找分析证据材料的“一致之处”，实现案件事实和证据材料的相互印证，最终确认是否达到起诉标准。

这种审查模式的优势是可以对卷宗和证据材料进行全面审查，通过对证据的逐一分析，准确把握证据链条上的“瑕疵”，进而采取向侦查机关发送《补充侦查通知书》等形式，要求侦查机关补强证据，从而使案件迅速达到起诉条件。但是，这种审查模式也有其弊端。随着近年来一系列冤假错案接连被披露，侦查机关的传统办案模式特别是取证模式也不断被曝光。为追求“破案率”，侦查机关需要快速获取证据，在此背景下，“口供”即犯罪嫌疑人供述就成为侦查机关需要突破的重点。一旦获取口供，侦查机关就会顺势收集物证、书证等证据，最终实现证据链条的完善、衔接和相互印证。众所周知，近年来曝光的浙江张氏叔侄案、内蒙古呼格吉勒图案等冤假错案均是按照这一“套路”，通过“精心布局和包装”办成的“经典案例”。

简言之，“以案卷为中心”的证据审查模式，检察人员缺乏对案件的“亲历性”。而未亲历侦查的调查取证、固定证据等环节，检察人员如果缺少充足的依据形成内心确信，从审查批捕、审查起诉到出庭支持公诉乃至法院判决，内心都是“煎熬的过程”，庭审中一旦出现此前未曾提及的新证据、新证人、新辩解，难免“手忙脚乱”、“不知所措”，给支持起诉造成困难。与此同时，在以审判为中心的背景下，庭审结果将成为法官进行裁判的依据，检察机关公诉人是无法预测和掌控案件判决结果的。因此，检察机关在涉黑涉恶案件刑事诉讼中，如果仅仅依靠侦查机关移送的卷宗就作出批捕或起诉决定，很可能陷入“经典案件”的“陷阱”，成为冤假错案的“推手”。因此，检察机关在审查案卷时，应更加注重审查与核实同步推进，全面听取各方意见，特别是对重大、疑难、复杂案件更要做到全面审查、及时提审，纠正侦查机关的违法行为、证据缺陷等问题。

（四）庭前会议制度不完善

“庭前会议制度”正式由理论走向司法实践，是修改后的刑事诉讼法的一个亮点。建立庭前会议制度有以下优势：（1）有利于保障被告人的诉讼权利。刑事诉讼法规定了刑事诉讼案件“全卷移送”的原则，如果召开庭前会议，辩方就有权查阅全部卷宗材料和证据材料，可以有效避免因为案件信息不对称造成的诉讼失衡、庭审不公平等问题，有利于实现控辩双方的诉权平等。（2）有利于实现诉讼程序的公正。庭前会议相当于起诉和审判程序之间的“中间程序”，控辩双方可以就程序性问题进行充分了解，并发表自己的意见、听取对方的意见，确保刑事诉讼程序的公平公正，可以为控辩式刑事庭审的顺利进行打下基础。（3）有利于提高诉讼效率。通过召开庭前会议，将控辩双方存在争议的证据、证人和事实进行调查、辩论，可以有效找准争议的焦点，还可以对控辩双方无异议的证据和事实进行确认，可以有效提高诉讼效率，缓解司法机关案多人少的矛盾。（4）有利于提升公诉质效。通过庭前会议，公诉人可以更加充分和有针对性地做好庭审准备工作。在庭审中，可以将控辩双方存在争议的证据和事实作为法庭调查的重点事项，公诉人可以将主要精力集中于对有争议的证据进行质证，对庭前会议上双方确认的证据只要简要地出示即可，可以减少公诉人的工作量，提高公诉质效，有利于更好地履行公诉职责。

虽然庭前会议具有理论上的诸多优势，但是该制度在实施中仍存在较多盲区和争议，给扫黑除恶检察工作带来严峻挑战。具体体现为：庭前会议的功能定位不清晰。根据现行法律法规和司法解释，庭前会议主要解决管辖、回避、非法证据排除等程序性问题。目前，刑事诉讼法学界和司法实务界对刑事诉讼法第 182 条第 2 款规定的“与审判相关的问题”这一兜底性质的规定如何理解上存在较大争议。争议的焦点是庭前会议能否解决实体性问题。由于尚无定论，导致公诉部门难以准确把握庭前会议的重点；庭前会议产生的文件未被赋予法律效力。根据刑事诉讼法的规定，庭前会议的功能为“了解情况，听取意见”。如此规定，导致庭前会议适用价值大打折扣，难以在刑事诉讼中起到实实在在的作用，那么刑事诉讼法的相关规定也变得“惨白无力”、毫无价值。

（五）检察人员出庭支持公诉能力不足

以审判为中心要求实现庭审的公正化和实质化。要实现庭审公正化，就要夯实控辩平等这一基础和前提，通过依法规制控方权力和保护辩方诉讼权利，实现控辩双方平等理性地进行对话。要实现庭审实质化，则要确保控辩双方的意见得到充分有效的表达，避免庭审“走过场”的局面，使法庭获得全面对称的信息。实现庭审公正化和实质化的根本路径是在庭审中贯彻直接言词原则，这将使庭审活动变得更加具有不可预测性和对抗性。

以审判为中心要求举证、质证、辩论都要在法庭上进行，这对公诉人的法庭辩论技巧、应变技巧等出庭支持公诉能力提出诸多新挑战。然而，当前我国公诉人的整体素质尚难以满足以审判为中心的要求。有的公诉人对案件所涉法律知识、案件案情和证据体系难以全面掌握、熟练运用，对辩护人提出的质疑和新的辩论点难以有效判断其真伪，不能及时进行应对；有的公诉人对有些案件的事实部分和证据部分存在不确认的地方或者“瑕疵”之处，举证时避重就轻、投鼠忌器；有的公诉人支持公诉能力不足，庭审技巧不熟练，在法庭上不能充分展示检察官的良好形象，不能做到及时出手应对；有的公诉人自囿于司法理性之说，对辩护人的无理辩解不愿进行反驳，其实是没有原则的让步，给人以“不作为”的形象；有的公诉人庭前准备工作不充分，对辩方可能提出的问题或者案件本身存在的问题无法及时回应，导致方寸大乱。由此可见，如何快速、全面提升检察机关公诉人的出庭支持公诉能力，是以审判为中心背景下的扫黑除恶检察工作亟须解决的重大而现实的问题之一。

三、以审判为中心背景下的扫黑除恶检察工作机制创新

检察机关要应对以审判为中心的诉讼制度改革对扫黑除恶检察工作带来的各种新挑战，就必须积极转变司法理念，以现代刑事司法理念为指导，积极构建以检察为主导的诉前程序，完善介入侦查引导取证、诉前过滤等制度；积极应对庭审实质化，完善庭前准备工作、庭前会议制度、证人鉴定人出庭制度、提升公诉人支持公诉能力等；积极健全检察监督机制，加强对侦查活动监督、强制性侦查措施监督，完善退回补充侦查制度、审判监督制度、刑事执行监督制度等，确保检察监督、支持起诉的案件经得起法律的检验。具体而言，要实现以审判为中心背景下的扫黑除恶检察工作机制创新，应抓好以下几个方面的工作：

（一）树立现代刑事司法理念

以审判为中心背景下，检察人员办理涉黑涉恶案件，应破除传统司法理念的桎梏，以现代司法理念引领司法行为，做司法公正的守护者。

1. 树立“审判”是刑事诉讼中心程序的理念

检察机关办理涉黑涉恶案件，要摒弃以往在司法实践中形成的事实上的“以侦查为中心”理念，要准确理解和把握以审判为中心的内涵，在司法办案中要严格遵守司法程序和法律规定，按照裁判的要求和标准收集、固定、审查、运用证据，做到犯罪事实清楚，证据确实、充分，认定的事实、证据和案件性质都要自觉接受法庭的审查和法律的检验，维护司法权威和司法公信力。

2. 树立以“公平正义”为核心价值的现代刑事司法理念

习近平总书记指出，“要努力让人民群众在每一个司法案件中都感受到公平正义”。检察机关在办理涉黑涉恶案件时务必遵循“公平正义”的总要求，牢固树立人权保障、程序公正、无罪推定、证据裁判等现代司法理念，坚持客观全面审查事实和证据，既要审查犯罪嫌疑人“有罪”和“罪重”的事实和证据，也要审查犯罪嫌疑人“无罪”和“罪轻”的事实和证据，避免受“有罪推定”等先入为主的传统司法理念影响。如果在审查中发现指控犯罪嫌疑人的材料中确实存在“瑕疵”，要及时要求侦查机关补充侦查，补强有关证据；如果确无证据证明犯罪嫌疑人实施了犯罪行为，应严格遵从“疑罪从无”理念，客观公正地处理，做到不枉不纵。

3. 树立刑事司法“换位思考”理念

检察人员在办理涉黑涉恶案件时要善于换位思考，把自己放在相关“当事人”的角度进行思考，及时解决在司法办案中的思维枯竭和定势思维的影响。具体而言，检察人员要做到以下两个方面：

一是站在辩方的角度审视检察机关指控犯罪的证据体系。首先，要善于从辩护人的角度“找茬”，即寻找可能存在的证据“瑕疵”。由于涉黑涉恶犯罪活动本身的特

点，线索和证据都是在犯罪发生后进行收集、固定的，加上主客观方面的原因，证据体系在审前程序中难免会存在一些不足之处。因此，检察人员要善于站在辩护人的角度审视指控证据可能存在的“问题”，对发现的证据链条“漏洞”要及时“修补”。其次，要站在辩方的角度思考提出新证据的可能性。这要求检察人员主动分析现有证据体系的关联性、完整度，善于预测证据可能发生的动态变化，做好辩方提出新证据的心理准备和防范措施，积极完善控方证据体系，全面掌控案件庭审过程中的主动权。再次，要正确对待涉黑涉恶犯罪嫌疑人的“翻供”问题。在司法办案过程中，涉黑涉恶犯罪嫌疑人出于侥幸心理或其他因素，存在较大的“翻供”可能性。对此，检察人员不要急于作出肯定或否定的结论，而是要结合全案证据，仔细甄别，全面核查，具体问题具体分析。确属“翻供”有据的，要及时采取补救措施，或退查，或补充侦查，或不批捕，或不起诉等。反之，则依法驳回。最后，要高度重视、充分理解辩护人意见。辩护人出于职业要求及其所处的诉讼地位，会对控方指控的事实和提出的证据进行反驳。检察人员要善于发现辩护人意见中的疑点和矛盾，并精准反驳、指控犯罪。

二是站在审判的角度审视检察机关指控犯罪的证据体系。《意见》第2～4条专门对“证据规则”作出规定，其中第2条指出，“人民法院应当按照法定程序认定证据，依法作出裁判。人民法院作出有罪判决，对于证明犯罪构成要件的事实，应当综合全案证据排除合理怀疑，对于量刑证据存疑的，应当作出有利于被告人的认定”。因此，检察人员要善于站在审判的立场、按照审判的标准审查证据，坚决不让“带病”证据进入审判环节。

（二）构建以检察为主导的涉黑涉恶案件诉前机制

检察机关在涉黑涉恶案件刑事诉讼中承担着证明被告人有罪的责任，强化诉前主导作用，就是要充分发挥检察机关在提起公诉前对侦查机关取证工作加强指导，以及在构建刑事指控体系中发挥主导作用。

1. 完善检察引导侦查机制

在介入侦查引导取证方面，涉黑涉恶案件刑事检察工作中的侦查监督和公诉工作的侧重点各有不同。对侦查监督而言，重点应着眼于确保侦查活动的合法性上。对公诉工作而言，则要通过认真阅卷、提审犯罪嫌疑人等途径，对侦查机关取证行为是否合法进行监督，还要确保收集到的证据符合起诉的标准和要求，能够形成完整的证据链条，为精准指控犯罪夯实基础。

检察机关可以从以下三个方面着手，完善涉黑涉恶案件介入引导侦查取证机制。

一是确立介入的“适时适度”原则。首先，检察机关介入引导侦查取证时，要把握好时间节点，一般应在批捕后、移送审查起诉前。公诉部门为确保案件证据收集的完整性、准确性、及时性，可以与公安机关协商，介入引导侦查取证工作。其次，检察机关介入要把握好“度”，既不能“无为”，否则不如不介入；也不能越俎代庖、过度介入，否则会引起侦查机关的“抵触”情绪。

二是明确检察机关介入侦查引导取证的方式方法。主要是通过召开侦诉联席会议的形式，对侦查机关已经获取的证据材料进行研究分析，指出其中的不完善之处，提出补充侦查、固定证据和完善证据链条的意见建议；通过参与侦查机关的取证、勘验、检查等侦查活动，督促侦查机关按照起诉的标准收集、固定、保存证据，以便后续诉讼进程顺利开展。

三是明确检察机关介入侦查引导取证的重点环节。检察机关介入侦查引导取证的主要目的是按照起诉的证据证明标准收集固定证据。在司法实践中，主要也是由公诉部门介入侦查引导取证，对侦查机关的侦查方向和取证合法性等重点环节进行指导，并沟通和研讨犯罪活动定性、法律适用等问题，确保法律正确适用，从源头提升案件办理质量。

2. 完善诉前过滤机制

所谓诉前过滤机制，是指检察机关对侦查机关提请逮捕、移送审查起诉的案件进行审查把关、分流，把不符合追诉条件和标准的案件排除在公诉之列，防止“带病”案件进入审判程序的过程。在办理涉黑涉恶案件过程中，要充分发挥审前过滤作用，检察机关就要严格依法履行审查起诉职能，切实把好案件事实关、证据关、程序关和法律适用关，坚决排除非法证据，及时补正瑕疵证据，防止把矛盾推向审判环节。

因此，在以审判为中心的诉讼模式下，检察机关在涉黑涉恶案件审查起诉环节，务必改进案件审查方式，实现由传统的“卷宗中心主义”向“亲历性审查”转变。即公诉人严格依照刑事诉讼法规定的证据证明标准和起诉标准，对全部证据进行全面客观的审查，亲自复核、验证全案事实和证据。在司法办案中，检察人员应做到：

一是贯彻亲历性审查的要求。要善于跳出卷宗看案件，避免陷入卷宗“迷失方向”，重视实地调查，核实全部证据，确保证据真实可靠；要善于抓住主要矛盾的主要方面，重视对物证、书证、鉴定意见等关键证据的复核，认真辨别真伪；要善于协调推进，对存在瑕疵、不足的证据，要及时进行补查补强，同步推进补正与审查工作；要善于运用客观性证据与其他证据相互印证，强化实物证据和科学鉴定的综合运用。

二是贯彻亲历性审查的重点。即对案情具有重要证明作用的证人证言，要认真细致地审查，特别是对存在矛盾、疑点的地方，要在阅卷的基础上进行调查取证，重新询问相关证人，全面固定证据；对于案发现场，要第一时间赶赴现场观察、了解，避免现场被破坏后造成的干扰；对同步录音录像资料，应严格对照书面供述逐字逐句审查；对于现场提取的监控录像，必须根据案情全程播放。

三是贯彻非法证据排除规则。刑事诉讼法第 54 条第 2 款正式确立的“非法证据排除规则”明确提出非法证据不得作为起诉意见、起诉决定和判决的依据。《意见》第 4 条对该规定进行了再次确认，并具体规定了不同类型证据的排除规则。如对于言词证据，只要是采取刑讯逼供、暴力、威胁等非法方法收集的，应当排除；对于物证、书证收集程序违法的，只有“可能严重影响公正司法，不能补正或作出合理解释的”，才应当排除。因此，检察机关在审查逮捕、审查起诉过程中，应坚持对证据的真实性和取证程序的合法性进行同步审查，凡是不符合法律规定的证据，应坚决予以排除，不作为支持起诉的依据。

（三）健全应对涉黑涉恶案件庭审实质化的工作机制

庭审实质化是以审判为中心的本质，“诉讼证据出示在法庭、案件事实查明在法庭、控辩意见发表在法庭、裁判结果形成在法庭”是其基本要求。这不仅要求实现控辩双方的平等对话，还要确保使法庭通过庭审获得全面的案件信息，直接言词原则等对检察机关公诉部门和公诉人提出了更高的要求。在此背景下，检察机关要做好充分准备，全面应对涉黑涉恶案件庭审实质化的各种挑战。

1. 完善庭前准备工作制度

公诉人必须通过对涉黑涉恶案件全案的仔细审查，做好知识储备、案情梳理、证据研判等各项准备工作，做好相关预案，打下支持公诉的坚实基础。

一是全面、准确掌握涉黑涉恶案件案情所涉及的相关知识。在检察人员遭遇知识“盲区”的情况下，要善于借助“外脑”，主动向经验丰富的检察业务专家及高校专家教授学习请教，不断补充充实自己的知识储备，拓展知识面，做到“办一案、懂一行”，提升专业办案能力。

二是积极构建指控犯罪的证据体系。以审判为中心要求贯彻证据裁判规则，这就要求检察人员在出庭支持公诉前，全面梳理、构建与指控犯罪相匹配的证据体系，形成“内心确信”。在此过程中，检察人员要杜绝“有罪推定”思维的影响，避免对有罪证据的“偏爱”。

三是注重庭前的程序净化工作。程序正义是以审判为中心的题中之义和必然要求，检察人员要严格审查庭前程序中的各个环节，避免程序问题成为辩方质疑的重点，从而影响全案的办理。

2. 完善庭前会议制度

庭前会议对于充分保障当事人的诉讼权利、提高刑事诉讼质效具有重要意义。然而，当前该制度还处于“初创阶段”，需要完善的地方还有很多。《意见》第10条将庭前会议程序的适用范围界定为“适用普通程序审理的案件”，但内容过于笼统。笔者认为，在涉黑涉恶案件刑事诉讼中，应该从以下几个方面完善该制度：

一是明确庭前会议的启动主体。一般而言，庭前会议由审判机关启动，即召开与否的决定权在法院。检察机关作为指控犯罪体系中的最重要环节，在审判程序中具有重要地位，应根据涉黑涉恶案件案情积极履行建议召开权，适时提出召开庭前会议的建议。作为涉黑涉恶案件的重要参与主体，案件当事人、辩护人、诉讼代理人也应该被赋予申请召开庭前会议的权利，至于是否有必要召开，由法院决定并作出解释说明。

二是明确召开庭前会议的标准。判断一个涉黑涉恶案件是否需要召开庭前会议进行讨论，主要标准应包含程序和实体两个方面。就程序方面而言，如果案件存在可能导致法庭审理拖延的程序性请求或争议，可以考虑召开，将争议前置处理，以便切实提升诉讼效率。就实体方面而言，如果属于重大、疑难、复杂案件，需要对证据及争议点进行厘清的，应当召开庭前会议。检察人员可以针对辩方提出的意见，明确重点、厘清思路，做好充分的庭审准备；辩方也可以充分表达意见，采取针对性的应诉措施。通过控辩审共同召开庭前会议，可以确保审判质量，实现庭审优质高效的目的。

3. 完善证人、鉴定人出庭制度

证人、鉴定人出庭既是贯彻直接言词原则的重要举措，也是庭审实质化的题中之义和必然要求，还是刑事诉讼制度改革的明确要求。长期以来，证人、鉴定人出庭制度难以有效落实，成为困扰司法实践的重大问题之一。刑事诉讼法虽然采取了提供出庭作证补助、人身特别保护等措施，但是证人、鉴定人出庭率仍然偏低，成效甚微。

就我国当前的刑事司法实践及司法工作实际而言，全面落实证人、鉴定人出庭制度既不现实，也不可能。因此，《意见》对出庭范围进行了限定，即对证人证言存在疑问且法院认为该证据对案件定罪量刑具有重大影响的，证人才必须出庭。《意见》第12条对证人、鉴定人出庭作出了专门规定，要求完善证人、鉴定人法庭质证规则，提高出庭作证率，还对证人保护、人身安全、作证补助、强制到庭作证等作出了原则性规定。

检察机关办理涉黑涉恶案件要严格执行《意见》的规定，加强对证人、鉴定人及其近亲属的保护，落实出庭补助，推动重大案件的关键证人、鉴定人出庭。还要在刑事案件的审查起诉阶段，完善证据体系，做好充足的准备，这样在遇到证人“翻案”时才不会“惊慌失措、失去方寸”。

4. 完善公诉人专业化培养机制

公诉人在法庭上代表国家对涉黑涉恶犯罪进行指控，其能力高低直接影响着对犯罪分子责任追究的成效。检察机关应着力加强对公诉人专业素养的培训，着力打造专业化的公诉人队伍。

一是完善公诉业务指导制度。健全上级检察机关对下级检察机关的业务指导职能，上级检察机关可以通过直接主导、直接介入等方式，加大对重大疑难复杂涉黑涉恶案件的办案指导，在司法实践中培养下级检察机关公诉人的办案能力。

二是完善案例指导制度。结合当前检察机关内部施行的典型案例报送制度，完善上级对下级报送涉黑涉恶案例的筛选，定期制作典型案例指导专刊，指导和规范下级检察机关办案工作，提高刑事诉讼质量和水平。

三是培养公诉人沉着冷静应对庭审的能力。检察机关应培养公诉人的独立思维、沉着应战能力，要求公诉人善于迅速精准地应对辩方意见，根据庭审辩论情况，及时转变思路，针对辩护人、被告人的辩护意见，找准矛盾点、突破口。

四是提升公诉人规范使用法律术语的能力。法律术语，是法律专业词汇，具有概念的特定性，在法律规范中的意思与生活中的语言习惯并不相同，任何人不得随意解释。在法庭上，公诉人应准确、规范使用法律术语，同时还要注意辩方使用法律术语的规范性，避免误导法庭和群众。

五是增强公诉人法庭辩论的渲染力。法庭的主要任务是调查事实、展示证据、判决犯罪，是一个严肃的案件审理场所，但是并不意味着公诉人在法庭辩论中必须机械刻板、不能融入感情。因为犯罪行为是严重伤害受害人人身或财产权利的行为，给他人带来的物质损害和精神创伤是深厚的，公诉人在法庭辩论阶段，善于运用语言技巧将情感融入法庭辩论过程，既是对受害人的人文关怀，也是“说服”法官的“关键”。说理中公诉人必须遵守适度原则，必须是真情流露而不能“无病呻吟”，否则会取得适得其反的效果。

（四）健全涉黑涉恶案件刑事诉讼检察监督机制

《决定》及其《说明》重申了公检法三机关“分工负责、互相配合、互相监督”的刑事诉讼原则，推进以审判为中心的诉讼制度改革，也并非要弱化检察监督职能。《意见》第16条对检察机关加强对侦查的监督，开展捕后羁押必要性审查，规范非羁押性强制措施的适用，加强对刑事审判活动监督以及提起抗诉等都进行了明确规定。

1. 完善对侦查活动的监督机制

检察机关对侦查机关侦查活动的监督是刑事诉讼顺利推进的关键因素，它首先体现在审查逮捕职能的发挥上。在司法实践中，检察机关主要通过规范侦查机关的侦查活动，确保查清案件事实，完善证据链条，为指控犯罪打下坚实的基础。也就是说，检察机关的审查逮捕职能是刑事案件能否进入下一阶段的“把关”职能。

为此，检察机关应积极探索建立涉黑涉恶案件审查逮捕诉讼式审查机制，构建阳光、多元的审查机制，规范和制约批捕权，切实保障犯罪嫌疑人的权益。具体流程如下：由案件承办检察官主持会议，首先介绍基本案情、诉讼过程等审查情况；再由侦查人员就犯罪嫌疑人的认罪态度、犯罪动机、案件的社会影响及危害性等方面阐述提请批准逮捕的理由、依据和逮捕必要性，并出示证据；随后由犯罪嫌疑人的辩护人针对侦查机关提请逮捕的案件事实、法律和依据发表辩护意见，由犯罪嫌疑人发表自己的意见；最后，检察机关侦查监督部门结合案卷材料和证据及各方意见作出是否批捕的决定。

2. 完善对强制性侦查措施的监督机制

根据刑事诉讼法的相关规定，在侦查机关采取的各类强制性侦查措施中，仅有“逮捕”一项由检察机关直接参与、作出决定，受到检察机关的监督和制约，其他强制性侦查措施如拘留、搜查、扣押、冻结等都是由侦查机关自行决定。这一规定对侦查机关提高侦查效率、顺利开展侦查活动具有重要的意义，但同时也对公民权利构成较大威胁，是公正司法的“隐患”，也是“侦查中心主义”的重要体现。

在以审判为中心的背景下，强化检察机关诉前主导作用，建立以检察机关为核心的“大控诉”格局，由检察机关对强制性侦查措施开展监督和审查，也是改革的题中之义。《决定》提出，“完善对限制人身自由司法措施和侦查手段的司法监督”，特别针对“人身自由权”的强制措施进行了规制，作为国家法律监督机关，检察机关应主动开展涉黑涉恶案件的相关监督工作，研究具体监督措施。

3. 完善退回补充侦查制度

退回补充侦查是对存在缺陷的侦查行为的合法补救措施，是实现打击犯罪和维护司法公正的重要措施。当前检察机关在涉黑涉恶案件退回补充侦查工作中主要存在两类问题：一是退回补充侦查提纲的针对性不强；二是侦查机关补查不力。对此，检察机关办理涉黑涉恶案件应从以下两个方面积极完善退回补充侦查制度：一方面，完善退查说理制度。明确退回补充侦查的必要性，详细列明补查项目清单，说明需补查证据存在的问题及其对案件起诉的重要性，加强对退查案件的引导、说理，增强退查提纲的可操作性和针对性，明确补查的方向、标准和要求，减少侦查人员的抵触情绪，确保补查工作顺利开展，提高补查效率和质量。另一方面，加强对补查工作的检察监督。如果侦查人员存在消极应付补查工作，或简单地以情况说明替代证据证明等情形，检察机关可以向侦查机关主管部门进行通报，或建议侦查机关更换案件承办人。

4. 完善审判监督机制

以审判为中心并非“以法院为中心”，也不意味着“以法官为中心”，更不是要求作为国家法律监督机关的检察机关放弃对审判机关及其审判行为的监督。追本溯源，推进以审判为中心的目的，即在于确保办案质量，实现司法公正。缺少监督的权力极易被滥用。因此，无论是《决定》，还是《意见》，均对加强审判监督作出了明确规定。为此，检察机关办理涉黑涉恶案件要加强审判监督。

一是要重点加强以抗诉为核心的刑事审判监督，落实好最高人民检察院关于加强和改进刑事抗诉的指导意见，强化对裁判文书的审查，拓展“抗源”、找准“抗点”，完善抗前指导机制，对于确有抗诉依据的案件，及时提起抗诉，不能因为“照顾法检两家的情面”等因素而犹豫不决，贻误时机；对法院错误适用法律、存在重大程序性违法情形的案件，要坚决抗诉，凸显其示范作用和导向意义。

二是要积极拓展监督范围，对法院自行启动再审后改判或判缓刑、二审书面审理和定罪免刑案件，对上诉后改判或发回重审的案件，对指定异地再审案件等，也要纳入监督范围。

三是要打好监督“组合拳”，借助纠正庭审违法、再审检察建议、法检联席会议等途径，开展其他方式的监督。

四是要完善检察长列席法院审判委员会制度，站在法律监督者的角度，加大对法院审判行为的监督力度，提升监督工作质效。

5. 完善刑事执行检察监督机制

检察机关是法定的刑事执行监督机关，要切实强化涉黑涉恶犯罪刑事执行监督意识，努力提高监督水平，善于探索和把握刑事执行监督规律，既要不断强化传统监督职能和监督业务，更要善于研究探索新增监督业务，精准把握内在规律，做到严格司法办案；要不断完善监督机制，积极总结做法、经验、规律，建立健全科学的刑事执行监督体系，加强对涉黑涉恶罪犯的交付执行、变更执行等活动的监督，切实增强监督质效；要健全刑事强制措施执行监督机制，对超期羁押、久押不决、指定居所监视居住等强制措施的执行活动，不断完善纠正、预防机制和跟踪监督机制。

“扫黑除恶”中检察机关工作机制研究

史　达*

为深入贯彻落实党的十九大部署，保障人民安居乐业、社会安定有序、国家长治久安，党中央、国务院于2018年1月发布了《关于开展扫黑除恶专项斗争的通知》，决定在全国范围内开展扫黑除恶专项斗争。最高人民法院、最高人民检察院、公安部、司法部随后出台了《关于办理黑恶势力犯罪案件若干问题的指导意见》（以下简称《指导意见》），从法律层面对该类犯罪的认定和量刑作出了详细的规定。但是从各地实践来看，对黑社会性质组织犯罪中四个特征的认定依然是困扰司法机关的难题。对检察机关而言，如何在“以审判为中心”的诉讼制度改革中，充分发挥审前主导作用和指控、证明犯罪的主体作用，准确定性、精准量刑是现阶段亟待解决的问题。本文希望通过对“扫黑除恶”中检察机关的工作机制进行研究，找到可供复制参考的有益借鉴。

一、建立专项人才库和专业化办案平台

黑恶势力犯罪案件较普通刑事案件更难办理的原因在于其牵连广、取证难、涉案人数多、涉案款物多、定性难等。要在海量证据中细致梳理、有效甄别，需要深厚的法律功底和丰富的办案经验。因此，有必要建立黑恶势力犯罪案件的人才库和专业化办案平台，通过专门案件专人办理的方式集中办理此类案件。以北京某分院为例，公诉部门设立专业化办案组的做法由来已久，具体包括命案组、毒品组、危害国家安全犯罪组等，每个组下辖一两个相对固定的检察官办案组，每年可自愿轮换。这样既保证了对类案的专业化办理，也使得各办案组成员能够接触到更多类型的案件，提升执业能力。在处理黑恶势力犯罪案件时，也可以采用类似的方式，但应当更加灵活。鉴于该类案件毕竟是少数，因此可以在不打乱原办案组配置的情况下，抽取精干力量专门办理，在没有案件时，办案人员可以回原办案组继续办理其他案件。另外，还可以展开跨部门联动，专案组成员既可以包括公诉部门的办案组，也可以包括经济犯罪检察部、职务犯罪检察部的成员，从而组建一支又精又博的队伍。

同时，由于黑恶势力犯罪案件牵连广、影响面大，为回应社会关切，检察机关应

* 北京市人民检察院第二分院公诉部。

当依托全国业务骨干、全省综合型人才、院级青年骨干力量建立起一支高素质办案团队，高质效完成办案任务。这支队伍的建设需要多管齐下：一是开展大量培训，提升办案人员的职业素养。这既包括对法律知识的梳理学习，也包括对优秀办案经验的吸收。二是建立专业化办案平台，在全国检察机关范围内开展交流学习。通过在平台共享审查起诉意见书、起诉书、判决书等法律文书，观看示范庭审录像等方式，可以快速吸收优秀经验，并开展自纠自查。三是加强调研总结能力。对办案过程中出现的问题、好的经验，要及时思考总结，既可以提升办案质量，也有助于提高检察机关整体能力。

二、强化审前主导作用，严把事实关和证据关

检察机关的审前主导作用体现在两个方面：一是提前介入侦查；二是在审查起诉阶段自主侦查。前者通过积极开展引导侦查工作，在案件初始阶段就把好案件的事实关和证据关；后者强调检察官审查的“亲历性”，切实履行国家公诉人追诉犯罪的义务。

之所以强调提前介入侦查，是因为黑恶势力犯罪案件多具有发案时间长、取证难度大、口供不稳定的特点，由对证据更为敏感的检察人员提前介入引导侦查，更具有针对性和实效性。就现实情况来看，侦查人员多是侦查专业出身，招录的时候也不需要通过国家司法考试，其专业性表现在“破案”而非“定罪”上。这就给公诉工作带来了一定的麻烦：破案讲究逻辑性，只要顺着线索进行能够自圆其说即可；但是定罪不同，必须排除合理怀疑，即排除其他任何可能。这就要求诉讼时所需要的证据量大于侦破案件所需要的证据量。比如，在案发现场的监控视频中，曾有两个人出现，侦查人员根据线索锁定其中一人为犯罪嫌疑人且获得了其他佐证，就对另一人不再调查。这对诉讼来说是不够的，一般还会要求补充侦查另一人的活动线索，以排除其犯罪的可能。除了在证明标准的把握上不同以外，对犯罪构成的理解，侦查人员在专业性上也弱于公诉人。公诉人对犯罪构成的要件更为清楚，对哪些证据是必需的也有着更深刻的认识。“术业有专攻”，侦查人员在破案领域的经验能力要高于公诉人，但是在收集定罪量刑证据的意识方面弱于公诉人也是事实。另外，实践中由于侦查人员证据意识不强，为达到一定的破案率，在取证方式上有时存在违反诉讼程序的现象，使得不少案件从一开始就存在质量上的缺陷，存在败诉的风险。公诉人在引导侦查的时候会更加注重证据的合法性，也能有效避免这一情况的发生，保障犯罪嫌疑人的人权，毕竟事后救济不如事前控制。

而在审查起诉阶段适时开展自主侦查，可以帮助检察官更加全面客观地对案件进行把握。在摒弃了“关门办案”和“单纯阅卷审”的工作模式后，可以从大量的案卷材料中解放检察官，使其充分发挥自身的主观能动性。以北京市某分院为例，在办理杨某某黑恶势力团伙案时，检察官亲自前往案发现场了解案发周边环境和涉案土地分布情况；为核实案情和准确判断杨某某等的行为是否属于恶势力犯罪性质，检察官亲

自走访村委会，并向村民了解、核实情况。实践证明，通过上述工作，既有利于检察官对案件事实的准确把握，也有利于后续更有针对性地引导公安机关开展补充侦查工作。再如，北京市某区检察院办理任某某等黑恶势力团伙案时，承办检察官同侦查人员多方取证，多次到案发地进行走访，前往被害人住处查看其伤情，充分利用退回补充侦查以及加强自行侦查能力，严把审查关、起诉关，坚持证据裁判。如根据证据材料瑕疵情况，指导侦查机关补正或作出合理解释，保证证据的形式合法性；根据被告人的供述与辩解，捕捉细节，调取施工合同，增加指控犯罪的证明力度；及时进行辨认，督促公安机关继续抓捕在逃同案犯，后公安机关在异地顺利抓捕同案犯郑某到案。在判断被告人的行为是否属于故意伤害罪中“以特别残忍手段致人重伤造成严重残疾”的情形上，没有专注于案卷本身，而是亲自前往被害人家中看望被害人，了解到被害人已经完全失去生活自理能力而瘫痪在床，随即对被害人进行伤残鉴定，明确其伤残等级。最终，经过伤残鉴定，确定被害人为一级伤残。又通过现场视频监控结合被告人口供，认定在案发现场被告人持大锤、狼牙棒等工具连续击打被害人数十秒，最终依法追加认定“以特别残忍手段致人重伤造成严重残疾”的情形。

三、建立联席会商制度，确保各单位各部门之间沟通顺畅

（一）检察官联席会议制度

针对案件办理过程中遇到的法律适用与定性难题，通过召开检察官联席会，对个案疑难问题进行研究，可以达到集思广益的目的。一人计短，众人计长。在对某一具体法律问题进行思考时，人们易陷入思维定式中，或是遗漏关键细节信息，或是不能全面看待问题，这个时候检察官联席会就可以起到查漏补缺的作用。另外，多听取不同意见，也有助于检察官对案件办理中可能出现的问题进行预估，并提前做好准备。

（二）检警联席会议制度

检察机关要充分发挥审前主导作用，就要重视与公安机关的沟通联动。通过召开检警联席会等方式，有效地开展引导侦查取证工作。如在退补案件中，由于退补机会有限，为有效提高补充侦查工作质量，可以召开检警联席会，与侦查人员就退补事项和具体要求进行沟通，捋顺办案思路，随时发现问题，随时取证。每次取证，沟通在前，确定取证思路、证据形式，纸质提纲随附，确保每次取证有据可查，补证无遗漏。在后续审查过程中，检察官还要时刻保持与侦查人员点对点的沟通机制，通过定期打电话或当面沟通等方式，对公安机关的侦查取证工作进行精准引导。在这个过程中，检察官还可以通过与公安机关的良性互动，了解侦查工作中出现的问题，对无法取得的证据做到心中有数，并及时调整应对。

（三）跨部门检察官联席会议制度

为了保证办案质效，检察机关还应建立跨部门检察官联席会议机制，为准确认定黑恶势力犯罪提供智力支持和人力保障。一方面，公诉部门可以就黑恶势力犯罪涉及的经济犯罪情况、职务犯罪情况、环境污染等公益诉讼情况与经济犯罪检察部、职务

犯罪检察部、民行犯罪检察部门召开跨部门检察官联席会议，就重点问题与这些专业部门会商解决。同时要注意案件线索移送，对涉及职务犯罪的，要及时将线索移交监察委，扩大办案效果；对涉及公益诉讼的，要及时将线索移送民行犯罪监察部门，保障公民权益。另一方面，公诉部要及时会同院内各部门，建立多效联动机制，确保扫黑案件的优先级，在受理案件后的第一时间与检察管理监督部、法警大队、刑事执行检察部等部门沟通，达成密切配合、通力协作的合意，在卷宗扫描移送、申请用车、法警配备、关押监管等方面为案件办理开设绿色通道，确保优先级。

另外，检察机关应当依托当地优势项目开展工作。例如，北京市某分院依托北京检察科技信息研究基地的技术整合优势，在办理案件的同时开展了专家辅助审查。针对被告人及其辩护人提出的伤情鉴定的异议，承办检察官与市院法医就被害人成伤机制进行多次沟通，调取被害人的全部病历材料及案发前后的几十张脑、颈、腿 CT 片，正式委托市院法医对案件中被害人的伤情鉴定进行技术性证据审查，进一步明确被害人伤情同被告人打击伤害行为之间的因果联系，并尝试鉴定人出席法庭，以专业技术的角度强化相关证据材料的证明力。

四、正确适用宽严相济刑事政策，充分运用认罪认罚从宽制度

黑社会性质组织、恶势力组织是社会毒瘤，影响政权稳定、破坏国家安宁、危害公民人身安全、扰乱社会主义市场秩序，因此对于黑恶势力要坚定不移、毫不留情地铲除。但是，作为国家法律的实现者，我们同样要认识到，扫黑除恶要在法律的框架内进行，既不能违反刑法的罪刑法定原则，也不能违反刑事诉讼法的无罪推定原则。尤其是作为法律监督机关的代表，检察官在执行职务时应严格遵守合法性及客观性义务，贯彻毋枉毋纵，追求实体真实与程序正义，确保扫黑除恶案件经得起时间的检验。也就是说，检察官不仅负有正面的追诉犯罪义务，更负有消极义务，防范任何无辜者被肆意追诉或定罪。正如德国刑事法改革先驱米德迈尔所言："检察官应仅力求真实与正义，因为他知晓，显露他（片面打击被告）的狂热将减损他的效用和威信，他也知晓，只有公正合宜的刑罚才符合国家利益。"①

因此，即使是在扫黑除恶专项斗争中，检察机关也必须依法办案，切勿因扫黑案件而罔顾入罪标准，否则会引起负面法律效果和社会效果。同时，应当高度重视宽严相济等刑事政策的运用，在坚持对主犯依法从严惩处的同时，对从犯教育转化，并适当适用认罪认罚从宽制度，一方面，可以达到瓦解犯罪团伙、巩固有罪供述的目的；另一方面，可以有效保证犯罪嫌疑人的罪责刑相适应。而对于证据不足无法排除合理怀疑的，检察机关也应当坚决作出不起诉处理，以履行客观性义务。

五、认真研究起诉书制作，确保文书写作质量

起诉意见书对外代表司法机关的形象，是对办案人员思维理念、工作态度、基本

---

① 林钰雄：《检察官论》，法律出版社 2008 年版，第 26 页。

技能和办案质量的综合检验。由于黑恶势力犯罪危害大，容易引发社会关注，因此为确保指控质量，应更加审慎地制作起诉书等法律文书。以北京市某分院为例，为确保诉讼质量，该院在案件提起公诉前重点研究了恶势力犯罪案件的起诉书制作问题。根据《指导意见》的规定，“恶势力”这一表述可以写入“认定事实”部分。但是，具体应当如何表述，以及在“本院认为”部分是否也要表述，《指导意见》并未予以明示。经研究，该院决定在起诉书“认定事实”部分开宗明义地指出“被告人杨某某等系恶势力犯罪团伙”，并在后续描述相关犯罪手段时亦适时加入“恶势力犯罪手段”等表述。同时，由于“恶势力”并非量刑情节，因此不能在“起诉理由、根据”中的量刑情节部分进行表述。但为保证起诉书前后表述能够互相呼应，遂尝试在罪状表述中加入了“以恶势力犯罪手段抢占农村集体土地”的表述。这种类似的探索在实践中具有极其重要的意义。

六、舆情处置

在办理黑恶势力犯罪案件时，比较重要的一项工作是应对各种舆情风险。由于此类案件案情复杂，关注度高，容易引发炒作，因此需要实时监控舆情，并迅速作出回应。对于过分夸大案情，恶意造谣，严重扰乱社会秩序的，检察机关应当联合公安机关迅速依法依规予以处罚，并及时在公众号等对外平台上发布权威信息，澄清问题、平息事态。同时，由于此类案件中，涉案人员较多，检察机关还要落实重大敏感案件的风险预警和应急处置机制，防范涉检舆情与稳控风险，对稳控隐患“早评估、早发现、早处置”，切实做好风险防范。另外，还要及时向相关部门进行舆情报备，积极、妥善、依法处理该案可能存在的信访问题和舆情问题。例如，北京市某区检察院在办理一起黑恶势力案件时，针对被害人家属长期信访的情况，检察管理监督部检察官多次接待被害人家属（因被害人受伤后脑梗死致精神障碍，瘫痪在床且无正常表达能力），为其寻求法律援助，积极与司法局沟通协调，就其反映的相关问题进行耐心的解释答复，最终得到了被害人家属的充分理解与肯定。

七、结语

随着时代的发展，黑恶势力犯罪已经由过去简单的聚众斗殴、寻衅滋事，转变为采用隐蔽的经济控制手段攫取利益，称霸一方。因此，在认定黑恶势力犯罪时，我们势必要拓宽思路，从其本质上予以分析认定。但是如前所述，检察机关要以政治意识先行为原则，以法律意识推进为底线，不枉不纵，严控法律入罪维度，确保扫黑除恶依法、准确，注重证据审查，力求提起公诉的每一起案件都是铁案，经得起时间的检验。在实现法律的同时，检察机关要立足自身职能定位，严厉打击、从快处理，坚决将黑恶势力犯罪扫入历史尘埃。

构建保障被告人权利的铁三角
——在扫黑除恶与刑事辩护律师全覆盖语境下尝试建立刑事有效辩护“三角模式”

吴　环[*]　印　波[**]

两刀相割，利钝乃知；两论相辩，是非乃现。

——东汉·王充《论衡·书案》

联邦宪法要求实质性的平等和公平，所有这些，如被告人不能找到有能力的律师为其辩护，将是毫无意义的。

——［美］查理斯

一、质量堪忧：扫黑除恶斗争中援助律师刑事辩护现状分析

为考察援助律师在扫黑除恶专项斗争中对刑事案件辩护的尽责程度、辩护质量，笔者以所在G市C区法院自扫黑除恶专项斗争开展以来共计145件由法院通知的援助律师承办的刑事案件为样本进行了分析与研究。基于法官身份和视角，笔者认为从援助律师在辩护过程中的基本表现、辩护意见被采纳情况、指派律师的执业经验三方面进行考察和分析能够基本反映辩护律师的辩护质量和尽责程度，以下是对样本的分析：

（一）辩护过程的总体评价——疲软无力

对于援助律师在辩护过程中的基本表现，笔者从会见笔录、权利告知、辩护意见、辩护策略、庭审表现、法官是否采纳辩护意见、是否进行事实调查、是否与被告人意见一致八个方面进行考察分析，具体情况见表1。

表1　G市C区法院援助律师辩护情况分析

	辩护表现	是	否
1	是否有会见笔录	145	0
2	是否进行庭前权利告知	145	0
3	是否有书面辩护意见	145	0

* 广东省广州市从化区人民法院法官。

** 北京师范大学刑事法律科学研究院副教授。

续表

	辩护表现	是	否
4	是否进行无罪辩护	5	140
5	是否与被告人意见一致	145	0
6	是否对公诉机关的证据进行有针对性的质证	49	96
7	辩护意见是否被法官采纳	部分采纳 37	93
		全部采纳 15	
8	是否进行事实调查	16	129

根据上述统计，援助律师在会见笔录、权利告知、制作书面辩护意见等基本辩护要求方面是合格的，但是在对公诉机关的证据进行有针对性的质证、事实调查、提出能够有效影响法官心证的辩护意见方面表现差强人意。从该 145 件案件援助律师的表现来看，援助律师的辩护工作离实质有力的辩护相去甚远，整体表现疲软无力。

（二）辩护意见及被采纳情况——影响甚微

辩护意见是辩护律师参与辩护过程中最重要的核心内容之一，根据辩护意见，可以窥见辩护律师对于案件的熟悉程度、认真程度、专业水准等的整体辩护质量，所以有必要对辩护意见进行考察和分析。根据该 145 件案件的开庭笔录及判决书显示的情况，总体呈现以下趋势：

1. 无罪辩护极少出现

在该 145 件案件中，仅有 5 件案件援助律师提出了无罪的辩护意见，在提出无罪辩护意见的同时也做了罪轻辩护，但遗憾的是没有 1 件案件的无罪辩护理由被法官采纳。笔者认为，该 5 件案件中有部分案件辩护人及被告人证明无罪仍然是有很大空间与机会的，但最终还是公诉机关的证据与意见强有力地影响了法官的心证。

2. 程序性辩护没有出现

在该 145 件案件中没有发现 1 件案件，辩护人对侦查机关或公诉机关以及法院的程序性问题提出辩护意见。从积极的角度来讲，这反映出侦查机关、公诉机关的侦查、起诉等过程日益规范，但同时也反映出辩护人对于被告人程序权利关注的缺失。从辛普森案到念斌案，最终认定被告人无罪的原因几乎都与侦查过程中的程序有关，但该 145 件案件中没有出现任何与程序有关的辩护意见。

3. 量刑辩护笼统、一致化

该 145 件案件几乎全部为罪轻的量刑辩护意见，这些辩护意见都是简单的减轻、从轻的基本辩护，甚至该 145 件案件的辩护意见的关键词呈现出一致化、走过场式的高度相似性，也即 A 案件的辩护意见用到 B 案件中，只需要换一下被告人的姓名就可以实现替换。出现的关键词基本为“认罪态度”、“偶犯”、“有悔改表现”等，笼统地建议法院“从轻处罚”，这些辩护意见对法院的判决影响甚微。

（三）援助律师执业经验——难以吸引经验丰富的刑事律师

笔者就参与刑事案件全覆盖工作的执业律师的相关问题向当地的法律援助中心进行了调研。由于G市C区属于某发达城市中相对偏远的山区，距离中心城区60公里，流动人口较少，在当地注册的执业律师只有36名。由于当地律师资源不足，只能积极争取财政支持，用个案补贴500元交通费的方式努力吸纳中心城区的律师支援当地的刑事案件辩护工作。通过调查参与法律援助的律师的年龄、学历、执业经验，可以看出以下趋势：

1. 无法吸引执业经验丰富、专业水准较高的律师参与

在本地稍有声望、收入较高、案源稳定的较有经验的律师都没有参与法律援助工作，被指派的援助律师年龄基本在25～35岁之间，没有出现年龄在40岁以上的律师。而且参与的律师在执业范围上均没有明显的专业倾向，都是民事案件与刑事案件都代理，即属于“杂家”型律师。从中心城区向C区支援的律师年龄普遍更小，均在30岁以下，且据法律援助中心的工作人员称，即使争取了每件案件500元的交通补贴，现在已经有越来越少城区的律师愿意代理C区的援助案件，因为如果认真准备一件案件，需要往返几趟，每一趟的工作都要耗费一整天的时间，律师们纷纷表示不划算、不愿来。

2. 参与的援助律师更看重援助案件的稳定、低风险

在本次考察中出现了意外发现：C区出现了女性援助律师占多数的情况。在该145件案件中，女性律师代理的案件为103件，男性律师代理的案件仅有42件，女性律师代理的案件占比达到了71%。关于出现上述情形的原因，法律援助中心的工作人员表示：援助案件补贴低、归档手续烦琐，男性律师代理援助案件的意愿不强。这可能是基于目前的社会分工及身体情况，女性律师出于照顾家庭等原因，更倾向于相对稳定、风险小又无须外出的工作，而法律援助的刑事案件往往具备上述特点。

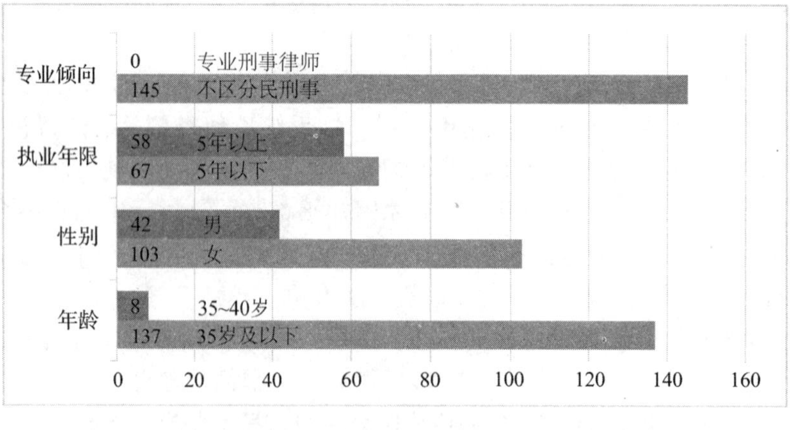

图1 C区法院145件案件样本援助律师执业分析图

二、众望所归：援助律师刑事案件有效辩护的实现

有效辩护是美国法学中的一个重要理论。随着我国刑事司法改革的深入推进，刑事辩护制度已经发生了重大变化，因此，有效辩护理论引起了学界及实务界的广泛关注。"有效辩护"的英文是"effective representation"或"effective assistance of counsel"。《美国联邦宪法修正案》第6条规定："在一切刑事诉讼中，被告得享受下列权利：理应获得对本人有利的证人为其作证，并受辩护律师的帮助。"美国最高联邦法院还通过一系列的判例确立了被告人享有"获得有效辩护的宪法权利"的原则。[①] 但遗憾的是，虽然确立了这一原则，但美国联邦最高法院至今并未对"有效辩护"或"律师的有效帮助"作出明确定义。在美国，原则上有效辩护是属于被告人享有的宪法性权利，它是与"获知指控罪名和理由"、"获得正当法律程序"、"对对方证人进行质证"等权利一样，都是属于刑事被告人所享有的基本权利，只不过该项权利并非联邦宪法明文确立的权利，而是通过《美国联邦宪法修正案》第6条发展出来的宪法权利。也就是说，在美国宪法中，获得律师帮助的权利就等同于获得律师有效辩护的权利。[②]

按照通常的职业标准，有效辩护是指律师为被告人提供的法律帮助富有意义。如果律师为被告人提供的帮助流于形式或缺乏实质价值，那这样的辩护就不能归为有效辩护。有效辩护至少应具备以下几个方面：一是律师应具备刑事辩护所必需的法律知识、经验和技能；二是律师应忠实于委托人利益，作出最为准确恰当的法律判断；三是律师应做到最充分的辩护准备工作；四是律师应当尽早会见被告人，保证被告人的知情权，并就重要事实及决策与被告人进行充分协商；五是律师应勤勉调查，努力收集一切与被告人定罪量刑有关的证人及证据；等等。[③] 从以上我们所能列出的对刑事案件辩护律师的基本要求来看，似乎很难对有效辩护规定较为具体的标准和内容。有效辩护似乎像"正义"、"自由"、"平等"一样，有着一张"普罗米修斯"的脸。但有效辩护作为刑事辩护实现其应有功能的结果，至少应当是法律援助律师在刑事案件辩护中应实现的一种状态。很多国家尝试建立刑事案件有效辩护的国际标准，但至今并没有清晰明确的标准予以参考。

三、定规立矩：有效辩护"三角模式"考核评价体系的建立

美国著名的管理学教授斯蒂芬·P. 罗宾斯曾讲道："一件事情无论计划做得多么完善，如果没有令人满意的控制系统，在实施的过程中仍然会出问题。因此，对于有效的管理，必须考虑到设计良好的控制系统所带来的好处。"刑事案件律师辩护全覆盖工作作为一种类似于政府购买服务的形式，是用纳税人的钱保障不特定的人在刑事诉

---

① 参见［美］卡罗尔·S. 斯泰克：《刑事程序故事》，吴宏耀译，中国人民大学出版社2012年版，第115页以下。

② 参见陈瑞华：《有效辩护问题的再思考》，载《当代法学》2017年第6期。

③ 参见陈瑞华：《刑事诉讼中的有效辩护问题》，载《苏州大学学报》（哲学社会科学版）2014年第5期。

讼中的权利，我们必须保证每一笔财政支出均能收获相对等的对价，所以对于援助律师的服务必须通过考核评价体系予以量化，以保证该服务的质量取得令人满意的成效。而刑事案件必须实现有效辩护，这在国际上也已经形成共识，有些国家和学者也已经尝试对有效辩护进行标准化的规制。其中欧洲学者提出的有效刑事辩护的“三角模式”可以被我们采纳用来建立律师在刑事案件辩护中的表现的考核评价体系。

（一）欧洲学者有效刑事辩护“三角模式”介绍①

为了对刑事案件有效辩护进行数据上的分析和评价，欧洲学者运用“三角分析方法”对有效刑事辩护进行了因素及项目的确定，并最终形成了有效刑事辩护的三角模式（见图2）。

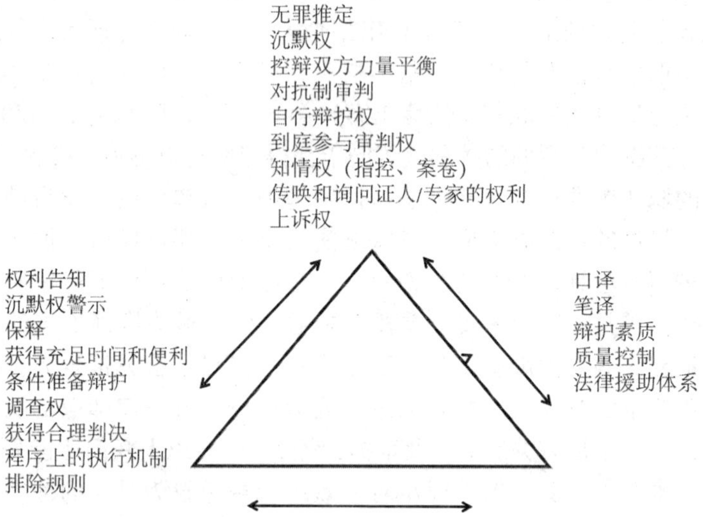

图2 欧洲学者有效刑事辩护的“三角模式”

1. 三角顶端

在三角顶端的是确保刑事辩护最重要的权利，对刑事程序的开展方式有总体影响：无罪推定、沉默权、控辩双方力量平衡以及对抗制审判。这些权利和原则设定了刑事诉讼程序以及证据规则的标准，规定了刑事调查和审判中各方参与者的基本角色和位置。自行辩护、参与庭审、知悉案情、传唤和询问证人/专家以及上诉的权利是涉及刑事辩护更具体的权利。这些权利一起被称作实质性的程序权利（substantive procedural rights），对于确保公正审判和有效刑事辩护不可或缺。

2. 三角左下端

左下端是对顶点权利与原则的支撑。其中一些权利规定在《欧洲人权公约》中，

① 参见 Ed cape Zara Namoradze Roger Smith and Taru Spronken 主编：《欧洲四国有效刑事辩护研究》，丁鹏、彭勃等编译，法律出版社 2012 年版，第 23 页。

如保释、获得充足时间和便利条件准备辩护。其他一些权利则是经过欧洲人权法院的判解阐发，如获得合理判决、权利告知，以及当权利被侵犯或没有受到适当对待时，得以确保权利执行的机制。

3. 三角右下端

右下端的权利，如获得口笔译以及法律帮助，对于被告人有效理解，从而得以参加刑事诉讼是有必要的。将获得法律帮助（包括免费法律援助）、口笔译的权利同三角顶端的权利区分开来，是因为这些权利的功能不同。但这不意味着获得口笔译和法律帮助的权利不是核心权利或原则，它们只是性质不同的核心权利。

4. 三角分析模式的理据

对于任何一名嫌疑人或被告人，要想获得有效刑事辩护，三角中的全部基本原则都应当得到满足。这些基本原则需要十分细致地被表述出来，获得适当执行机制和司法文化的支持，以及确保透明度和用具有效用的权利进行补充。

（二）有效辩护“三角模式”在我国援助律师刑事辩护中的建立

我国刑事辩护质量考核评价体系的建立可以考虑首先在援助律师中展开，在取得相对成熟的机制后再在全面的刑事辩护中铺开，这样会相对容易被律师逐步接受，所以在此我们仅以援助律师的刑事辩护为基础探讨考核评价体系的建立。

我国的刑法及刑事诉讼法赋予被告人的权利与上述欧洲学者提出的“三角模式”中的具体权利是不完全相同的，所以首先应当建立我国有效刑事辩护的“三角模式”，明确在我国应该对被告人权利保护的权利因素，再按照这些权利因素规定律师刑事辩护的考核评价体系。

1. 我国有效刑事辩护的“三角模式”模型

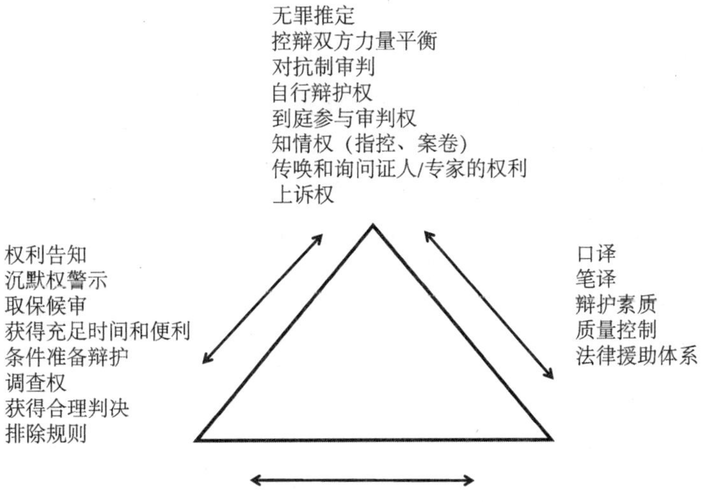

图3　我国有效刑事辩护的“三角模式”

2. 刑事案件援助律师辩护质量考核评价主体

一是管理主体：各地级司法局及其下属的法律援助机构。基于刑事案件律师辩护全覆盖试点工作的开展，各地级司法局及其下属的法律援助机构负责刑事案件律师的指派及管理工作，所以在援助律师的考核评价体系中，司法局及下属的法律援助机构是天然的管理主体，应由其组织对援助律师的考核评价。法律援助机构对援助律师参与过程的全方位表现作出综合评价，并根据该评价结果移送给当地司法局及律师协会，以作出对援助律师积极激励的正面评价或者否定淘汰的消极评价，最终引导援助律师在刑事案件辩护中规范其辩护行为，不断提高辩护质量。

二是反馈主体：法院及被告人。首先是法官的反馈。法院经办法官是援助律师辩护质量的直观感受者，刑事案件辩护律师虽然是为维护被告人的权利而存在，但对于形成与国家公诉机关相抗衡的力量的最重要角色，与公诉机关的对抗辩论的过程更有助于帮助法官查明事实，从而作出最公正的判决。所以，辩护律师是否对案件做了充分的准备，是否提供了有见解的辩护意见并对公诉机关出示的证明被告人有罪的证据提出了对被告人有利的质证意见，其辩护意见是否为法官所采纳等，法官是能够对援助律师在刑事案件辩护过程中的表现给出客观评价的，所以在对援助律师的刑事案件辩护过程进行质量评价时，法官的反馈结果是不可缺少的部分。其次是被告人的反馈。[①] 被告人对于援助律师是否认真进行了会见并仔细了解其案情、是否与其进行了深入细致的协商与交谈、是否对其自身权利进行了很好的维护、是否勤勉尽责地进行了辩护等方面有最切身的感受，对于援助律师在刑事案件辩护过程中的评价必须包含对被告人的反馈机制，并尽量设计客观可采纳的意见反馈评价书，以保证被告人的评价尽量在客观及可量化的范围内。

三是评价主体：司法局及律师协会。司法局及律师协会是对于援助律师刑事案件辩护质量的最终评价机构。从行政管理上看，司法局是律师的登记和管理机构，律师协会是律师均予以认可和接受的行业协会，司法局和律师协会可以根据法律援助机构形成的考核结果对律师进行评价，对于在援助刑事案件辩护工作中综合考核结果表现优异的，可以给予相当级别的职业激励评价，如颁发具有勉励作用的称号类奖励等，用以树立其在刑事案件辩护领域的区域专业层级，在案件补贴不足以吸引律师开展援助业务的情况下，用树立其行业地位等方式吸引其认真履行援助业务，不断提升刑事案件辩护质量。

3. 刑事案件援助律师辩护质量考核评价的内容

该考核内容应按照有效辩护“三角模式”的权利因素展开，根据“三角模式”中各权利的位阶进行权重的量化及标准化量化。

（1）三角顶端权利因素的考核。

第一，是否树立无罪推定的辩护理念。当然这排除被告人已经认罪认罚的情形，

---

① 被告人的反馈因其不可避免地带有主观性，所以本来其是律师服务的最直接受益者和感受者，但是因其必然带有一定的主观性和随机性，在客观性和可采纳性上与法官的反馈相比要有所差距，所以在反馈主体中，笔者将其作为第二顺位的反馈主体。

当出现被告人并不承认有犯罪事实的情况下，辩护律师是否能够充分相信被告人并围绕无罪展开调查和辩护。

第二，是否认真出庭参与庭审。虽然这是最基本的要求，但实践中依然出现过辩护律师开庭迟到或参加庭审应付了事的现象，“出工不出力”的现象在实践中也屡见不鲜。所以，认真出庭并参与庭审应作为考核内容之一，尤其是在出现该基本要求未达到的情况下，应给予完全否定性的评价。

第三，是否积极要求传唤、询问证人/专家。作为非法律专业的被告人，即使想自证清白，往往由于羁押或辩护技巧缺失等原因，无法为自己展开有利的辩护，这时就需要辩护律师充分发挥其角色功能，积极应被告人要求传唤对被告人有利的证人或专家证人，有效保障被告人的权利。

第四，被告人提出上诉时是否积极为其上诉。被告人在对一审判决不服，提出上诉时，也只能借助律师的力量实现其程序权利。辩护律师在被告人提出上诉的要求后，应按照刑事诉讼法规定的期限积极撰写上诉状等帮助被告人完成上诉程序。

（2）三角左下端权利因素的考核。

第一，是否对被告人进行权利告知。被告人作为非法律专业的人，经常并不清楚自己在刑事诉讼中所拥有的权利，如沉默权等。这就要求辩护律师要向被告人做权利告知及讲解。在实践中，法律援助机构或者承接援助案件的律师事务所可以考虑印制被告人权利清单及说明，并由辩护律师为其讲解，以避免在案件审判后由于被告人提出其基本刑事诉讼权利未得到保障而产生判决被撤销等不良后果。

第二，是否对被告人取保候审等。被告人在被羁押后，基于其无法获知自身权利的限制，无法顺利实现取保候审等权利，这就需要辩护律师积极为被告人争取，以确保被告人的权益，并有利于被告人自证清白，实现判决的公正。

第三，是否保证有充足的时间准备辩护。这包括是否认真进行会见并制作会见笔录，是否认真阅卷并制作阅卷笔录，是否认真制作辩护意见，是否与被告人的辩护意见一致，是否对公诉机关提供的证明被告人有罪的证据发表了有针对性的意见等，而且这些指标可以量化为分值，由反馈主体进行打分，以体现辩护律师的勤勉尽责程度。

第四，是否对案件事实进行充分调查。由于被告人被羁押等情况，无法展开对自身有利的调查，辩护律师应根据了解的案情及被告人的要求展开调查，认真分析案情，确保作出辩护意见真正有利于被告人。

（3）三角右下端权利因素的考核。

为被告人申请翻译的权利等。在我国很多地方仍存在着和普通话相差较大的方言，当然还有很多被告人使用外语的情形，只有保障为被告人提供翻译的权利，才能确保其权利的正确行使和庭审的顺利开展，这需要辩护律师帮助被告人积极争取这些权利。

四、底线设计：无效辩护制度的本土化引入

在美国法律制度中，无效辩护是一种具体的法律制度，它带来的消极后果既有可

能是上级法院撤销原判、发回重新审判的后果，也可以是律师协会对律师的惩戒后果。[①] 在我国，虽然并未通过立法的方式确立该制度，但司法实践已经走在了法学理论及立法的前面，在我国刑事审判实践中已经有了先例。

2012年4月5日，北京市某中级人民法院受理了两宗刑事案件，分别是被告人谢某涉嫌强奸、抢劫案和被告人李某涉嫌故意伤害案。对这两宗可能判处死刑的案件，当地法律援助机构指派周姓律师担任该两案的辩护人，其中李某故意伤害案由该周姓律师与其助理陈律师共同办理。谢某案中，周律师的辩护意见是被告人系主动投案且认罪态度较好，此次系初犯、偶犯，建议法院从轻处罚。李某案中，辩护人的辩护意见是被告人是初犯、偶犯，建议法院从轻处罚。一审谢某被判处死刑，李某被判处死刑缓期两年执行。两被告人上诉后，二审法院对于两个案件均认为"本案在原审人民法院的审判过程中存在违反法律规定的诉讼程序的情形，可能影响到公正审判"，最终作出撤销原判、发回重审的裁定。

一审法院经核实，认为上述案件被发回重审的直接原因是辩护律师在案件承办过程中存在重大缺陷。在这两起案件中，辩护律师均没有在开庭前按照规定会见被告人，李某案中，陈律师在庭后提交的辩护意见与其在庭审中发表的辩护意见不一致，庭后提交的意见是未出庭的周律师提前写好的。而且，周律师在接受两案的指派后均未在开庭前征得被告人同意并认可由其担任指定辩护人，致使律师之后进行的辩护工作及其参与的庭审均归于无效，严重浪费了司法资源。

北京市某中级人民法院据此发出司法建议，建议相关部门进一步加强对律师在刑事案件辩护执行上的监督规范，对于法律援助中心建议其探索创新管理考核机制，对于严重不负责任并造成严重后果的律师，应逐步建立淘汰退出机制。上述案件中的周律师也受到了法律援助中心的处罚，责令其退出中心志愿律师队伍。

我国上述案例实际与美国联邦最高法院确立的无效辩护的判断标准不谋而合。要认定律师作出无效辩护，一是需要确定律师在辩护方面存在不尽职的行为；二是这种辩护缺陷对诉讼结果产生了不利的影响。

在我国已经确立大面积开展刑事案件律师辩护全覆盖工作试点的前提下，通过明文规定无效辩护制度是大势所趋。现在真正从事援助工作的律师执业水平整体不高，而援助案件补贴标准又不具有吸引力，只有设置在辩护工作出现重大缺陷并造成了对被告人不利的判决后果时的底线惩罚，才能确保援助律师队伍在刑事案件律师辩护全覆盖的工作中至少达到最基本的辩护水平，不会被少数行为不规范的律师影响试点工作的正面积极作用。

结语

辩护权作为被告人的基本人权，为其提供"专业的律师辩护，借此可以制衡国家

---

① 参见［美］韦恩·R. 拉菲弗等：《刑事诉讼法》（上册），卞建林等译，中国政法大学出版社2001年版，第661页。

权力，保持国家权力与公民个体权利的平衡”。扫黑除恶专项斗争的开展更需要注重程序及实体正义的共同实现，在铺开刑事案件律师辩护全覆盖工作试点的同时，如果不关注援助律师辩护质量的控制与评价，仅依赖律师个人职业道德等无法控制的个性因素，将导致刑事案件律师辩护全覆盖工作中很大一部分律师的辩护流于形式，无法真正实现对被告人权利的有力保障，形成与公诉机关相抗衡的力量。这就需要对援助律师是否实现了有效辩护进行考核评价，并引入无效辩护制度对律师辩护工作中存在重大缺陷并因此造成了对被告人不利后果的情形进行相应的规制，才能保证援助律师在辩护质量上的不断提升，更好地为扫黑除恶专项斗争保驾护航。

企业涉黑财产处置问题研究

商浩文*

经济特征是我国刑法中规定的黑社会性质组织必须具备的四个特征之一，某一犯罪组织必须“有组织地通过违法犯罪活动或者其他手段获取经济利益，具有一定的经济实力，以支持该组织的活动”，才能被认定为黑社会性质组织。经济特征揭示了黑社会性质组织获取经济利益的最终目的，通过实施故意伤害、敲诈勒索、寻衅滋事等违法犯罪活动，最终也是为了获取经济利益。在黑社会性质组织的发展过程中，黑社会性质组织最早直接通过暴力犯罪获取经济利益，后来逐渐通过控制黄、赌、毒等非法行业牟取暴利。近年来，又出现了以公司、企业为依托，披上“合法外衣”直接通过经济活动获取经济利益的新趋势。黑社会性质组织这一形态上的变化给涉黑资产认定和处理带来新问题。

黑社会性质组织企业财产的处理涉及刑事法、民商法等多个法律部门和学科的内容。对犯罪组织来说，其财产可以分为满足其成员个人生活需要和成立、维持并扩大犯罪组织两种基本类型。前者主要是犯罪人个人直接掌控之下的财产；后者则是其通过犯罪组织控制之下的财产，在当代多以企业财产的形式出现。[①]因而在涉黑企业的查处过程中，有必要合理区分企业的涉黑财产和合法财产，这不仅有助于企业产权的合法保护，也有助于扫黑除恶斗争的规范化和法治化发展。从既往我国对企业犯罪涉案财物的刑事保护来看，不区分个人财产与企业法人财产涉黑组织违法所得与合法财产随意处置问题较为突出，用公权力侵害私有产权、违法查封扣押冻结企业财产等现象时有发生，已严重造成对企业正常经营的损害和企业财产权的破坏。[②]故而有必要对企业涉黑资产处置问题开展研究，这对于完善企业涉黑犯罪涉案财物处置制度、避免对企业财产权的侵犯、推动扫黑除恶斗争的规范化具有重要的现实意义。

一、企业涉黑财产处置范围问题

在黑社会性质组织犯罪涉及企业时，如何对企业涉黑财产进行处分是司法实践中

---

* 北京师范大学 G20 反腐败追逃追赃研究中心研究人员暨刑事法律科学研究院讲师，法学博士、博士后。

① 参见付其运：《涉黑企业财产的处置探讨》，载《法学杂志》2012 年第 8 期。

② 参见柯明：《刑事诉讼视野下民营企业家犯罪涉案财物的处置》，载《河北法学》2017 年第 12 期。

面临的重要现实问题。而其中最为关键的当是确定企业涉黑资产的范围，如何区分企业违法所得和合法经营所得是理论和实践的一大难题。对此，要结合黑社会性质组织的经济性特征加以分析。

（一）涉黑财产处置范围的规范阐释

《刑法修正案（八）》在界定黑社会性质组织的经济特征时，强调黑社会性质组织不但要具备一定的经济实力，而且积累的经济利益要用于支持黑社会性质组织的活动。所以，凡是用于支持黑社会性质组织活动的一切资产都属于黑社会性质组织的经济基础。① 2015 年 10 月 13 日最高人民法院印发的《全国部分法院审理黑社会性质组织犯罪案件工作座谈会纪要》中指出：“‘一定的经济实力’，是指黑社会性质组织在形成、发展过程中获取的，足以支持该组织运行、发展以及实施违法犯罪活动的经济利益。是否将所获经济利益全部或部分用于违法犯罪活动或者维系犯罪组织的生存、发展，是认定经济特征的重要依据。”2009 年 12 月最高人民法院、最高人民检察院、公安部印发的《办理黑社会性质组织犯罪案件座谈会纪要》（以下简称《2009 年纪要》）中明确指出“用于违法犯罪活动或者维系犯罪组织的生存、发展”，一般是指购买作案工具、提供作案经费，为受伤、死亡的组织成员提供医疗费、丧葬费，为组织成员及其家属提供工资、奖励、福利、生活费用，为组织寻求非法保护以及其他与实施有组织的违法犯罪活动有关的费用支出等。因而根据我国刑法及相关法律文件的规定，黑社会性质组织的经济性特征要求组织将获得的经济利益全部或部分用于违法犯罪活动或者维系犯罪组织的生存、发展。

因而对于涉黑资产的认定也要牢牢把握黑社会性质组织的经济性特征。2000 年通过的最高人民法院《关于审理黑社会性质组织犯罪的案件具体应用法律若干问题的解释》（以下简称《2000 年司法解释》）要求：“对黑社会性质组织和组织、领导、参加黑社会性质组织的犯罪分子聚敛的财物及其收益，以及用于犯罪的工具等，应当依法追缴、没收。”这表明涉黑犯罪财产包括了犯罪所得及收益、犯罪工具，甚至包括用于犯罪的原料、犯罪的生成物等。② 但《2000 年司法解释》没有细化如何划分涉黑犯罪财产。刑法第 64 条规定，犯罪分子违法所得的一切财物，应当予以追缴或者责令退赔；对被害人的合法财产，应当及时返还；违禁品和供犯罪所用的本人财物，应当予以没收。这是适用于包括黑社会性质组织犯罪在内的一切犯罪的有关追缴、没收违法犯罪所得和犯罪工具的规定。《2000 年司法解释》是对刑法第 64 条内容的具体化，但“聚敛的财物及其收益”这一表述较为模糊，且没有明确什么是犯罪分子聚敛的财物及其收益，从而未能为司法实践提供具有可操作性的标准。

《2009 年纪要》就黑社会性质组织聚敛的财物及其收益的认定和处理问题专门作了规定。《2009 年纪要》要求在办案时要依法运用查封、扣押、冻结、追缴、没收等

① 参见赵秉志：《〈刑法修正案（八）〉宏观问题探讨》，载《法治研究》2011 年第 5 期。

② 参见王利荣：《涉黑犯罪财产之没收与追缴》，载《中国刑事法杂志》2011 年第 5 期。

手段，彻底摧毁黑社会性质组织的经济基础，防止死灰复燃。对于涉黑犯罪的财物及其收益以及犯罪工具，要按照刑法第64条和最高人民法院《2000年司法解释》第7条的规定，予以追缴、没收。在办案过程中要认真审查涉案财产的来源、性质，对被告人及其他单位、个人的财产依法予以保护。《2009年纪要》还对黑社会性质组织及其成员通过犯罪活动聚敛的财物及其收益做了界定，是指在黑社会性质组织形成、发展过程中，该组织及组织成员通过违法犯罪活动或其他不正当手段聚敛的全部财物、财产性权益及其孳息、收益。对此，2018年最高人民法院、最高人民检察院、公安部、司法部印发的《关于办理黑恶势力犯罪案件若干问题的指导意见》（以下简称《2018年指导意见》）中明确指出，符合下列情形之一的涉案财产，应当依法追缴、没收："(1) 组织及其成员通过违法犯罪活动或其他不正当手段聚敛的财产及其孳息、收益；(2) 组织成员通过个人实施违法犯罪活动聚敛的财产及其孳息、收益；(3) 其他单位、组织、个人为支持该组织活动资助或主动提供的财产；(4) 通过合法的生产、经营活动获取的财产或者组织成员个人、家庭合法资产中，实际用于支持该组织活动的部分；(5) 组织成员非法持有的违禁品以及供犯罪所用的本人财物；(6) 其他单位、组织、个人利用黑社会性质组织及其成员的违法犯罪活动获取的财产及其孳息、收益；(7) 其他应当追缴、没收的财产。"上述指导意见属于司法性文件，对司法实践具有指导意义。那么，"黑社会性质组织和组织、领导、参加黑社会性质组织的犯罪分子聚敛的财物及其收益"是否都是黑社会性质组织的经济基础呢？对此，黑社会性质组织聚敛的财物及其收益作为涉黑资产的重要组成部分是没有异议的，但组织成员聚敛的财物及其收益是否应当纳入涉黑资产则不能一概而论。组织成员如果是通过有组织的违法犯罪活动所获取的财物及其收益应当作为涉黑财产；如果黑社会性质组织成员或者企业通过合法经营的经济利益支持犯罪组织活动，虽有利于黑社会性质组织发展壮大，但不能将合法财产源头的所有资金或合法企业的所有经济利益都视为对犯罪组织活动的支持，认定为"涉黑财产"；即使是通过个人非以组织名义实施的违法犯罪而获得的财产，也不能认定为涉黑财产，虽然也要予以追缴没收，但不属于黑社会性质组织经济基础的范畴。对此，《2009年纪要》中也明确要求办案部门应认真审查涉案财产的来源、性质，对被告人及其他单位、个人的合法财产依法予以保护。因而在瓦解有组织犯罪的物质基础的同时要避免打击的扩大化。

（二）企业涉黑财产的具体形式

通过以上分析可见，企业涉黑财产主要是指企业通过有组织的违法犯罪活动聚敛的财产及其收益，企业通过黑社会性质组织违法犯罪所得及其收益投资所积累的财物以及企业利用黑社会性质组织的违法犯罪活动排挤竞争对手所获取的经济利益等。

1. 企业通过有组织的违法犯罪活动聚敛的财产及其收益

黑社会性质组织成员依法注册成立公司企业，目的是给有组织的违法犯罪活动披上一层合法"外衣"，利用公司、企业的形式从事违法犯罪活动；在资金流向方面，公司企业获取的利益主要是为组织成员提供衣、食、住、行，或为组织成员及其家属提供工资、奖励、福利、抚恤，或者是用于贿买国家工作人员为其提供非法保护等。这种以公司、企业为依托的黑社会性质组织，只要其目的是从事违法犯罪活动，不论其投资来源是否合法，公司企业的资产均应视为涉黑财产予以追缴、没收。[①] 如岳村黑社会性质组织犯罪案件中，被告人岳村以他人或自己的名义先后成立了邦德公司、银德公司、东银典当公司等十余家公司，长时间、大规模吸收存款和发放“高利贷”，从事法律禁止的调查公民个人隐私、代人追讨债务、婚外情调查等违法犯罪活动，并逐渐形成黑社会性质组织。[②] 尽管这些公司经过合法的工商登记注册，但是其主要的经营活动为违法犯罪活动，为黑社会性质组织的活动提供经济支持，故而公司资产均应被认定为涉黑资产，其投资和获利均应被追缴和没收。

2. 企业通过黑社会性质组织违法犯罪所得投资所积累的财物

这种情形主要是指公司企业设立的初始资金主要是通过明目张胆的违法犯罪手段获取的，但是企业的生产经营却是合法的，或者是黑社会性质组织将组织所有的财产投入到相关公司的正常经营中。对于此种情形，在司法实践中比较复杂，应当合理区分企业的涉黑资产和企业的合法财产。特别要注意的是，虽然公司企业的股东乃至控股股东属于黑社会性质组织或者成员，但是要合理区分公司企业与股东的财产权，不能因为作为投资者的涉黑组织或者成员的犯罪行为就将整个企业的财产认定为涉黑财产。2014 年 10 月 30 日，最高人民法院公布了《关于刑事裁判涉财产部分执行的若干规定》，其中对用赃款赃物单独投资置业和共同投资置业的情形分别进行了规定。若被执行人将赃款赃物单独投资或者置业，不能仅将投资或置业的赃款赃物本金追缴，还应对因此形成的资产及其收益予以追缴。若被执行人将赃款赃物与其他合法财产共同投资或者置业，对因此形成的财产中与赃款赃物对应的份额及其收益，人民法院应予追缴。但是，需要注意的是，在将犯罪直接所得用于合法生产经营活动的情况下，收益往往是多种因素共同作用的结果，并且通常具有不确定性，不能将这种收益自然作为违法所得的自然延伸，只能将与涉嫌的犯罪之间具有直接关联性的财产予以追缴和没收。[③]

3. 企业利用黑社会性质组织的违法犯罪活动排挤竞争对手所获取的经济利益

公司企业设立在前，在公司发展过程中，为排挤竞争对手、获取竞争优势，从而获得更大的经济利益，通过雇用黑社会性质组织或者由公司员工有组织地实施各种违法犯罪活动。这类涉黑组织的成员有些是公司的管理者和普通员工，有些是专门从事违法犯罪活动的人员，公司日常的经营、管理与黑社会性质组织内部的管理、控制并未完全同质化、一体化。[④] 在这种情况下，对于黑社会性质组织形成之前的公司资产，

---

① 参见于天敏：《黑社会性质组织犯罪理论与实务问题研究》，中国检察出版社 2010 年版，第 157 页。

② 参见《昔日派出所所长 今被指控为“黑老大”》，载网易新闻网，http：//finance. ifeng. com/city/cq/20091217/1591581. shtml，2018 年 8 月 1 日访问。

③ 参见王志祥、柯明：《民营企业（家）涉嫌犯罪时涉案财物的确定》，载《人民检察》2017 年第 10 期。

④ 参见宋洋：《我国黑社会性质组织犯罪若干问题研究》，中国政法大学 2011 年博士论文，第 74 页。

既不是通过黑社会性质组织的违法犯罪活动或事实上的强势地位所获取的，也未用于支持黑社会性质组织的活动，则不宜认定为涉黑资产。但对于黑社会性质组织形成之后，公司获取的经济利益则可能是通过违法犯罪活动或市场强势地位获取的，应当认定为涉黑资产，并予以查处。比如，在刘汉黑社会性质组织犯罪案件中，2005 年年底，什邡市对某河流河段的采砂权进行招标，想参加竞标的黄某找到刘汉，希望他能帮个忙。刘汉随即对外散布，谁敢在招标时随便举牌竞争，轻则砍胳膊，重则开枪打。在刘汉的威慑下，竞标当日，无人敢随便举牌竞争，黄某不费吹灰之力便竞标成功。① 对此，黄某所在企业利用黑社会性质组织违法犯罪活动获取的财产及其孳息应当予以追缴和没收。

二、企业涉黑资产处置措施问题

无论是《2009 年纪要》还是《2018 年指导意见》，均要求对黑社会性质组织的财产予以追缴和没收。但是，在我国现行的法律规范中，对追缴的性质、没收的对象均有待厘清和明确，以有助于企业涉黑资产的合理处置。

（一）财产追缴与没收的规范检视

我国刑法第 64 条规定："犯罪分子违法所得的一切财物，应当予以追缴或者责令退赔；对被害人的合法财产，应当及时返还；违禁品和供犯罪所用的本人财物，应当予以没收……" 但是上述法条中关于"追缴"、"责令退赔" 和 "没收" 三种措施含义模糊，使用混乱。例如，关于"追缴" 的含义，国家立法机关有关专家的解释是："将犯罪分子的违法所得强制收归国有。"② 既然强调将违法所得"收归国有"，那么追缴就是对于违法所得的最终处分。但是，根据刑法第 64 条的规定，在对犯罪分子违法所得的一切财物进行追缴以后，如果属于被害人的合法财产，还应当及时返还。这里追缴似乎又变成了一种程序行为，对于违法所得的最终处分可以表现为"返还被害人"，而不是一律"收归国有"，与前述国家立法机关专家关于"追缴"是最终处分措施的解释相矛盾。再如，关于"追缴"、"责令退赔" 和 "没收" 三者的对象，根据刑法第 64 条的规定，"追缴"、"责令退赔" 的对象是 "违法所得"，而 "没收" 的对象是"违禁品和供犯罪所用的本人财物"。但是，刑法第 191 条关于洗钱罪的规定中有以下表述："有下列行为之一的，没收实施以上犯罪的所得及其产生的收益……" 本条将没收的对象转变为"违法所得"，从而与刑法第 64 条的规定并不一致。这些矛盾和不协调反映出中国关于违法所得追缴措施在立法和实务中的混乱与不完善。

相关法律对于相关术语的使用不尽相同。刑法和刑事诉讼法作为我国两个基本大法，其所使用术语的含义应当基本相同，以避免不必要的混淆和误解。但是，刑法第 64 条同刑事诉讼法第 280～283 条违法所得没收程序中的 "追缴" 和 "没收" 所适用

① 参见《刘汉拥财产 400 亿 被控以商养黑以黑护商》，载腾讯网，https://new.qq.com/cmsn/20140401/20140401001639，2018 年 8 月 5 日访问。

② 参见胡康生、郎胜主编：《中华人民共和国刑法释义》，法律出版社 2004 年版，第 62 页。

的对象并不相同。刑事诉讼法第280条规定："……依照刑法规定应当追缴其违法所得及其他涉案财产的，人民检察院可以向人民法院提出没收违法所得的申请……"根据最高人民法院《关于适用〈中华人民共和国刑事诉讼法〉的解释》第509条之规定，该条中作为"追缴"对象的"违法所得及其他涉案财产"是指"实施犯罪行为所取得的财物及其孳息，以及被告人非法持有的违禁品、供犯罪所用的本人财物"，对于这些财产，可以向人民法院申请予以"没收"。所以，在违法所得没收程序中"追缴"和"没收"所适用的对象不仅包括犯罪的违法所得，而且包括违禁品和供犯罪所用的本人财物，这同刑法第64条中"追缴"的对象是"违法所得的一切财物"以及"没收"的对象是"违禁品和供犯罪所用的本人财物"并不相同。

（二）企业涉黑财产处置措施的厘清

针对我国刑法第64条"追缴"和"没收"使用混乱的状况，应当尽快理顺二者的关系。我国刑法第64条将追缴和没收作为适用对象不同的两种处理措施进行了并列规定，会给人造成这样一种误解，即追缴和没收只是适用对象不同，其产生的效果应是相同的，即都产生将涉案财物被最终收归国有的实体效果。笔者认为，结合我国相关的法律规定，赞同相关学者提出的将追缴解释为一种程序性的处理措施的观点①，这将有助于沟通不同法律之间的用语龃龉。对于涉案财物，司法机关在启动司法程序时，一般会通过查封、扣押、冻结、保全等程序，及时将涉案财物置于司法机关的控制之下，以便刑事诉讼能顺利进行，这一阶段往往不涉及对涉案财物的追缴。一般对于尚未到案的涉案财物，人民法院会判令继续追缴，之后或返还被害人，或上缴国库。因此，追缴作为一种程序性的处理措施，可以适用于所有的涉案财物，只要该物没有被置于司法机关的控制之下，需要继续追查其下落，并予以收缴，由司法机关处理，就可以直接适用。已经被追缴到案的涉案财物，不管是违法所得的财物，还是供犯罪分子所用的他人财物，只要该物不属于没收的范围，均应及时返还。没收作为一种实体性处理措施，除已经返还的财产，其余的涉案财物均应通过人民法院判决没收而转移为国家所有。

具体来说，可以将"追缴"和"责令退赔"确定为刑事诉讼中扣押违法所得的强制性措施，而不是最终处分，由公安、检察部门在诉讼过程中适用。"追缴"强调对于涉案财物的收集和实际控制。违法所得被追缴到案以后，再根据财产的性质决定是返还给被害人（被害人的合法财产），还是在没收后上缴国库（其他违法所得）。将"没收"确定为对违法所得的最终处分措施，由人民法院批准或者经过裁决作出。对于违法所得，可以先进行追缴，然后将其中属于被害人合法财产的进行返还，将其余的应当强制收归国有的部分进行没收，实现实体处分。② 其实对于上述"追缴"与"没收"的理解在某种程度上也符合司法者对于涉黑资产的处理思路。在涉黑财产处置层面，

① 参见张磊：《〈刑法〉第64条财物处理措施的反思与完善》，载《现代法学》2016年第6期。

② 参见何帆：《刑事没收研究——国际法与比较法的视角》，法律出版社2007年版，第108页。

《2000 年司法解释》第 7 条规定，对黑社会性质组织和组织、领导、参加黑社会性质组织的犯罪分子聚敛的财物及其收益，以及用于犯罪的工具等，应当依法追缴、没收。《2009 年纪要》就要求公检法三家“在办案时，要依法用查封、扣押、冻结、追缴、没收等手段彻底摧毁黑社会性质组织的经济基础，防止死灰复燃”。《2018 年指导意见》也要求对于涉黑资产应当依法追缴、没收。其中，就将追缴和没收进行并列，并与查封、扣押、冻结等手段依照处置程序进行排列，强调的就是涉黑资产的流程控制。若是这样理解，不仅理顺了刑法第 64 条的逻辑关系，也能明确追缴与没收措施的区别，有利于涉黑财产的合理处置。因而在追缴成为一项程序性措施的理解下，企业涉黑资产未经审判不得进行审前的实体性处分。

三、刑事诉讼中涉黑企业托管问题

在刑事诉讼中，相关企业若被认定为涉黑企业，在进行实体处分之前，往往由相关的办案机关采取相关的措施进行处理，尤其是对于一些在当地具有重要影响的企业，如何对其进行适当处理不仅关系到企业的经营，也关系到社会的稳定。

（一）涉黑企业托管的现实意义

在打击黑社会性质组织犯罪的司法实践中，一些黑社会性质组织以公司和企业为依托从事违法犯罪行为，获得巨额经济利益后，又投入公司企业的运营扩大发展，部分涉黑企业规模庞大，涉及的人员众多，有些企业甚至已经垄断了当地的某些行业领域，直接涉及一些关系百姓民生的产品或服务的供应，而且涉黑资产和合法资产已经混同，难以剥离。在黑社会性质组织被打掉后，对于此类企业的处理是实践中的又一难题，黑社会性质组织头目大多兼任公司企业董事长、总经理，是公司企业的领导者，一些积极参加者和骨干成员作为公司的中层领导，直接负责公司的运营和管理，这些人员被抓获后，直接影响了公司企业的正常运营，对此种企业的处置不仅涉及对员工的合理安置，而且处理不当将直接危及部分民生领域，影响经济发展和社会稳定。例如，在重庆王天伦黑社会性质组织案件中，永红食品公司垄断了当地 40% 的猪肉供应，该组织被打掉后，重庆市民的猪肉供应曾一度出现波动。故对于此类经营性的涉黑资产，在判决对资产进行处理之前，不宜一律予以查封、扣押、冻结，可以借鉴国外的先进经验，由政府指定有关部门或者委托有关机构进行托管，签订托管协议明确托管和受托双方的权利义务，从而确保维持公司企业的正常运转。[①]《2018 年指导意见》也明确指出：“对于不宜查封、扣押、冻结的经营性资产，可以申请当地政府指定有关部门或者委托有关机构代管或者托管。”但是，上述指导意见并未对代管或者托管进行明确的规定，容易造成实践中操作标准的不一。

（二）涉黑企业托管的规范化

1. 托管企业的规范化选择

如何选择托管企业直接关系到涉黑企业资产的保值增值，但是在实践中，对于托

① 参见宋洋：《我国黑社会性质组织犯罪若干问题研究》，中国政法大学 2011 年博士论文，第 85 页。

管企业的选择并未有明确的标准。比如，在查处以陈某亮为首的涉黑案中，由政府有关部门指定市国资委下属的某企业集团托管涉案的某实业有限公司；在查处王某强涉黑案时，由政府相关部门指定该区建委下属的区园林市政建设公司负责托管建筑垃圾消纳场。[①] 再如，在彭某民涉黑案中，由政府部门指定重庆国际信托有限公司负责托管涉案企业。[②] 企业托管属于一种营业信托，与一般信托相比，营业信托中受托人的范围应局限于具有专业管理人才和雄厚资金实力的法人企业。[③] 因而从理论上讲，托管企业必须是按现代企业制度模式建立的企业托管公司、国有资产管理部门等机构，其职责在于：在规定期限内，通过经营、管理、运作受托资产，以实现企业资产的保值、增值。

2. 规范涉黑企业的托管情形

在现行的规范性文件中，《2018 年指导意见》确定企业托管的情形为“不宜查封、扣押、冻结的经营性资产”，那么哪些属于“不宜查封、扣押、冻结的经营性资产”呢，并未有相关的法律规范进行明确。笔者认为，在企业托管的情形下，本着有利于企业生产经营的原则，企业托管应当只限定于企业全部涉黑或者企业的主要决策层涉黑导致企业无法正常生产经营的情形。而对于企业的业务部分涉黑或者企业的部分决策层涉黑的情形，如果企业能够正常运转，基于企业产权保护的原则，此时不应当对企业进行托管，毕竟此时涉黑企业还有相关人员和财产并未涉黑，有关财产权应得到保护。比如，在查处黎某等涉黑案时，侦查机关在不影响公司正常生产、经营的情况下，对涉案财产依类别的不同分别采取查封、扣押、冻结等强制措施，并责令原公司法人代表黎某出具全权委托书委托未涉案的公司管理人员为临时负责人，由专案组全面监管公司经营。[④]

3. 对托管企业加强监管

目前，我国企业托管经营监管体制还相对落后，受托方有可能不尽自己的能力履行义务与职责，经营不力导致企业遭受损失。在此过程中，拥有实权的监管部门却经常将委托企业的经营管理权等完全转移给受托方，造成受托方的权力膨胀，导致企业缺乏健全的产权监督制约机制。[⑤] 事实上，涉黑企业在被托管期间资产“蒸发”的情况并不鲜见。比如，在陈某亮涉黑案中，重庆交旅集团旗下的重庆两江假日酒店管理有限公司成了陈某亮旗下的世纪英皇大酒店的托管方，但是在托管过程中，该公司最终以较低的价格让陈某亮在世纪英皇项目上的合伙人重庆林建物业有限公司只获得了较低的补偿后退出，世纪英皇大酒店的房地证上两江假日酒店管理有限公司已经取代了

---

① 参见刘湘廉：《近年我国涉黑犯罪组织资产处置实务考察——以 C 市为样本》，载《邵阳学院学报》（社会科学版）2013 年第 6 期。

② 参见周远征：《揭秘重庆涉黑资产处置利益链：谁来托管公安说了算》，载《中国经营报》2012 年 12 月 17 日。

③ 参见齐佩全：《商务管理信托》，载《财经问题研究》2003 年第 8 期。

④ 参见刘湘廉：《近年我国涉黑犯罪组织资产处置实务考察——以 C 市为样本》，载《邵阳学院学报》（社会科学版）2013 年第 6 期。

⑤ 参见唐重：《国有企业资产托管经营模式分析》，西南财经大学 2011 年硕士论文，第 29 页。

陈某亮的江州实业。[①] 这种托管经营监管体制不完善，导致托管公司可能以财产所有人的身份对企业财产行使处分的权利，却无须因为经营行为承担独立的民事责任，这种不对等的责权关系使得被托管的涉黑企业的经营风险大为增加。因而有必要加强对托管企业的监管，包括建立托管企业提高担保、受托企业自我交易的有限禁止和审核、托管期间的核查以及相关法律责任追究机制。

① 参见周远征：《揭秘重庆涉黑资产处置利益链：谁来托管公安说了算》，载《中国经营报》2012 年 12 月 17 日。